# 21 世纪初期中美日安全关系中的台湾问题

张仕荣　著

九州出版社

**图书在版编目（CIP）数据**

21世纪初期中美日安全关系中的台湾问题 / 张仕荣著. —北京：九州出版社，2010.1

ISBN 978-7-5108-0276-8

Ⅰ.①2… Ⅱ.①张… Ⅲ.①中美关系-台湾问题-研究②中日关系-台湾问题-研究 Ⅳ.①D822.371.2②D822.331.3③D618D618

中国版本图书馆CIP数据核字（2009）第232350号

**21世纪初期中美日安全关系中的台湾问题**

| | |
|---|---|
| 作　　者 | 张仕荣　著 |
| 出版发行 | 九州出版社 |
| 出 版 人 | 徐尚定 |
| 地　　址 | 北京市西城区阜外大街甲35号(100037) |
| 发行电话 | (010)68992190/2/3/5/6 |
| 网　　址 | www.jiuzhoupress.com |
| 电子信箱 | jiuzhou@jiuzhoupress.com |
| 印　　刷 | 三河市东方印刷厂 |
| 开　　本 | 720毫米×1020毫米　16开 |
| 印　　张 | 19.5 |
| 字　　数 | 320千字 |
| 版　　次 | 2010年1月第1版 |
| 印　　次 | 2010年1月第1次印刷 |
| 书　　号 | ISBN 978-7-5108-0276-8 |
| 定　　价 | 42.00元 |

# 序　言

解决台湾问题，实现祖国完全统一，是全体中华儿女的共同心愿，也是中国共产党的神圣使命。新中国成立60年来，中国共产党领导中国人民为解决台湾问题进行了不懈的努力。然而，台湾问题客观上受到外部环境的制约，一些大国出于自己的利益，总是利用各种机会介入台湾问题，其中最为突出的是美国，其次应属日本。对台湾问题中的美国因素，或中美关系中的台湾因素，国内外学术界给予了足够的关注和研究，有许多很有分量的成果。然而，对台湾问题中的日本因素，或中日关系中的台湾因素，国内外学术界则关注得相对较少，研究得也相对薄弱。尤其对日美同盟对台湾问题的影响，更是少有人涉足。

张仕荣博士的著作《21世纪初期中美日安全关系中的台湾问题》可算是将台湾问题放在中美日安全关系框架内，将台湾问题中的美国因素、日本因素和日美同盟因素综合起来进行考察的一部力作。该书是在他的博士学位论文的基础上加工、拓展而成的。仕荣博士于2003－2006年在中央党校国际战略研究所攻读博士学位，作为他的指导老师，我非常了解他对这个问题的研究历程。他的硕士学位论文就是以台湾问题和中美关系为主题。在攻博一开始，他就选定了博士论文题目。经过三年苦读而写成的论文，在答辩时受到专家的一致好评，全部评议专家在评议书的评分栏都打了“优秀”。之后，他在工作之余和攻读博士后期间又对博士论文做了进一步的加工、拓展、深化，终成此书。

这部著作的最大亮点是，提出在中美日安全关系这个框架内来解决台湾问题，为此要搭建合理的中美日安全架构。无论是和平解决台湾问题，还是迫不得已采用非和平方式解决台湾问题，都避不开美日这两个国家及其同盟关系的影响。从近期来看，美国因素的影响较大。但是从长远来看，日本因素的影响可能更大。日本将台湾海峡看成是它的“生命线”，它最为担忧的事情是台湾问题解决之后，中日关系处于对抗状态。此外，由于历史的原因，日本在台湾有许多利益诉求。对台湾50年的统治，使日本同台湾有着千丝万缕的联系，并且对台湾的前途命运有着复杂的心态。日美同盟的存在，使得日本在台湾问题上处于一个很有利的境地。它可以躲在美国的后面“搭便车”，在阻碍台湾与中国大陆统一上推波助澜的同时，又不直接同中国大陆对抗。但是，随着美国的相对衰落和在西太平洋地区影响力的减弱，日本很有可能在台湾问题上由后台走向前台，而且这种行为又会得到其盟友美国的鼓励。自2005年后，美日“2+2”会议（国防部长和外交部长）数次在公开文件中将台海局势纳入美日同盟关注的对象，就是日本开始由后台走向前台的突出表现。所以，台湾问题的最终解决，不只是两岸的事情，也不只是中美之间的事情，而且还是中日之间的事情。正因为这样，作者提出要搭建合理的中美日安全架构，并在这个框架内解决台湾问题。只有中美、中日在安全上实现了战略互信，美日两国都认识到，台湾问题解决并不会构成对它们安全利益的威胁，它们才不会阻挠两岸和平统一。而在中国同美日的综合实力差距仍然悬殊的情况下，通过非和平方式解决台湾问题，不仅会使中国付出极高的成本，而且还有可能事与愿违，促使台湾在美日的“保护”下实现法理独立。

该书的另一个重要亮点是，对美日台安全同盟进行了深入分析，同时预测其未来走势。作者认为，美国和日本在同中国大陆保护正常外交关系的同时，都同台湾保持着非常密切的非官方关系，实际上是“准官方”关系。尤其是在军事上，美日同台湾的关系要比同大陆的关系密切的多。更为值得关注的是，美日台密切的军事关系是以它们同中国大陆潜在对立关系为基础的，美日台实际上是隐性的军事同盟关系。这是一个客观现实，是中国大陆在解决台湾时所面对的最严峻的挑战之一。如何破解这个难题，是需要大战略谋划的。作者在书中对这个问题进行了相当深入的探讨，有很强的启发性。

台湾问题自2008年后，热度有所降低。主要原因在于，台湾方面在国民党马英九上台后，积极同大陆发展关系，台湾法理独立以及由此而引发的中国同美日军事冲突的危险大大降低。此外，美国和日本都有许多难题需要解决，比如反恐、金融危机等，在许多方面需要中国的合作，因此它们都乐见台海两岸关系缓和，以免因台湾问题而导致同中国关系恶化，甚至对抗。然而，三国四方关系的基本结构未变。台湾问题距最终解决还有相当长的路要走，而且中间还有许多变数，不排除再度“热化”的可能性。就台湾方面来说，民进党重新上台的可能依旧存在。而且马英九的两岸政策只是发展两岸关系，并不是积极促进统一。在两岸政治关系上，他的理念与“两国论”和“一边一国论”没有本质的区别。就美日对华和对台政策来说，伴随着中国的和平崛起，它们利用台湾因素来制约中国崛起的战略图谋，不仅不会消失，反而有可能越来越强化。所以，在中美日关系框架下来解决台湾问题这个战略思路的价值并不会因为两岸关系缓和而减弱或消失。

以上只是笔者对《21世纪初期中美日安全关系中的台湾问题》一书的一点读后感，是为序。

刘建飞

中共中央党校国际战略研究所教授、副所长

2009年10月

# 目　录

# 导 言

## 一、选题说明及现实意义

本书题目为“21 世纪初期中美日安全关系中的台湾问题”，主要是阐述21 世纪前 10 年台湾问题在中美日安全关系中的嬗变及其展望。书中提出的中美日安全关系并非简单的三个双边关系相加，而是一个复杂多变的体系，并衍生出诸多子系统。本书中“安全”的定义是宽泛的，并非狭义上的“传统安全”，而是界定为“综合安全”，包括传统安全、非传统安全（含经济安全、反对恐怖主义等）。

进入 21 世纪以来，台湾问题引起国内外学术界的高度关注。正如许多国内学者提出的设想，中国解决台湾问题将分为两个阶段，第一阶段的目标是遏制台湾独立，第二阶段的目标将是完成国家统一。第一阶段是完成第二阶段的前提和基础，第二阶段是第一阶段的延续和提升。中国大陆自身的发展与两岸关系的整合是遏制“台独”和完成统一的内因，就外因而言当前“台独”势力分裂活动的重要特征是“挟洋自重”，如何在“台独”势力“法理独立”乃至“以武抗统”时有效地应对国际势力的干涉（主要指美、日等国家），需要战略上的高瞻远瞩和策略上的缜密应对。

本书的核心部分将围绕中国国家统一过程中第一阶段的主要目标和任务加以展开，即研究如何在中美日三边安全架构中解决台湾问题，特别是遏制“台独”分裂活动，以及探讨台湾问题的走势对于中美日安全关系的影响；当然也对完成第二阶段的任务提出了初步设想，但是为突出写作重点并没有过多着笔墨论述台湾问题的内生因素、两岸关系的中长期走向。

关于本书写作的现实意义，有如下几点考虑：

第一，进入 21 世纪初期，中国面临实现推进现代化建设、完成祖国统一、维护世界和平与促进共同发展这三大历史任务，其中解决台湾问题从而完成祖国统一这项任务在当前国内和国际形势下尤其具有紧迫性，将对实现其他两项历史任务产生重大而深远的影响。近 10 年来，“台独”势力分裂国家的倾向十分明显，如何有效地遏制“台独”及促进统一，如何在本世纪前 20 年的战略机遇期内处理好台湾问题，这是中国政府面临的一个重大的现实课题。

第二，中美日同为世界上有影响力的大国，中美日安全架构的形成不但有利于亚太及世界的和平，而且会对稳定台海局势乃至解决台湾问题产生重大影响，本书着重探讨在中美日安全关系的构建中解决台湾问题特别是遏制“台独”分裂活动的可能性及其手段和途径。另一方面，台湾问题的嬗变及最终解决会推动中美日安全关系的发展甚至导致亚太格局的重新“洗牌”，中国的国家统一进程对中美、中日关系将产生实质意义上的影响。

第三，在本书提出的有关台海局势的安全架构中，主要参与者是由中美日及台湾构成的“三国四方”（书中已经抽象出其他的外部因素），从这个理论意义上的安全架构里，可以发现和总结出一些基本的规律，如：中国正在进行的现代化进程与解决台湾问题的进程呈现正向运动，并与中美关系、中日关系的平稳、健康发展和有效改善呈正向运动；美国的单边化进程、日本的右倾化进程、“台独”势力的分裂化进程与中国解决台湾问题的进程呈现反向运动；美国的单边化进程、日本的右倾化进程及“台独”势力的分裂进程一旦达到在时空上的一致将会产生功能上的耦合，并对中国的现代化进程和国家统一进程造成严重的负面影响。如何认识并在实践中把握这些规律，必须在构建健康、稳定的中美日安全架构中寻找答案，并以系统的、辩证的观点来寻求解决台湾问题所要达到的前期阶段性目标——遏制台湾独立和最终目标——实现国家统一。

## 二、文献综述

当前国内外研究中美日关系、台湾问题的著作、文章较多，主要有以下几个方面：

### （一）国内相关论著

1. 有关中美日关系方面的论著

比较有代表性的著作有刘建飞、林晓光合著的《21 世纪初期的中美日战略关系》一书，该书在系统地分析了 21 世纪初期中美日战略关系发展的国际大背景、内在动力和外部影响力量的基础上，指出台湾问题在中美、中日关系中具有爆炸性和潜在的危险性，而日美安全合作会成为妨碍中国国家统一的外部阻力。但是在该著作中台湾问题只是作为中美日三边关系中的重要问题之一进行阐述，并非核心议题，所以只占较小的篇幅。同时，该书重点阐述中美日战略关系，由此没有深入探讨在中美日安全关系的背景下解决台湾问题的可能性和途径。

2. 美日台三边关系方面

外交学院99级硕士侯瑞方的硕士学位论文《近三十年来美日对台干涉政策的比较分析》一文认为：从目前形势来看，美日同盟已经对中国的统一构成威胁，成为中国实现统一的最大外部障碍。但是，美日两国不同的政治制度和决策机制以及不同的国家实力和国家战略，决定了它们在对华政策和干预台湾问题上有不同的表现。中国对美日干涉台湾问题日趋升级的情况，必须提高警惕，做好最坏的打算和充分的准备。该篇文章着重探讨了美日同盟对中国国家统一的负面影响，至于对中美日安全关系的构建对于中国国家统一的积极促进作用论述则不深入。

3. 中美关系中的台湾问题

苏格著《美国对华政策与台湾问题》一书是该领域的代表作，该书分析台湾问题的由来及其走向，研究美国对华政策的缘起与发展，并借助于对美国外交、中美关系和台湾海峡两岸关系全面、系统的研究，指出美国的对华、对台“双轨”政策究其本质是要维持台湾海峡两岸“不独不统”、“不战不和”的局面，以使美国在“台海”的利益最大化。该论著的资料选用截至1998年，虽然近5年的资料没有收录，但其主要观点和思路仍具有重要的参考价值。现在看来，美国维持台湾海峡两岸“不独不统”、“不战不和”的局面有其战略和策略上的侧重点，战略排序上表现为“不统、不武、不独”，这也是该书尚未深入探讨的领域。

4. 中日关系中的台湾问题

张耀武著《中日关系中的台湾问题》一书以历史为线索，从中日关系的角度阐述了台湾问题的历史沿革，特别是“日台关系”的发展，提出日本在“台湾问题”上是有所企图的，日本方面是在用“无为”的表象来掩盖“有为”的实质，并对战后以来日本右翼势力在“台湾问题”上对中国国家统一的干扰和破坏做了必要的揭露和批判。但是，该著作对“台湾问题”中美国因素的影响较少系统论述，特别是对日美因素的现实综合影响没有深入论证，此外在中日关系的发展特别是经贸合作对于解决台湾问题的积极影响方面亦论述不多。

中国人民解放军外国语学院硕士王飞的硕士学位论文《冷战后日台关

系强化的动因分析》，对于冷战后日本与台湾关系强化的动因从国际与地区格局、大国权力政治和国际行为体的文化与认同等角度进行了分析。受写作角度所限，书中对于美台关系、中美日关系对于台湾问题的影响没有进行系统、全面的论述。

5. 台湾问题的国际因素

中央党校国际战略研究所郭建平教授主编的《冷战后美日欧盟与台湾关系研究》系统研究了冷战后美国、日本、欧盟的台海政策及对于中国国家统一的影响，资料翔实，论述严谨，同时将2007年后台海地区的最新情况予以收录，是一部重要的课题研究成果。

北京大学国际关系学院贺志军的博士学位论文《台湾问题的国际因素与中国解决台湾问题的国际战略》，全文阐述了从新中国建国到冷战结束后影响台湾问题的国际因素的嬗变；同时提出在新的历史条件下，中国可以而且必须以正确的国际战略推动国家统一的进程。论文提出稳定国际社会承认一个中国原则的基本框架，构筑周边战略依托带，推动中美安全合作进程，经略东亚"边缘地带"，作为中国解决台湾问题国际战略的主要构想。该论著以历史为线索纵向理清了台湾问题的诸多国际因素，同时把美、日关系作为台湾问题主要的国际因素加以考量，但是对于台湾问题的国际因素横向对比较少，同时没有系统、全面地论证在中美日安全框架中解决台湾问题的手段和途径。

6. 相关论文集

卢晓衡主编的《中国对外关系中的台湾问题》一书收录了中国社会科学院亚太所、日本所、美国所等9个有关国际问题的研究所自20世纪90年代以来从各自专业范围完成的涉及台湾问题的研究报告，其中王缉思、姚文礼等有关美台关系、日台关系的文章对于本书写作具有一定的参考价值。

（二）国外相关论著

吉姆·赫而姆斯、詹姆斯·普里斯特主编的《外交与威慑：美国对华战略》一书在"两岸关系：美国对外政策的含义"一章中指出：在美国决策者心目中，台湾位于中国东南沿海和西太平洋第一岛链的中央，扼海上交通要冲，具有持久的地缘战略价值；美国还认为，台湾通过改革移植了美国的政治模式，已变为"亚洲地区国家的民主楷模"，是中国大陆政治改革应当仿效的榜样。所以，美国不会放弃台湾。

李侃如在《美国对华政策》一文中指出：布什政府应该坚持"一个中

国”政策并且采取措施阻止海峡两岸围绕部署导弹及反导弹为主要内容的军备竞赛，应该提倡建立以一种以不威胁台湾自由、繁荣和安全为前提的两岸联结。布什政府应该寻求一种积极的两岸政策，主要在于减少紧张，增加互信，鼓励两岸重启对话进程。美国需要采取的重要一步在于不断强调坚持和平解决台湾问题的立场和“一个中国”政策的同时，继续地解释一方的见解且关注另一方的观点。

日本京都大学教授中西辉政在《台湾是日本的生命线》的文章中表示，迄今为止，日本对中台政策的基本路线，表面看起来似乎是偏向中国，但实质上绝非抛弃台湾。台湾对日本的安全来说，是最后的生命线。

国外相关著作的共同特点是：从所在国家的国家利益出发看待台湾问题，关注台海的紧张局势和台湾问题能否和平解决，如吉姆·赫而姆斯、詹姆斯·普里斯特和中西辉政的作品。这些作品或者回避、或者模糊台湾问题的实质及中国的国家利益诉求，所以观点偏颇并且意识形态色彩浓厚。同时，对于在中美日安全框架中解决台湾问题的论著、文章很少，仍是亟待填补的空白点。

文献综述总结：

第一，以上国内外各类文献大多把台湾问题放在双边关系中阐述，表现为“两国三方”的形态，如中美关系、中日关系、美日关系中的台湾问题，涉及领域以地区安全为主，还包括经济、意识形态等议题。

第二，涉及三边、多边关系的论文、著作中，台湾问题多数情况下作为子议题进行讨论，基本没有作为核心议题加以阐释，如有些文章阐述中美日、中美俄关系时台湾仅是讨论议题之一。

第三，涉及中美日关系中的台湾问题时，对美日关系影响台湾问题的负面效应论述较多，而对中美日安全框架中解决台湾问题的正面效应论述不够全面、客观，综合阐述两方面的效应以及制定相关对策的研究较为欠缺。

第四，个别论著在全面论述台湾问题的国际因素时，论证过程中存在过于求全而缺乏重点以及不够深入等特点。

第五，大多数相关文献以历史为线索，运用历史学的方法进行研究，纵向的历史性分析脉络清晰，横向的以空间为坐标的现实性分析则略显薄弱。

## 三、写作指导思想、写作方法和主要内容

本书写作指导思想是马列主义、毛泽东思想、邓小平理论，同时借鉴、

参考西方国家的有关国际关系理论，如博弈论等。本书将以辩证唯物主义和历史唯物主义的观点来分析中美日安全关系中的台湾问题，并探讨可能的解决方案。

本书的写作方法主要采用政治学的方法进行比较分析，同时辅之以未来学、历史学的方法开展相关研究。

本书的写作重点在于探讨影响台湾问题解决的国际因素，主要是中美日三边关系的构建对解决台湾问题的正反两方面影响及其相关对策。

本书所采用的资料包括国内外已经出版的中、英文书籍、期刊，并参考相关网站上发布的有关资料，对于日文资料则以转引其中文版本为主。

本书采用了从一般到特殊的写作体系，全书除导言、结束语外，正文共计七章。第一章阐述了台湾问题的缘起及在冷战期间的演变轨迹，这有助于读者充分认识当今台湾问题的实质以及美、日介入台湾问题的深刻国际背景。第二章阐述了后冷战时代中美日安全关系的演变，着重探讨了冷战后世界格局的转换对中美日安全关系，尤其是中美日三国国家安全战略及相互安全政策的影响，并归纳了 21 世纪初期中美日安全关系的基本特征。第三章总结了台湾问题对中美日安全关系的影响，指出台湾问题是中国国家安全的核心内容，并且美日两国都在台湾有着重大的安全利益，论证了 21 世纪初期中美日安全关系博弈的焦点集中在台湾。第四章总结了中美日安全框架的构建及其对中国国家统一的积极促进作用，该部分从中美日三国在传统安全领域、经济合作及反恐等非传统安全领域合作的角度阐释了中美日安全框架的构建对于“台独”分裂势力的制约作用，提出中美日安全框架的构建有利于促进中国的和平统一。第五章总结了美日台“隐性安全同盟”的形成对解决台湾问题的负面影响，分析了美日台“隐性安全同盟”的运行机制和未来走势，论证了美日台“隐性安全同盟”的清晰化直接挑战中国的国家统一，特别是加剧了“台独”势力的顽固性、冒险性。第六章是本书的核心部分，重点对中美日安全关系中台湾问题的基本走势及解决思路进行了阐释，包括中美日安全关系的理性构建与台湾问题和平解决的前景、中美日安全关系的错位与“台独”势力的失控及引发台海战争的可能性，同时对于中国围绕国家统一可能进行的对美、对日外交政策的深层次调整提供了对策建议，相应地运用“博弈论”的方法建立了中美日安全关系中预测台海局势走向的基本模型。此外，在第四章、第五章中分别安排了一定的篇幅，补充阐释了美、日之外的影响台湾问题的国际因素。第七章则总结了中国国家统一的历史经验和长远战略。解决台湾问题是大势所趋，同时是一个长期和复杂的过程，解决台湾问题与构建稳定的中美日安全架构具有辩证统一的关系，而中国的发展质量是解决台湾问题和构建稳定的中美日安全架构的核心，最终解决台湾问题实现中国的国家统一要立足当前、放眼长远。结束语则就2008年及其后续的台海局势进行了评述。

## 四、写作创新点、难点及有待深入研究的相关问题

本书在理论上的创新点在于从影响台湾问题解决的外部国际因素（主要以美日因素为主）入手，进一步完善中国国家统一理论的外延和内涵，全面阐释中、美、日安全关系的演变与中国国家统一的辩证关系。同时，探讨构建中美日三国的安全框架过程中影响中国国家统一的积极因素和消极因素，从而以博弈论为基础制定出具有一定决策参考价值的安全模型（包括中、美、日及台湾四方面），对相关国际关系研究领域的薄弱环节加以补充和完善，具体的创新点有以下几个方面：

第一，本书把台湾问题放在中美日的安全架构中进行讨论，涉及三国四方，这是在以往文献研究的基础上进行的创新性研究。

第二，中美日安全关系存在“缺口”，主要表现为三边关系不平衡，美国主导的“轴心－轴辐”式结构使中美日难以形成完整、稳定的三角架构，“台独”势力正是利用这一“缺口”走渐进式“台独”路线并频频得逞。

第三，2008年前“台独”势力试图实现“法理独立”，台海局势的危险系数大增，美、日台海政策的调整对“台独”势力的影响、制约逐步加深，建立稳定、可行的中美日安全架构势在必行。

第四，中美日安全关系发展中的一些良好趋势有助于维持台海局势的和平。中美日三国在台湾问题上的共同点是“反急独”。中国要立足当前，放眼长远，把解决台湾问题和构建中美日安全架构统一起来。

第五，中美日安全关系中的一些障碍和暗流将有可能导致台海局势的复杂化。美国对“台独”势力的支持成为阻碍中国国家统一的主要外部障碍，日本逐渐右倾化并且加快介入台海局势的步伐在某种条件下可能成为支持“台独”势力的重要依托平台。

第六，中国的发展质量决定国家统一的前景，并将对中美日安全关系的走向产生重要影响。中国要根据对台工作需要相应调整对美、对日外交策略，必须把握“重点论”、“两点论”、“节点论”、“燃点论”等四项对策。

本书的写作难点表现为：

第一，台湾问题的复杂性、多变性使其未来走势不易准确预测。

第二，中美日三国围绕台湾问题进行安全博弈的外部表现形式多变，受突发因素影响较多，所以相对准确地从三国安全关系的外部表现形式归纳出其内在的规律性需要全面、客观地加以把握。

第三，建立包括中、美、日及台湾四方的安全模型国内外尚无先例，需要综合运用多种方法。

最后，有待深入研究的相关问题有：

第一，本书侧重于探讨解决台湾问题所面临的外部因素，对于影响台湾问题的内生因素的论述不够全面、深入，如海峡两岸的互动、台湾岛内的政坛走向等。

第二，对 20 世纪中后期台湾问题与中美日关系相互影响的各个阶段虽有论及，但非本书重点，因此没有进行全面的研究、阐释。

# 第一章　台湾问题的缘起及在冷战期间的演变轨迹

台湾问题的缘起要追溯到三个阶段：近代鸦片战争后中国沦为半殖民地和半封建社会，台湾作为19世纪末中日甲午战争的“战利品”被割让给日本；20世纪40年代中国的抗日战争胜利后，日本战败投降，台湾随之归还中国，在其主权归属这一点上国际社会并无异议；20世纪40年代国共内战后，国民党残余政权退据台湾，在美国的多方阻挠下，台湾问题成为中国内战的“衍生品”，导致台湾至今没有与中国大陆实现统一。台湾问题的产生恰逢冷战期间，中美、中日关系的演变一直牵动着台海局势的跌宕起伏。

所以，探讨台湾问题的缘起及在冷战期间的演变轨迹有助于我们充分认识当今台湾问题的实质及美、日介入台湾问题的深刻国际背景。

## 第一节　中日甲午战争与台湾的殖民地历史及其终结

19世纪末的中日甲午战争后，台湾彻底沦为日本的殖民地，这种状况一直持续到二战结束，由于日本战败，作为战胜国的中国才得以收回自己的固有领土——台湾，从而结束了台湾地区长达半个世纪的殖民历史。

### 一、历史上台湾是中国领土不可分割的一部分

台湾省包括台湾本岛及兰屿、绿岛、钓鱼岛等21个附属岛屿，澎湖列岛等64个岛屿，目前所称的“台湾地区”还包括台湾当局控制的福建省的金门、马祖等岛屿，总面积为36006平方公里。①

康熙三十三年（1694年）高拱乾主修的《台湾府志》中即记载着，夏

① 中共中央台湾工作办公室、国务院台湾事务办公室：《中国台湾问题》，九州出版社1998年9月第1版，第2页。

商时期的扬州包括台湾。据此，日本学者尾崎秀真也认为“岛夷”就是台湾最早的名称。至于后代所称“台湾”这一地名，可在台湾政治名人连战的祖父、著名历史学家连横的代表作《台湾通史》的记述中知其由来。据《台湾通史》记载，“台湾原名‘埋冤’，为漳泉人所号。”这主要是因明代许多闽南人为求生存而背井离乡渡海前往台湾，虽历尽艰辛到达心中理想的“乐土”，却由于水土不服和劳累困苦致使其病死者甚众，这些客死异乡者是最终连尸骨都无法运回故乡的，只能草草葬于当地，“故以‘埋冤’名之。”因为“埋冤”不吉利，而闽南话“埋冤”又与“台湾”同音，所以易名为“台湾”。[①]

台湾地区物产富饶，因之被誉为中国的“宝岛”，历史上“野沃土膏，物产利溥，耕桑并耦，鱼虾滋生，满山皆属茂树，遍地俱植修竹”，属于“肥饶之区”。[②]

但台湾的重要性不仅在于其自然特产的丰富，更主要的在于其所处的战略地理位置。自明清以来，就已有“七省藩篱”、“东南门户”之称，是中国东南沿海地区的天然海上屏障。至清康熙朝统一台湾后，大臣施琅就针对朝廷中关于弃留台湾的争论，上《恭陈台湾弃留疏》，敏锐的指出：“台湾地方，北连吴会，南接粤峤，延袤数千里，山川峻峭，港道迂回，乃江、浙、闽、粤四省之要害”，“东南数省之藩篱”；并一针见血地指出“此地原为红毛住处，（红毛）无时不在涎贪，亿必乘隙以图”，“弃守台湾，不仅金瓯破缺”，“沿海数省，断难晏然无虑”，“弃之必酿成大祸”！[③] 施琅的论述说明有识之士已经充分认识到了台湾的重要战略地位。

台湾自古以来就是中国神圣领土不可分割的一部分。公元 1335 年，元朝正式在澎湖设立“巡检司”，是中央政府派驻台澎地区的第一个行政执法机构。自此以后，历代中央王朝开始派员管理台澎地区。

明朝在东南沿海实行海禁政策，导致东南沿海海盗盛行，为保卫沿海地区不受海盗侵扰，明廷在基隆、淡水二港派驻军队，防止海盗利用台澎地区作为骚扰东南沿海的基地，这是中央政府第一次在岛内驻扎军队，保卫海防。

---

① 中国网——台湾百科，http：//www. china. com. cn/chinese/zta/439081. htm.

② 转引自施能泉：《为统一，施琅立奇功》，《两岸关系》，2004 年第 1 期，第 64 页。

③ 转引自施能泉：《为统一，施琅立奇功》，《两岸关系》，2004 年第 1 期，第 64 页。

台湾高雄凤山出有特产“三宝姜”，即为明代郑和下西洋的行程中到达台湾时留下的，因此以郑和原名命名此物，以示纪念，这也是中原到达台湾的第一支大规模的商队。

17 世纪初期，由于明末农民起义和东北满族势力逐渐兴起、强大，明廷疲于应付，御外之心略有松懈，这就为西方殖民主义势力提供了侵入台湾的可乘之机。西班牙、荷兰等西方殖民势力借机进入中国台湾。1622 年 7 月，荷兰人侵占澎湖，并积极为其侵台行动作准备。1624 年 9 月，以精心策划的欺骗手段为遮掩，荷兰武装船队全面入侵台湾。在此后至 1642 年为止的殖民争夺战中，荷兰人最终打败了西班牙人，台湾完全沦为荷兰的殖民地。

明亡清兴之际，烽火遍地，抗清斗争极其活跃，及至清初依然如此。随着形势的发展变化，长期从事抗清斗争的志士郑成功决心收复为荷兰殖民者所盘踞的台湾，将之开辟为巩固的抗清根据地。清顺治十八年（1661 年）4 月 21 日中午，郑成功大军于金门料罗湾誓师出发。其在出发前的《祭海表文》等文告中郑重宣告：收复台湾，上报国家，下拯苍生，建立万世不拔基业。

郑成功军队与荷兰殖民者的军队进行了艰苦激烈的斗争，1662 年 2 月最终打败荷兰殖民者。荷兰总督揆一向郑成功投降，热兰遮城内降下已经飘扬了 38 年的荷兰国旗。荷兰在台湾的殖民统治彻底结束，郑成功一举收复台湾，这也是中国人第一次把占领自己领土的外国侵略者驱赶出去。

1683 年，清政府从郑氏家族手中收复台湾后，在台湾本土内正式设立台湾府，下辖台湾、凤山、诸罗三县。台湾府隶属于福建省管辖，后又改为 2 府 8 县 4 厅。清政府对台湾地区逐步建立起完整的统治机构、制度，实施有效管理。

## 二、日本对台湾的觊觎及《马关条约》的签署

日本为中国一衣带水的邻邦，但是在历史上日本对中国台湾的觊觎之心可谓由来已久，夺取台湾是其处心积虑的阴谋。

早在明代后半叶，来自日本的倭寇就不断侵扰中国东南沿海地区，对当地的贸易、民生造成了极大破坏。彼时，倭寇就已窜入澎湖及台湾地区为非作歹。后明代著名将领戚继光等率军痛与还击，倭寇被驱逐出东南沿海一带地区，不敢继续兴风作浪。但残余倭寇贼心不死，一路逃窜进澎湖、台湾，

妄图将之作为日后重新进犯东南沿海的据点。倭寇在澎湖、台湾地区无恶不作，为患几近五十年。直至 1601 年，福建都司沈有容派兵剿杀，才尽行歼灭，彻底平息倭患。①

16 纪末，日本在侵朝的同时亦派遣官员到台湾，命令台湾居民向其纳贡，并派战船 200 艘，企图进犯、占据台湾。明廷及时得到奏报，在沿海警戒，并于澎湖地区设兵防范。日本方面见无可乘之机，暂且退兵作罢。②

17 世纪的德川幕府时期，日本政府继承了前代对台湾的野心，曾于 1609 年和 1616 年两次试图以武力占据台湾，但都因受到中国军民的顽强抵抗而遭遇失败。③

德川幕府统治期间对外主要推行“锁国”政策，其嚣张气焰有所平息。尽管如此，主张侵略、扩张的思想潮流依旧在日本国内暗潮涌动，从未中断。这种思想的主要代表人物之一吉田松阴更在其《幽囚录》中明确提出他所构想的日本进取计划，其中“南则掠取台湾”即为重要一步。④ 对台湾的图谋，已经变成赤裸裸的文字形诸笔端。

第一次鸦片战争后，西方侵略者入侵中国，中国面临着前所未有的危机。19 世纪 60、70 年代，英国、法国、俄国等列强纷纷入侵中国边疆，造成普遍的边疆危机。恰于此时发生了“牡丹社事件”。

1871 年 12 月，两艘琉球渔船在海上遇到飓风，漂流至台湾海岸，其中一艘遇救，被安全送到台湾府；另一艘在台南琅峤北瑶湾触礁沉没，逃生船员上岸后，与当地牡丹等社居民发生冲突，结果 54 名琉球渔民被误杀。史称“牡丹社事件”。

其时正在进行“明治维新”的日本，对外扩张欲望很强，琉球、台湾成为其向南扩张的目标。“牡丹社事件”为日本提供了入侵台湾的借口，其诡称琉球渔民为日本属民，于 1874 年 5 月出动军队，进军台湾，并于 6 月初占领牡丹社，在台湾节节推进。得知日本出兵，清政府迅即就日军入侵台湾提出交涉，随后命福建船政大臣沈葆桢全权处理。由于浩罕阿古柏入侵新疆，以及沙俄乘机出兵强占伊犁，中国西北边疆危机不断，塞防、海防难以

① 王芸生：《台湾史话》，中国青年出版社 1978 年版，第 51 页。

② 王芸生：《台湾史话》，中国青年出版社 1978 年版，第 51 – 52 页。

③ 王芸生：《台湾史话》，中国青年出版社 1978 年版，第 52 页。

④ 古川万太郎：《近代日本的大陆政策》，［日］东京书籍，1991 年版，第 49 页。转引自张耀武《中日关系中的台湾问题》，新华出版社 2004 年版，第 3 页。

兼顾。日益衰微的清政府为“息事宁人”，避免冲突扩大，在列强的压力下，被迫作出让步，签订了是非颠倒的《北京专条》，向侵略者赔偿军费50万两，以换取日本军队全部撤出台湾。此后，日本对清藩属国——琉球的侵占更加有恃无恐，1879年最后吞并琉球，改为冲绳县。

明治维新后，日本逐步强盛，攫取中国台湾的野心更加膨胀，窥伺以待时机。1894年，朝鲜爆发起义，请求清政府出兵协助镇压，日本借机挑起侵略性的中日甲午战争。甲午一战，中国军队终因抵抗不力遭到惨败。次年，中方代表李鸿章在日本的马关被迫签订了丧权辱国的《马关条约》。《马关条约》条约规定：中国承认朝鲜完全独立自主；割辽东半岛、台湾及其附属岛屿、澎湖列岛给日本；赔偿日本军费白银二亿两；开放沙市、重庆、苏州、杭州为商埠，日本轮船可沿内河驶入以上各口；允许日本在中国的通商口岸开设工厂，产品运销中国内地免收内地税等。台湾被割让给日本，并要求条约批准互换后两个月交接清楚。①

《马关条约》的屈辱内容传入京师，“廷臣交章论奏，谓地不可弃，费不可偿，仍应废约决战，以期维系人心，支撑危局”。② 此时正逢乙未科会试完毕，等待发榜之际。惊闻《马关条约》，应试举人群情激奋，奔走相告。台籍举人更是痛心疾首，垂泪请命，他们会同在京台籍官员多方奔走，并在台湾会馆集会，上书都察院，表明台湾民众心迹：只要清政府不舍弃台岛，“台地军民必能舍生忘死，为国家效命”，强烈反对割让台湾。③ 4月22日，应试的十八省一千三百多名举人响应联名上书的主张，推举人康有为起草。康有为慷慨陈词，写成一万八千字的《上今上皇帝书》，强烈反对清政府割地求和，尖锐指出割台湾给日本是“弃台民”、“散天下”，会造成“民心先离”，中国将有土崩瓦解之患。④ 这就是著名的“公车上书”。“公车上书”把反对割让台湾与救亡图存、维新变法结合起来，赋予反割台、维护国家统一的斗争以新的内容，将其推进到一个新的高度。

然而，懦弱的清政府最终还是批准了这一不平等条约。对此，光绪帝亦

---

① 连横：《台湾通史》，第67－69页。

② 《清实录－德宗实录》卷366，中华书局1987年版。

③ 中国史学会主编，中国近代史资料丛刊《中日战争》（四），第28页，户部主事叶题雁等呈文。

④ 中国史学会主编，中国近代史资料丛刊《戊戌变法》（二），第131－133页，康有为《上清帝第二书》。

深感上愧祖宗，下慊国人，于其后发布朱谕，详述自开战以来尽管“征兵调饷，不遗余力，而将少宿选，兵非素练，纷纭召集，不殊乌合，以致水陆交绥，战无一胜。至今日而关内外情事更迫，北则竟逼辽、瀋，南则直犯京畿，皆现前意中之事”。声称“陪都为灵寝重地，京师则宗社攸关”，“加以天心示警，海啸成灾，沿海防营多被冲没，战守更难措手”，“将一和一战，两害熟权，而后幡然定计。此中万分为难情事，乃言者章奏所未详，而天下臣民皆应共谅者也”。[①] 时局风雨飘摇，煌煌天子当此深重国难之际除了万般无奈的兴叹却无计救民救国于水火之中。腐朽的清政府一味退让，以割让台湾来保全其京师重地和东北的“龙兴”要地，所付出的沉重代价不仅仅是丧权辱国，而且还深深的伤害了国人尤其是台湾人民的心灵。台湾人民认为清政府这种以散地换要地的做法是彻底的弃之于不顾，使之蒙受侵略者的凌辱，由此在广大爱国台胞心底形成了一种极为浓重的悲情意识。

《马关条约》割让台湾的消息传入台湾岛内后，台湾民怨沸腾，人们奔走相告，聚哭于市中，夜以继日，哭声达于四野。人们痛心疾首，发出“丞相有权来割地，孤臣无力可回天”的无奈慨叹。爱国民众义愤填膺，纷纷冲进台湾巡抚衙门示威抗议，他们发表檄文，质问大清国皇帝为何弃吾台民，指斥签订《马关条约》的李鸿章等人，是十足的“贼臣”、“无廉耻”。同时，激愤的民众也并未丧失爱国保台的愿望。台北市民鸣锣罢市，宣布：“抗缴厘金，谓台归中国则缴；并禁各盐馆售盐；饷银不准运出，制造局不准停工，皆称应留为军民抗倭之用。”[②] 台湾人民誓“愿人人战死而失台，决不愿拱手而让台”。士绅富商联名致电清政府，表达誓死抗日卫国的决心。爱国乡绅丘逢甲血书“守土抗倭”四字，率领台民通电清政府要誓死守御。[③] 负责防守台南的清军总兵刘永福、台东知州胡传等也先后表明守土决心，誓与台北城共进退。台湾岛内开始了波澜壮阔的反割台武装斗争，台湾人民和留下的清军官兵在艰难的条件下浴血奋战，历时长达五个多月，日本侵略者为实现真正意义上对台湾的占领付出了极其惨重的代价。台湾军民用鲜血和生命谱写了中国近代史上的一曲慷慨悲歌，其捍卫祖国领土完整的

① 《清实录－德宗实录》卷366，中华书局1987年版。

② 中国史学会主编，中国近代史资料丛刊《中日战争》（一），第387页，俞明震《台湾八日记》附《台湾唐维卿中丞电奏稿》。

③ 戚其章主编，中国近代史资料丛刊续编《中日战争》第3册，中华书局1991年版，第74页。

坚定决心和不屈斗争在中国人民的反侵略斗争史上留下了光辉的一页。

《马关条约》中日本强迫清政府割让台湾，在包括台湾岛在内的中国国内引起了强烈反对，并引发了不同形式的反割台斗争，这足以说明台湾与中国的血脉始终相连，中国对台湾拥有无可争议的合法主权，因此才会在日本侵略者侵略、攫取台湾之时，在中国人心中有如此锥心刺骨的、“四万万人齐下泪”的伤痛。

## 三、二战后日本战败及台湾回归中国

《马关条约》的签署，使日本长期以来占有台湾的贪欲得以实现，此后其在台湾进行了长达五十年的殖民统治。日本殖民者以残暴的高压政策治理台湾，妄图使台湾人民屈从。但台湾人民始终进行着不屈不挠的斗争，抵制日本的殖民统治。据日本方面的统计，仅 1898 年至 1902 年间，被其杀害的抗日志士达 1. 19 万余人，战死者无计其数。① 1937 年 7 月 7 日，“卢沟桥事变”爆发，日本发动全面侵华战争。自此，中国大陆处于艰苦的对日抗战时期。日本对台湾的控制，也变本加厉，强制推行所谓“皇民化运动”，企图借此进一步同化台湾人民。对于日本侵略者而言，台湾在其对华南以及东南亚扩张战略中发挥着日益重要的作用，因此在台湾的经济和军事方面，日本采用极端强硬的暴力手段，妄图使台湾成为配合其侵略计划的基地，为其推行的侵略活动提供相应保障。然而这一切都不能彻底平息台湾民众的反抗斗争，更不能阻断台湾人民的日夜思归之心。这一时期的台湾诗人就用真情的诗句传达出台湾人民的泣血心声：“未曾见过的祖国，隔着海似近似远，梦见的，在书上看见的祖国，流过几千年在我的血液里，住在胸脯里的影子，在我心里反响，呵！是祖国呼唤我呢？或是我呼唤祖国？……还给我们祖国呀！向海叫喊，还我们祖国呀！”② 也正是由于这种深藏于台湾人民心中的血浓于水的爱国情感，八年抗战时期很多台湾同胞设法回到大陆积极参加抗战，为抗战的胜利作出了贡献。

1941 年 12 月，日本偷袭美国海军基地珍珠港，太平洋战争爆发。美国、英国、中国相继对日宣战。12 月 9 日，中国政府正式发布对日《宣战

---

① 杨开渠：《日本帝国主义下之台湾》，第 220 页，见施联朱：《台湾史略》，第 184 页。转引自苏格《美国对华政策与台湾问题》，世界知识出版社 1998 年版，第 16 页。

② 中国社会科学院台研所：《台湾研究文集》，北京时事出版社 1988 年版，第 200 - 201 页。

布告》，明确宣布："兹特正式对日宣战，昭告中外，所有一切条约、协定、合同有涉及中日间关系者，一律废止。特此布告。"[①] 根据国际法的一般原则，中国对日宣战就意味着《马关条约》等中日之间一切条约协定的自然废止，因此日本借以侵占台湾的法理依据也就不复存在。

1943 年，在欧洲战场上苏联红军取得了斯大林格勒保卫战的伟大胜利，美军也逐渐取得了太平洋战场上的主动权，世界反法西斯战争朝着有利于同盟国的形势发展。11 月下旬，中、英、美三国首脑在开罗举行会议。会议三方最终达成共识，并于 12 月初发表了由三国政府签署的《开罗宣言》。《开罗宣言》明确规定："三国之宗旨在剥夺日本自 1914 年第一次世界大战开始以后在太平洋所夺得或占领之一切岛屿，在使日本所窃取于中国之领土，例如满洲、台湾、澎湖列岛等，归还中华民国"。[②]《开罗宣言》的实质精神是要瓦解所谓的日本帝国，亦体现着尊重中国领土完整的原则。宣言明确向国际社会宣告，中国对包括台湾在内的一系列被日侵占领土拥有神圣不可侵犯的主权，日本对中国领土的窃取是非正义的侵略，中、英、美三国将联合起来对日本的侵略行为采取必要的行动。

随着战事的发展，1945 年 5 月 8 日，陷于内外交困境地的德国不得不宣布无条件投降。这是第二次世界大战又一个重要转折点。自此，战争发展局势更加清晰明朗，同盟国的打击目标直接集中指向仍在负隅顽抗的日本。1945 年 7 月 26 日，中、英、美三国共同签署《促令日本投降之波茨坦公告》，后苏联亦加入此公告。《波茨坦公告》再次重申"开罗宣言之条件必将实施，而日本之主权必将限于本州、北海道、九州、四国及吾人所决定之其他小岛之内"[③]。《波茨坦公告》敦促日本终止其逾越自身领土范围的非法侵略活动，进一步明确了中国对台湾等领土无可争议的主权，肯定了台湾作为中国领土一部分的法律地位。

1945 年 8 月 15 日，日本宣布无条件投降。9 月 2 日，美、英、中、法等九国代表于停泊在东京湾的美国海军战舰"密苏里"号上接受日本投降。日本签署了《无条件投降书》，表示接受"中、美、英共同签署的，后又有

---

① 苏格：《美国对华政策与台湾问题》，世界知识出版社 1998 年版，第 17 页。

② 关捷、谭汝谦、李家巍主编：《中日关系全书》，辽海出版社 1999 年版，第 1417 – 1418 页。

③ 关捷、谭汝谦、李家巍主编：《中日关系全书》，辽海出版社 1999 年版，第 1419 页。

苏联参加的一九四五年七月二十六日的《波茨坦公告》中的条款”。[①] 战败的日本亦对《波茨坦公告》的内容予以认同并加以确认，这就表明当时的国际社会对中国拥有台湾等地区的领土主权是不存在任何争议的。

国际反法西斯战争期间的《中国对日宣战布告》、《开罗宣言》、《波茨坦公告》以及日本《无条件投降书》等一系列的国际协定，组成了环环相扣的国际法律链条，确定了台湾的法律地位，即台湾为中国的神圣领土，是中国领土不可分割的一部分。

1945 年 10 月 25 日，国民政府台湾省行政长官兼警备总司令陈仪在台北市主持对日受降仪式，接受日本第 10 方面军司令长官安藤吉利的投降。陈仪庄严宣告：“从今天起，台湾及澎湖列岛已正式重入中国版图。所有一切土地、人民、政事皆已置于中国主权之下。此一极有历史意义之事实，本人特向中国同胞及全世界报告周知。”[②] 至此，自《马关条约》签订后被日本窃取了 50 余年的台湾主权终于又回归中国。

半个多世纪以来，台湾民众饱受日本殖民统治的欺凌和压迫，历尽坎坷艰辛，终于以不屈的抗争迎来了胜利的解放，台湾人民“终以纯洁的中华血统归还给祖国，以纯洁的爱国心奉献给祖国”。[③] 受降典礼结束的当天，“台北 40 余万市民，……老幼俱易新装，家家遍悬灯彩，相逢道贺，如迎新岁，鞭炮锣鼓之声，响彻云霄，狮龙遍舞于市，途为之塞。”“家家户户，欢欣无比，家家户户，祭祖谢神，向先民冥中告知台湾已归回祖国。”[④] 台北乃至整个台湾都沉浸在重归祖国母亲怀抱的无比喜悦之中。创刊于当日的《台湾新生报》发表社论指出：“回忆 50 年的往事，像一场噩梦。一旦醒来，说兴奋不是，说安慰也不是。应清算的历史被清算了，我们只觉得幸福与感谢……说到光复，我们的心里，自有压抑不住的欢乐。‘否极泰来’，台湾所以有今天，实乃祖国无数灾难换来的果实。台湾同胞所受的痛苦，尤其深重……台胞们！前日我们是奴隶，今天我们是主人，做了主人责任加重了！”为了纪念这个具有重大历史意义事件，台湾人民把 10 月 25 日定为

① 《台湾问题文献资料选编》，第 852 页。

② 高贤治：《台湾三百年史》，第 465－468 页；王芸生：《台湾史话》，第 94 页。

③ 杨肇嘉：《杨肇嘉回忆录》，台北，三民书局 1977 年版，第 4 页。

④ 崔之清主编：《台湾是中国领土不可分割的一部分》，人民出版社 2001 年版，第 116－117 页。

“光复日”。[①]

中国人民以无畏的勇气和坚强的决心驱逐了日本侵略者，收回了被日本侵略者占据和践踏的领土。尤其是台湾的光复，从此洗却甲午战争留给中华民族的五十年的耻辱烙印，也表明中国抗战为世界反法西斯战争做出的伟大贡献赢得了国际社会的普遍承认，这无疑进一步加固了日后两岸统一的历史依据和国际认同。

中国政府收回了台湾并对其进行了有效的管辖。因此，第二次世界大战结束之后，台湾领土及主权不仅在法律上而且在事实上已经归还中国。

## 第二节　国共内战衍生的台湾问题及中美双方的角力

### 一、抗日战争结束后国共陷入内战与美方的介入

1945 年 8 月，日本投降，抗日战争宣告结束。中国国内的形势发生了变化，中日之间的民族矛盾不再是支配中国局势的主要矛盾，国内民族矛盾上升为主要矛盾，中国未来的政局走向仍旧扑朔迷离。

然而，在纷飞的战火中艰难生存了八年的中国人民热切渴望安宁和平。中国共产党以人民利益和大局为重，为避免内战，尽快实现全国人民和平建国的愿望，派出毛泽东、周恩来、王若飞组成的代表团前往重庆同国民党统治集团进行和平谈判。经过四十三天的激烈争论，1945 年 10 月 10 日，国共双方正式签订《政府与中共代表会谈纪要》，即《双十协定》，在避免内战以及和平建国基本方针等方面达成共识。1946 年 1 月 10 日，在中国共产党代表团的坚持和斗争下，国共两党签订了《停战协定》。

根据《双十协定》的规定，1946 年 1 月 10 日至 31 日，在重庆召开了政治协商会议，国民党、共产党、民盟、青年党和无党派人士 38 名代表与会。经过激烈斗争，会议最终通过政府组织案、国民大会案、和平建国纲领、军事问题案、宪法草案等五项协议。政治协商会议协议反映了人民和民主党派的意愿，在一定程度上有利于冲破国民党独裁统治和实行民主政治，有利于和平建国，符合最广大人民的利益。

① 来源：中国军网 – 解放军报，2005 年 10 月 24 日。

表面看起来，形势似乎在向着好的方面发展，中国国内和平的实现指日可待，但真实的情况是错综复杂的。以蒋介石为首的国民党统治集团与中国共产党进行和平谈判，只是迫于国内外舆论的压力，事实上国民党方面对这次具有重要意义的谈判毫无诚意，他们在举行和平谈判的同时正积极进行内战的准备。尽管《停战协定》业已签订，国民党却暗中密令其军队迅速“抢占战略要点”，屡次调动军队攻击解放区，不断进行挑衅。

而在世界反法西斯战争结束后，美国的经济和军事力量都获得空前膨胀，开始推行全球扩张政策，控制中国为其全球战略的重要组成部分。美国担心一个共产党统治的中国将在政治、经济、军事上与苏联结成紧密的联盟，出于“遏制苏联”的总体战略考虑，美国企图推动中国建立一个统一的亲美政府，以在亚洲赢得一个主要支持者，借以稳定其亚洲战线。美国认为长久以来奉行亲美外交路线的蒋介石可以作为其长期控制中国的工具，因此确定了其战后的对华基本政策——扶蒋反共，对国民党蒋介石提供大力援助就是这一政策的重要内容。因此日本一宣布投降，美国就迅速出动飞机、舰艇运送蒋军约54万人到达发动内战的前线和战略要地，帮助国民党抢夺抗战的胜利果实。美军还在中国塘沽、青岛、秦皇岛等地登陆，进驻北平、天津等战略要地和华北的铁路和公路交通线。120万驻华日军的绝大部分军械装备落入了国民党手中。[①] 至1945年11月底，驻华美军已达9万余人。美国的扶植令国民党蒋介石集团更加有恃无恐。在完成了内战的相关准备后，国民党蒋介石集团置广大中国人民的和平愿望于不顾，单方面撕毁了《停战协定》和政协协议。1946年6月26日，国民党30万军队围攻中原解放区，悍然向解放区发起全面进攻。国民党蒋介石集团无情地粉碎了人民对和平建国的憧憬，挑起了反共反人民的内战，再次将人民置于水深火热之中。

面对国民党蒋介石集团的背信弃义，中国共产党领导解放区军民进行了不屈不挠的斗争，人民解放战争自此揭开帷幕。

在解放战争期间，美国继续对蒋介石集团予以大力支持。美国总统杜鲁门就曾经承认，美国在抗战胜利后给予蒋介石政府的物资援助，是抗战胜利前美国援华物资的两倍。除了物质上的投入，在技术和装备方面美国也不遗余力，陆续为国民党军队训练了各种技术军官15万人，重新装备了45个陆

---

① 《白皮书》(China White Paper)，第311－312页。

军师（旅），为空军配备了各类飞机 936 架（其中大部分是抗战胜利后移交给国民党军队的）。全面内战爆发后，美国政府又向国民党军移交了舰艇 131 艘。[①] 1948 年，美国国务院正式向国会提出援华法案，随后国会磋商后通过，蒋介石政权共计得到 2. 75 亿美元的援助和 1. 25 亿美元的赠款。[②] 美国走上了出钱、出枪、出顾问帮助蒋介石打内战的道路。

1946 年 6 月，全面内战成为事实后，中国共产党领导解放区军民开始了自卫战争。从 1946 年 6 月至 1947 年 6 月，战争主要在解放区进行，得到美国军事和经济援助的国民党军队装备相对精良，处于优势地位；中国人民解放军则装备落后，人数少并分散于各个根据地，处于劣势。双方力量相差悬殊，中国人民解放军只能进行战略防御。但是，在中国共产党正确方针的指导下，人民解放军粉碎了国民党的全面进攻，并努力打破其重点进攻，同时国统区人民还在中国共产党的领导下掀起了反饥饿、反内战、反迫害的民主爱国运动，形成了反对国民党蒋介石集团反动统治的第二条战线。1947 年 7 月起，人民解放军开始由战略防御转入战略进攻，迅速改变了敌我力量的对比。尽管有美国的大力支持，国民党军队却战绩不佳，节节败退。1948 年 9 月至 1949 年 1 月，人民解放军先后进行了著名的三大战役——辽沈战役、淮海战役、平津战役，基本上歼灭了国民党军主力，解放了长江中下游以北地区。为早日结束战争，实现国内和平，1949 年 4 月以周恩来为首席代表的中国共产党代表团同以张治中为首席代表的国民党政府代表团在北平举行谈判，但南京的国民党政府拒绝接受谈判达成的《国内和平协定最后修正案》，谈判宣告破裂。1949 年 4 月，中国人民解放军打响了渡江战役，摧毁国民党军的“长江防线”，并于 23 日占领南京，延续二十二年的国民党反动统治覆灭。随后，人民解放军各路大军继续向全国进军，1949 年 9 月底，大陆绝大部分地区获得解放。经过三年的艰苦奋斗，中国共产党领导人民取得了解放战争的伟大胜利。1949 年 10 月 1 日，中华人民共和国宣告成立。

## 二、国民党战败后退据台湾与美方“放弃台湾”

1949 年，国民党在人民解放军势如破竹的猛烈攻势下不断失利，败局

---

① 姚夫等编：《解放战争纪事》，解放军出版社 1987 年版，第 123 - 124 页。

② 《白皮书》(China White Paper)，第 387 - 390 页。

已成定势。蒋介石只得带领部分军政追随者及大批军队败逃台湾，企图盘踞该地以待反攻大陆的时机。

早在1948年，随着中国人民解放军在战场上以摧枯拉朽之势对国民党军队予以沉重打击，国民党在大陆的失败已见端倪，美国不得不重新审视其在中国的政策，开始考虑是否该从中国内战的泥潭中抽身而退。美国参谋长联席会议从战略角度得出的结论是：台湾对美国在西太平洋的安全有重要战略地位，一旦为在苏联影响下的力量所控制，对美极不利。因此，要尽量保证其不落入共产党之手，而要保留在对美友好的政府手中；美国在全世界战线已拉得很长，无力对台承担任何军事义务。根据这一分析，美国政府于1949年3月，由总统正式批准了一项对台政策，规定目标是“不让台湾、澎湖列岛落入共产党手中”，为此要将该岛屿与中国大陆隔开。同时规定只能通过外交和经济手段实现此目标，美国无意承诺以任何武装力量“保卫”该岛。这是此后的一年里，美国实施其对台政策基本原则。①

配合其对台政策，美国对台湾为中国领土这一点也不断予以强化确认。1949年8月，美国务院发表《美国与中国的关系》白皮书，其中说：“台湾人民受异族管辖五十年，因之欢迎中国解放，于日本占领期中，台湾人民最大希望为重归祖国。”“1945年9月，根据日本投降书……中国军队从日本手里接收了该岛行政权”。12月23日，美国务院内部又发出了《关于台湾政策的宣传指示》，指出“台湾在政治上、地理上和战略上都是中国的一部分”，“在政治上和军事上，它是一种严格的中国的责任”。② 1950年1月5日，杜鲁门发表声明，他说：“过去四年来，美国及其盟国亦承认中国对该岛行使主权。”“美国对台湾或中国其他领土从无掠夺的野心。现在美国无意在台湾获取特别权利或建立军事基地。美国亦不拟使用武装部队干预其现在的局势。美国政府不拟遵循任何足以把美国卷入中国内战的途径。”③ 同年2月9日，美国务院就台湾问题向众议院外交委员会作公开答复说：“自从驻在台湾的日军向中国投降后，台湾即由中国管理，它已包括在中国之内，成为一省。……参加对日作战的各盟国对这些步骤并未质疑，美国政府对这些步骤也未质疑。因为这些步骤，明显地符合于开罗所作的并在波茨坦

① 苏格：《美国对华政策与台湾问题》，世界知识出版社1998年版，第88－89页。
② 国务院台湾办公室研究局《台湾问题资料选编》，人民出版社1994年版，第855－858页。
③ 《中美关系文件和资料选编》，人民出版社1971年版，第231页。

重予确认的诺言。换句话说，包括美国在内的各盟国在过去四年中，已认为福摩萨是中国的一部分。”① 美国关于台湾的系列阐述有这样两层含义：一是台湾为中国领土的一部分是国际公认的事实；二是中国拥有对台湾主权并在二战后恢复对台湾行使主权都是毋庸置疑的。其中特别需要指出的是杜鲁门总统的声明，它是公开表示美国已经准备遵守有关台湾问题的国际协议的信号，透露出美国实行一项不介入台湾问题、放弃分离台湾的政策的信息。质言之，美国政府所作的上述阐述均是在为其日后可能采取的“放弃台湾”做舆论准备。

由于国民党大势已去，美国早已更加着意于美中特别是与台湾关系的探讨研究，以图制定出更符合自身利益的相关政策。1949 年 10 月，美国务院据美中央情报局分析估计，中国人民解放军不久将对台湾进行军事攻击，台湾的国民党政权无抵抗这种进攻的能力，如无美国的军事占领或控制，台湾大约将于 1950 年底处于中共控制之下。② 根据当时形势的发展趋势，美国面临着两种选择：或者放弃台湾；或者强力支持国民党政权，甚至以武力“保卫”台湾。对于这一问题，在美国政府内部产生了严重分歧，双方展开了激烈的辩论。以国务院为代表的一方主张放弃台湾，认为不应“被牢牢地钉在一个名誉扫地的政府的桅杆上，去参加一场早已注定失败的斗争”。以军事部门为代表的另一方主张仍少量军事援助帮助支持蒋介石，尽量延长国民党在台湾的统治时间。最后，由杜鲁门总统裁决，支持了国务院的意见。③ 1949 年 10 月 26－27 日，在美国务院作出的八条决定中讲道：“我们不应试图把福摩萨（台湾）和共产党控制的大陆分离开来。”④ 12 月 29 日，艾奇逊在会见参谋长联席会议主席布莱德雷等人时指出，“共产党事实上已控制中国”，“我们必须面对这个现实”，如果再继续援蒋，台湾只是推迟一年“陷落”，美国的代价甚大，根本问题在于没有理由说明“台湾会真正危及我们的防务”，“除非说明台湾战略的重要性”。⑤ 1950 年 1 月 5 日，美国总统杜鲁门发表声明：“过去四年（注：1945－1949 年），美国及其他盟国亦承认中国对该岛（注：台湾）行使主权”，“美国对台湾或中国其他领土

① 贾亦斌编：《论“台独”》，第三章第四节《驳台湾“托管”论》，团结出版社 1993 年版。

② 沈骏：《中共三代领导集体与祖国和平统一》，华中师大出版社 2002 年版，第 62 页。

③ 沈骏：《中共三代领导集体与祖国和平统一》，华中师大出版社 2002 年版，第 65 页。

④ 朱成虎：《中美关系的发展变化及其趋势》，江苏人民出版社 1998 年版，第 161 页。

⑤ 《中美关系文件和资料选编》，人民出版社 1971 年版，第 231 页。

从无掠夺的野心"。[①] 1月12日，艾奇逊又在"新闻俱乐部"发表了有关亚洲政策的讲话，把台湾划在了美国远东防线之外。可见，此时的美国对台政策的立场是不介入，甚至准备接受中共可能接管台湾的现实，已经在积极准备"脱身"。

在国际政治的大洪流中，这一时期的美国尽管在内部于对华政策处于争论之中，但就其外部而言，开始有意识地逐步拉开与蒋介石政权的距离并暂时放弃分离台湾的计划，其所推行的对华政策表现为较为冷静的观望态度，一直在等待"尘埃落定"。美国此举完全是出于其自身利益的需求。对于美国来说，无论中国的当权者是谁，美国的长远目标都是试图发展起一个对己友好的国家。尤其是美国政府内的一些决策者认为，中共"不一定是传统正宗的马克思主义者，也不一定受苏联的控制"，"如果美国的目的是防止中国成为苏联的附庸，美国则应该及时改变策略，离间中共和苏联的关系，将中国的民族主义情绪引向俄国人。"[②] 这种观点也更加促使美国适当调整其策略，希望可以改善与中共的关系，使新中国成立后能够在对外政策中把发展和提升中美关系摆在重要位置上，同时也阻止中国继续向苏联靠拢并成为其"附庸"，力图防止形成对美国不利的局面。美国的这一对华政策突出的反映了其现实主义的外交思想。

## 三、朝鲜战争爆发，美方入侵台湾海峡阻挠新中国解放台湾

随着人民解放军的胜利进军，为实现对全中国的解放，彻底完成新民主主义革命任务，中国共产党早已作出了解放台湾的战略部署。1949年3月15日，新华社就曾发表题为《中国人民一定要解放台湾》的社论，第一次提出"解放台湾"的口号。[③]

1949年7月上旬，中国人民解放军入闽作战，主力为第三野战军第十兵团。第十兵团在司令员叶飞的率领下以排山倒海的态势向南推进，先后发动了福州、平潭岛等战役，不断取得胜利。1949年10月1日，中华人民共和国正式宣告成立，人民解放军的士气更加锐不可当，所向披靡。10月17日，福建战场的解放军一举解放了厦门。在这种情势下，位于厦门东部约七

① 《台湾问题文献资料选编》，第858－859页。

② 郝雨凡：《美国对华政策内幕》，台海出版社1998年版，第19－26页。

③ 《中共党史上的80句口号》(30)，《"一定要解放台湾"》，人民网（www. people. com. cn），2001年6月8日。

八海里处的大金门岛迅即成为解放军的下一个首要军事目标。大金门岛作为连接台湾与大陆的重要枢纽，其地理位置及战略意义至关重要。攻克该岛，则台湾失去了一道天然屏障，解放军也就成功控制了台湾海峡的交通线，下一步解放台湾岛就会变得轻而易举。因此，福建战场的解放军为尽快实现“解放台湾”的口号，决心乘胜攻打大金门岛，进而进军台湾。叶飞将军最后确定以 28 军作为进攻金门的主力。为便于海战，又命令集中有限的船只，将 32 军所属船只分发给 28 军。尽管对船只进行了这样的必要集中，解放军的船只数量仍未充足敷用，鉴于此，确切的进攻日期被迫向后推延，并未立即确定。延至 10 月 24 日，人民解放军最终于当天夜间打响了金门战役，28 军下属三个团共九千余人渡海进攻大金门。是役，打得极其艰苦而又惨烈，解放军遭遇了自成立以来唯一一次彻底的失利。进攻部队在岛上与国民党守军苦战三昼夜，终因船只缺乏，后援不继，而全军覆灭。此次金门战役的严重失利，根本原因在于在作战准备不足的情况下轻率发动进攻，犯了兵家轻敌的大忌，而战中相应的组织指挥又不力，故而未能成功。

尽管建国之初“解放台湾”的尝试遭遇了重大挫折，中国共产党“解放台湾”、实现真正意义上祖国统一的坚强决心并未动摇。1949 年 12 月 31 日，中共中央发表《告前线将士和全国同胞书》，其中再次明确将“解放台湾”以及全歼蒋介石集团的最后残余势力作为人民解放军 1950 年的任务之一。[①] 然而，国际形势是不断变化的，此后不久的严峻国际状况为中国实现“解放台湾”的既定目标设置了重重障碍。

1950 年，美国内部形形色色的“保台”方案又相继提出，不断冲击美国当时所持的观望并等待“尘埃落定”的对华政策。这些“保台”方案中最具代表性的有两个：一是麦克阿瑟于 1950 年 5 月和 6 月两次提出的内容相似的备忘录；一是杜勒斯和远东事务助理国务卿腊斯克正式提出的台湾中立化备忘录。麦克阿瑟在其备忘录中提出，台湾如掌握在“一个敌对的强国手里，可以比作一艘不沉的航空母舰和潜水艇供应舰，处于完成攻势战略的理想的地位”[②]。这里，麦克阿瑟所说的“航空母舰”是指台湾可能成为苏联的航空母舰，其前提是如中共占有台湾，必然会提供给苏联使用。麦克

① 《中共党史上的 80 句口号》(30)，人民网（www. people. com. . cn)，《“一定要解放台湾”》，2001 年 6 月 8 日。

② 《中美关系文件和资料选编》，人民出版社 1971 年版，第 239 页。

阿瑟认为，若听凭福摩萨为敌视美国的力量所统治，美国的战略利益将受到严重破坏。因此，美国应把西部战略边界沿阿留申群岛经菲律宾向南伸展，台湾处于这条防线的中段，与大陆遥遥相望，战略意义重大。可见，麦克阿瑟的备忘录已把台湾的战略地位大大提升，而且与美国政府不介入台湾问题的政策相左。同样，在杜勒斯和远东事务助理国务卿腊斯克台湾中立化备忘录中亦指出，美国在世界的地位目前处于一个新的关键时刻。中国之沦入共产党之手，标志着局势起了有利于苏联而不利于美国的变化。“美国必须在远东采取激烈而强硬的立场，不应在世界处于一个新的关键时刻的形势下畏缩不前，全世界的光都注视着福摩萨”。[①] 这句话意味深长，暗示了美国应该在台湾问题上采取更加强硬立场的态度，为此甚至不惜增加战争风险。该备忘录还提出，派第七舰队驻扎台湾水域，防止海峡双方动武。事实证明，此备忘录提出的对台政策产生了极为重要的影响，为美国后来军事介入台湾海峡奠定了舆论基础。

1950 年 6 月，朝鲜战争爆发。朝战爆发两天后的 6 月 27 日，美国政府公开抛出了其“台湾地位未定”论。杜鲁门宣称：“我已命令第七舰队阻止对台湾的任何攻击……台湾未来地位的决定，必须等待太平洋安全的恢复，对日和约的签订，或经由联合国的考虑。”[②] 同时，美国派遣其第七舰队封锁台湾海峡，公然以武力干涉中国内部事务，阻挠中国大陆与台湾统一。自此，美国在台湾问题上所持的不介入政策被彻底抛弃，竭力将台湾纳入其亚洲战略的轨道，转而采取嚣张的军事介入，这是美国军事干涉中国内政的新起点。

## 第三节 20 世纪 50 - 60 年代新中国与美、日的对峙及台湾问题

20 世纪 50 - 60 年代，中美两国陷入对抗的局面，中日关系从属于中美关系，期间又伴随着中苏关系的恶化，台湾地区成为中国与美、日对峙的前沿。

---

① 朱成虎：《中美关系的发展变化及其趋势》，江苏人民出版社 1998 年版，第 162 - 163 页。

② 《中美关系文件和资料选编》，人民出版社 1971 年版，第 234 - 235 页。

## 一、美苏对峙与中美对抗

1946年3月5日，英国前首相丘吉尔由杜鲁门陪同在美国的富尔敦发表关于“铁幕”的演说，揭开了“冷战”序幕。1947年3月12日，杜鲁门在国会两院联席会议上宣读了一篇咨文，攻击苏联是“极权国家”，要求国会批准向希腊和土耳其提供4亿美元的紧急援助，以抵制“极权政体”强加于它们的种种侵犯行动，杜鲁门提出的这项政策后来被称为“杜鲁门主义”。“杜鲁门主义”是美苏“冷战”正式开始的重要标志。美国为了持续推行遏制苏联的战略，1949年4月4日与加拿大、英国、法国、比利时、荷兰、卢森堡、丹麦、挪威、冰岛、葡萄牙、意大利共计12国在华盛顿签订了《北大西洋公约》，宣布成立北大西洋公约组织，公约于1949年8月24日生效。随着1955年西德加入北约后，在苏联的发起下，欧洲社会主义阵营国家包括东德签署了《华沙公约》，形成了与北约对立的社会主义同盟。《华沙公约》由原苏联领导人赫鲁晓夫起草，1955年5月14日于波兰首都华沙签署，东欧社会主义国家除南斯拉夫以外，全部加入了华约组织，条约规定：“如果在欧洲发生了任何国家或国家集团对一个或几个缔约国的武装进攻，每一缔约国应……以一切她认为必要的方式，包括使用武装部队，立即对遭受这种进攻的某一个或几个国家给予援助”。华约是作为对抗北大西洋公约（北约）组织而成立的政治军事同盟，从此以美苏为首的两大阵营展开了近半个世纪的对峙。

冷战开始后，美国对于中国的内战及其产生的台湾问题曾经持观望态度，直到1950年朝鲜战争爆发，美国政府才公开抛出了“台湾地位未定”论，并且入侵台湾海峡，阻挠中国实现国家统一。1953年1月，美国共和党上台，艾森豪威尔入主白宫。2月，艾森豪威尔即发表第一个国情咨文，其中宣布不保护一个在朝鲜对美作战的国家，取消台湾海峡“中立化”。[①] 根据这个咨文，美国第七舰队随即中止在台湾海峡进行的所谓“中立巡逻”。艾森豪威尔咨文的内容不过是表面文章，只是美国对自己行为冠冕堂皇的粉饰，其潜在用心则是暗中怂恿台湾当局对大陆进行武装袭扰，这就是“放蒋出笼”的政策。这一政策的目的性极为明确，就是企图借以增加中国的心理压力，以此为标志，美国政府对新中国的政策也逐步走向强硬。此

① *FRUS*, 1952 - 1954, Vol. 14, p. 140.

外，朝鲜战场的美军还向中朝前线投放大量炸弹，并扩大增强了对南朝鲜的军援，艾森豪威尔更试图说服参加“联合国军”的16国支持对中国实行封锁。不仅如此，美国政府甚至还就使用原子弹的可能性进行了反复讨论。美国先后采取这一系列措施就是要增加对中朝方面的压力。

中国人民志愿军入朝作战后，同朝鲜人民军一道，以运动战为主连续进行了五次战役，把“联合国军”和南朝鲜军从鸭绿江边赶回到三八线附近，迫使对方转入战略防御和接受停战谈判。1951年7月，朝鲜战争进入了打打谈谈的新阶段。中朝方面在谈判中提出了原则上以三八线为军事分界线，双方军队各后撤10公里，脱离接触，建立非军事区的建议。但因不从朝鲜撤军是美国的既定方针，美方代表拒绝接受这一建议。谈判进展极其艰难。与此同时，在战场上中朝两国军队也进行着不屈不挠的艰苦斗争，不但粉碎对方多次局部进攻，而且成功进行了多次反击战役，使美军大受挫折。这些在战场上的较量有效地配合、推动着谈判的继续，促使美国不得不对朝鲜战争加以重新考虑。1953年7月，美国最终同中朝双方在板门店签署停战协定。

侵朝战争的失败使美国政府开始重新审视自身力量，意识到了局限性的存在，也进一步认识到要在世界各地维持庞大的地面部队显然在经济上力不从心。实际上1953年艾森豪威尔出任美国总统不久即已考虑改变这种战略，准备着手制定新的战略。至1954年1月，美国国务卿杜勒斯发表演说，公开而详尽地阐述了一种新的战略。他宣称，美国目前的基本决定主要依靠一支庞大的报复力量，它能够用我们选择的武器与我们选择的地方马上进行报复。这种新的军事战略被称之为“大规模报复战略”。杜勒斯的“大规模报复战略”得到了总统艾森豪威尔的批准，这一战略主要把赌注压在核武器上，主张削减常规兵力，重点扩充导弹核力量和战略空军，在外交上提出要执行比杜鲁门的遏制政策更有利、更主动的“解放”政策，即把社会主义国家从共产党的领导下“解放”出来。而该战略得以确立的根本基础就在于美国具有核垄断和核优势。

## 二、美国片面对日媾和与“日台合约”的签订

在亚洲和太平洋地区，美国更是加速了其扩大冷战的步伐，视中国为苏联的“附庸”，对中国采取了极端的全面遏制政策。美国通过发展与台湾、韩国、日本、印支、东南亚及大洋洲等国家的关系，签订一系列双边、多边

条约，加强这些国家与地区的经济与军事实力，构筑起一道遏制中国的半月形防线，以图对中国实行封锁和遏制。

尤其随着日本在美国亚洲防卫体系中地位的日益凸显，美国不顾世界舆论的压力，处心积虑地准备与日本进行片面媾和。1951 年 9 月 4 日，美国在排除中国参加的情况下召开旧金山对日和会，片面通过对日和约，在这一条约中美国别有用心的对台湾问题作了如下规定："日本放弃对台湾及澎湖列岛的一切权利、根据与要求。"该条约的不明朗表述正是当年讨论《开罗宣言》时中英双方争论的焦点问题。八年后，美国放弃签署《开罗宣言》时的立场，其此举目的显然是在有意回避台湾的归属问题，为台湾地位未定论留下伏笔。周恩来总理兼外长代表中国 9 月 18 日发表声明，指出对日和约是"非法的"、"无效的"。

在准备对日和约的同时，《日美安全条约》的谈判亦在进行中。9 月 8 日，美日签订《日美安全条约》，结成军事同盟。

1952 年 2 月，日美两国又签订了《日美行政协定》，规定了美国在日驻军的具体实施办法。如此，日本虽在形式上恢复了主权与独立，但其长期处于美军半占领的状态，实际上已被纳入了美国阵营之内，成为美国在亚太地区最大的军事基地，是美国在亚洲遏制共产主义、遏制中国的重要一环。

美国在顺利掌控日本的同时，为进一步遏制中国，又不断对日本施压，敦促其与台湾当局缔结和约，以尽量切断日本与中国大陆的经贸联系。面对美国的强力政策，日本向美国表示"日本政府无意与中国共产党政权缔结一个双边条约"，并保证"日本政府准备一俟法律允许就与中国国民政府缔结条约，以便按照多边条约中提出的原则，重建两国政府间的正常关系"。1952 年 2 月，日台开始媾和谈判，4 月底达成最后协议。日台双方私下达成的所谓"日台和约"受到了中国政府的强烈谴责。5 月 5 日，周恩来外长发表声明，坚决反对日蒋和约。

在台湾当局与日本签订的和约中，美国又迫使台湾接受了美日和约中有关台湾归属的表述方式①。显而易见，美日和约和日台和约都在力图回避、淡化《开罗宣言》和《波茨坦公告》中对台归属的原则立场，这绝非不约而同的巧合，纯属幕后操纵者美国有意为之。

---

① 转引自田桓主编、纪朝钦、蒋立峰副主编：《战后中日关系文献集（1945－1970）》，中国社会科学出版社 1996 年版，第 117 页。

美日片面媾和以及所谓“日台和约”的签订，均为美国按照其战略意图和规划实施的相关步骤。此后不久，美国还曾策动新西兰出面，企图通过联合国安排海峡两岸停火，使海峡两岸关系固定化，以达到使台湾问题国际化的目的。尽管美国的这一阴谋未能得逞，但自朝鲜战争开始，美国始终顽固的公开坚持“台湾地位未定”、“一中一台”甚至“两个中国”的错误立场，直到尼克松访华前，美国在台湾地位问题上的态度始终未变。

新中国建立后，本着“打扫干净房子再请客”的对外方针，不急于同美国等帝国主义国家建交，但对日本却采取了相对灵活的态度。毛泽东主席决定对日本采取“着眼于人民、寄希望于人民”的战略思想，周恩来总理提出“民间先行，以民促官”的对日方针，并亲自出面做了大量日本各界人士的工作，这成为新中国对日关系的一个重要特点。

1952 年 3 月，日本帆足计等三位前国会议员不顾美国禁运和日本政府阻挠，绕道来到中国，双方签订了第一次中日民间贸易协定，打开了中日交往的大门。1953 年起，中日工会、青年与妇女组织、友协、和平团体等民间交往蓬勃发展。中日之间缔结了民间渔业、文化交流等有关协议。

1955 年 8 月 17 日，周总理向日本记者说明：中国虽坚决反对对日旧金山和约，但这并不妨害促进两国关系正常化直至缔结中日之间和约。1955 年 10 月，毛主席在接见日本国会议员访华团时强调，“中日关系的历史是很长的”，“我们吵过架，打过仗，这一套可以忘记啦！”“我们应该尽一切办法，让美国人的手从（日本）缩回去”，中日应该“互相帮助，互通有无，和平友好，文化交流，建立正常的外交关系”。① 一直到 1956 年底，中国政府曾多次建议中日两国政府就促进关系正常化问题进行谈判。时任日本首相的鸠山也多次表示过访华的意愿。但是当时日本政府由于受到美国压力，不敢同中方进行官方谈判。

1957 年 2 月，曾在战后被定为甲级战犯嫌疑人的岸信介在美国扶植下担任首相，在政治上进一步实行亲美、敌视中国、制造“两个中国”的政策，四次破坏中日贸易协定。中国决定对岸信介政府在政治上要孤立、打击，在经济上停止了 1952 年开始的中日民间贸易往来。

---

① 中华人民共和国外交部、中央文献研究室编：《毛泽东外交文选》，中央文献出版社、世界知识出版社 1994 年版，第 226 页。

## 三、“美蒋共同防御条约”的签订

随着朝鲜战争的结束，台湾当局意识到中国政府的战略部署势必作出相应调整，大陆针对台湾的军事力量注定会得到增强，形势的变化令其恐慌不安，对中国共产党控制的沿海岛屿的担心与日俱增，感受到了极大威胁。因此蒋介石迫切希望同美国缔结共同防御条约，使美台之间的关系以条约的形式固定下来。

关于美台之间的签约问题，美国却有自己的考虑，艾森豪威尔政府不愿因此被绑在蒋介石“反攻大陆”的战车上，卷入与中国大陆的战争，所以迟迟未对蒋介石的要求给予积极回应，与台湾方面的迫切形成鲜明对比。1953年10月，美国与南朝鲜签署了共同防卫条约。台湾当局得知这一消息后，再次急切敦促美国，希望能够借机签订类似的防御条约。1954年11月间，美台双方在华盛顿为此进行了多次谈判，虽最终达成协议，但美台之间始终存在着一定分歧。后又中经几次交涉，最后于12月2日签订《美台共同防御条约》。该条约第五条称：“每一缔约国承认对在西太平洋区域内任一缔约国领土上之武装攻击，即将危及其本身之和平与安全，兹并宣告将依其宪法程序采取行动，以对付此共同危险。”美台之间的战略伙伴关系基本形成。《美台共同防御条约》基本上贯彻了美国的意图，没有使美国承担为台湾保卫沿海岛屿的义务，相反还规定台湾要对大陆方面动用武力还必须得到美国同意，这就有效防止了蒋介石贸然对大陆动武从而影响到美国使其深陷战争危机的危险。对于台湾而言，也获得了美国的保障，进入了美国的安全防御体系。但恰恰因为如此，使得美国一直以来的推行台湾与大陆分离的图谋更加顺利。

尽管国民党当局公开地为这个条约的签订表示欢欣鼓舞，蒋介石甚至称之加强了反攻大陆的堡垒之战斗力，① 但私下里美台双方对于条约的解释存在明显的差异。尤其是该条约第六条中规定的所谓共同防御的“领土”，就“中华民国”而言，应指台湾与澎湖，显然将仍被蒋军占领的金门和马祖等沿海岛屿排除在外，因此美国是否会对这些地区施以保护就缺乏明确依据，这对于台湾方面和蒋介石而言，始终存有悬念，是一块心病。台湾当局和蒋

---

① 《纽约时报》(New York Times)，1955年1月1日，第4版。转引自苏格：《美国对华政策与台湾问题》，世界知识出版社1998年版，第250页。

介石的这种担心是不无道理的，这一点在第二次台海危机中得到了充分印证。

对于《美台共同防御条约》，中国政府表示了强烈反对和坚决抵制。12月5日，《人民日报》刊登了题为《中国人民不解放台湾决不罢休》的社论谴责这一条约。12月8日，周恩来外长代表中国政府发表郑重声明，对该条约进行了批驳，严正谴责其为“一个露骨的侵略条约”，“根本是非法的，无效的”，指出中国人民一定要对干涉者和挑衅者给予坚决回击，只有反抗侵略，才能保卫和平。①

针对美国同台湾当局策划、签订《美台共同防御条约》的挑衅活动，中国政府决定采取措施打击美台的嚣张气焰，准备通过军事行动收复浙江沿海国民党控制下的岛屿，以显示维护祖国统一的坚强决心。在《美台共同防御条约》签订前后，浙东前线中国人民解放军从1954年12月中旬到1955年1月上旬，进行了三军联合演习，加紧为解放一江山岛做着积极的准备工作。1月10日，浙东前线解放军空军和海军航空兵共出动飞机130架次，投弹709枚，对大陈岛上的国民党军进行轰炸，令其遭受重大损失。浙东前线解放军的行动迫使国民党海军舰艇白天不敢在大陈锚地停泊，飞机不敢飞抵大陈上空，成功地将大陈地区制空、制海权控制在中国人民解放军手中。18日，浙东前线解放军出动1个步兵师、137艘舰艇、22个航空兵大队，陆海空三军互相配合，对作为台湾门户的一江山岛发起了猛烈攻击。参战部队经过数小时的激烈战斗，于翌日迅速攻克了一江山岛。取得了这一重大胜利后，解放军将目标迅即指向大陈岛。

大陈岛离大陆海岸只有12英里，离台湾有200多英里，岛上岩石遍布，易攻难守。美国对这种状况心知肚明，因此主张台湾方面放弃大陈岛，将军队撤出。但台湾当局并不肯轻易就执行美国主张，而是借此时机向美国讨价还价，想趁机换取美国保证协助其保卫金门、马祖的承诺，以解决自《美台共同防御条约》签订以来自己非常关心却又始终悬而未决的遗留问题。然而，台湾方面没有很快得到期望中的美方许诺，大陈岛形势的发展又不容其继续迟延，再加上当时《美台共同防御条约》虽已签订，却尚未得到美国国会的正式批准，对此蒋介石集团也难免心存顾忌，因此台湾当局最终还

① 《周恩来政论选》（下册），中央文献出版社、人民日报出版社1993年版，第733－734、739－740页。

是遵从了美国让其从大陈岛撤军的主张。美国政府命令第七舰队和其他部队帮助国民党军队从大陈岛撤退。2月8日至12日，美军派出大量舰只到大陈，并以大量飞机护航，接运守岛的国民党军并裹胁岛上居民去台湾。解放军顺利占领了上下大陈岛。至2月底，浙东海面的岛屿全部获得解放。

中国政府的此次军事行动有效打击了国民党军对沿海地区的骚扰活动，也打破了台湾当局利用沿海岛屿封锁大陆实现其反攻计划的梦想。

## 四、两次海峡危机与美方的介入

美国舰队进入台湾海峡，虽然提出了“中立”台湾海峡的政策，但主要意图在于保护台湾的蒋介石集团，至于台湾当局对大陆进行骚扰的军事袭击活动，美国不但没有控制甚至还予以纵容，因此美国的“中立”是带有明显偏袒性质的中立。美国的介入为中国人民的解放战争制造了障碍，从而形成了台湾问题，使之进一步复杂化。但其时正值朝鲜战争期间，由于形势的变化，中国的军事战略重心发生了转移，尚无暇集中精力解决台湾问题，因此延迟了解放台湾的时间。①

台湾问题的暂且搁置并非代表中国政府忽略这一问题，中国共产党统一祖国的决心从未发生改变，解决台湾问题只是一个时间问题。朝鲜战争结束后，为打击国民党在沿海地区的破坏活动，从1954年3月起解放军逐步加强了在浙江地区的军事行动，先后攻占了东矶列岛等岛屿，基本控制了浙江沿海地区的制海权和制空权。自7月开始，中国领导人就又把解放台湾和沿海岛屿放在了突出地位。

7月23日，《人民日报》发表题为《一定要解放台湾》的社论，指出解放台湾是中国人民的神圣使命。8月1日，朱德在庆祝建军27周年的讲话中强调，不解放台湾，中国人民的解放事业就没有完成；解放台湾是中国的内政，中国人民不允许任何外国对此加以干涉。11日，周恩来在中央人民政府第33次会议上作外交报告，指出台湾是中国领土，不容外国侵略，不容联合国托管，解放台湾是中国内政，不容外国干涉；反对美台签约，只有实现台湾解放才能真正实现祖国统一。22日，中国人民政治协商会议全国委员会、中国共产党、中国国民党革命委员会、中国民主同盟等十八个组织发表了《中华人民共和国各民主党派各人民团体为解放台湾联合宣言》，

① 萧劲光：《萧劲光回忆录（续集）》，解放军出版社1988年版，第26页。

声明台湾是中国领土不可分割的一部分，决不容许美国侵占或者联合国托管；解放台湾为中国内政，决不容许外国干涉；解放台湾才能完成祖国的完全统一；宣告中国人民一定要解放台湾。[①]

对于台湾问题，中国领导人还认识到若长久拖延会在世界形成中国政府接受既成事实的错误认识，使之误以为台湾海峡等同于又一条"三八线"，这将造成不利的国际影响。中国领导人始终警惕着美国使台湾与大陆分裂长期化的企图，认为决不能用维持现状的办法来解决台湾问题。

进入8月，中共中央在要求华东军区加紧准备攻打大陈岛的同时，积极准备通过炮击金门对国民党军实施惩罚性打击，以显示解放台湾的决心和力量。在掌握国民党军的状况后，打击行动于9月3日正式发起，中国人民解放军驻福建前线部队猛烈炮击金门，连续发炮5000余发，摧毁国民党军炮兵阵地7个，击沉炮艇、拖轮各1艘，击毁其水下活动码头1个。国民党部队立即以炮火回击，并从9月6日起出动飞机连续轰炸厦门大嶝，9日出动舰只攻击梧屿白石炮台，由此第一次台海危机爆发。这一状况的发生，迫使美国国务卿杜勒斯紧急赶赴台湾。为向世界表明中国人民强烈反对美国干涉台湾问题的立场，中国人民解放军驻福建前线部队向大小金门继续发动连续炮击。

中国人民解放军的行动对美台双方不啻为有力警示，表明了中国政府坚决反对将台湾问题固定化，反对美国制造"两个中国"的阴谋。

随着形势的发展变化，1955年1月底美国国会通过了"授权总统在台湾海峡使用武装部队的紧急决议"，授权总统在其认为"对确保和保护台湾和澎湖列岛不受武装进攻的具体目标是必要的事后，使用美国武装部队，这项权力包括确保和保护该地区中现在在友好国家手中的相关阵地和领土，以及包括采取他认为在确保台湾和澎湖列岛的防御方面是必要的和适宜的其他措施"。[②] 这一授权法案的通过，意味着美方甚至将把台湾方面最关注的金门和马祖也置于其保护之下，但从中也不难体会到美国之所以如此，其根本出发点完全是美国自身的战略安全。美国试图利用台湾海峡的局势变化之际明确其在台湾海峡地区的保护范围，发出可能以武力参与其中的战争预警信号，企图通过这样的威慑令中国政府妥协退让。然而美国并没有收到想象中

---

① 《人民日报》，1954年7月23日，8月1日、14日、23日。

② 《台湾文献资料选编》，第928－929页。

的预期效果，中国政府对美国的行为进行了深刻揭露，谴责了其侵略性和干涉中国内政的实质，也更加坚定地表明了统一祖国的决心。

1955 年初中国政府的系列军事行动使蒋介石高度警觉，他开始重点关注金门列岛。金门列岛位于福建南部厦门以东，包括大小金门岛，距大陆约 5.5 海里，地理位置极其重要。从 7 月起，蒋介石开始向金门大量增派军队，加强该地区军事力量。在台湾岛内，1955 年下半年以后“反攻大陆”的论调亦甚嚣尘上。特别是在 1956 年，东欧发生了“波匈事件”（即波兰和匈牙利国内爆发的反对苏联干涉其内政的大规模群众运动），无形中使盘踞台湾的国民党集团深受鼓舞，“反攻大陆”的宣传和准备在 1957 年再度急剧升温。在美国艾森豪威尔政府的怂恿和包庇下，台湾方面不断出动飞机深入中国大陆内地，在云南、贵州、青海、四川等地空投特务、散发传单，号召大陆人民起来造反，配合其反攻行动，甚至对福建沿海地区进行轰炸。不仅如此，蒋介石继续向金门方面增派军队，至 1958 年夏季在金、马地区集结的军队已达 10 万人，其中绝大多数驻于金门，约占全部国民党军队的 1/3，而且是国民党军队中较为精锐的部分。金门岛附近的大担、二担两个小岛，亦均被国民党军困守，他们以金门岛及其附近岛屿为据点不断对福建沿岸进行骚扰，对中国大陆造成了严重威胁。台湾海峡地区局势日益紧张。

1957 年底，美国还中断了中美大使级会谈，再次表明了与新中国对立的立场。除纵容甚至暗中鼓励台湾当局对中国沿海的骚扰破坏活动外，美国还在台湾建造了可供 B52 轰炸机起降的大型机场。更有甚者，3 月 6 日，美台就在台湾部署中程导弹斗牛士导弹达成协定，5 月 6 日双方就此发表联合声明。报刊文章透露，这种导弹既可以携带常规弹头，也可以携带核弹头，“而其实际效用主要在于可以携带核弹头”。文章没有披露，核弹头是否运到了台湾，但推测说，核弹头“或许已与美军一起驻在台湾，或许储存在附近的海军或空军基地，一旦开战，即可运往台湾”。① 中国政府对美国的这种做法予以强烈谴责，指出：“美国在被它侵占的中国领土台湾、南朝鲜和日本设置发射核弹头的火箭的基地，加剧了远东的紧张局势，并且已经引

① Appu K. Soman: “‘Who's Daddy’ in the Taiwan Strait? The Offshore Island Crisis of 1958”, The Journal of American East Asian Relations, Vol. 3, No. 4, pp. 376 – 377; Thomas E. Stolper, China, Taiwan, and the Offshore Islangds, p. 115. 转引自陶文钊：《中美关系史（1949 – 1972）》（中卷），上海人民出版社 1999 年版，第四章《台海风云》第三节《第二次台海危机》。

起中国人民和亚洲各国人民的强烈反对"①

1958年中东地区风云突变。7月，伊拉克人民举行了武装起义，推翻了费萨尔王朝，组建了革命政府，宣布退出由美英组织的巴格达条约组织，退出由英国一手炮制的伊拉克—约旦联邦。英国迅即出兵入侵约旦，威胁伊拉克人民的民族革命。美国亦调动第六舰队运送美军在黎巴嫩登陆，悍然入侵，扼杀黎巴嫩的人民起义。英美对他国内政的干涉引发了中东危机，中东局势骤然紧张。中国政府敏锐地看到中东危机的深刻根源就在于美国，于是在7月16日发表声明，明确要求美军撤出黎巴嫩、英军撤出约旦，并宣布承认伊拉克共和国。

为进一步支持中东人民的解放斗争，同时抓住这一有利时机对美国支持的国民党残余势力在军事上给予打击，中共中央决定再次对金门实施大规模炮击。这一决定一方面旨在通过炮击金门牵制美国军事力量，支援中东地区的反侵略斗争；另一方面更主要的是为了反对美国使台湾与大陆分离成为固定化，以顺理成章的制造"两个中国"的阴险企图。

中国人民解放军进行了一系列周密准备，在各个战略要地部署驻扎了军队，并对侵犯大陆领空的国民党空军予以迎头痛击，夺取了福建上空的制空权。8月6日，台湾当局命令军队进入紧急戒备状态，并迅速增兵沿海诸岛，为增强蒋介石的力量，美国也提供了一定军事援助。

8月23日，中国人民解放军福建前线部队对大小金门岛进行了大规模炮击，前线部队的36个地面炮兵营和6个海岸炮兵营一起向金门猛烈开炮，重创国民党军，极大地破坏了其相应军事设施，取得了此次炮击的重大胜利，实现了对大小金门和大担、二担等岛屿的严密封锁。此后，中国人民解放军继续实施对国民党军的军事打击，大小战役不断打响。台海地区的炮火硝烟令美国深觉不安，美国迅速增加第七舰队军事力量，短时间内在台湾海峡集结了7艘航空母舰、3艘重巡洋舰，40余艘驱逐舰。美国空军巡逻队和海军陆战队也进驻台湾和菲律宾。此外海军陆战队近4000人在台湾登陆。②

9月3日，毛泽东决定从次日起对金门暂停炮击三天。9月4日，中国政府即发表声明，宣布中华人民共和国领海宽度为12海里，包括大小金门

① 《中美关系资料汇编》（第二辑下），第2590页。

② 资中筠：《战后美国外交史》，第303页。转引自苏格：《美国对华政策与台湾问题》，世界知识出版社1998年版，第300页。

岛、大担、二担等岛屿，一切外国飞机和军用船舶，未经中国政府许可，不得进入中国领海及其上空。① 中国政府暂停炮击、明确领海，是有着深刻用意的，主要是为了探测美国的动向，搞清美国究竟要在台湾和金门马祖问题上准备介入多深，其长远的战略意图是什么。② 这种酣战之中暂停作战的举措具有非同寻常的意义，唯有做到“知己知彼”，方可在这场复杂的军事、政治、外交斗争中应对自如，制定出最为恰切的对策。

金门受到中国人民解放军的炮轰并被严密封锁，供给困难，岛上的国民党军陷入困境，台湾当局紧急向美国求援。9 月 7 日，美国军舰公然为国民党军运输船和军舰护航。对此，毛泽东作出指示：一照打不误；二只打蒋舰，不打美舰。9 月 8 日，福建前线实施了一次大规模炮击，炮击持续 5 个多小时。11 日，人民解放军又炮击 3 个多小时。在这两次大规模炮击行动中，为国民党军护航的美国军舰均在蒋舰遭受炮击时仓皇逃离战场，至外海处观望，并未妄自采取军事行动。由此可见，美国出于自身利益和潜在目的（即制造“两个中国”）并不愿意卷入这场战争之中直接与中国方面对立冲突。

洞悉美方的态度，一方面中国人民解放军将火力集中于打击国民党军。9 月 11 日后，又增调一些部队陆续入闽作战，使参加炮击的地面炮兵力量达到 14 个团又 7 个营又 14 个连；参战的海岸炮兵也增加至 8 个连，③ 对国民党军队实施军事压力。另一方面，中国政府积极准备和美国重新开始中断九个月之久的大使级会谈。9 月 6 日，周恩来发表《关于台湾海峡地区局势的声明》，阐明中国政府在台湾问题上的立场和原则，反对任何外来干涉，尤其是反对美国的侵略和干涉，并建议“同美国政府坐下来谈判”，以利于缓和台海地区的紧张局势。④

面对国际舆论的巨大压力，美国政府立即同意恢复中美大使级会谈，9 月 15 日在波兰首都华沙，中美双方的代表再次坐到了一起。尽管中方代表王炳南受命在会谈中采取委婉、策略的方式，但再次回到会谈桌上的美国依然坚持其在台湾问题上的错误政策，态度顽固，没有丝毫改变，缺乏诚意，

---

① 《人民日报》，1958 年 9 月 5 日。

② 苏格：《美国对华政策与台湾问题》，世界知识出版社 1998 年版，第 301 页。

③ 《中国军队的军事工作》（上），第 402 – 405 页；《周恩来年谱，1949 – 1976》，中卷，第 169 页。

④ 《人民日报》，1958 年 9 月 7 日。

因此会谈未取得任何突破性进展。

在复杂的台海形势中，毛泽东高瞻远瞩，认为金、马留在蒋介石手里，就保留了一个大陆与台湾对话的渠道；如果把金、马收回，美国就会把台湾孤立起来，造成“两个中国”的局面。因此中国政府在与美国继续会谈的同时，为粉碎美国制造“两个中国”的阴谋，决定对金门采取“打而不登，封而不死”的战术方针。接下来一段时期内，中国人民解放军断续对金门进行炮击，但是火力猛烈程度已经降低，且不以进占金门为目的，这也令蒋介石更加坚定了其驻守金、马的决心，不轻易听从美国从该地区撤军的动员。

配合军事行动的变化，中国政府的对台重心转移到了政治攻势方面。10月6日，以国防部长彭德怀的名义发表了由毛泽东亲自起草的《告台湾同胞书》，文告首先强调说明“我们都是中国人，三十六计，和为上计”，并宣布“以没有美国人护航为条件”暂停炮击7天，以方便金门地区国民党军“充分地自由地输送供应品”。① 10月13日，又宣布继续停止炮击两星期，以使金门军民同胞得到充分补给。

但是10月19日，美国军舰再次为国民党军护航侵入金门海域。此外，美国国务卿杜勒斯计划将于21日访台。中央军委立即作出决定，提前恢复炮击。10月20日，福建前线部队向金门实施了大规模炮击。10月25日，彭德怀又发表了由毛泽东起草的《再告台湾同胞书》。文告宣布“仍以不引进美国人护航为条件”，规定“逢双日不打金门的飞机场、料罗湾的码头、海滩和船只，使大金门、小金门、大担、二担大小岛屿上的军民同胞都得到充分的供应，包括粮食、蔬菜、食油、燃料和军事装备在内”，以利其长期固守，而且还宣布如有不足，只要开口，人民解放军可以供应。文告同时说明“逢单日，你们的船只、飞机不要来。逢单日我们也不一定打炮，但是你们不要来，以免受到可能的损失。这样，一个月中有半月可以运输，供应可以无缺”。② 这就基本明确了对金门“单日打炮、双日不打”的方针。一般我方炮击都不以对方军队阵地和居民驻地为目标，逢年过节还要停炮三天，对金门的炮击进行到后期，炮弹已经不再是具有杀伤力的炸药，而改装

① 《人民日报》，1958年10月6日。
② 《人民日报》，1958年10月26日。

宣传品。[1] 这场战争也日益演变为象征性色彩浓厚的战争。对于这种双日不打单日打、事先向对方进行通告的做法，美国方面感到极其困惑不解。艾森豪威尔怀疑："我奇怪我们是不是在进行一场滑稽歌剧式的战争。"[2] 然而在这场令艾森豪威尔也为之迷惑的"滑稽歌剧式的战争"中，中国政府始终掌握着主动权，一旦时机必须，就决不含糊的真枪实弹。11月3日，为影响美国选举，反对美国政府的"战争边缘政策"和干涉中国内政的行径，毛泽东指示大打一天。1959年1月3日金门国民党军炮击大陆沿海村庄，为惩罚国民党军，福建前线炮兵奉命于1月7日对金门实施大规模炮击，发射炮弹2.6万余发。[3] 1960年6月，艾森豪威尔公然出访台湾。中国人民解放军福建前线司令部发表《告台、澎、金、马军民同胞书》，宣布按例于17、19日两天打炮，以特殊方式对艾森豪威尔进行"迎送"，并提醒当地同胞尽量避免炮火危险。[4]

这样"打打停停，半打半停"、只有少数几次真打的"炮战"，从1958年秋冬一直延续到1979年元旦，整整打了20年。从这个过程可以看出，最初的炮击是真正意义上的战斗，是对美国和台湾国民党军的武装骚扰、挑衅进行有效打击的必要步骤；后来的炮击则逐渐转变为一种策略，更主要的是为了粉碎美国企图实现"划峡而治"、制造"两个中国"的阴谋。

## 五、国共双方联手抗击美国所谓"划峡而治"

1954年9月，第一次台海危机发生后，美国企图借机实现台海状况的固定化，使"一中一台"成为既定事实，于是蠢蠢欲动。经过一番预先精心策划，美国决定将台海局势问题交由联合国安理会讨论决定。但此事需要由一个会员国提出，美国并不打算此时亲自出面，于是在其盟国英国的支持下暗地里授意、指使新西兰充当这一角色，新西兰遂领命于1955年1月28日向联合国安理会提出了关于台湾海峡两岸对立双方停火的提案。新西兰的这一提案把中国解放台湾和沿海岛屿的内政问题说成是"国际冲突"，要联合国出面"斡旋停火"，将本属中国内政的问题国际化，意图完全是要制造

---

① 叶飞：《毛主席指挥炮击金门》，《人民日报》，1993年12月24日。

② 《缔造和平》，第1册，第340页。转引自陶文钊：《中美关系史（1949－1972）》（中卷），上海人民出版社1999年版，第四章《台海风云》第三节《第二次台海危机》。

③ 杨贵华：《万炮轰金门》，来源于人民网，2002年7月15日。

④ 《人民日报》，1960年6月18日。

“两个中国”，以使海峡两岸关系从此固定化。对新西兰的提案，苏联清楚其幕后主使者为美国，因此针锋相对地提出了一个制止美国侵略中国的提案。1月31日，安理会通过决议，把两项提案都列入议程，但要先讨论新西兰提案，然后再讨论苏联提案，并决定邀请中华人民共和国代表与会，一起参加讨论新西兰提案。

对于来自联合国的这一邀请，中国政府深知其意在何处。2月3日，周恩来在致联合国秘书长哈马舍尔德的复电中坚决反对干涉中国内政、掩盖美国对中国侵略行为的新西兰提案，表示在蒋介石集团代表仍占据联合国中国合法席位的情况下，中华人民共和国不能派代表参加安理会的讨论，在没有中华人民共和国代表参加的情况下安理会对有关中国问题的任何决议都是非法的、无效的。[①] 中国政府明确表明了对提案的态度。此后，周恩来分别在同瑞典大使雨果·维斯特朗和印度大使赖嘉文的谈话中指出，新西兰提案包含着阴谋，企图把属于任何外国或联合国都无权干涉的中国内政的事情，放在国际舞台上，要在台湾地区造成“两个中国”的形势，要割裂中国领土；因此，中方不能同意新西兰的提案，也完全有理由拒绝参加此次讨论。[②]

对于新西兰的提案，台湾当局同样持强烈反对意见。蒋介石明确表示反对新西兰提案的态度，他认为新西兰的提案只会对共产党有利，但是他也敏感的指出沿海岛屿停火和中立只是第一步，下一步就是台湾中立化，再接下去就是中共进入联合国，形成两个中国，然后直至台湾被共产党接管。他向美国指出，如果台湾赞同这个议案，那么对国民党军队、生活在台湾的老百姓、海外华人和大陆的中国人将产生“毁灭性影响”。因此，他致电指示台湾驻华盛顿“大使”顾维钧，指示其“对新西兰在安理会的行动应予以极大保留，它将引起巨大的疑惑、忧虑和误解，并将鼓励和支持那些正在以‘两个中国’为目标的人。”[③] 2月8日，蒋介石在台北国父纪念日大会上发表讲话，斥责新西兰提案，是“不守正义，不讲公理，乘人之危，落井下石”，“所谓‘两个中国’的奇论，尤其荒谬绝伦”。[④] 2月14日，蒋介石再

① 《中美关系资料汇编》（第二辑下），第2198－2200页。

② 《周恩来外交文选》，第106－107页；《周恩来外交活动大事记》，第100页。

③ 《蒋介石斥新西兰提案鼓吹“台独”》（新华澳报），来源于华夏经纬网，2003年10月24日。

④ 秦孝仪主编、中国国民党中央委员会党史委员会编印：《先总统蒋公思想言论总集》，台北中央文物供应社1984年版，第26卷，第257－264页。

次在中外记者招待会上说："'两个中国'的说法，真是荒谬绝伦。在四千余年的中国历史上，虽间有卖国贼勾结乱寇叛乱之事，但中华民族不久终归于一统。"后来，蒋介石又进一步说："台湾和大陆本属一体，骨肉相关，休戚与共。"① 虽然从狭隘的立场出发，国民党认为"停火"无异于要台湾放弃"反攻大陆"的计划，是有利于中国共产党的举措，但是台湾当局直至蒋介石本人坚决反对美国制造"两个中国"的阴谋是确定无疑的，也是值得肯定的。

由于海峡两岸都坚决反对新西兰提案，提案遇到的困难是美国始料未及的。2 月 15 日，苏联代表在安理会谴责新西兰提案，并要求讨论苏联提案，但是遭到美英拒绝。双方僵持不下，安理会只得决定无限期搁置讨论。美国暗中操纵的新西兰提案最终破产，美国的如意算盘落空。

1958 年 8 月 23 日，第二次台海危机爆发，台海局势再度紧张。还是早在 1956 年 2 月 8 日，台湾当局新任驻美"大使"叶公超在答复美国立法院有关外交的询问时就坚定的表示："我政府决心坚持外岛，任何国家不能迫我方放弃外岛。"② 对于金、马等岛屿，台湾当局誓与占据，绝无退让之心。这与美方主张其放弃外岛，仅孤立驻守于台湾岛本身与大陆对峙，从而达到其制造"两个中国"的企图南辕北辙。而且美国公众舆论也不希望美国军队卷入台海地区的冲突，美国决策者不能不顾及国内公众的意愿。因此，在台湾当局试图保障其外围岛屿的军事行动上，美国的支持是甚为有限的，历来不是很积极。

1958 年 8 月的金门炮击来势十分凶猛，蒋介石据此断定目前的台海局势已经形成了金、马争夺战关系台湾存亡的印象，而且可以借此战机使得这种印象进一步强化，最终迫使美国也参与进来，因此金门炮战伊始，蒋介石便拼命拉美国下水，要求美国共同袭击中国大陆福建沿海地区。美国从制造"两个中国"的阴谋出发，未同意蒋方要求，双方发生分歧、争执。

1958 年 10 月 21 日，时值解放军继续停止炮击两星期之际，美国国务卿杜勒斯趁机访台。杜勒斯声称此行目的是为完成所谓"和平使命"，实则是借此停火之机压迫蒋介石将军队撤出沿海岛屿，放弃金、马，使美国

① 《蒋介石斥新西兰提案鼓吹"台独"》（新华澳报），来源于华夏经纬网，2003 年 10 月 24 日。

② 陶文钊：《中美关系史（1949 - 1972）》（中卷），上海人民出版社 1999 年版，第四章《台海风云》第三节《第二次台海危机》。

"划峡而治"的要求顺理成章的得以实现。中共中央对美国的态度早已了然于胸，因此决定以特殊的方式——恢复对金门的炮击助台坚定占据金、马的决心，彻底粉碎美国的阴谋。

杜勒斯抵达台湾后一直试图说服蒋介石听从美国意见，并在会谈期间向蒋介石提交了一份书面文件。台湾"外交部长"黄少谷斥责杜勒斯的书面文件的建议"几乎是动摇中华民国的基础。这等于让本政府自愿承认接受'两个中国'的概念"，接受这样的建议是不可能的。① 此时，金门战火又重新燃起，根本不是美国期待中的风平浪静，美国也就失去了借以向台湾方面进行强势说服、施加政治压力的依据。因此在固有的分歧之上，美台双方经过一番激烈的讨价还价，于23日达成联合公报。在公报中，美国承认"金门、马祖与台湾、澎湖在防卫上有密切之关联"，"中华民国是自由中国的以及广大中国人民所抱的希望和愿望的真正发言人"；台湾当局则在公报中宣布放弃军事"反攻大陆"口号，称"恢复大陆人民之自由的主要途径，为实行孙中山先生之三民主义，而非凭藉武力"。② 这一公报，美台双方互有妥协，都做了某种程度的让步。但是蒋介石所代表的台湾当局始终坚守"一个中国"理念的底线，不肯以此做交易，再次打乱了美国推行"两个中国"的计划，让美国也感到无可奈何。

两次台海危机前后相继，从规模、影响和意义上讲，第二次台海危机要远远超过第一次台海危机。但在两次台海危机中，无论见解分歧存在多么大的差距，国共双方领导者均有一致的共同点——反对"两个中国"。也正是基于这样的共同点，中国政府并没有打算真正拿下金门、马祖等地区，而是把金、马等保留在台湾当局手中，作为连接大陆与台湾的纽带，以此反对美国使台湾与大陆的分离永久化的企图，维护了"一个中国"的局面。

## 第四节　中美三个联合公报与中日建交及台湾问题

从20世纪60年代到70年代，中美两国开始了两国关系正常化艰难曲折的历程，尽管中美两国有约束和解决台湾问题的《上海公报》与《建交

① *FRUS*, 1958 - 1960, Vol. 19, pp. 421 - 425, 428 - 429.
② *FRUS*, 1958 - 1960, Vol. 19, pp. 439 - 440, 442 - 444.

公报》，但台湾问题始终如幽灵般困扰双方关系的健康发展，因此到 80 年代初，中美针对美对台军售问题签署了《八一七公报》。日本在这一时期的对外战略方面一直追随美国，但是在对华关系和台湾问题上也表现出了强烈的利益诉求。

## 一、中美《上海公报》的签署与美方承认“一个中国”

20 世纪 50 年代中至 60 年代初是苏美争霸的第一阶段。此阶段双方关系既有缓和的一面，又有紧张的一面。其中 1959 年赫鲁晓夫访美在戴维营举行会谈，表明美国实际上承认了苏美同是超级大国的事实。“柏林墙”的修筑和“古巴导弹危机”，由此苏联已走上同美国进行全球争夺的道路，同时也表明当时的战略优势仍在美国方面。另一方面，由于苏联推行大国沙文主义和在国际共产主义阵营中的大党主义，导致 50 年代末中苏两党关系陷入停滞，而两国则从关系破裂发展到接近全面战争的边缘，所以 60 年代大部分时期中国面对的国际环境十分不利，处于两个超级大国的夹击之下，对外战略也是“两个拳头打人”。

60 年代中至 70 年代末，是美苏争霸的第二阶段，此时转换为“苏攻美守”。此时的苏联经济实力与美国的差距大为缩短，苏联的扩张野心不断膨胀。勃列日涅夫执政时期的主要战略目标，已是要与美国争夺世界霸权的积极进攻战略。1979 年苏军出兵阿富汗，直接实行军事占领，标志着苏联霸权主义政策发展到了顶点。而这一阶段的美国，受经济危机的冲击，又因侵越战争的困扰和挫折，军事实力被苏联赶上，在争霸中处于守势。

20 世纪 60 年代初期及中期，美国的肯尼迪和约翰逊总统执政，他们继续奉行“两个中国”的政策，加上中国于 60 年代中期发动了“文化大革命”，中美关系一直僵持不下，唯一的沟通渠道是马拉松式的中美大使级会谈；当然，在约翰逊执政后期逐渐认识到了中国的重要性，表达了一定的改善中美关系的愿望。同期，台湾的蒋介石政权一直想着“反攻复国”，但是没有得到美国政府的支持，因此国共双方的对峙一直在继续。

1969 年尼克松入主白宫，在就职演说中，他再次含蓄地表达了缓和对华关系的主张：“我们谋求建立一个开放的世界”，“在这个世界里，大小国家的人民都不会怒气冲冲地处于与世隔绝的地位。”[①] 他就任美国总统后，

① 《人民日报》，1969 年 1 月 28 日。

对外战略从进攻转为防御。这种调整的基本倾向是收缩美国的海外态势，收缩的重点在亚洲，同时试图与中国结盟对抗苏联。1969 年 3 月，在同法国总统戴高乐（Charles De Gaulle）的一次会谈中，尼克松提出希望与中国开展对话，并请求法国向中国转达他的这个意向。

1969 年 3 月，中苏珍宝岛之战将已经恶化的中苏关系降到了冰点。面对严峻的国际形势，1969 年 3 月至 10 月，毛主席和周总理指定陈毅为召集人，与叶剑英、徐向前、聂荣臻三位老帅一起开了 23 次国际形势座谈会，就当时的国际形势，特别是国际战略格局和大三角关系的变化以及对我国外交政策的影响，就尼克松总统上台后美国对华政策的变化等战略问题进行了深入的研究和分析。老帅们先后向毛主席和周总理提交了《对战争形势的初步估计》和《对目前形势的看法》两个报告。老帅们认为，美苏的争夺和矛盾是第一位的，因此，美苏单独或联合发动对华战争的可能性不大，美国的战略重点在西方，苏联对我安全构成的威胁比美国大，因此，我国应利用美苏之间的矛盾，尽早恢复中美大使级会谈，打破中美关系僵持局面。同年十二月，中美恢复华沙大使级会谈。国际形势座谈会为毛主席和党中央做出对外战略调整以及改善中美关系的重大决策提供了正确的判断和科学的论证。

中美双方都在积极把握住改善中美关系的契机。1971 年 4 月 3 日，在第 31 届世乒赛即将结束的时候，中国外交部及国家体委就是否邀请美国乒乓球队访华问题向中央请示。经过 3 天的反复考虑，4 月 6 日毛泽东在比赛闭幕前夕决定邀请美国队访华。4 月 7 日，美国白宫发言人在新闻发布会上说：“美国政府对美国乒乓球队计划中的北京之行表示欢迎。”他还指出：“总统在向国会提交的对外政策报告中清楚地表明，他欢迎中华人民共和国人民同美国人民之间的接触。”1971 年 4 月 10 日，美国乒乓球代表团和一小批美国新闻记者抵达北京，成为自 1949 年以来第一批获准进入中国境内的美国人。14 日，周恩来在人民大会堂接见美国乒乓球队时说：“你们在中美两国人民的关系上打开了一个新篇章。我相信，我们友谊的这一新开端必将受到我们两国多数人民的支持。”1972 年 4 月 11 日，中国乒乓球队回访美国。由此，以毛泽东、周恩来为首的中国领导人成功地以“小球转动了大球”，成为中美外交史上一段脍炙人口的佳话。

“乒乓外交”之后，中美之间正式的官方沟通提上了议事日程。1971 年 4 月 27 日，中国通过巴基斯坦渠道正式送交美国一份照会。照会说：“中国政府重申它愿意在北京公开接待美国总统本人，以便直接进行会晤和讨论。”第二天，尼克松交给基辛格秘密访问中国的任务。

7月8日，基辛格在访问巴基斯坦期间，秘密登上了巴基斯坦航空公司的波音707飞机飞抵北京。7月9日至11日，周恩来同基辛格进行了会谈。会谈时，双方着重讨论了台湾问题。周恩来坚持，美国必须承认台湾是中国的一个省，台湾问题是中国的内政，因而不容外人干涉；美国还必须确定撤走驻台美军的期限，并废除美蒋《共同防御条约》。

基辛格表示：(1) 承认台湾属于中国。(2) 美国不再与中国为敌，不再孤立中国，在联合国内将支持恢复中国的席位，但不支持驱逐蒋介石集团的代表。(3) 美国准备在印度支那战争结束后一个规定的短时期内撤走其驻台美军的三分之二，至于美蒋《共同防御条约》，美国认为历史可以解决这个问题。

1971年10月25日，第二十六届联大以59票反对、55票赞成、15票弃权否决了所谓“重要问题”案。接着以76票赞成、35票反对、17票弃权的压倒多数通过了阿尔巴尼亚、阿尔及利亚等23国的提案（即联合国历史上著名的联大2758号决议），决定恢复中华人民共和国在联合国的一切合法权利，并立即把国民党集团的代表从联合国及所属一切机构中驱逐出去。这个提案从政治上、法律上、程序上公正彻底地解决了中国在联合国的代表权问题。第二十六届联大恢复中华人民共和国在联合国的合法权利，这是中国外交工作一次重大突破。同时，使中美关系的改善成为时代潮流，中美关系中台湾问题的边缘化趋势日益明显。

1972年2月21日至28日，美国总统尼克松正式访华。尼克松此次访华是20世纪国际外交史上最重大的事件之一。22日，周恩来总理同尼克松总统在北京人民大会堂举行会谈，就中美关系正常化及双方关心的其他问题进行了讨论。周恩来表示：台湾问题是阻碍两国关系正常化的关键。尼克松表示：美国承认世界上只有一个中国，台湾是中国的一部分。

2月28日，中美两国发表了指导两国关系的《中美联合公报》，中美交往的大门终于被打开。《中美联合公报》是中美两国签署的第一个指导双边关系的文件。它的发表，标志着中美隔绝状态的结束和关系正常化进程的开始。

《公报》列举了双方在重大国际问题上的不同观点和看法，承认“中美两国的社会制度和对外政策有着本质的区别”。但是《公报》强调指出，双方同意在和平共处五项原则的基础上处理国与国之间的关系和国际争端。

关于台湾问题，中国方面在《公报》中重申自己立场：台湾是阻碍中美两国关系正常化的关键问题；中华人民共和国政府是中国的唯一合法政府；台湾是中国的一个省，早已归还祖国；解放台湾是中国内政，别国无权干涉；全部美国武装力量和军事设施必须从台湾撤走。中国政府坚决反对任何旨在制造"一中一台"、"一个中国、两个政府"、"两个中国"、"台湾独立"或鼓吹"台湾地位未定"的活动。①

在1972年的中美《上海公报》中，美国政府表示："美国认识到，在台湾海峡两边的所有中国人都认为只有一个中国，台湾是中国的一部分。美对这一立场不提出异议。它重申它对由中国人民自己和平解决台湾问题的关心。考虑到这一前景，它确认从台撤出全部美国武装力量和军事设施的最终目标。在此期间，它将随着这个地区紧张局势的缓和逐步减少它在台的武装力量和军事设施。"② 这是颇为耐人寻味的一段话，从中可以解读出许多美国对华、对台政策的内涵。

可以看出，美国政府在第一次与中华人民共和国打交道的正式文件中已正式承认只有一个中国，台湾是中国的一部分。尽管美国的立场与中国政府的要求还有相当大的差距，但与美国20多年坚持的"台湾地位未定论"，公开制造"一中一台"、"两个中国"的立场相比，不能不说是一次大的变动。它毕竟等于承诺今后不可能再明目张胆地鼓励和支持台湾搞"独立"。应该说此次对台政策的变动是向中国大陆立场的倾斜。然而，美国在《上海公报》对台问题的表述中，采用了海峡两岸可有不同的理解、双方均可接受的模棱两可的措辞。即：美国只是认识到"只有一个中国"，是中华人民共和国，还是中华民国，可由大陆和台湾自行理解。在尼克松访问中国以及此前的基辛格秘密访华的会谈中，美方仍坚持三点，第一，还不能承认中华人民共和国是中国的唯一合法政府；第二，没有规定从台撤出军事力量的时间；第三，把和平方式解决台湾问题作为美国从台撤军的先决条件。这些充分证明美国在千方百计为日后与台保持实质性关系留下伏笔。美对台政策的第一次变动，并没有动摇其对台根深蒂固的立场，美台关系的稳定性并未

① 《人民日报》，1972年2月28日。
② 《人民日报》，1972年2月28日。

轻易改变。①

事实上，美国并不打算放弃美台军事关系，而是在保有“哪一个中国”的解释选择权的同时，长期保持其对台湾的军事控制，并使之成为限制中国走向统一的控制权。就在《上海公报》公布不到 10 天之际，1972 年 3 月 6 日，尼克松总统会见了台湾驻美“大使”沈剑虹，并解释说：《上海公报》既不是条约也不是协议，只是一份共同声明而已。在我们两个国家之间，我们有《共同防御条约》，美国政府决心遵守它对中华民国的义务。据统计，仅在尼克松访华后的三年中，美国政府通过各种渠道向台湾作出过 52 次类似的保证。尽管根据新亚洲政策和《上海公报》的精神，美国从 70 年代初开始逐步减少对台军事援助和在台湾的军事人员及装备，然而同期美国却大幅度增加对台湾的军事装备的销售，1974 年与 1972 年相比增加了 1 倍。台湾可用现款或贷款购买美国生产的军事装备。其中，1972 年 11 月美国交付两艘先进潜艇。1973 年 4 月，又送去 3 艘驱逐舰。同年，美国政府批准一项 2.5 亿美元的军事贷款协议，支持美国公司在台湾联合生产 F5E 战斗机，其中一部分成品卖给台湾空军。

从《上海公报》及公报之后的美国对台政策可以看出：美国对华政策虽有较大的松动，但其“一个中国”的原则只是名义上承认中国的领土完整应包括台湾在内，实际上对既存的美台官方关系没做任何事实上的改变，其实质依然是“两个中国”。②

## 二、中美建交“三原则”与中美《建交公报》的签署

尼克松 1972 年访华时曾承诺，如果大选获胜他将在第二届总统任期内实现中美关系正常化。1973 年尼克松连任总统。1974 年 8 月 8 日晚 9 时，尼克松在白宫举行最后一次记者招待会，宣布因为“水门事件”辞去总统职务。1974 年 8 月 9 日，杰拉尔德·福特继任总统。

1974 年 8 月 12 日，福特在致国会的第一次内外政策报告中谈到对华政策时说：“对于中华人民共和国……我保证继续信守《上海公报》的原则。在这些原则上建立起来的新关系已经表明，它是符合双方的重要的、客观的

① 刘丽华：《从中美三个联合公报看美国对华政策》，《内蒙古师大学报》（哲社版），1996 年第 4 期。

② 刘丽华：《从中美三个联合公报看美国对华政策》，《内蒙古师大学报》（哲社版），1996 年第 4 期，第 29 页。

利益的，而且已经成为世界局势的一个持久特征。”①

1974年11月下旬，福特总统派国务卿基辛格再次访华。由邓小平副总理同基辛格进行了会谈，邓小平指出在建交问题上美方提出的“倒联络处”的方案，中国不能接受；中美关系正常化要以“三原则”为前提，即美国必须同台湾断绝外交关系，废除美台《共同防御条约》和从台湾撤出一切军事力量；在美国同台湾断交、废约、撤军后，台湾问题应由中国人自己去解决，那是中国的内政，用什么方式解决也是中国人自己的事。②

尽管福特总统和基辛格国务卿都保证，促进中美关系正常化是他们外交的首要工作，但实际上1974至1975年间中美关系正常化没有多大进展。福特总统于1975年12月1日到4日访问中国，福特总统的访问虽然没有取得多少实质性的成果，但他通过做出新的承诺及确认《上海公报》的原则，基本上维持了中美关系的稳定，避免了在大选年中美关系的滑坡。1976年，福特在与吉米·卡特竞选美国第39任总统中失利，迅速淡出了美国和国际社会的政治大舞台。

1977年1月，吉米·卡特入主白宫，成为美国第39任总统。1976年底，卡特当选美国总统后，虽然仍将美苏关系置于中美关系之上，但随着苏联在世界各地的积极扩张，卡特对苏联的看法发生了急剧的变化。加上此时中国正开始全力发展经济，扩大对外经济交往，卡特政府越来越感到早日实现中美关系正常化符合美国的战略需要和经济利益，于是开始实施联华抗苏的战略转移，积极推动中美关系正常化。

1977年8月22日，卡特总统委派万斯国务卿访华，次日邓小平会见万斯时阐明中国的立场说，如果要中美建交，就是三条前提：废约、撤军、断交；为了照顾现实，中国还可以允许保持美台间非官方的民间往来；至于台湾同中国统一的问题，还是让中国人自己来解决，中国人是有能力解决这个问题的，奉劝美国朋友不必为此替中国担忧。③

经过中美双方多轮接触后，1978年5月20日，力主中美关系正常化的美国国家安全事务助理布热津斯基一行十人访华。黄华外长与之举行了会

---

① Ford *Public Papers*, 1974, p. 12. 转引自陶文钊主编：《中美关系史》下卷（1972－2000）之“第一章：停滞不前”。

② 薛谋洪、裴坚章等编：《当代中国外交》，中国社会科学出版社1988年版，第226页。

③ 薛谋洪、裴坚章等编：《当代中国外交》，中国社会科学出版社1988年版，第227－228页。

谈。邓小平副总理与之进行了实质性谈话，布热津斯基开场就说，我一开始就想向你表示我们推进正常化进程的决心。我可以代表卡特总统说，美国在这个问题上已经下定决心。5月21日，邓小平与布热津斯基再次举行了小范围的会见，布热津斯基再次重申美国接受中国提出的三个条件，并重申前任政府的五点声明，表示建交之后，在台湾不会有美国的领事馆。他还说，在建交时，美国需要发表单方面的声明，希望台湾问题得到和平解决，希望不会明显遭到中国方面的批驳。邓小平表示接受美方的建议，他说，很高兴听到卡特总统的这个口信。在这个问题上，双方的观点都是明确的，问题就是下决心。如果卡特总统是下了这个决心，事情就好办。① 布热津斯基的访问给正常化进程注入了新的动力。

经过三年多紧张激烈的建交谈判，中美两国最终在搁置分歧、求同存异的基础上达成了协议。1979年元旦，中美两国正式建交。《中美建交公报》全称《中华人民共和国和美利坚合众国关于建立外交关系的联合公报》，于1979年1月1日正式发布，宣布中华人民共和国与美国建立正式的大使级外交关系。中华人民共和国和美利坚合众国关于建立外交关系的联合公报的全文如下：

中华人民共和国和美利坚合众国商定自一九七九年一月一日起互相承认并建立外交关系。美利坚合众国承认中华人民共和国政府是中国的唯一合法政府。在此范围内，美国人民将同台湾人民保持文化、商务和其他非官方关系。中华人民共和国和美利坚合众国重申上海公报中双方一致同意的各项原则，并再次强调：

——双方都希望减少国际军事冲突的危险。

——任何一方都不应该在亚洲太平洋地区以及世界上任何地区谋求霸权，每一方都反对任何国家或国家集团建立这种霸权的努力。

——任何一方都不准备代表任何第三方进行谈判，也不准备同对方达成针对其他国家的协议或谅解。

——美利坚合众国政府承认中国的立场，即只有一个中国，台湾是中国的一部分。

——双方认为，中美关系正常化不仅符合中国人民和美国人民的利益，

---

① 中共中央文献研究室编：《邓小平思想年谱（1975－1997）》，中央文献出版社1998年版，第65页。

而且有助于亚洲和世界的和平事业。

中华人民共和国和美利坚合众国将于一九七九年三月一日互派大使并建立大使馆。[①]

在《上海公报》中美国只是认识到"只有一个中国"，从建交公报可以看出美对台政策有根本改变，一是从只承认台湾是中国的一部分变为承认中华人民共和国是唯一合法政府；二是从对台建交、缔约、驻军转变为"断交、废约、撤军"；三是美台关系从"官方关系"转变为"文化、商务和其他非官方关系"。

20世纪70年代，美国对台政策的变动性强于稳定性。在理论上、文字上、法律上以及外交活动中美台关系的变动是实质性的，是从官方关系到非官方关系；从双方遵守《共同防御条约》到"终止"条约执行；从美军驻扎台湾到被迫撤军的变动，此变动方向，基本上是逐步接近中国大陆的立场。[②]

## 三、《与台湾关系法》的通过导致台湾问题的复杂化

1978年12月31日，台湾驻美大使馆降旗，台湾"外交部"宣布同美国断交，美国与台湾的官方关系由此正式结束。与此同时，美国政界内的亲台分子坚决反对断绝美台官方关系，尤其是美国国会内亲台政治势力反对卡特对华政策的活动最为猖獗。对卡特政府来说，比调整与台湾关系更难的是处理与国会的关系。

1978年5月，布热津斯基访华后，美国参议院预感到中美关系的发展势头加快，为了防止行政当局不与国会商议就在对华政策方面采取什么步骤，参议院于7月提出了《国际安全援助法》修正案，或曰《多尔－斯通修正案》。该修正案要求，"影响（美台）共同防御条约继续有效的任何政策改变都须事先经过参议院与行政当局的磋商"。该修正案以94票对0票获得通过，并于9月26日由卡特总统签署成为法律。此后不久，高华德与24名议员又提出一项议案，要求总统未经与参议院商量并征得参议院同意，不

① 《中美建交公报》，《人民日报》，1978年12月17日。

② 刘丽华：《论70年代以来美国对台湾政策的变动性与稳定性》，《内蒙古师大学报（哲学社会科学版）》，1999年第6期，第8页。

得单方面采取任何行动废止和影响美台之间和其他防御条约。①

事实上，1979 年中美建交之后，在废除《美台共同防御条约》之后，卡特政府出于平衡国会内亲台势力的考虑，同时为了提醒和维护美国在台利益，就美台关系作立法调整而提出了《台湾授权法案》。据了解，这个法案是提醒中国大陆重视美国在台安全利益。但是在国会讨论时，参众两院分别提出修正案，加进了所谓保证台湾安全的条款以及“向台湾提供防御性武器”和“维护并促进全体台湾人民的人权”等条款，并且实质上继续把台湾当作国家。因此，在一些重大问题上直接违反了中美建交公报。

1979 年 3 月 13 日，美国国会参众两院分别通过了《与台湾关系法》。1979 年 4 月 10 日经由卡特总统签署后成为法律。该法共有 18 条和数十款。该法共 18 条，其中最关键的是关于美国对台湾安全的承诺和台湾的国际地位两条。该法第二条宣布：

——美国决定同中华人民共和国建立外交关系是基于台湾的前途将通过和平方式决定这样的期望。

——认为以非和平方式包括抵制或禁运来决定台湾前途的任何努力，是对西太平洋地区的和平和安全的威胁，并为美国严重关切之事。

——向台湾提供防御性武器。

——使美国保持抵御会危及台湾人民的安全或社会、经济制度的任何诉诸武力的行为或其他强制形式的能力。

该法第三条又规定：

——美国将向台湾提供使其能保持足够自卫能力所需数量的防御物资和防御服务。

——总统和国会完全根据他们对台湾的需要的判断并依照法律程序来决定这类防御物资和服务的性质和数量。对台湾防御需要做出的这类决定，应包括美国军事当局为了向总统和国会提出建议所做出的估计。

——总统将对台湾人民的安全或社会、经济制度的任何威胁，并由此而产生的对美国利益所造成的任何危险迅速通知国会。总统和国会应依照宪法程序决定美国应付任何这类危险的适当行动。②

---

① Michael S. Frost, *Taiwan's Security and United States Policy: Executive and Congressional Strategy in 1978 – 1979* (School of Law, University of Maryland, 1982), p. 25.

② 《美台关系重要资料选编》，第 167 – 169 页。

而且，“凡当美国法律提及或涉及外国和其他民族、国家、政府或类似实体时，上述各词含意中应包括台湾，此类法律亦适用于台湾”①。从上述引文可以看出《与台湾关系法》是对《中美建交公报》的否定，是用变相方式对终止的美台《共同防御条约》的恢复。其实质一是重申了美台稳定的官方关系。所谓“保持同台湾人民的商务、文化和其他关系”中的“其他”实际上已涵盖了美台“官方关系”；二是继续关切台湾安全，继续保持美台军事同盟关系；三是仍把台湾作为一个独立的政治实体对待，为美继续坚持“两个中国”、“一中一台”立场，继续干涉中国内政提供法律依据。

在美国一些政要看来，《与台湾关系法》效力优于三个联合公报（包括之后《八一七公报》），特别是在三个联合公报同《与台湾关系法》相互抵触时，应优先适用《与台湾关系法》，因为联合公报是由美国政府与别国签订的，只是政府的一种具体行政行为，没有经过国会。而《与台湾关系法》则是由美国国会参众两院通过，并由总统签署的正式法律，而且是效力高于判例的制定法。

美国不顾中方一再表示的严正立场，通过了《与台湾关系法》，对此中方十分气愤。1979 年 4 月 19 日，邓小平在会见以丘奇为首的参议院外委会访华团时指出：“中美两国关系正常化的政治基础就是只有一个中国，现在这个基础受到了干扰；中国对美国国会通过的《与台湾关系法》是不满意的，这个法案最本质的一个问题，就是实际上不承认只有一个中国；卡特总统表示他在执行这个法案时要遵守中美建交协议，中国正在看美国以后所采取的行动。”②

## 四、《八一七公报》的签署与美对台军售的“尾大不掉”

1978 年中美建交谈判时，美国对台湾出售武器的问题并没有得到根本解决。当时考虑到中美关系的大局，双方决定暂时搁置这一分歧，希望过一段时间后能够彻底解决这一问题。在建交公报公布的当天，中国方面还就美方在谈判中提到的在正常化后美方将继续有限度地向台湾出售防御性武器的问题阐明自己的立场——坚决不能同意。因为这不符合两国关系正常化的原

① 冬梅编：《中美关系资料选编》，时事出版社 1982 年版，第 163－164 页。

② 田增佩主编：《改革开放以来的中国外交》，世界知识出版社 1993 年版，第 386 页。

则，不利于和平解决台湾问题，对亚太地区的安全和稳定也将产生不利影响。①

1980 年是美国大选年。在中美正式建交，而美国又与台湾保持着非官方关系的情况下，美国对华政策特别是美国对台军售呈现出比以往更加复杂的情形。尤其是共和党总统候选人里根（Ronald Reagan）在竞选初期，比任何候选人都更不遗余力地抨击卡特的对华政策，并称："如果当选，我比世界上任何事情都更想发出的一个信息是，不会再有台湾，不会再有越南，美国政府不会再出卖朋友和盟友了。"他在几次讲话中都提到，如果他当选，他将支持重建与台湾的"官方关系"，他继续称台湾为"中华民国"。

中国政府密切注视着美国大选中出现的种种可能导致中美关系倒退的言论和行动。6 月 14 日，针对里根的"反华亲台"言行，《人民日报》发表《倒车开不得》的社论，提出严厉批评。指出："如果按照里根声称的政策，美国和台湾建立'官方关系'，这就意味着中美两国关系正常化的原则基础被彻底破坏，中美关系将倒退到两国人民都不愿看到的状态。至于那种主张恢复在美国驻军，恢复美台'共同防御条约'的荒谬言论，那更是对中国内政明目张胆的干涉。"②

1980 年 11 月，里根在大选中获胜。次年 1 月 4 日，邓小平乘接见美国参议院共和党副领袖史蒂文斯和共和党少数民族委员会主席陈香梅的机会，就中美关系发表了重要谈话，邓小平指出，"中美关系不但不要停滞，而且要发展。我们对竞选期间和总统就任以前的言论是注意的，但我们可以对这些言论做某种理解。我们重视的是美国新政府上任后采取的行动。"③

中国始终关注美国向台湾出售武器的问题。1 月中旬，荷兰政府不顾中国政府的多次警告，决定批准向台湾出售潜艇。中国政府决定将中荷外交关系降为代办级。《人民日报》评论员的文章指出，"我们决不容忍任何国家搞'两个中国'或'一中一台'的阴谋，也决不容忍任何同中国正式建交的国家向台湾出售武器。我国政府在台湾问题上的立场是坚定不移的，任何人以为中国政府和中国人民会拿原则作交易，那就大错特错了。"④

---

① 《人民日报》，1978 年 12 月 17 日。

② 《新华月报》1980 年 6 月号，第 173 页。

③ 《邓小平文选》（第二卷），《发展中美关系的原则立场》，人民出版社 1983 年版，第 375－378 页。

④ 《人民日报》，1981 年 1 月 20 日。

1981 年 6 月 14 日至 16 日，力主发展中美关系的美国国务卿黑格访问中国。这是里根入主白宫以来中美两国之间的首次高层会晤。邓小平会见了黑格，并就双边关系和共同关心的国际问题进行了深入的探讨。邓小平也着重与黑格谈了售台武器问题。他说，摆在我们面前最敏感的问题还是美国向台湾出售武器。现在台湾海峡形势很平静，有什么必要不断向台湾出售武器？这样的问题涉及中国最大的政策之一，就是要统一祖国，使台湾回归祖国。我们真心诚意地希望我们两国的关系不但不要停止在现阶段的水平上，而且要发展，这对全球战略有益。他表示，中国政府是有耐性的，但耐性是有限度的。如果美国走得太远，中美关系可能踏步不前，甚至可能倒退。①

1982 年 5 月 8 日，邓小平会见在任的美国副总统布什，邓小平以其特有的坦率开门见山地说，中美之间的中心问题是美国向台湾出售武器问题，它是检验中美关系稳固性的准则。这个问题解决好了，才可建立相互信任的关系。他指出，如果美国政府无限期地、长期向台湾出售武器，实际上是给台湾提供保护伞。② 布什访华后，中美之间已经原则同意达成协议，但是拟订公报仍然是一个艰难的过程。

7 月 13 日，美方向邓小平递交了里根的一封信以及美方的公报草案。里根在信中表示，美国不谋求，也不会无限期向台湾出售武器，美国预期在一段时间内逐步减少售台武器，以便导致这个问题的最终解决。③

1982 年 8 月 17 日，中美共同签署并发表了与《上海公报》、《建交公报》的原则立场相一致的，关于两国分步骤解决美国向台湾出售武器问题的中美联合公报，即《八一七公报》。

《八一七公报》的全称是《中华人民共和国和美利坚合众国联合公报》，全文如下：

一、在中华人民共和国政府和美利坚合众国政府发表的一九七九年一月一日建立外交关系的联合公报中，美利坚合众国承认中华人民共和国政府是中国的唯一合法政府，并承认中国的立场，即只有一个中国，台湾是中国的一部分。在此范围内，双方同意，美国人民将同台湾人民继续保持文化、商务和其他非官方关系。在此基础上，中美两国关系实现了正常化。

---

① 《邓小平思想年谱》，第 191 – 192 页。

② 《邓小平思想年谱》，第 220 – 221 页。

③ 转引自陶文钊主编：《中美关系史》下卷（1972 – 2000）之“第三章：八一七公报产生前后”。

二、美国向台湾出售武器的问题在两国谈判建交的过程中没有得到解决。双方的立场不一致，中方声明在正常化以后将再次提出这个问题。双方认识到这一问题将会严重妨碍中美关系的发展，因而在赵紫阳总理与罗纳德·里根总统以及黄华副总理兼外长与亚历山大·黑格国务卿于一九八一年十月会见时以及在此以后，双方进一步就此进行了讨论。

三、互相尊重主权和领土完整、互不干涉内政是指导中美关系的根本原则。一九七二年二月二十八的上海公报确认了这些原则。一九七九年一月一日生效的建交公报又重申了这些原则。双方强调声明，这些原则仍是指导双方关系所有方面的原则。

四、中国政府重申，台湾问题是中国的内政。一九七九年一月一日中国发表的告台湾同胞书宣布了争取和平统一祖国的大政方针。一九八一年九月三十日中国提出的九点方针是按照这一大政方针争取和平解决台湾问题的进一步重大努力。

五、美国政府非常重视它与中国的关系，并重申，它无意侵犯中国的主权和领土完整，无意干涉中国的内政，也无意执行“两个中国”或“一中一台”政策。美国政府理解并欣赏一九七九年一月一日中国发表的告台湾同胞书和一九八一年九月三十日中国提出的九点方针中所表明的中国争取和平解决台湾问题的政策。台湾问题上出现的新形势也为解决中美两国在美国售台武器问题上的分歧提供了有利的条件。

六、考虑到双方的上述声明，美国政府声明，它不寻求执行一项长期向台湾出售武器的政策，它向台湾出售的武器在性能和数量上将不超过中美建交后近几年供应的水平，它准备逐步减少它对台湾的武器出售，并经过一段时间导致最后的解决。在作这样的声明时，美国承认中国关于彻底解决这一问题的一贯立场。

七、为了使美国售台武器这个历史遗留的问题，经过一段时间最终得到解决，两国政府将尽一切努力，采取措施，创造条件，以利于彻底解决这个问题。

八、中美关系的发展不仅符合两国人民的利益，而且也有利于世界和平与稳定。双方决心本着平等互利的原则，加强经济、文化、教育、科技和其他方面的联系，为继续发展中美两国政府和人民之间的关系共同作出重大努力。[①]

这一公报是中美三个联合公报中唯一专门针对台湾问题的公报，也是三个联合公报中争议最大的一个公报。该公报是为了彻底解决美国对台武器出售的问题而签订的，该问题在《上海公报》和《建交公报》中都未获得有效解决，双方只是阐明了各自的立场，但都未达成共识。但是在公报中，除了美方首次强调将逐步减少对台武器销售之外，中国则重申“争取和平解决台湾问题”，而美国也对此表示“赞赏”。《八一七公报》的达成使当时紧张的中美关系得到缓解，使中国在国际上有了更大的回旋余地。中美间三个联合公报提出的中美关系的指导原则，对80年代中美关系得到较全面发展起到了积极作用。

《八一七公报》使中美双方在解决建交时遗留下来的美国售台武器问题方面，迈出了重要的一步，指明了前进的方向。如果美国方面切实遵照这个公报执行，后来中美两国间的许多摩擦本来是可以避免的。但后来的事实表明，美国并没有严格履行公报，甚至不时有严重违反公报的情况。中国方面为此不得不进行持续不断的交涉和严正的斗争。

里根从竞选到上任之初，对中国主张采取比较强硬的态度，但是在1982年出于现实考虑与中方签署了“八一七公报”，虽然公报内容是美国最终将停止对台出售武器，但后来又附加备忘录，表示只要中国大陆对台湾持续有军事威胁，美国就会继续对台军售，这也成为美国延续至今的台海政策。而1984年里根访问中国后得到一个结论，中国已准备好与美国合作，他也授权建立美中之间某种军事交流。他也鼓励从西北方共同防御苏联的战略武器计划。同时，里根也看到中国在经济方面有巨大的机会。[②]

华盛顿的有关中国问题专家指出，里根并不是对中国最友善的美国总统，但他在任内，开启了美中都以现实利益为基础的新关系，而他处理台海问题的方式，也成为之后历任美国总统依据的准则。

## 五、中日建交及日本在台湾问题上的保留态度

1960年1月，日美签订了新日美安全保障条约，条约规定美国继续有

---

① 《八一七公报》，《人民日报》，1982年8月18日。

② 《里根时期的中国政策》，凤凰网，http://news.phoenixtv.com/home/news/cankao/regantimes/200406/11/272502.html.

权在日本驻军并使用军事基地。日本社会党、共产党、工会组织、广大人民开展了声势浩大的反对新日美安全保障条约的爱国斗争。中国也举行大规模群众集会和示威。日本人民的抗议运动，迫使美国总统艾森豪威尔取消了原定对日本的访问，岸信介也不得不于 1960 年 6 月下台，让位给池田勇人。1964 年 11 月，岸信介的弟弟佐藤荣作出任了首相。

60 年代的中日关系一直出于低迷之中，而与中美关系不同之处在于“民间先行、以民促官”，中日民间外交活动在某种程度上取代了官方外交。1964 年 4 月 9 日，中日双方就备忘录贸易互设办事处、互派常驻记者达成了协议，中方开设了廖承志办事处驻东京联络处，日方开设了高崎事务所驻北京联络事务所，在当时中日关系的境况下，这条半民半官的贸易渠道，为中日贸易和 1972 年中日邦交正常化做出了积极的贡献。

1965 年 8 月至 12 月，应中国政府邀请，日本 38 个青年代表团共 400 余人分两批访华，参加首届中日青年大联欢活动，中国领导人毛泽东主席、周恩来总理等亲切会见，这是中日民间友好交往史上的首次盛会。

由于美日结成同盟，50－60 年代日本在外交上一直追随美国，对新中国采取敌对态度。但尼克松政府却在日方完全不知情的情况下，派基辛格在 1971 年 7 月秘密访问了北京。同年 7 月 15 日，中美两国同时发表了尼克松将在 1972 年访问中国的公报。而日本首相佐藤在公报发布前 3 分钟才得知相关消息。这一消息对日本确实是个冲击，被日本政界称之为“越顶外交”。因为就在 1970 年 10 月的美日首脑会谈中，尼克松还向佐藤保证，在对华关系上两国将进行紧密磋商。没想到，时间过去还不到一年，尼克松就背信弃义。于是，抢在美国之前与中国复交，就成了日本政要慎重思考的问题。

1971 年 10 月 2 日，中方提出“中日复交三原则”：中华人民共和国是代表中国的唯一合法政府；台湾是中华人民共和国神圣不可分割的一部分；“日蒋和约”是非法的、无效的，必须废除。

1972 年 6 月，佐藤荣作首相被迫提前辞职。7 月 7 日，田中角荣出任首相，组成了自民党新内阁，田中首相在就任后第一次记者招待会上表示，日中邦交正常化的时机已经成熟。

1972 年 9 月 25 日，田中角荣首相访华。在双方会谈中，中方为了尽快恢复中日邦交，以便实现当时的共同对付苏联的战略目标，体现了在策略上的高度灵活性，例如，中方同意双方发表联合声明，而不采取签订和约的形式实现邦交正常化，缔结和平友好条约留待以后再谈判；又如，中方同意联合声明不触及日美安全条约；没有讨论钓鱼岛的问题，达成“以后再说”的谅解。

1972 年 9 月 29 日，中日两国正式建交。周恩来总理和日本总理大臣田中角荣在北京签署了《中日联合声明》，宣布自该声明公布之日起，中华人民共和国和日本国之间迄今为止的不正常状态宣告结束。条约签署之前，中日双方在历史问题显现出了一些分歧，田中首相在欢迎宴会致词中轻描淡写地说“过去十年日本给中国国民添了很大麻烦”，引起了中国人民的强烈反感。中方领导人对“添了很大麻烦”给予严肃批评。因此，最后在联合声明中写上“日本方面痛思日本国过去由于战争给中国人民造成的重大损失的责任，表示深刻的反省”，同时“中国政府宣布，为了中日两国人民的友好，放弃对日本的战争赔偿要求”。

针对台湾问题，在联合声明前言中写上日方充分理解中方提出的“复交三原则”，但正文中不出现第三条原则即“日台条约是非法的、无效的，应予以废除”，而由大平外相在记者招待会上宣布。而在《中日联合声明》中，日本政府表示“充分理解和尊重”“台湾是中国领土不可分割的一部分”这一中国政府的立场，没有使用“承认”一词，日方在台湾问题上的这一保留态度为其后日本右翼势力介入台湾问题并且阻挠中国实现国家统一提供了借口。

1978 年 8 月 12 日，《中日和平友好条约》签订。条约签订后，1978 年 10 月 22 日至 29 日，邓小平副总理为出席条约批准书交换仪式对日本进行了一周的访问，受到隆重破格的接待，在日本又一次形成了“中国热”。关于钓鱼岛问题，双方约定不涉及这一问题。1984 年 10 月，邓小平提出“把主权问题搁置起来，共同开发”。

在 80 年代，中日之间曾经发生了“教科书事件”、日本首相“参拜靖国神社”等事件的干扰，但是通过中日双方的妥善处理，中日关系基本处于健康发展的轨道。

# 第二章　后冷战时期中美日安全关系的演变

台湾问题是中国的内政，但是台湾问题不是孤立存在的，与中国的国际环境有着千丝万缕的联系，特别是冷战后美日两国在台湾问题上有着许多新的举动，所以理清后冷战时期中美日安全关系演变的脉络，并对其未来发展走向展开评估，这是本书的关键所在。

## 第一节　冷战后世界格局的转换对中美日安全关系的影响

### 一、苏东剧变后世界格局由“两极”向“单极+多极”转换

1991年12月8日，前苏联的三个斯拉夫共和国俄罗斯、乌克兰和白俄罗斯的首脑叶利钦、克拉夫丘克、舒什科维奇在白俄罗斯首都明斯克附近的一个森林狩猎场签署了《别洛韦日协定》，宣告了前苏联的正式解体，同时也宣告了持续了近半个世纪的雅尔塔体系的终结。由此美苏主宰的两极格局瓦解，世界进入了多极格局尚未形成的“单极+多极”，即“一超多强”的时代。

冷战结束初期，当时学术界普遍的看法是，冷战时期的大国军备竞赛拖垮了苏联，削弱了美国。在后冷战时代的近20年里，美国的综合国力保持着强劲的发展势头。2000年，中央党校马克思主义研究所邀请校内外有关专家召开“21世纪初期的中美关系与我国应对战略”专题研讨会，与会者就认为在“一超多强”的格局中，美在经济、政治、军事、科技、文化等各方面占有全面优势；美近年来经济增长强劲，经济总量已近全世界的三分之一左右；美政治制度完善，特别是用人制度、教育制度有吸引力；美一国军事实力超过全世界军事力量总和；美科技发达，特别是电子、信息等高新

科技领先于世界；以好莱坞、迪斯尼为代表的美国文化影响渗透到了全世界。[①] 2000 年 5 月，江泽民在全国党校工作会议上指出：我们必须清醒地看到，由于世界力量对比严重失衡，美国在经济、科技、军事上处于超强地位，世界走向多极化的进程不会一帆风顺，将会经历一个较长的发展进程。[②]

2007 年，《经济导刊》在第 8 期发表了《美国实力仍是第一》的文章，文中指出，虽然美国伤痕累累、脾气暴躁且缺乏应有的效率，但它仍是目前世界上举足轻重的大国。“9·11”事件发生近 6 年后，对于美国“硬实力”状态的紧张情绪与日俱增。伊拉克和阿富汗已经使五角大楼的资源告急。同时其他国家的现状也令美国十分烦躁，包括中俄崛起。然而目前美国是被低估了。美国的软硬实力都没有衰退。在某种意义上，布什为美国赢得了在海外的影响力。即使是现在，美国的“否定力量”依然可观。最起码要有美国的默许，才能产生一点想法。在各领域——无论是应对全球变暖抑或寻求阿以和平——绝对少不了美国。有调查显示美国的软实力不像以前那么受尊重了，但也显示美国的价值观，特别是自由和开放拥有持续而普遍的吸引力。如果美国是支股票，那它将是一个“绩优股”：一个被低估的、需要加强管理的市场领导者。美国能自我纠正，其他对手都不能。[③]

美国的硬实力居于全球之冠，同时努力要建设一个由其主导的世界政治经济秩序。在海湾战争和苏联解体后，美国随着国力上升，开始积极鼓吹“建立国际政治经济新秩序”，1991 年，美国总统布什（老）在《美国国家安全战略报告》中指出：“美国准备对付未来的挑战，它将作为一个可靠的盟国、朋友和领导者，对世界承担义务并参与世界事务。”[④] 1994 年，美国总统克林顿在《美国国家安全战略报告》（《国家参与和扩展安全战略报告》）中指出：“我们有无可比拟的机会来使我们的国家更加安全和更加繁荣昌盛。我们的军事力量是无可比拟的……”，“美国的领导作用从来没有像现在这样重要。”[⑤] 2003 年 6 月 26 日，时任乔治·W·布什总统的国家安

① 研讨会内容见《“21 世纪初期的中美关系与我国应对战略”研讨会综述》，《理论前沿》，2000 年 5 期。

② 江泽民：《在全国党校工作会议上的讲话（单行本）》，人民出版社 2000 年版。

③ 《美国实力仍是第一》，《经济导刊》，2007 年第 8 期，第 11－12 页。

④ 梅孜编译：《美国国家安全战略报告汇编》，时事出版社 1996 年版，第 242 页。

⑤ 梅孜编译：《美国国家安全战略报告汇编》，时事出版社 1996 年版，第 243 页。

全事务顾问赖斯在英国伦敦国际战略研究所发表谈话提出多极化是敌对性理论，会带来利益和价值观的竞争，使世界产生分裂；她认为多极格局是导致大国冲突以至战争的根源，其讲话背后的意蕴就是美国要奉行具有进攻性的单极战略，防止其他力量挑战美国的霸权；她号召欧洲国家放弃建立多极世界的努力，承认并维护以美国为核心的单极世界①。国际问题研究专家王缉思指出，在未来的一段时期内，美国虽然仍将领先于世界，却是孤立的，是无力称霸世界的，"高处不胜寒"，可以作为今日美国地位的形象写照。②

毕竟世界多极化是国际社会的发展趋势，欧盟、中国、俄罗斯、日本、印度等国家的综合国力在冷战后有了不同程度的增强，并对于建立国际政治经济新秩序相应地提出了各自的观点和主张。近年来，针对美国在科索沃、阿富汗、伊拉克发动的战争，俄罗斯、中国、印度甚至美国的盟友欧盟、日本都发出了不同的声音。

1997年4月，中国和俄罗斯签署了《中俄关于世界多极化和建立国际新秩序的联合声明》，这份声明提出"世界多极化的积极趋势加快发展"，"建立和平稳定、公正合理的国际政治经济新秩序成为时代的迫切要求和历史发展的必然"。③

2002年，中国共产党的十六大报告对于建立国际政治经济新秩序做了如下阐述："不公正不合理的国际政治经济旧秩序没有根本改变。""我们主张建立公正合理的国际政治经济新秩序。各国政治上应相互尊重，共同协商，而不应把自己的意志强加于人"，"我们主张维护世界多样性，提倡国际关系民主化和发展模式多样化"，"各国的事情应由各国人民自己决定，世界上的事情应由各国平等协商。"④

2007年，中国共产党的十七大报告中指出：当今世界"霸权主义和强权政治依然存在"，"我们主张，各国人民携手努力，推动建设持久和平、共同繁荣的和谐世界。为此，应该遵循联合国宪章宗旨和原则，恪守国际法和公认的国际关系准则，在国际关系中弘扬民主、和睦、协作、共赢精

① 中国现代国际研究院：《国际战略与安全形势评估》，时事出版社2004年版，第96页。

② 王缉思：《高处不胜寒——冷战后美国的全球战略和世界地位》，世界知识出版社1999年版，第406页。

③ http：//news. xinhuanet. com/ziliao/2002－09/30/content_ 581524. htm.

④ 江泽民：《全面建设小康社会，开创中国特色社会主义事业新局面》，人民日报，2002年11月17日，第1版。

神”，“中国反对各种形式的霸权主义和强权政治，永远不称霸，永远不搞扩张。”①

印度与中国同为世界上最大的两个发展中国家。2005 年 4 月 1 日，为纪念中印建交 55 周年，印度总理辛格在致中国总理温家宝的的信中说：“在多边化和多极化的世界发展趋势中，印中两国都渴望建立公正、平等和民主的国际政治、经济秩序。”②

2003 年 3 月，美国单方面发动以推翻萨达姆政府为目标的伊拉克战争后，作为欧盟“两驾马车”的法国和德国率先发出了不同的声音。在北约内部，法国、德国、比利时否决美国向土耳其提供安全保障的建议；土耳其议会拒绝批准美国在本国部署军队；法、德在安理会反对授权美、英动武，法国甚至声言使用否决权。作为欧盟的重要发起国，法国和德国都希望欧盟最终成为一个可以与美国相抗衡的强大的政治、经济实体。③ 2004 年 6 月 6 日，在法国阿罗芒什庆祝诺曼底登陆 60 周年的纪念大会上，法国前总统希拉克在致辞中呼吁建立一个以人为本，尊重法律、自由、正义和民主的国际新秩序，并且指出任何人都无法阻止这一国际新秩序的建立，无法阻止欧洲的联合与统一。④

世界多极化符合和平与发展的时代主题，但是同时历程将是长期和曲折的。在 1890 年《恩格斯致约·布洛赫》的通信中，恩格斯说：“历史是这样创造的：最终的结果总是从许多单个的意志的相互冲突中产生出来的，而其中的每一个意志，又是由于许多特殊的生活条件，才成为它所成为的那样。这样就有无数互相交错的力量，有无数个力的平行四边形，而由此就产生出一个总的结果，即历史事变，而这个结果又可以看作一个作为整体的、不自觉地和不自主地起着作用的力量的产物。”⑤ 世界多极化和国际关系民主化是历史“合力”作用的结果，这个“合力”由无数个力的平行四边形

① 胡锦涛：《举中国特色社会主义伟大旗帜，为夺取全面建设小康社会新胜利而奋斗》，《人民日报》，2007 年 10 月 25 日，第 1 版。

② 《东方早报》专稿，2005 年 4 月 4 日，http：//news. sina. com. cn/w/2005 －04 －04/09285549672s. shtml.

③ 乔旋：《浅析“倒萨”战争原因及战争对国际秩序的影响》，《怀化学院学报》，2004 年 01 期。

④ 《诺曼底登陆 60 周年纪念仪式隆重举行》，新华网新闻，2004 年 6 月 7 日，http：//news. qq. com/a/20040607/000107. html.

⑤ 《马克思恩格斯选集》，第 4 卷，人民出版社 1972 年版，第 478 页。

所构成，并非是按单个人或少部分人的意志所臆造的历史。美国国内保守势力抬头，国力超强到在可以预见的历史时期内尚无国家可以超越，因此本世纪初期的前二十年成为美国建立其主导的“单极世界”的“重要战略机遇期”，由于包括欧盟、中、俄在内的诸多国家存在国家利益和国家发展战略上的差异，从而不可能在整体上系统地结成钳制美国单极化的联盟，所以本世纪前二十年内霸权主义和强权政治会有新的表现且呈上扬态势。但是，物极必反，从世界历史上强权国家的兴衰规律来看，美国作为一个新型的霸权国家不可能避免重蹈一种“波峰－波谷”式的发展规律，其单极化进程在达到一个新的高度后必然面临一个下降点，众多国家对美国发动伊拉克战争的不满程度及美国深陷伊拉克泥沼中不能自拔反映了美国单极化进程的受挫，这是多极化进程取得进展的积极信号。所以，冷战结束后世界由“单极＋多极”向多极世界转换的过程并非坦途，但是世界多极化的进程将是不可避免的。

## 二、中美日三国综合国力此消彼长

冷战结束后，苏联解体，随后继承其政治衣钵的俄罗斯虽然在军事实力特别是核威慑力量上保持其超强地位，但是在经济上已经沦为二流大国，相应在地缘政治上“向西看”，努力寻求加入西方发达国家的行列，特别是积极参与欧洲事务，同时确保在前苏联国家中的影响力和领导地位，亚太地区在其地缘安全战略中退居次要地位。面对亚太地区的权力真空，经过多轮大国博弈，已经形成中美日三国主导亚太格局特别是东亚安全格局的局面。

正如前文所谈到的，美国综合国力遥遥领先，中、日两国在相当长的历史时期内难以超越。据世界银行 1999－2000 年的《世界发展报告》分析，1990－1998 年美国 GDP（国内生产总值）年均增长 2.9%，高于世界平均增长 2.4% 的水平。尽管美国的经济增长率不及中国的三分之一，但对于美国而言，其国内 GDP 总量高居世界第一，增长的绝对值也遥遥领先于世界各国，2000 年美国 GDP 达 9.9 万亿美元，占世界 GDP 总量 32.3 万亿美元的 30.8%。进入 21 世纪后，2001 年美国的经济增长率受“9·11”事件的影响为 0.8%，2002 年的经济增长率回升为 1.9%，2003 年的增长率为 3.0%，2004 年美国经济增长率为 4.4%，呈现五年来最高水平。这种高经济增长率、低通货膨胀率、低失业率的经济奇迹是有其制度上和其他方面的原因的，包括以信息高速公路建设为核心的科技政策、货币政策、贸易政策等一揽子应对经济全球化的综合措施，使美国率先登上了以信息产业为核心的“新经济”的战略平台。根据世界银行和美联储的数字，2006 年美国全年 GDP 13.19 万亿美元。2007 年，受到次贷危机的影响，美国 GDP 仅增长 2.2%。2008 年，美国 GDP 增长 1.3%，创 5 年来最低水平，全年 GDP 达到 14.33 万亿美元。

科技实力历来是一国综合国力的核心体现。2008 年 6 月 12 日，美国兰德公司发表的一份报告中指出，美国在科技领域仍然保持全球领先地位，美国在科研开发方面的投入占全球的 40%，70% 的诺贝尔奖获得者在美国受到聘用，全世界排名前 40 的大学有四分之三在美国。

更重要的是，美国为首的西方国家在旧的国际经济秩序中居于主导地位，通过主导出台一系列有利于自身的国际贸易和金融规则，使世界各国特别是发展中国家饱受“富者愈富，穷者愈穷”的“马太效应”的波及而被边缘化。

中国综合国力增强，经济发展速度全球领先。2004 年中国全年国内生产总值 136515 亿元，比上年增长 9.5%。[①] 2005 年 12 月 21 日，中国国家统计局局长李德水在国务院新闻办举行的新闻发布会上宣布，根据经济普查资料初步测算，中国 2004 年 GDP 现价总量为 159878 亿元，比年快报核算数增多 2.3 万亿元，增加 16.8%。[②] 2004 年全年中国对外贸易达到 11547.4 亿美元，比上年增长 35.7%，净增 3037 亿美元，贸易额占全球贸易额的 5.24%，世界排名第三。2004 年全球最大的经济体是美国，其次是日、德、英、法、中。

2005 年中国国内生产总值为 182321 亿人民币，按可比价格计算，比上年增长 9.9%，按 2005 年年平均汇率计算，折合为 22257 亿美元，人均 1700 美元。[③] 布隆伯格（Bloomberg）通讯社在报道中称，按照中国官方公布的数字，中国在 2005 年已经超过法国成为世界第五大经济体。华尔街金融分析人士预测说，中国很可能会在 2006 年超过英国成为全球第四大经济体，法新社的报道在引述李德水讲话的同时，提到中国可能已超过法国与英国位居世界第四。而如果按照 IMF 和世界银行的购买力平价估算，中国实

① 《国家统计局盘点二〇〇四年国民经济》，《人民日报》，2005 年 1 月 26 日，第 1 版。

② 《我国去年 GDP 达 159878 亿元》，《人民日报》，2005 年 12 月 21 日，第 1 版。

③ 《2005 年我国 GDP 同比增长 9.9%》，《人民日报》，2006 年 1 月 26 日，第 1 版。

际已经是世界第二大经济体。[①]

2006 年中国国内生产总值为 209407 亿元人民币，按可比价格计算，比上年增长 10.7%。2007 年国内生产总值 246619 亿元，比上年增长 11.4%，加快 0.3 个百分点，连续五年增速达到或超过 10%。[②] 2008 年，在经历了几次历史罕见的特大自然灾害以及美国金融危机带来的世界经济衰退的考验，中国经济在困难中仍然保持了 9% 的增长，全年国内生产总值 300670 亿元，对世界经济增长的贡献超过 20%。[③]

英国著名思想库——伦敦外交政策中心曾于 2004 年发表了署名乔舒亚·库珀·拉莫的一篇题为《北京共识》的论文，对中国 20 多年的经济改革成就作了全面、理性的思考与分析，指出中国的经济发展模式不仅适合中国，也是那些追求经济增长和改善人民生活的发展中国家效仿的榜样。乔舒亚认为，中国的模式是一种适合中国国情和社会需要、寻求公正与高质增长的发展途径。他把这种发展途径定义为："艰苦努力、主动创新和大胆实验；坚决捍卫国家主权和利益；循序渐进，积聚能量。创新和实验是其灵魂，既务实，又理想，解决问题灵活应对，因事而异，不强求划一是其准则。它不仅关注经济发展，也同样注重社会变化，通过发展经济与完善管理改善社会。中国的新理念正在对中国以外的世界产生巨大影响。对全世界那些正苦苦寻找不仅发展自身，而且还要在融入国际秩序的同时又真正保持独立和保护自己生活方式和政治选择出路的国家来讲，中国提供了新路"。"北京共识"还包括许多非经济思想，涉及政治、生活质量和全球力量平衡等问题。一些学者认为，"北京共识"取代了人们已广泛不信任的美国等西方国家倡导的"华盛顿共识"。[④]

当然综合多种因素考虑，中国仍然是一个发展中国家。2005 年 2 月 18 日，中国科学院发布了《中国现代化报告 2005》，指出中国经济现代化程度与美国相比仍然落后 100 年以上，中国要到 2080 年才有望成为发达国家。报告指出，中国现在仍属于经济欠发达国家，与世界经济先进水平的差距还

---

① 《我国 GDP 总量有望跻身全球第四》，四川新闻网 -《成都商报》，http://news.sina.com.cn/c/2006-01-26/06458086892s.shtml.

② 《2007 年国民经济保持平稳快速发展 GDP 增长 11.4%》，http://www.china.com.cn/news/2008-01/24/content_9579030.htm.

③ 详细资料见 2009 年 1 月 23 日《人民日报》，第 1 版、第 9 版。

④ http://news.sina.com.cn/c/2004-06-13/13053406573.shtml.

在继续拉大。报告中计算中国与发达国家经济现代化的年代差，主要依据三个指标：人均GDP、农业劳动人口占总人口的比重、农业增加值占GDP的比例。尤其在农业劳动力比重这个数据上，中国2000年是50%，英国早在1801年就已达到34%，差距是200多年。尽管中国人均GDP等单个指标落后世界发达国家很多年，但是由于收益递减的规律，中国将在20－50年内综合经济水平达到2002年美国的水平，即差距可以缩小50年左右。① 这个报告有其偏颇和片面之处，但是通过全面、客观的分析，中国的确是一个正在处于上升阶段的发展中国家。

冷战后日本面临“失去的十年”。1990年至2000年，日本经济年均增长率为1.75%，大大低于同期美国经济增长水平。据日本经济问题研究专家冯昭奎分析，在2001年度（日本的财政年度从每年4月1日开始），日本的GDP曾出现二战后以来最严重衰退和最大幅度负增长（－1.2%）。2002年度GDP增长1.5%，虽然超出日本政府原来预计的0.9%，但和2001年抵消后，这两个年度日本经济基本上没有增长。从GDP数字看，2000年度为539.2万亿日元，2001年度减为532.4万亿日元，2002年又回升到540.6万亿日元，这意味着小泉首相上台后的两年（2001年4月到2003年3月），日本GDP仅增加了1.4万亿日元，两年间仅增长了0.25%。日本前首相小泉在上台时曾说“没有改革就没有经济增长”，这句话本来是表示决心改革的豪言壮语，结果却成了日本经济现状的真实写照——既“没有改革”（改革几乎没有进展）又“没有经济增长”（两年仅增长了0.25%）。②

同时，不可以忽视的是，日本经济仍然是世界第二大经济体及世界最大贸易顺差国。长期以来，日本面对国内自然资源的匮乏，以开发人力资源尤其是基础教育为国家发展的优先目标，所以日本的平均教育水平和人口中接受高等教育者的比例在亚洲各国中是最高的，同时日本企业的研发实力也位居世界前列。日本的IT（信息技术）革命正在加速进行，宽带网的综合评价居世界第一。经历了“失去的10年”后，日本经济正在逐步恢复，2003年日本GDP高达46000亿美元，是中国GDP的4倍（以美元汇率换算为比较基准）。2005年8月9日，日本政府和日本银行同时对外宣布，日本经济

---

① http：//news. china. com/zh_ cn/domestic/945/20050222/12123183. html.

② 冯昭奎：《日本经济仍处于“特殊萧条期”》，《北京周报》，http：//www. beijingreview. com. cn/2003－29/world200329－1. htm.

已经摆脱了景气过程中的徘徊局面。日本 2006 年 GDP 为 4.435 万亿美元，实际增长 2.1%；受次贷危机的影响，2007 年日本 GDP 为 4.69 万亿美元，实际增长 1.3%。

2008 年 1 月 18 日，日本前经济财政相大田弘子在国会作演讲时，针对二十四年来日本年生产总值首次低于世界总额 10% 这一现实，称“遗憾的是，日本已经不再是世界上经济一流的国家了！”在日本国内引发了不小的震惊。据香港文汇报消息，2009 年 6 月 19 日，日本经济产业省发布的年度报告指出如果中国经济增长超过预期、日本经济继续恶化，日本将结束世界经济排名第二的位置，中国 GDP 将在 2009 年或 2010 年超过日本，这一结论亦与国际货币基金组织的预期吻合。日本经济产业省在报告中承认，这是日本第一次处于正被追赶和超越的位置，并呼吁重新思考日本在世界经济中的作用和不要陷于保护主义之中。同时，根据世界银行 6 月 18 日发表的《中国经济季报》，将中国 2009 年 GDP 增速预期上调至 7.2%，按此推算，中国 GDP 2009 年可能超越日本。事实上，中国 GDP 总量虽逼近日本，但日本人均 GDP 高于中国近 13 倍。

中美日三国实力对比此消彼长。根据世界银行世界发展数据库（WDI 2004）按 1995 年国际价格（PPP）计算，1980－2002 年期间，中国 GDP 年平均增长率为 9.51%，相当于世界和美国同期经济增长率的 3 倍以上。这一时期，中国对世界新增 GDP 的贡献率为 21.31%，美国为 21.09%，日本为 5.81%，其中 1990－2002 年间，中国对全球新增 GDP 的贡献率为 27.09%，美国为 20.99%，日本为 2.78%。[①]

据《环球时报》2007 年 12 月 17 日报道，按照联合国最新统计结果，2006 年，在有统计数据的 212 个国家和地区 GDP 排名中，GDP 排名前 5 名没有任何悬念：分别是美国（13192290，以百万美元为单位，下同）、日本（4434993）、德国（2888699）、中国（2666772）和英国（2372504）。粗略估计，在全球 GDP 中，日本占 10%，美国占 27%，而中国约占 6%，三国的经济总量相加占到世界经济总量的 40% 多，因此三国的经济发展效果将对全球经济产生重要的影响。

美国经济在冷战后保持了持续发展，经济总量独占鳌头，使中日两国在

① 世界银行：《2005 全球经济展望》，第 11 页。转引自：胡鞍钢、王亚华：《国情与发展》，清华大学出版社 2005 年版，第 194 页。

相当长的历史时期内难以超越；中国经历了多年的经济高速增长，日本持续十年经济低迷，但是两国经济总量对比仍有相当的差距。冷战后，中美日三国以经济发展为主要内容的综合国力的此消彼长成为三国在亚太地区安全博弈的重要基础，并直接影响了三国相应的国家安全战略的制定。

## 三、中美日安全关系的重新定义

冷战期间，美苏两大阵营壁垒分明，日本由于战后的历史地位，一直是美国在亚洲对抗苏联的忠实盟友和前沿阵地。20 世纪 70 年代，由于中苏关系的恶化及苏联霸权主义扩张势头的上扬，中国同美国和日本相继改善了双边关系，形成了所谓的“一条线”对抗苏联的态势。

80 年代中国调整外交政策，由“联美抗苏”的外交政策转换为以“不结盟”为特征的独立自主的和平外交政策，但因为“中美苏”大三角关系的存在，中美关系保持了稳步发展的良好态势，美国仍然视中国为“友好的非盟国”。1980 - 1990 年的 10 年间，中日关系保持了全面和稳定的发展，中日两国在经贸领域的进展尤其引人注意，日本对华援助为中国改革开放的启动提供了重要的资金支持，1989 年风波后日本是第一个率先打破对华经济封锁的国家。

冷战结束后，“中美苏”大三角关系不复存在，中国在美、日对外战略中地位下降。苏联这个安全参照系不复存在了，美日同盟一度处于漂流状态，但是由于近年来中国崛起速度的加快，美国遏制中国的论调迅速抬头，促使美国、日本合唱“中国威胁论”，并为美日同盟寻找到了在亚太地区存在的理由；而源于历史纠葛和现实利益的碰撞，中日关系则处于下降期，目前正待触底反弹。

冷战后至今，美国的全球地缘战略重点经历了一次大的调整：由冷战时期的“两洋战略”（即在大西洋和太平洋同时遏制苏联的扩张）转变为对全球各地（包括中东、非洲、亚洲）全面的军事渗透，除了在东欧通过北约东扩继续围堵昔日的宿敌——承继前苏联政治衣钵的俄罗斯外，针对中国综合国力的迅速增强，美国还通过美日同盟的重新定义加强了在东亚的军事部署。由此在美国的国家安全战略布局中，拉美是其后院，欧洲是其重点，中东是推广意识形态和确保能源供给的舞台，亚太地区则成为其封堵潜在的竞争对手——中国的前沿阵地。

按照保罗·肯尼迪的分析：“在位”的帝国具有一种“排他”的心态，

对可能向其地位提出挑战的任何强国的崛起必然持有戒心。[①] 随着中国的迅速发展，美国在亚太地区具体的战略目标则聚焦在崛起的中国身上。2001 年美国《四年防务评估》特别提出：“亚洲存在兴起一个具有可观资源基础的军事竞争者的可能性”，而“防止任何一个能够对美国全球领导地位提出挑战的地区性大国的出现是美国的既定战略方针”。[②]

中美关系史研究专家资中筠指出：“在中美双边关系中已经可以看到的一个新情况是：过去，美国支持中国改革和现代化顾虑较少，如果有，其出发点也是冷战遗留下来的意识形态因素居多，中国的经济发展形成不了与美国的竞争对手。而现在，尽管事实上中国仍然远非美国的竞争对手，但是美国对中国的发展顾虑多起来，这也是中国威胁论的依据之一。美国现在不担心中国改革倒退，回到计划经济的老路，却害怕中国实力强大。”[③]

中国的和平发展及日本要求成为“正常国家”都对美国在亚太地区的主导权形成挑战。日本在战后一直努力成为“正常国家”，于 1947 年开始实施的《日本国宪法》第 9 条规定，“永远放弃把利用国家权力发动战争、武力威胁或行使武力作为解决国际争端的手段，为达此目的，日本不保持陆、海、空军及其他战争力量，不承认国家的交战权”，[④] 这部宪法因此被称为“和平宪法”。日本十分清楚，经济大国是政治大国的基础，真正世界性大国不仅仅是经济大国，还应该是政治大国。现在，这部和平宪法已经成为日本走向政治大国的桎梏，日本国内“修宪”的呼声越来越高，在国际上相应地要求修改联合国宪章，并且成为联合国安理会常任理事国。

美国在“9·11”后忙于反恐和中东问题，虽然希望日本在亚太地区替自身分担更大的责任以减轻压力，但是并不希望与日本共享主导世界事务的权力。进入 21 世纪，日本急欲成为联合国安理会常任理事国。2005 年 4 月，希望成为安理会常任理事国的德国、印度、巴西、日本四国提出了联合国改革的 3 个步骤：首先在 2005 年 9 月以前，促使安理会通过安理会扩大框架决议；然后在联合国大会上选出新常任理事国；最后通过联合国宪章修

---

① 转引自苏格：《跨世纪国际关系格局与中国对策》，中央党校出版社 2002 年版，第 6 页。

② ［美］布热津斯基：《大棋局》（中国国际问题研究所译），上海人民出版社 1998 年版，第 22 页。

③ 资中筠：《中美建交十周年与二十周年——变与不变》，《美国研究》，1999 年 1 期，第 11－12页。

④ 宋成有、李寒梅等著：《战后日本外交史》，世界知识出版社 1995 年版，第 54 页。

改决议。美国对于日本要求“入常”表面上予以支持，但是并不愿意日本分享其权力，4月7日，被美国国务卿赖斯任命为联合国改革特别顾问的席林·塔西克里在联大公开辩论时发表讲话指出，美国支持联合国改革，但是希望在广泛一致的基础上推动联合国改革，不应被人为设置的最后期限束缚住手脚。中国和许多国家也不同意为联合国改革设限的做法，认为联合国改革应该更多地照顾发展中国家的利益。其后，中美两国和其他国家一致反对在各方没有达成广泛共识之前就在联合国大会上匆忙进行安理会改革的表决。这就使日本在成为安理会常任理事国的道路上步履维艰。

冷战后，中日两国在历史、领土问题上摩擦不断。从20世纪70年代中日邦交正常化以来，特别是1978年《中日和平友好条约》签订之后，中日两国首脑的互访几成惯例，双方历届首脑在任期内都访问了对方。但是，自从2001年4月小泉成为日本首相以来，由于小泉等日本政治家们屡次参拜靖国神社而导致中日首脑互访基本上中断，除去2001年10月小泉对中国进行了闪电式的短期非正式访问外，再也没能实现两国首脑的互访。虽然日本方面多次表示希望恢复双方首脑的互访，但是小泉不顾中国方面的一再交涉和抗议，继续参拜靖国神社，两国的首脑会谈遥遥无期。因此，两国的政治关系陷入了僵局。

2005年4月5日，日本政府公布了2006年版中学历史教科书审定结果，宣布所有送审的8个版本均为合格，其中包括否认、美化侵略的右翼历史教科书。中国政府对日本政府不顾中方多次严正交涉，允许混淆是非、颠倒黑白的教科书出台表示愤慨。中国政府认为，教科书问题的实质是日本能否正确认识和对待日本军国主义的侵略历史，能否以正确的历史观教育年轻一代。

中日之间在钓鱼岛问题上一直存在重大的分歧，2005年日本政府宣布日本右翼团体在钓鱼岛上设立的灯塔将作为“国有财产”收归国家管理之下，引发中国的严正抗议和民间的新一轮“保钓热潮”。此外，中日在东海大陆架划界问题上存在较大的争执。

2006年10月，日本新首相安倍晋三访华，中日关系得以改善；2007年4月，中国国务院总理温家宝访日，开始了“融冰之旅”；2008年5月，中国国家主席胡锦涛对日本进行了国事访问，被称为“暖春之旅”；2009年9月就任日本新首相的鸠山由纪夫在出席中日韩领导人会议前提出日中两国如能以“友爱”精神克服相互差异，加深相互理解，就能为经济发展和地区稳定繁荣而推进合作。对比小泉时代的中日关系的冷淡，中日之间开始了新一轮良性互动，但是在钓鱼岛等领土问题上仍然存在尖锐矛盾。

**20 世纪 90 年代以来中美日三边关系态势曲线图解**

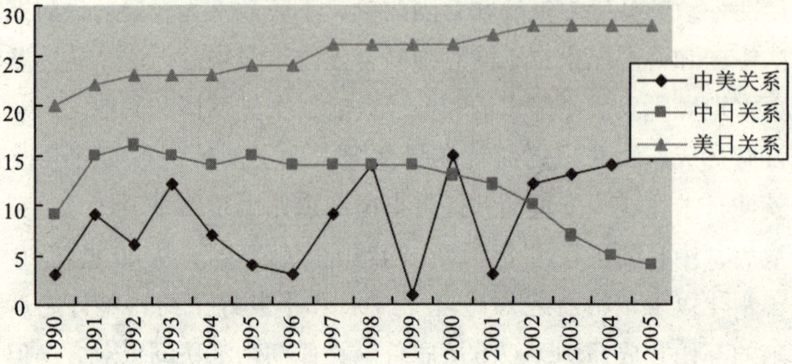


注：图表中横轴数字为年份，纵轴数字为衡量大国关系的综合值（0 –5 表示关系处于低谷、停滞，6 –10 表示关系处于接触、较低层次发展水平，11 –15 表示关系正常化、处于较高层次发展水平，16 –20 表示两国具有战略协作关系、伙伴关系，21 –30 表示两国为同盟关系）

中日在历史和地缘安全方面的矛盾，使美国得以构建美中、美日“轴心 – 轴辐”式安全架构。中美日三边架构中，美日同盟因为遏制中国的需要而有了新的支点，所以美日这一边是最短的，并且最为牢固。中美这一边尽管波折不断，但是由于中国奉行“韬光养晦”的外交对策，无意与美方挑起争端，同时近年来中美首脑互访不断，各个层次的交流不断提升，中美两国正着手建立一个现实可行的危机管理机制，特别是中美战略对话机制，所以中美这一边尽管有波折，但是并未中断，同时主动权掌握在美国手中。中日关系则十分复杂，在多重因素的作用下两国关系在小泉时代已经降至冰点，2007 年以来出现了缓和的迹象，但是美国未必愿意看到中日关系的好转，正所谓“鹬蚌相争，渔翁得利”，所以中日这一边是残缺尚未补全的，当前还无法对美日关系和中美关系发挥制衡作用。由此，美国以自身为“轴心”，美日关系、美中关系为“轴辐”，建立了冷战后中美日的“轴心 – 轴辐”结构，美国居于核心位置。

因此，中美日三边安全关系是一个缺失的“三角形”，三边关系不平衡，亟需完善和补充，特别是中日关系的走向将对中美日三边关系产生实质的影响。

## 第二节　后冷战时期中美日安全战略及相互安全政策的调整

“安全”一词的本义为“没有威胁与不受威胁”。当今的国家安全已经不再囿于传统安全的范畴，包括政治安全、经济安全、文化安全和信息安全等传统安全和非传统安全。“战略”一词本义是“指导战争全局的计划和策略”，后引申为“决定全局的策略”。国家安全战略就是从国家核心利益层面上制定的政策与策略，涉及国家主权和领土完整及国家的政治稳定、经济发展等攸关国家生存与发展的重大事项，是制定其他国家战略的前提和基础。

### 一、美国国家安全战略及对华、对日安全政策的调整

冷战后至今，美国国家安全战略的制定历经乔治·布什、威廉·J·克林顿、乔治·W·布什三任总统，国家安全战略的演变主要展现在克林顿和乔治·W·布什的任期里。1990 年，布什（老）政府在《美国国家安全战略》报告中指出美国在 20 世纪 90 年代的目标是：“美国作为自由独立的国家要生存下去，同时确保其基本价值观不受损害。”① 1991 年，随着冷战的即将终结，美国认为“在正在出现的冷战后世界里，国际关系可能会更加复杂、更加反复无常和不好预测”。② 1993 年 9 月，克林顿上台后推出了名为“扩展战略”的全球战略，强调把“经济安全、军事实力、促进民主”作为美国外交的三大支柱，这也是克林顿政府对外政策的基础和目标。在 1994 年克林顿政府提出了美国国家安全战略报告，正式确认了冷战后美国对外战略为“参与和扩展战略”，提出冷战后美国对外战略的总体目标是维护和加强美国的领导地位。克林顿政府国家安全战略思想的第一支柱是经济安全，即冷战后美国国家安全的最大威胁不是核威胁，而是将丧失在经济领域的领先地位。第二支柱是军事实力，即要继续保持和扩大美国的军事优势，需要以军事霸权来支撑其经济安全和政治扩张，报告中指出：“美国的军事力量对我们成功地实现战略目标是至关重要的”，“我们愿意并且能够

① 梅孜编译：《美国国家安全战略报告汇编》，时事出版社 1996 年版，第 143 页。
② 梅孜编译：《美国国家安全战略报告汇编》，时事出版社 1996 年版，第 191 页。

在维护我们（美国和他们的安全伙伴）的共同利益方面发挥领导作用，这也有助于确保美国在政治、军事和经济等国际事务方面仍是一个有影响的国家，只要我们能保持有效地支持我们所承诺的义务的军事手段”。[①] 第三个支柱是全球民主化，即：“扩大民主社会和自由市场国家大家庭有利于美国所有的战略利益——从在国内促进繁荣到在国外遏制全球威胁，防止给我们的领土构成威胁”。[②] 1998 年 12 月，美国推出《新世纪国家安全战略》，公开声称美国的目标是领导整个世界，决不允许任何国家和国家集团向它的“领导地位”提出挑战，指出“美国现在与将来都应该是世界的领导力量，国际社会缺乏美国的领导作用，将难以对那些危害共同安全的挑战作出有效的国际反应；在许多情况下，美国甚至是唯一具有对共同的挑战作出国际反应的领导能力的国家”。[③]

2001 年初，布什入主白宫，组阁后的政府执行一条中间偏右的保守主义路线，对外政策表现为强硬的单边主义，更加注重传统安全，把遏制中国等崛起中的大国作为国家安全战略的重要内容。

半年后发生了“9·11”事件，这是继“珍珠港”事件后美国本土受到的最沉重的一次打击，对新世纪的美国安全形势产生了巨大的冲击，王逸舟指出：“‘9·11 事件’将导致美国国家安全观的重要改变，很可能伴随有持续的国内大讨论与新战略思想的出台。”[④] “9·11”事件因此成为美国国家安全战略调整的分水岭，美国的国家安全战略随之出现了一些重要性的转变。第一，对于威胁国家安全的非传统恐怖源有了新的认识。1997 年出台的美国防部《国防报告》和《四年防务评估报告》等文件称：除战略核武器外没有一个国家具有对美国发动全球挑战的能力。但是现在非国家形态的恐怖势力对美国安全构成了严重威胁，因此 2002 年版的《国家安全战略报告》提出：美所受到的威胁，“与其说来自耀武扬威的国家，不如说来自衰败国家；与其说来自舰队和军队，不如说来自少数怀恨在心者手中的灾难性技术。”[⑤] 反对恐怖主义上升为布什政府对外战略的首要目标。“9·11”事

① 梅孜编译：《美国国家安全战略报告汇编》，时事出版社 1996 年版，第 255 页。

② 梅孜编译：《美国国家安全战略报告汇编》，时事出版社 1996 年版，第 276 页。

③ 胡联合：《二十一世纪美国国家安全战略的基本框架》，《党政干部论坛》，2000 年 7 期，第 35 页。

④ 王逸舟：《“9·11 综合症”与国际安全》，《世界知识》，2001 年 19 期。

⑤ ［美］白宫：《美国国家安全战略报告》，2002 年 9 月，第 1 页，转引自林利民：《“9·11”以来美国地缘战略的调整及其影响》，《世界经济与政治》，2004 年 5 期。

件发生后，布什政府把藏匿头号嫌疑犯本·拉登的阿富汗塔利班当局锁定为军事打击对象，并声称各国要么站在美国一边支持打击恐怖分子，要么站在恐怖分子一边，没有中间道路。第二，美国在如何应对恐怖主义威胁方面有了新的手段。2002 年 6 月 1 日，美国总统布什提出要对拥有生化武器或者核武器的恐怖分子和敌对国家进行“先发制人”的打击。6 月 13 日，正式退出了 1972 年与前苏联签署的反导条约。12 月 17 日，美国总统布什发表声明宣布，已命令军方开始初步部署导弹防御系统，以防止大规模杀伤性武器造成的“灾难性破坏”。第三，美国对于如何彻底铲除恐怖主义的思想根基有了新的切入点。出于冷战思维的惯性，美国一直把坚持社会主义制度的中国、古巴等作为开展意识形态斗争的重点。然而透过“9·11”事件，美国看到了伊斯兰世界对于美国等西方国家的仇视，因此美国把战略重点锁定在了中东，2003 年 3 月美国发动了伊拉克战争，2004 年 2 月布什总统提出了“大中东民主计划”(“大中东民主计划”使用了广义上的中东地区定义，除了阿盟 22 个成员国外，还将以色列、土耳其、巴基斯坦和阿富汗也纳入大中东地区的范畴)。伊拉克战争结束后，美国一直认为伊朗在支持国际恐怖主义，同时由于美国、伊朗在伊朗核问题上存在严重的分歧，2006 年 4 月公布的布什政府的第二个《国家安全战略报告》把伊朗称为美国面临的“最严峻的挑战”，美国认为，如果伊朗获得了核武器，一方面美国最为担心的恐怖主义和大规模杀伤性武器的结合将会出现，另一方面现存的国际核不扩散机制将受到严重冲击。

当然，美国仍然没有放弃在全球的领导地位。2002 年 9 月 30 日，布什政府向美国国会递交了其上任以来第一份《美国国家安全战略》报告，将“先发制人”战略正式作为国家安全战略基石，提出要在全球范围内推广美国的价值观。报告对美国凭借自身的实力维持“一超”地位充满了自信心，宣称“美国在全世界已拥有前所未有和无可比拟的实力和影响。”①

2006 年 3 月 16 日，布什总统公布了其任内的第二份《美国国家安全战略》报告，报告强调了两部分的内容：一是要在世界上“促进自由、公正和人类尊严”；二是要“领导不断壮大的民主社会来应对我们时代的挑战”，整篇报告中仍然坚持“先发制人”战略，以推广“有效的民主”作为战胜恐怖主义的法宝。

① *The National Security Strategy of the United of America*, http://www.whitehouse.gov/, 2002.

“9·11”前后，美国对华政策经历了一个转变过程，对日政策也有微调。1993 年克林顿政府在《扩展战略报告》中把美国与之打交道的国家分为三大类，一类是民主和市场经济国家，如西欧、日本和加拿大等国；第二类是“新兴民主和市场经济国家”，主要指前苏联、东欧、蒙古等国；第三类是“反动国家”，即逆“民主和市场经济潮流”而动的国家，包括缅甸、伊朗、伊拉克、朝鲜等，中国被放在了这类国家名单的最后，说明中国也是美国认为的反动国家之一。① 1999 年以美国为首的北约用导弹袭击中国驻南联盟使馆，曾使中美关系几乎跌至冰点。布什上台后，批评了克林顿政府奉行的视中国为“建设性战略伙伴关系”的提法，而称中国为其“战略竞争对手”，遏制中国的战略意图公开化、明朗化。2001 年发生中美撞机事件后，中美关系的改善再次遭遇重大挫折。

“9·11”发生后，随着美国的战略重点转向“反恐”斗争，美国对华政策开始向有利于中美关系发展的方向转变。“9·11”事件后，布什政府为组成国际反恐联盟而展开全方位外交，布什向包括中国、俄罗斯在内的十几个国家领导人通了电话争取各国的支持。2001 年 10 月，APEC 第九次领导人非正式会议在上海召开，布什出席了上海峰会，同时江泽民主席和布什总统举行了中美首脑会晤，两国领导人都表示致力于发展建设性合作关系，并就双方建立中长期反对恐怖主义合作机制达成共识。此后，中美两国在反恐、朝核问题、维护台海稳定等一系列问题上达成了许多共识，从而中美关系趋向缓和。2002 年美国《国家安全战略报告》中，对中国的战略定位是不再视中国为“战略竞争对手”，而是提出“美国寻求与中国建立建设性关系”，“美国欢迎一个强大、和平与繁荣的中国的出现”。2003 年 7 月，美国国务卿鲍威尔发表谈话时说，中国在美国同朝鲜对话方面发挥着中间人作用，中国支持朝鲜半岛无核化，致力于使朝核问题得到公正解决，现在的中美关系是“数十年来美国同中国最好的关系”。在 2006 年的美国《国家安全战略报告》中，美国“希望鼓励它（中国）成功地处理好作为世界经济强国的崛起，并在地缘政治中承担起国际社会中的一个建设性伙伴的角色”，有意识的强调了负责任的“建设性伙伴”这一概念，这与 2005 年 9 月美国常务副国务卿佐立克关于希望中国成为国际秩序“利益相关者”的

① 楚树龙：《冷战后中美关系的走向》，中国社会科学出版社 2001 年版，第 75 页。

论述一脉相承。[①]

2007－2008年是布什八年任期的最后两年，布什政府的对华政策展现了友好和务实的一面，布什反对抵制北京奥运会，积极推动中美包括经济等各个层级的战略对话，肯定中国在朝核六方会谈中发挥的积极作用，并认为中美关系在某种意义上处于历史上最好的时期。[②]

2008年7月31日，美国国防部公布了2008年版《美国国防战略》，该战略将成为美国今后构筑国际安全体系的纲领性文件。该战略指出，可能会出现"实力更强的国家"对美国主导的国际秩序发起挑战，并表示需特别关注"美国的潜在竞争对手中国"和"民主主义日益衰退的俄罗斯"今后的动向。战略认为，中国国际影响力日益增强，"卫星攻击能力和电子战能力"得到提升，为此美国须提高警戒，防止中国超越美国在核军事和常规部队方面的地位。[③]

2009年初美国新一任总统奥巴马执政后，高度重视中美战略合作关系。7月，美国总统、国务卿、财政部长和中国副总理、国务委员近20位部长，近200位高官，在华盛顿齐聚一堂，举行首轮中美战略与经济对话，奥巴马总统在说明勇于开拓和创新之于中美关系的重要意义时竟然引用许多中国人都不太熟悉的孟子语录"山径之蹊间，介然用之而成路，为间不用，则茅塞之矣"，表示中美都不应互相猜忌。但是，随后的中美轮胎特保案标志着美国对华贸易政策的转变，中美贸易摩擦的危险性逐步增加。

总体而言，美国对华安全政策可以概括为"接触＋遏制"，即：一方面，美国认识到了与中国开展对话和合作符合美国的根本利益；另一方面，出于对中国迅速崛起的担心和戒备，遏制中国的主张在美国政界仍有相当的市场，布什政府于2002年1月8日提交国会的《核态势评估报告》将中国等七国列为对美国构成核威胁的国家，五角大楼考虑在必要时对这七国进行核打击。当前，接触与合作仍是美国对华政策的主流，并且美国在中美关系的发展中处于主导地位。

---

① 刘恩东：《新在何处：新版美国国家安全战略报告解析》，《学习时报》，第331期，2006年4月18日，第2版。

② 《布什：中美关系"正在变得密切"》，新华网，http://news.xinhuanet.com/world/2008－07/07/content_8501554.htm.

③ 《美08版国防战略：伊朝"流氓国家"，中国"潜在对手"》，来源：中国新闻网，http://news.xinhuanet.com/world/2008－08/02/content_8904464.htm.

亚太地区，由于中国这个所谓的共同“敌人”的出现，美日同盟在20世纪90年代后结束了“漂流”状态，得以巩固和加强。2000年10月11日，美国前任副国务卿阿米蒂奇等人发表了美国国防大学战略研究所研究报告，明确提出了在美国的全球安全政策中，日本处于核心地位，特别是在美国参与亚洲事务时，日本是美国重要的据点，以及要求日本完成有事立法、未来的日美同盟应向美英同盟发展等，因此连日本政府的主要外交官员都曾承认阿米蒂奇报告已经成为指导美国对日政策的基础。[①] 事实上，巩固美日同盟这个亚洲版“北约”有利于强化美国在亚太地区关系的领导地位，美国一直鼓励日本在亚太地区发挥作用，以分担美国防务压力。自二战结束以来，美国逐步向日本派驻了超过5万名士兵。日本则要支付大约50亿美元的驻日美军日常开销，数额十分庞大。

美国对日安全政策在“9·11”后没有发生根本改变，只是进行了相应的调整，鼓励日本在亚太地区承担更大的安全责任。2005年3月31日，日本与美国纪念两国签署《和平与亲善条约》150年，日本首相小泉纯一郎同美国总统布什通过录像互致贺词。布什说：“日美间在利益、价值以及目标上是一致的。”小泉纯一郎则表示：“两国关系经历了150年的岁月已经变得坚不可摧。”[②]

2005年4月，据美联社报道称，美日两国正在对自二战后形成的安保同盟进行规模最大的一次重新审视和规划，新规划的重点是降低日本对美国的安保依赖，并让日本在全球战略行动中发挥更重要的作用。2005年11月16日，日本首相小泉纯一郎和美国总统布什日本京都会谈。两人在会谈中强调了日美同盟关系的重要性，并表示要加强这一关系。在会谈后举行的联合记者会上，小泉说，美国是日本“不可替代的同盟国”。日本同美国的关系越紧密，就越能够同韩国、中国等亚洲国家以及国际社会建立起良好的关系。布什说，美日关系是“重要的”和“牢固的”，这种牢固的关系能使两国承担起维护和平的责任。布什还表示坚决支持日本成为联合国安理会常任理事国。

同时，美国警惕日本右翼势力回潮，对于日本国内可能出现的军国主义

① 苏海河：《日本有事立法将完成，首相可直接出动自卫队》，《中国青年报》，2003年5月14日。

② 章原：《美日强强联手建立军事同盟，中国该如何应对?》，“人民网——军事论坛”，http：//www.people.com.cn/GB/junshi/1078/2432304.html.

势力复苏的迹象保持着一定的戒备。长期以来，美国一直回避在国际公开场合对于日本反省历史问题表态。2005 年 11 月 20 日，中国国家主席胡锦涛会见美国总统布什时，双方谈到了靖国神社问题。胡锦涛告诉布什，小泉纯一郎最近参拜靖国神社阻碍了中日关系的发展。布什说，他对靖国神社的负面感情高于普通人，因为他的父亲老布什在二战期间是美国海军飞行员，曾经在日本军队的攻击下受伤。[①] 2006 年 5 月 24 日，美国驻日本大使托马斯·希弗在东京举行的国际友谊交流会上表示，由政治家参拜靖国神社引起的问题要靠日本自己来解决。据日本《朝日新闻》和美联社报道，美国众议院外交关系委员会主席海德 2006 年 4 月下旬曾致函美国众议院议长哈斯泰特，在信中表示小泉纯一郎如果想要在美国国会发表演讲，就必须首先承诺不去参拜靖国神社，海德认为，如果小泉纯一郎在美国国会演讲之后不久就前往供奉有东条英机等甲级战犯的靖国神社参拜，那么美国国会会非常没有面子，因为美国也是日本发动侵略战争的受害国。因此，海德这次要求小泉纯一郎采取可信服的措施，让美国国会相信他不会参拜靖国神社，以便获得美国国会的接纳。[②] 英国《金融时报》撰文指出："华盛顿应敦促日本像德国那样在国内开展历史教育运动，敦促日本政府公开面对其过去，华盛顿就可能使自己站在亚洲历史问题的正确一方，从而提高在该地区的道义声音和软实力"。[③]

在地区安全体系中，美国希望把日本纳入美国主导的 TMD 防御体系；在军备研发上，美国惧怕日本防卫技术开发能力增强，反对日本独立开发 F－2支援战斗机，迫使日本购入美制 F－16 战斗机后再加以改良而成；美国对于日本要求"入常"表面支持，暗中则持保留态度；美国一直把握亚太地区事务的主导权，在朝核、台海问题等上虽然同意日本介入，但是一直以"老大哥"自居。

## 二、中国国家安全战略及对美、对日安全政策的调整

中国国家安全战略紧紧把握国家利益至上这条主线，国家利益至上是邓

① 《中美峰会谈及靖国神社，布什称对之有负面感情》，http：//news. xinhuanet. com/world/2005－11/22/content_ 3815019. htm.

② 若宫启文：《能在美国谈谈靖国神社问题吗?》［日］《朝日新闻》，5 月 29 日。转引自《参考消息》，2006 年 5 月 30 日，第 1 版。

③ 何家栋：《日美同盟，同床异梦》，《南风窗》，2006 年 2 月 2 日。

小平国际战略思想的首要原则。1989 年 10 月，邓小平会见美国前总统尼克松时说："考虑国与国之间的关系主要应该从国家自身的战略利益出发。"[①]

苏东剧变后，西方国家联合制裁中国，企图以压促变。邓小平针锋相对，指出这是搞霸权主义、强权政治，"国家主权、国家的安全要始终放在第一位"，对于"任何违反国际关系准则的行动，中国人民永远不会接受，也不会在压力下屈服"，[②]"任何外国不要指望中国做他们的附庸，不要指望中国会吞下损害我国利益的苦果"。[③] 中国共产党的十六大报告总结自 1989 年十三届四中全会以来的中国共产党执政基本经验时指出："始终把国家主权和安全放在第一位，""我们主张建立公正合理的国际政治经济新秩序"，"安全上应相互信任，共同维护，树立互信、互利、平等和协作的新安全观，通过对话和合作解决争端，而不应诉诸武力或以武力相威胁"。[④]

中国共产党十六届四中全会通过的《中共中央关于加强党的执政能力建设的决定》提出"始终把国家主权和安全放在第一位，坚决维护国家安全。针对传统安全威胁和非传统安全威胁的因素相互交织的新情况，增强国家安全意识，完善国家安全战略，抓紧构建维护国家安全的科学、协调、高效的工作机制。坚决防范和打击各种敌对势力的渗透、颠覆和分裂活动，有效防范和应对来自国际经济领域的各种风险，确保国家的政治安全、经济安全、文化安全和信息安全。"[⑤] 2004 年 12 月 27 日，国务院新闻办公室发表了《2004 年中国的国防》白皮书，指出"中国在本世纪头二十年的发展目标，就是集中力量全面建设小康社会。作为发展中的大国，中国实现现代化任重道远，需要长期坚持不懈的艰苦奋斗。中国发展的基点主要放在依靠自己的力量上，不会妨碍和威胁任何人。中国需要一个和平的国际环境来发展自己，又努力以自身的发展促进世界的和平与发展。"[⑥] 2006 年 12 月 29 日，中国政府发表《2006 年中国的国防》白皮书，指出："中国坚持走和平发展道路，统筹国内国际两个大局，妥善应对纷繁复杂的国际安全形势。中国依据发展与安全相统一的安全战略思想，对内努力构建社会主义和谐社会，对

① 《邓小平文选》，第三卷，人民出版社 1993 年版，第 330 页。

② 《邓小平文选》，第三卷，人民出版社 1993 年版，第 348 页。

③ 《邓小平文选》，第三卷，人民出版社 1993 年版，第 295 页。

④ 江泽民：《全面建设小康社会，开创中国特色社会主义事业新局面》，《人民日报》，2002 年 11 月 17 日。

⑤ http：//news. sina. com. cn/c/2004 - 09 - 26/18223774705s. shtml.

⑥ http：//jczs. sina. com. cn/2004 - 12 - 27/1147254064. html.

外积极推动建设和谐世界，谋求国家综合安全和世界持久和平；统筹发展与安全、内部安全与外部安全、传统安全与非传统安全，维护国家主权、统一和领土完整，维护国家发展利益，维护国家发展的重要战略机遇期；努力构建互利共赢的合作关系，促进与其他国家的共同安全。”①

所以，中国的国家安全战略可以归纳为：第一，国家安全战略的核心是维护国家主权和安全；第二，在本世纪头二十年的重要战略机遇期内，发展与安全是相互统一的，国家安全战略要服从和服务于集中力量全面建设小康社会这个目标；第三，国家安全战略具有和谐性，既要努力为国内发展创造一个和谐的社会环境，同时又以自身的发展促进和谐世界的建设。

中国对美安全政策可以概括为合作与防范并存。江泽民在 1992 年提出的“增加信任，减少麻烦，发展合作，不搞对抗”的 16 字方针是中国制定和修订对美安全政策的基本方针。

早在 1990 年 6 月 11 日江泽民在写给美国加州 9 位大学生的复信中，对于发展中美关系的利益框架做了明确的阐述，他说：“中美关系在人为的多年隔绝之后得以恢复和发展，不是因为双方价值观念相同，而是因为有重大的共同利益。首先，中美两国发展关系是维护世界和平特别是亚太地区和平的需要。第二，美国是最大的发达国家，中国是最大的发展中国家，发展经济贸易，两国都可以获利，并有利于改善南北关系和促进国际经济繁荣。第三，中美两国人民之间有着长期交往和互相友好的历史，并都希望能够继续发展友好的联系，尽管世界发生了很大变化，但中美之间的共同利益依然存在。有识之士都明智地认识到，我们之间存在的共同利益，确实比价值观念等的分歧远为重要。”②

进入 21 世纪，中国领导人多次强调保持和发展良好的中美关系符合两国的根本利益，也有利于亚太地区和世界的和平与稳定。“9·11”事件发生后，2001 年 9 月 20 日，正在美国访问的中国外长唐家璇在美中贸易全国委员会和美中关系全国委员会为他举行的晚宴会上发表演讲指出：“在反对恐怖主义的斗争中，中国人民和美国人民以及整个国际社会站在一起。”③

---

① 《受权发布：2006 年中国的国防（全文）》，http：//mil. news. sohu. com/20061229/n247335961. shtml.

② 田曾佩主编：《改革开放以来的中国外交》，世界知识出版社 1993 年版，第 427 页。

③ 中华人民共和国驻秘鲁大使馆：《唐家璇在华盛顿发表演讲全文（2001 年 9 月 21 日）》，http：//www. embajadachina. org. pe/chn/xwss/t134679. htm.

2003年以来，中国国家主席胡锦涛在与美国总统布什的几次会晤中，表示愿同美国一道加强对话与合作，妥善处理彼此的关切，推动中美建设性合作关系不断向前发展，并希望双方坚持从战略的高度审视和处理两国关系，推动中美建设性合作关系不断向前发展。

同时，中国对美国遏制中国的一面加强防范。1995年9月，中国国务院总理李鹏在中共中央全会所做的《关于制定国民经济和社会发展“九五”计划和2010年远景目标建设的说明》中指出：“我们还面临着国际关系中霸权主义和强权政治的压力。某些西方大国不愿意看到中国的强大，不愿意看到中国按照自己的发展模式所取得的成功，总是想方设法对我国进行牵制。”① 1999年以美国为首的北约轰炸中国驻南斯拉夫使馆，这是对中国领土和主权最严重的挑衅，中国政府和各人民团体及广大民众对此提出最强烈的抗议和谴责。1999年5月13日江泽民在欢迎中国驻南联盟工作人员大会上的讲话中指出：“对于国内外敌对势力伺机搞乱中国，破坏我们社会主义现代化的图谋，必须时刻保持警惕。”② 2003年1月，胡锦涛同志在全国培养选拔年轻干部工作座谈会上的讲话中说：“以美国为首的西方敌对势力从来没有也不会改变对我国实施‘西化’、‘分化’的图谋，它们不愿意看到中国的统一和强大，总是千方百计地遏制我们。因此，我们面临的颠覆与反颠覆、遏制与反遏制、分裂与反分裂的斗争将是长期的、复杂的，有时甚至会是很尖锐的，对于国际政治斗争的复杂形势，我们必须保持高度警惕，善于应对”。③

中国对日安全政策服从于中国整体国家安全战略的需要，具有全局性和连续性的特点，但是中日关系的波动对其有着一定的影响。20世纪50、60年代，中国的对日政策可以概括为“防止军国主义复活”。70年代，中国提出反苏联“一条线”战略，对日本的政策也服从于这一战略需要。80年代，由于国内集中精力搞经济建设，日本对华友好派在日本政界中居于主流位置，日本政府和民间对中国的改革开放支持力度很大。1983年11月，中共

① 李鹏：《关于制定国民经济和社会发展“九五”计划和2010年远景目标建设的说明》，《人民日报》，1995年10月26日，第1版。

② 江泽民：《“在欢迎我驻南联盟工作人员大会上的讲话”》，《人民日报》，1999年5月14日，第1版。

③《胡锦涛同志在全国培养选拔年轻干部工作座谈会上的讲话》，《组工通讯》，2003年1月16日。

中央总书记胡耀邦访问日本，在与日本首相中曾根康弘的会谈中，由中曾根建议，在原有的“和平友好、平等互利、长期稳定”基础上，增加了一条“相互信赖”，完善成为发展中日关系的“四原则”。后来整个20世纪80年代的中日关系呈现健康发展的良好势头，《日本经济新闻》指出：“应当说，当前的中日关系在漫长的日中关系史中也是值得大书特书的，是一个成熟的时代”。①

冷战结束之初，中日关系保持着良好的发展势头，中国政府对于日本政府继续执行对华友好政策特别是日本率先解除对华经济封锁表示赞赏。但是自90年代中期以后，中日关系中的一些矛盾日益暴露出来，如历史问题、领土问题、台湾问题、美日同盟问题，中国根据变化了的国际环境和中日关系的现实状况，适时调整了对日政策。一方面，加强中日两国的沟通与了解，构建面向21世纪的合作伙伴关系，特别是注重加强中日两国间的经贸合作。1998年，中国国家主席江泽民访问日本，中日两国在坚持《中日联合声明》、《中日和平友好条约》的基础上，签署了《中日联合宣言》，宣布两国建立面向21世纪致力于和平与发展的合作伙伴关系。1999年以来，中方在坚持两国间三个基本文件的基础上，积极推动中日关系的全面发展。另一方面，中国在政治、安全层面加强防范，特别是对于日本右倾势力日益活跃保持警惕。2004年11月21日，中国国家主席胡锦涛会见日本首相小泉纯一郎时强调当前两国政治关系困难的症结是日本领导人参拜靖国神社问题，而发展中日关系，不能也无法回避历史问题。胡锦涛同时提出了实现两国关系健康稳定发展的指导性意见，即：双方应该严格遵循中日间三个政治文件的原则，坚持“以史为鉴、面向未来”，着眼长远、善谋大局，加强交流、深化合作；在地区和国际事务中，双方应该加强协调和合作；应该进一步密切两国文化、教育及青少年交流；应该从两国的共同需要出发，在继续深化两国经贸合作的同时，加强在能源、环保等领域的合作。对于日本近年来不断扩张军备，加强美日军事合作等举动，中国政府表示了强烈的关注和不安。

2008年5月7日，正在日本进行国事访问的中国国家主席胡锦涛在东京与日本首相福田康夫共同签订题为《中日关于全面推进战略互惠关系的联合声明》的中日之间第四份重要政治文件，声明中指出：“双方一致认

---

① 转引自张耀武：《中日关系中的台湾问题》，新华出版社2004年版，第286页。

为，中日关系对两国都是最重要的双边关系之一。两国对亚太地区和世界的和平、稳定与发展有着重要影响，肩负着庄严责任。长期和平友好合作是双方唯一选择。双方决心全面推进中日战略互惠关系，实现中日两国和平共处、世代友好、互利合作、共同发展的崇高目标。"①

后冷战时期，中国对日安全政策不如中国对美安全政策系统、成熟，其中直接原因在于日本领导人参拜靖国神社、日本右翼教科书歪曲日本侵华史等历史问题激发了中国国内民族情绪的高涨，进而导致中国国内民众要求日本反省其军国主义侵华历史的呼声日益强烈，加上台湾、钓鱼岛、日本"入常"等一系列中日之间难以短期内达成共识的现实问题，中国对日政策可以进行大幅调整的空间十分有限，将主要取决于日本政府在反省历史等一系列问题上的立场修正和具体对华政策的调整。

## 三、日本国家安全战略及对美、对华安全政策的调整

日本在 20 世纪 70 年代末推出了战后日本第一个具有全局观点和长远考虑的国家总体战略——《综合安全保障战略》，这一战略与中曾根内阁时期的"战后政治总决算"结合起来，使"国际国家"成为日本发展的中长期战略目标，并为日本从经济大国向政治大国转变服务。

冷战后日本加快向政治大国迈进的步伐，外交上转为主动出击，努力摆脱"和平宪法"的束缚，整体国家安全战略观也在发生质变。1991 年，日本国会通过了《联合国维持和平合作法》（PKO 法），为向海外派兵提供了法律依据。1996 年，日美共同发表"联合宣言"，完成了对日美安全同盟的"再定义"。2003 年 5 月 14 日，日本国会众议院有事法制特别委员会通过了《应对武力攻击事态法案》、《自卫队法修改案》和《安全保障会议设置法修改案》，5 月 15 日和 5 月 19 日，众参两院先后通过这三项法案，从而"有事法制三法案"完成全部立法程序，正式成为日本国家安全战略和防卫政策的规定性法律，日本舆论由此称日本"36 小时走完了 26 年的路"。② 日本国家安全战略转换的过程表明，日本政府正在突破战后以来"专守防卫"的基本原则，实施可以行使"集体自卫权"和主动出击、先发制人的"攻

① 《中日关于全面推进战略互惠关系的联合声明》，新华网，http：//news. xinhuanet. com/newscenter/2008 -05/07/content_ 8123814. htm.

② ［日］《朝日新闻》，2003 年 5 月 15 日。转引自林晓光：《日本国家安全战略与防卫政策的调整——关于"有事法制"的思考》，《世界经济与政治论坛》，2003 年第 6 期。

势防卫”战略。[①]

日本国家安全战略的基本特征是“以利益为重，与强国为伍”，所以日本对美安全政策成为日本对外战略的核心内容。20 世纪 80 年代末，日本国内以新保守主义为代表刮起一股对美国说“不”的浪潮，1988 年石原慎太郎和盛田昭夫合著了《日本可以说“不”——新日美关系的对策》一书，主张日本应该对美国敢于说“不”，在日本国内引起轰动。但是，不久由于“中国威胁论”的出笼，务实的日本外交立即由尝试“敢于说不”转到“唯美是从”的一贯立场。在冷战后多极化的浪潮中，日本则实用地选择了“搭便车”战略，即借助美国提升在亚太安全格局中的地位。

日本的安全战略围绕着日美同盟展开，日本对美安全政策成为美国部署全球战略的重要抓手。东京国际大学武器控制与安全问题教授前田铁男认为，在安全合作方面，美国希望日本扮演类似于英国的角色。日本自身也希望日美同盟在亚洲发挥类似北约在欧洲所起到的作用，日本同英国一样成为美国的最亲密盟友。“9·11”事件以后日美安全合作进一步加强，日本首次在战时为美国军事行动提供后勤支援，日美同盟进入一个新阶段。日本防卫厅发布的 2004 年度《防卫白皮书》认为，日本自卫队参加美国领导的驻伊多国部队加强了日美同盟关系，完全符合日本的安全利益。而且，自卫队应该从“存在”转向在国际社会上积极“发挥作用”，将参与“国际活动”作为基本任务。白皮书声称，“随着冷战的结束和国际争端区域的扩大，非法活动和紧急事态增多，自卫队应配合美国参与更多的国际性活动”。[②] 2007 年 7 月，日本政府公布了 2007 年版《防卫白皮书》，白皮书中除了表示对中国军事发展方向的担忧外，还强调要继续加强日美安全保障体制。

日本对华安全政策则受日本朝野上下一种十分复杂的心态所支配。一方面，日本认识到中国的发展对日本而言是一种机遇，有助于摆脱日本长达十多年的经济不景气。2004 年 6 月 1 日由人民日报社和日本经济新闻社共同举办的第十次中日经济讨论会在日本举行，日本首相小泉纯一郎在贺词中说，中国经济发展对日本是个机会，这个预言正在成为现实，面对世界经济全球化，各国都在采取各种对策，日中两国也面临许多新挑战，有必要进一

① 林晓光：《日本国家安全战略与防卫政策的调整——关于“有事法制”的思考》，《世界经济与政治论坛》，2003 年第 6 期。

② 云雷：《日本新〈防卫白皮书〉出炉，断言我军在“质变”》，《世界新闻报》，2004 年 7 月 12 日。

步发展互补的中日经济关系。

另一方面，由于在世界近现代史的一百多年间，日本一直领先中国，现在面对一衣带水的邻国迅速崛起，日本政府和国民在心态上无法接受，并且中日之间有着诸多的历史纠葛和现实利益冲突，受“远交近攻”的日本外交传统的影响，日本近年来采取在地缘安全上抗衡中国，在历史问题上刻意模糊，在领土问题上制造麻烦，在毗连资源上肆意争夺，在台海问题上暗中介入等遏制中国的策略。1996 年日美安全同盟的“再定义”时美日共同的假想敌已经从前苏联转变为中国。

2006 年 3 月 23 日，日本外务省在 2006 版的日本外交蓝皮书中称，中国在国防费用的增加额度和军事实力的现代化方面，仍然有不透明的部分。这是日本政府首次在外交蓝皮书中公开要求中国增加军力透明度。[①] 总体而言，“联美制华”在日本的全球安全战略中的分量日益增强。

日本对华援助（ODA）政策的演变是观察日本调整对华安全政策的一个剖面。日本对华经济援助（ODA）开始于 1979 年，此后日本一直是中国的最大经济援助国，到 2000 年，日本对华日元贷款为 2144 亿日元。自 20 世纪 90 年代后期起，日本已经开始大幅削减对华 ODA 额度，并且取消了对中国的资金优惠划拨方式。2004 年 11 月，小泉出席在万象举行的东盟和中日韩首脑会议，谈到对华援助问题时说：“（对华援助）已经到了该毕业的时候。中国经济现在发展顺畅，我希望中国早日成为对华经济援助的毕业生。”[②] 对于近年来大幅减少对华日元贷款，日本方面的解释是，日本政府希望通过政府开发援助帮助更多的发展中国家，解决整个地球的问题。但有迹象表明，日本的贷款方向并不是分向世界上其他不发达地区，而是流向中国的周边地区。在不断减少对华援助的同时，日本却在增加对印度的贷款，以此抵消中国在其周边的影响。日本削减 ODA 的重要原因是一些日本右翼人士受典型的冷战思维支配，认为中国是日本的现实威胁，日本不应该用纳税人的钱“去资助一个潜在的敌人”。2006 年 3 月 23 日，日本外务省决定推迟原定 3 月末举行的 2005 年度对华日元贷款内阁议定程序，外务省解释为在中日关系因为东海和靖国神社问题僵持的情况下决定对中国予以政府开

① 转引自：《日围绕东海问题小动作频频》，《参考消息》，2006 年 3 月 25 日，第 1 版。

② 《小泉：对华 ODA 届毕业期》，《香港商报》，2004 年 11 月 30 日，http://www.cnwnc.com/20041130/ca1296925.htm.

发援助（ODA）项目很难得到执政党的理解。

2009 年 7 月，随着中美两国首轮战略与经济对话的展开，日本国内舆论认为这也标志着中美两国共同主导世界事务的“G2”集团体制的实际启动。① 与此同时，日本政府不顾中方多次严正交涉，执意给中国的民族分裂分子热比娅发放赴日签证。一些国际问题专家对日本政府的这一举动深感不安和震惊。分析家们指出，尽管从表面看来，热比娅的分裂活动并未得到日本政府的明确支持，但他们在新疆乌鲁木齐“7·5”事件刚刚过去不久便为事件幕后策划者发放入境签证，无疑是对热比娅分裂活动的纵容，反映出日本政府对进一步深化中日关系缺乏诚意，对如何在打击恐怖主义和分裂主义方面进行国际合作缺乏认识。②

一些学者把近年来中日关系的恶化归结为小泉纯一郎的个性因素，这是片面和不客观的。在小泉纯一郎僵化的对华政策背后是日本右翼势力对中国的不断挑衅，有小泉背后的诸多日本高官都曾经表示要参拜靖国神社，所以把中日关系改善的希望完全寄托日方某一领导人执政也是不现实的。小泉下台后，安倍和福田、麻生内阁在改善对华关系方面作出了许多的努力，而日本对华安全政策受日本政坛各种势力的此消彼长和国际形势的变化影响较大，特别是日右翼势力对于日本政坛的走向影响较大，左翼及对华友好的势力逐渐式微，所以日本对华安全政策在相当长时期内都不会有质的突破。总体而言，中日关系在多年陷入僵局后略有改善，但是日本对华安全政策中防范和遏制中国的一面仍然十分突出。

## 第三节　21 世纪初期中美日安全关系的基本特征

### 一、三国在传统安全上敌友难分、相互合作、相互防范

在传统安全领域，中美日三国虽然各自强调自身的国家利益，但是不具备冷战时期泾渭分明的敌友标志，中美、中日、美日在相互合作的同时相互防范，在相互斗争的同时也注意把握一定的尺度，即“斗而不破”。

① 见 2009 年［日］《美中对话标志着 G2 体制的实质启动》，《每日新闻》，2009 年 7 月 28 日。

② 《允许热比娅窜访发出的是何信息》，《光明日报》，2009 年 7 月 30 日。

中美日三国在地区安全上相互合作，当前主要在亚太地区开展对话与合作。在涉及亚太地区事务方面，中国的建设性作用日益凸显，朝核问题是中美日在地区安全合作方面的重要尝试。在中国的倡导下，自 2003 年 8 月以来，美、日、韩、俄、中、朝连续展开了 5 轮朝核问题六方会谈，主要通过国际磋商促使朝鲜放弃核武器发展计划。在朝鲜半岛核问题上，中国坚持不懈地积极斡旋，缓和了半岛紧张局势，为维护东北亚的和平与稳定发挥着建设性作用。2005 年 9 月 19 日，第四轮朝核问题六方会谈以共同声明的形式通过了六方会谈以来的首份共同文件，为最终解决朝鲜半岛核问题确立了框架。国际社会和媒体普遍认为：这是一个里程碑式的协议，一个与会各方共赢的结局，是中国外交的胜利。在共同声明中，朝鲜承诺放弃所有核武器和核计划，早日重返《不扩散核武器条约》，并接受国际原子能机构的监督。美国确认，美国在朝鲜半岛没有核武器，无意以核武器或常规武器攻击或入侵朝鲜。2007 年 2 月 13 日，朝核问题第五轮六方会谈第三阶段会议通过《落实共同声明起步行动》共同文件。同年 7 月，朝鲜关闭并封存宁边核设施。10 月 3 日，朝核问题第六轮六方会谈第二阶段会议通过《落实共同声明第二阶段行动》共同文件。根据这一文件，美国和朝鲜同意继续致力于改善双边关系，向实现建立全面外交关系迈进。中美日三国虽然在对朝政策的落脚点和具体政策上存在较大的差异，但是在朝鲜半岛无核化问题上具有一致性，毕竟反映了三国在地区安全上具有一定的合作基础。

除朝鲜半岛问题外，中国也为处理国际和地区的其他一些热点问题发挥了建设性作用。在中东问题上，中国鼓励有关各方根据联合国有关决议和“土地换和平”原则恢复和谈，重启和平进程。在伊拉克问题上，中国积极倡导在联合国框架内谋求政治解决，并为伊拉克问题的妥善解决做了大量工作。在伊朗核问题上，中国以多种方式劝和促谈，寻求在国际原子能机构框架内妥善和平解决伊朗核问题。中国不断扩大参与联合国维和行动，共向 14 项联合国维和行动派出军事人员、警察和民事官员 3000 多人次。

在南亚，美国一直努力建立核不扩散机制，调解印巴争端，并谋求与中国的合作。中国明确表示支持南亚地区核不扩散，针对印巴冲突，中国出于对维护地区稳定的高度责任感和自身战略利益考虑，在整个冲突期间坚持了客观公正的立场，对南亚地区的和平稳定发挥了积极影响，得到美国和包括印度在内的大多数国家的肯定。日本则从地区安全的角度积极进行斡旋，帮助印巴间接保持沟通，避免引发两国间的战争。

与此同时，中美日三国在地缘安全上相互防范，美日联手遏制处于上升势头中的中国。最为明显的是三国都重视海权，中日在钓鱼岛、东海大陆架的矛盾不仅是资源的争夺，更多的是在于海权归属之争；美日插手中国与东南亚国家的南沙群岛争执，用意在于削弱中国对于南海的实际控制能力；美日介入台海地区的深层次用意在于封住中国的出海口，阻遏中国走向远洋，成为海洋强国。

据巴基斯坦《边疆邮报》一篇题为《“9·11”对中国安全的影响》的文章指出：“美国打击阿富汗是在实行一种旨在包围中国的新遏制政策。只有中国三分之二的边界线受到包围的情况下，才能完成对中国的包围。日本、印度、巴基斯坦和阿富汗就占据了中国三分之二的边界线，而且他们都是亲美派。美国在亚洲的主要目标是建立强大的反华战线，为此美国已着手制订一个包围中国的宏伟计划”。[①] 文章的观点不尽全面，当前看来，随着中国睦邻政策的逐步推进，美国通过印度、巴基斯坦和阿富汗等国家借力打击中国的可能性在逐步降低，而中日之间逐步上升的矛盾则可以成为美国遏制中国的重要一环。

在军控领域，中美日三国都从本国的国家利益出发强调防止大规模杀伤性武器的扩散。从历年来中国的国防白皮书来看，中国一贯主张全面禁止和彻底销毁核武器，中国郑重声明在任何时候、任何情况下，都不首先使用核武器，此后又明确承诺无条件不对无核武器国家和无核武器区使用或威胁使用核武器。2000年5月，中国同美国等其他四个核武器国家共同发表联合声明，宣布所拥有的核武器不瞄准任何国家。中国支持巩固和加强国际核不扩散体制，承诺忠实履行《不扩散核武器条约》、《全面禁止核试验条约》。中国是《禁止化学武器公约》和《禁止生物武器公约》的缔约国。针对美国为首的西方国家的质询，2002年9月，中国政府公布了有关导弹及相关物项和技术出口管制的条例，表明了中国在防止大规模杀伤性武器扩散方面的诚意，这是中美在军控领域进行对话和相互信任的结果。2009年9月24日上午，联合国安理会核不扩散与核裁军峰会在纽约联合国总部举行，中国国家主席胡锦涛发表重要讲话指出，中国一贯主张全面禁止和彻底销毁核武器，坚定奉行自卫防御的核战略，始终恪守在任何时候和任何情况下不首先

---

① ［巴基斯坦］《边疆邮报》，2001年10月10日，转引自袁鹏：《“9·11事件”与中美关系》，《现代国际关系》，2001年11期，第20页。

使用核武器政策，明确承诺无条件不对无核武器国家和无核武器区使用或威胁使用核武器。中国不参加任何形式的核军备竞赛，将继续把自身核力量维持在国家安全需要的最低水平，将继续为推进国际核裁军进程作出努力。中国愿继续为维护国际核不扩散体系发挥建设性作用。①

1999 年 7 月，中日两国政府签署了《中华人民共和国政府和日本国政府关于销毁中国境内日本遗弃化学武器的备忘录》。日本在备忘录中明确承认了遗弃化学武器的事实，并承诺认真履行销毁责任和义务。中国则一直督促日本能够切实按照备忘录的有关原则和规定，尽早启动实质性销毁工作。

美国的军控立场具有片面性，一方面为保护本国的安全坚决反对大规模杀伤性武器的扩散，另一方面为了自身的绝对安全大力发展导弹防御系统。美国为了发展 NMD 单方面退出了 1972 年美苏（俄）《反导条约》，同时美国和日本联合研发战区导弹防御系统。日本受战败国身份的影响不可能公开拥有大规模杀伤性武器，特别是核武器，表面上反对大规模杀伤性武器的扩散，但是在实际上追随美国的军控政策。

值得关注的是，日本借朝鲜发展导弹和核武器计划而力图脱离“非军事化”的束缚，这是国际军控领域的新动向。同时，日本增加军费使亚太地区有重开军备竞赛的可能性，日本政府连年大幅度增加军费预算，多年军费开支高居世界第二位，仅次于美国。2003 年日本军费开支为 450 亿美元，比中国多两倍。2004 年日本已经成为美国全球有偿军事援助（FMS）的第二大武器进口国，位列亚洲第一。从法理角度看，日本国内的《和平宪法》及联合国宪章对于日本成为军事大国有着明确的限制，但是日本冲破种种阻碍扩充军备的行动有悖于亚太地区的求和平、求稳定、求发展的基本趋势。

中国认为美日联合在东亚地区部署 TMD 系统，将使美日军事同盟的整体攻防水平提高到前所未有的程度，也远远超出了日本的防卫需要，为此中国表示坚决反对。

中国一直奉行“韬光养晦，有所作为”的对外策略，与主要大国间的关系基本稳定。从“9·11”后中美关系的态势看，两国之间的对抗已不再成为常态；在中国“睦邻、安邻、富邻”的政策下，中国的周边环境十分稳定，中国与东南亚、东北亚、中亚、南亚国家的关系都不同程度地取得了

① 《安理会核不扩散与核裁军峰会在纽约举行，胡锦涛出席并发表重要讲话》，《人民日报》，2009 年 9 月 25 日，第 1 版。

重要进展，南海问题、边境问题、地区安全合作都向有利于中国的方向发展。唯独中日关系却一直处于下降的状态中，目前尚未触及谷底。

所以，中美日传统安全关系架构的建设处于正在进行时，中美日三国在传统安全领域内相互依存和相互防范的态势中长期内不会改变，但是受一些突发因素的影响将会存在变数。

## 二、三国在非传统安全领域里相互依存、相互借重、摩擦依旧

中美日三国在包括经济安全在内的非传统安全领域里相互依存、相互借重、摩擦依旧。

经济基础决定上层建筑这个原理对于国际关系领域同样有参照作用，中美日三国在经济合作方面的紧密关系，已经成为三国在其他领域一系列战略互动的经济基础。中美日特别是中美两国在全球的经济比重日益上升，对世界经济的贡献十分巨大。中美日三国的经济圈中涵盖两个最大的发达国家和一个最大的发展中国家，中美日三国人口总数达到17.5亿左右，占世界人口总数67亿的26%左右（根据2007年人口数据测算，中国当时达到了13.2亿）；中美日三国GDP总和达到了全世界GDP总量的40%强，中国的GDP虽然只占世界的6%，但是发展潜力巨大；三国同处于当前全球经济最有活力的亚太地区，具备形成统一市场的地缘优势。所以，三国经济一旦整合，绝非简单的三国经济总量相加，势必会产生巨大的辐射效应，并成为世界经济的主导力量。

事实上，全球化条件下的中美日经济合作日渐紧密，相互借重。美国前总统尼克松曾经说过："在失去共同的敌人之后，经济贸易关系为中美关系发展的几个基轴之一。"① 冷战后，特别是进入21世纪以来，中美双边贸易突飞猛进地发展，据中方统计，2004年中美进出口贸易总额达到1696亿美元，同比增长34%。其中，中国对美出口1249亿美元，同比增长35%；中国自美国进口447亿美元，同比增长32%。按中方统计，2005年中美贸易额是中美建交的1979年的80倍，中美双边贸易额按美方统计为2853亿美元，美国逆差2016亿美元，中国连续3年成为美国最大的贸易逆差国。中美双边贸易总额为2116亿美元，中方顺差1142亿美元。美国作为中国的第

① 范庆华：《摩擦中迅速发展——就入世后中美经贸关系访周世俭先生》，《世界知识》，2002年第6期。

二大贸易伙伴（仅次于欧盟），在华投资项目超过4.9万个，实际投资累计超过500亿美元。中国是美国第三大贸易伙伴（仅次于北美自由贸易区的加拿大和墨西哥），是美国第四大出口市场，也是增长最快的出口市场。而中国海关总署发布的统计数据表明，2007年美国为第二大贸易伙伴，双边贸易总值为3020.8亿美元，增长15%。其中，中国从美国进口693.8亿美元，出口2327.0亿美元，顺差1633.2亿美元。根据美国商务部最新统计，2007年，中国超过日本成为美国第三大出口市场，超过加拿大成为美国第一大进口来源地，仍保持美国第二大贸易伙伴地位，且与美第三大贸易伙伴墨西哥差距逐渐拉大。

根据中国商务部的统计，2004中国（中国大陆）与日本贸易额1807.2亿美元，2005年为1844.1亿美元，同比增长了9.9%。2005年1月27日，《金融时报》报道，据日本财务省初步统计，2004年日本与中国（含香港）双边贸易额为22.2万亿日元（2130亿美元），而日本与美国双边贸易额为20.479万亿日元；日中双边贸易额占日本贸易总额的20.1%。中国首次超过美国成为日本的第一大贸易伙伴，显示出中国经济对日本经济恢复的重要作用。经过最初的等待观望期，近年来日本企业逐步增加对华直接投资。日本对华部件出口在其对华出口中占重要比例，而这些部件在中国制造产成品后向第三国出口。2004年日本的全球贸易顺差高达12.011万亿日元，同比增长17.9%，其中日本对华贸易顺差为1.455万亿日元。日本的全球贸易顺差持续3年上升表明了其强劲的出口态势已成为日本经济恢复的基础。

据中国海关统计，2007年中日双边贸易额达2360.2亿美元，较2006年增长13.9%。其中，中方对日出口首超千亿美元，达到1020.7亿美元，增长11.4%；日本继续占据中国第一大进口来源地的位置，自日进口1339.5亿美元，增长15.8%，中方对日贸易逆差318.8亿美元，增长32.6%。

冯昭奎研究员指出，日本对华出口的比重上升与对美出口的比重下降同时发生；而日本对华出口激增又与中国对美出口激增同时发生。2003年，日本整个出口增加了360亿美元，其中170亿美元是对中国的，对中国出口的增加弥补对美出口减少有余。2003年，中国向美国每出口1美分，需要从日本进口0.54美元，即中国对美出口中有一半多是日本的“绕路出口”，中国对美国的出口增加直接连接着中国从日本的进口增加，而起连接器作用的则是日本企业在中国的子公司及其他外资企业和中国国内企业。[1]

在开展经济合作的同时，三国之间由于强调各自的国家经济利益，不断产生经济摩擦。中国入世后已成为世界上贸易争端最多的发展中国家，国际贸易摩擦由二战后以美日间为中心转向以中国与美日为代表的主要贸易国间为中心。

整个20世纪80年代，日美之间的贸易战此起彼伏，进入21世纪以来，尽管日美围绕钢铁和牛肉问题发生了一些摩擦，但是随着90年代后日美一系列贸易协定的签署和日本经济陷入低迷，日美之间的贸易战已经退居次席，两国开始在全球经济圈中联手遏制迅速崛起的中国。近年来，美国、日本围绕人民币升值问题不断打压中国，要求人民币升值，以转嫁美日经济运行中的一些不利因素。2005年4月，美国纺织品协定执行委员会（CITA）宣布启动针对三类中国纺织品进口的保障程序，以决定中国相关纺织品是否冲击了美国市场，中美在纺织品进出口问题上一直争执不断。2009年，中美发生轮胎特保案。此外，美、日至今不承认中国的完全市场经济地位。

与冷战期间美苏两大集团之间“两个平行的市场体系”不同，中美日三国在经济上是唇亡齿寒，共存共依，尽管强调各自的利益诉求，但并非简单的“零和博弈”，只能互相补台，相互协作，协商处理彼此间的纠纷，才能保证自身的经济安全并创造更多的发展机遇。

此外，三国在反恐、缉私、缉毒等领域合作空间巨大，形成了利益互动的机制。特别是反恐已经成为中美两国在新时期发展两国关系的重要支点。2002年9月11日，联合国安理会正式将“东突伊斯兰运动”列入安理会颁布的《恐怖主义组织和个人名单》，这对于中国维护西部边疆稳定有着重要的外部意义。随着走私、贩毒的蔓延，这些非传统安全因素已经日益对各国的国家安全产生冲击，为此中美日三国对此类国内外犯罪加大打击力度，并且开展相关合作。2004年5月，受日本同行的邀请，中国海事船“海巡21”对日本进行了首次访问，并与日方举行联合海事演习，以提高海上抢险救灾和反恐能力。2008年1月，美国联邦调查局（FBI）局长穆勒访问中国，并在北京宣布美国联邦调查局将与中国的公安部门加强在反恐方面的合作，以迎接2008年夏天举行的北京奥运会。

当然，三国在非传统安全领域合作中也存在矛盾，主要在于意识形态和

① 冯昭奎：《透视中日美“三角贸易”》，《世界知识》，2005年第8期，第52页。

社会制度的根源，中美日特别是中国和美日两国在国内法律、技术标准上存在较大的差异，由于标准不统一，所以合作渠道不畅，三国在相关领域亟待协调和沟通。

## 三、21世纪初中美日安全关系的发展趋势

21世纪初期大国关系的主流是求合作，对于中美日三国而言尤其如此，在以国家利益为核心的现代国家安全战略的导向下，任意两个大国之间的对抗都是得不偿失，“和则两利，斗则两伤”这个大国间关系的普遍规律同样适用于处于和平崛起阶段的中国、致力于走向政治大国的日本、努力维护国家安全和保持国家优势地位的美国三者之间。

当然对于一些双边关系和多边关系而言，又有其个性，中美日三边关系不平衡，所以在一些有争议的问题上，中美日三国会产生矛盾，甚至有些局部的对抗。美国建立的“轴心——轴辐”式中美日三边架构的主旨在于使其处于主导地位。在近现代史上美国势力介入亚太事务特别是东亚事务伊始，就认识到如果美国要主导亚太格局就必须使中日两国保持足够的距离，否则中日两国接近就会排斥美国在亚太地区的主导作用。第二次世界大战时，美国竭力扶持中国对抗日本军国主义，避免了盟军在亚洲战场的全面崩溃和日本与德、意在亚欧战场的会师，这是取得反法西斯战争胜利的重要前提。冷战期间，美国出于对于社会主义中国的意识形态敌视和建立反苏战线的需要，中止了对于日本的战后政治清算，坚决扶持日本作为对抗中国、苏联的桥头堡，使日本战后在美国的军事保护伞下经济高速发展长达20多年。冷战后，由于中国的迅速发展，美国借助日本联手制衡中国的局面已经形成，“美国人应该不担心日本成为强国，而应该利用这一点。美国最理想的战略不是同时遏制中国和日本，而是使中国和日本互相遏制，美国在安全距离上作壁上观”。①

日本在国家的外交传统上是“远交近攻”、“与强国为伍、以利益为重”，战后追随美国的“搭便车”战略使其受益匪浅，而出于历史渊源和现实利益的考量，难以在东亚接受中国的迅速崛起，随着美国要求日本加强在亚太地区的军事存在，日本要借助美国战略中遏制中国的一面打压中国从而

① ［美］克里斯托弗·恩莱：《不可靠的计划——美国对华战略》，《世界政策研究》，1997年秋季号。

确立在东亚地区的主导作用的意图已经清晰化、公开化。

中国坚守“韬光养晦”，对美国在非原则问题上有退有让，以柔克刚，同时宣示坚决捍卫国家核心利益，强调对话，加强沟通，所以中美之间尽管有波折，但是稳定化、非对抗化成为常态；中国对日政策受历史问题和领土问题诸多因素的影响较大，特别是在国内民众对日本一系列挑衅行为反应比较强烈的情况下，改善对中日关系不如发展中美关系顺畅，随着日本政界保守化、右倾化的加剧，今后中日关系还会发生一些波折。美日关系好于中美关系，中美关系好于中日关系，这是一个对于中美日三边关系现状的基本判断。

改善中美日三边关系以及理性构建中美日三国安全框架的前提在于——“和而不同”、“趋利避害”。首先，中美日三国的历史文化传统和国家政治制度不尽相同，但是“世界上的各种文明、不同的社会制度和发展道路应彼此尊重，在竞争比较中取长补短，在求同存异中共同发展”，[①] 所以“和而不同”应该是三国处理意识形态分歧的基本理念；其次，三国的现实利益肯定有差异，一方获益而他方受损的“零和博弈”必将被双方或多方受益的“双赢”乃至“多赢”模式所替代，“趋利避害”应该是三国处理现实争端的重要原则。

今后观察中美日三边关系，要注意到三个基本进程，即中国的现代化进程、日本右倾化进程、美国的单边化进程，中国的现代化进程将对后两个进程形成有力的制约，并推动中美、中日关系的健康发展；日本右倾化进程、美国的单边化进程将对中国的现代化进程形成阻力，同时对于中美、中日关系的健康发展产生负面效应。当前中国的现代化进程还处于上升势头，日本的右倾化进程、美国的单边化进程已经放缓，今后必将面临下降的拐点，这将有助于改善中美日三边关系。今后必须用系统、全面的观点加以研究、判断，寻找其中的规律，把握中美日关系将来的发展趋向。

① 江泽民：《全面建设小康社会，开创中国特色社会主义事业新局面》，《人民日报》，2002年11月17日，第1版。

# 第三章　台湾问题对中美日安全关系影响的嬗变

台湾问题是中美日安全关系中的突出问题，随着国际形势和中美日三国对外政策的调整，台湾问题在中美日三国国家安全战略中的地位及对中美日安全关系的影响正在发生变化，理清这一脉络对于把握台湾问题的基本走势十分必要。

## 第一节　台湾问题是 21 世纪初中国国家安全的核心内容

### 一、中国共产党及中华人民共和国政府对台方针、政策的形成与完善

1949 年 10 月 1 日，中华人民共和国诞生，中华人民共和国政府成为中国唯一合法政府。在此前后，蒋介石集团率部分国民党军政人员退踞台湾，并于 1949 午 5 月 19 日颁布了戒严令，宣布台湾地区处于战时动员状况，事实上造成了海峡两岸的分裂局面。台湾问题的出现，是国民党发动反人民内战的结果，是由中国的内战造成的地方与中央的分裂局面，其本质是中国的内政问题，完全不同于通过国际条约而形成的前东德、西德及朝鲜半岛的分裂局面。台湾问题之所以长期存在且迄今尚未解决的一个重要因素，是美国等西方反华势力插手台湾问题，干涉中国内政，阻碍中国统一。

围绕台湾问题，中国政府及中国共产党为维护国家统一进行了长期坚持不懈的斗争，基本可以分为三个时期：

第一个时期（1949 年初到 20 世纪 50 年代中期），是中国共产党为完成祖国的统一大业尝试武力解放台湾的阶段。1949 年春，当中国人民解放战争在全国范围内的胜利已成定局时，中共中央就开始把解放台湾的问题提到议事日程上来，在 3 月 15 日发表的“新华社时评”中明确指出：中国人民

包括台湾人民“绝对不能容忍国民党反动派把台湾作为最后挣扎的根据地。中国人民解放斗争的任务就是解放全中国，直到解放台湾、海南岛和属于中国的最后一寸土地为止。”① 1949 年 10 月 25 日，中国人民解放军发动了解放金门的战役，然而非常遗憾的是，由于判断失误和缺乏必要的渡海工具等原因，金门之战失利。随后，在中共中央的领导下，中国人民解放军一直积极进行武力解放台湾的各种准备。1950 年 6 月，美国在朝鲜战争爆发后，派第七舰队侵入台湾海峡，军事上公然干涉中国内政，1954 年 12 月 2 日，“美蒋共同防御条约”在华盛顿签字。因此，受当时国内外各种因素的影响，中国政府武力解放台湾的进程被迫中断。

第二个时期（20 世纪 50 年代中期到 80 年代末），是中国政府及中国共产党争取和平解放台湾的阶段。

1955 年 5 月 13 日，周恩来在全国人民代表大会常务委员会第十五次扩大会议上作关于亚非会议的报告时指出：中国人民解放台湾是中国的内政问题。解放台湾有两种可能的方式，即用战争的方式和和平的方式，中国人民愿意在可能的条件下，争取用和平的方式解放台湾。② 1963 年，周恩来将中国共产党对台政策归纳为“一纲四目”。毛泽东也一再表示，台湾当局只要一天守住台湾，不使台湾从中国分裂出去，大陆就不改变目前的对台关系。③

1979 年 1 月 1 日，《中华人民共和国全国人大常委会告台湾同胞书》发表，并成为中国政府处理台湾问题的重要指导性文件。1980 年，邓小平提出了 20 世纪 80 年代“我们要做的三件大事”中，“第二件事，是台湾归回祖国，实现祖国统一。”④ 1983 年，邓小平会见美国新泽西州西东大学教授杨力宇时提出了中国大陆和台湾和平统一的设想，特别是对“一国两制”进行了详尽的阐述，指出“祖国统一后，台湾特别行政区可以有自己的独立性，可以实行同大陆不同的制度”。⑤

需要指出的是在蒋介石、蒋经国主政台湾期间，尽管在台湾岛内实行戒

---

① 《中国人民一定要解放台湾》，《人民日报》，1949 年 3 月 16 日，第 1 版。

② 杨洁勉等著：《世界格局中的台湾问题变化和挑战》，上海人民出版社 2002 年版，第 284 页。

③ 中共中央台湾工作办公室、国务院台湾事务办公室：《中国台湾问题》，九州出版社 1998 年版，第 65 页。

④ 《邓小平文选》，第二卷，人民出版社 1993 年版，第 240 页。

⑤ 《邓小平文选》，第三卷，人民出版社 1993 年版，第 30 页。

严、镇压民众等高压政策，对外勾结美国等西方国家“反攻大陆”，但是蒋介石坚持“一个中国”的原则，坚决反对“两个中国”或者“一中一台”。在20世纪50年代，蒋介石反对“台湾地位未定论”和美国企图制造“两个中国”的“划峡而治”，严厉打击“台独”分裂势力。蒋经国主政台湾以后，继续坚持一个中国，反对“两个中国”的立场。邓小平1982年4月会见英国前首相希思时说：“我们和蒋经国都讲一个中国，他的一个中国是以三民主义来统一中国，但我们之间毕竟有共同的语言，那就是一个中国，不是两个中国”。① 1988年1月14日，中共中央致电中国国民党中央委员会，吊唁中国国民党主席蒋经国在台北病逝，赵紫阳发表谈话说：“蒋经国先生坚持一个中国，反对‘台湾独立’，主张国家统一，表示要向历史作出交待，并为两岸关系的缓和作了一定的努力。”②

第三个时期（20世纪90年代至今），是中国政府及中国共产党围绕台湾问题特别针对“台独”势力的分裂活动进行“反独促统”的历史时期。

20世纪90年代以来，中国共产党第三代领导集体根据台湾岛内的形势变动，特别是“台独”势力的分裂活动，一直有针对性地开展对台工作。

长期以来，海峡两岸在对于一个中国问题的表述上一直存在分歧。1992年11月，大陆的海峡两岸关系协会与台湾的海峡交流基金会就解决两会事务性商谈中如何表明坚持一个中国原则的态度问题达成了以口头方式表达的“海峡两岸均坚持一个中国原则”的共识，由此“一中各表”的“九二共识”成为中国政府处理台湾事务的基本原则。中国政府坚持的“一个中国”原则重在主权的宣示，从历史和民族的渊源界定大陆和台湾同属于一个中国，特别是强调两岸同属于中华民族的民族认同意识，对于治权及于台湾并没有时间上的明确界定，从而为实现国家统一留下了充分的回旋空间。

1995年1月30日，江泽民提出了推进祖国和平统一进程的“八项主张”：即坚持一个中国原则，是实现和平统一的基础和前提；对于台湾同外国发展民间性经济文化关系不持异议；进行海峡两岸和平统一谈判；努力实现和平统一，中国人不打中国人；大力发展两岸经济交流与合作；中华各族儿女共同创造的五千年灿烂文化，是维系全体中国人的精神纽带，也是实现

① 《邓小平会见英国前首相希思》，《人民日报》，1982年7月24日，第1版。

② 人民网：《中国共产党80年大事记·1988年》，http：//www. people. com. cn/GB/shizheng/252/5580/5581/20010612/487255. html.

和平统一的一个重要基础；充分尊重台湾同胞的生活方式和当家做主的愿望，保护台湾一切正当权益；大陆欢迎台湾当局的领导人以适当身份前来访问，也愿意接受台湾方面的邀请，前往台湾。[①] 这八项主张的提出成为新时期中国共产党开展对台工作的重要指导方针。

2005 年 3 月 4 日，中共中央总书记、国家主席、中央军委主席胡锦涛参加全国政协十届三次会议民革、台盟、台联委员联组会时指出："1949 年以来，尽管两岸尚未统一，但大陆和台湾同属一个中国的事实从未改变。这就是两岸关系的现状。"并就新形势下发展两岸关系提出了四点意见，即："坚持一个中国原则决不动摇，争取和平统一的努力决不放弃，贯彻寄希望于台湾人民的方针决不改变，反对'台独'分裂活动决不妥协。"[②] 2005 年 3 月 14 日，第十届全国人民代表大会第三次会议通过了《反分裂国家法》，为"台独"势力的分裂活动划上了一条红线。

2008 年 3 月，台湾地区领导人选举结束，中国国民党籍候选人马英九当选为台湾地区新一任领导人。5 月 28 日下午，中共中央总书记胡锦涛在北京同中国国民党主席吴伯雄举行了会谈，胡锦涛强调，在国共两党和两岸同胞共同努力下，台湾局势发生了积极变化，两岸关系发展面临着难得的历史机遇。这一局面来之不易，值得倍加珍惜。希望国共两党和两岸双方共同努力，建立互信、搁置争议、求同存异、共创双赢，继续依循并切实落实"两岸和平发展共同愿景"，以富有成效的努力，扎扎实实推动两岸关系不断取得实际进展，增强广大台湾同胞对两岸关系和平发展的信心。

2008 年 12 月 31 日，纪念《告台湾同胞书》发表 30 周年座谈会在北京人民大会堂隆重举行。中共中央总书记、国家主席、中央军委主席胡锦涛发表重要讲话，特别提出推动两岸关系和平发展的六点意见，即：恪守一个中国，增进政治互信；推进经济合作，促进共同发展；弘扬中华文化，加强精神纽带；加强人员往来，扩大各界交流；维护国家主权，协商涉外事务；结束敌对状态，达成和平协议。这是新时期大陆对台工作的纲领性文件，对于

---

① 《江泽民在新春茶话会上发表重要讲话，提出八项看法主张推进祖国和平统一》，《人民日报》，1995 年 1 月 31 日，第 1 版。

② 《胡锦涛在看望参加政协会议的民革台盟台联委员时强调：包括台湾同胞在内的全体中华儿女团结起来，共同为推进祖国和平统一大业而努力奋斗》，《人民日报》，2005 年 3 月 5 日，第 1 版。

推动和实现两岸关系和平发展具有重要的理论和实践指导意义。[①]

## 二、20 世纪 90 年代后“台独”势力分裂国家的活动日益猖獗

1988 年蒋经国去世后，李登辉执掌台湾党政大权，2000－2008 年陈水扁为首的民进党执掌台湾地区执政权。在此期间，“台独”分裂势力利用在岛内掌握的执政资源大肆进行分裂活动。

1988 年以后，海外公开的“台独”组织加强向岛内渗透，在美国最大的“台独”组织“台独联盟”迁回台湾，以后集体加入了民进党。1991 年 10 月，民进党召开五大，公然将“建立主权独立自主的台湾共和国暨制定新宪法，应交由台湾人以公民投票方式选择决定”列入党纲。1992 年 5 月，“立法院”修改“刑法”，废除“刑法第 100 条”和“国安法”，使鼓吹和从事非暴力的“台独”活动合法化。从此，台湾当局实际上已不禁止“台独”活动。

李登辉是“台独”分裂活动的主要支持者和幕后策划者。李登辉上台后在 1990 年 5 月宣布开始“宪政改革”，对旧“法统”进行改造。从 1990 年至 2000 年，台湾当局进行了六次“修宪”，包括终止“动员戡乱时期”，废除“临时条款”；“总统”由台湾地区人民直接选举产生；冻结台湾“省长”、“省议会”选举，虚化“台湾省政府”功能；改变“国民大会”职能等等。台湾的政治格局、国民党内部的权力结构以及台湾当局对大陆政策和对外政策都发生了重大的变化。1999 年 7 月 9 日，李登辉借接受“德国之声”电台专访之机，公然宣称台湾当局已将两岸关系定位在“国家与国家，至少是特殊的国与国的关系”，这就是李登辉的“两国论”。中国政府对此开展了坚决的斗争，因此爆发了第三次台海危机。2001 年，李登辉组建了以“两国论”为党纲的“台联党”，公开进行分裂活动。

2000 年，陈水扁上台后继续其分裂国家的活动。2004 年 5 月 17 日，中台办、国台办的声明对陈水扁四年来的言行做了全面的评价：“四年前，陈水扁曾信誓旦旦地作出所谓‘四不一没有’的承诺”，“他说不会宣布‘台独’，却纠集各种分裂势力进行‘台独’活动。他说不会改变所谓‘国号’，却不断鼓噪‘台湾正名’、‘去中国化’。他说不会将‘两国论入宪’，却抛

---

① 胡锦涛：《携手推动两岸关系和平发展，同心实现中华民族伟大复兴——在纪念〈告台湾同胞书〉发表 30 周年座谈会上的讲话》，《人民日报》，2009 年 1 月 1 日，第 2 版。

出两岸‘一边一国’的分裂主张。他说不会推动改变现状的‘统独公投’，却千方百计地利用公投进行‘台独’活动。他说没有废除‘国统会’和‘国统纲领’的问题，却早已将它束之高阁，令其名存实亡。他还强行撕裂台湾社会，恶意扭曲台湾民意，肆意煽动仇视大陆、‘对抗中国’，竭力挑衅大陆和台湾同属一个中国的现状，公然提出通过‘制宪’走向‘台独’的时间表，将两岸关系推到了危险的边缘。”① 2004 年 5 月，陈水扁在备受争议的所谓台湾“总统”选举中就职，他发表的就职演说虽然在各方巨大压力下几经修改，却极力回避海峡两岸同属“一个中国”的共识，掩饰不住其“台独”的根本理念：“（台湾要）积极参与国际事务，扩大台湾在国际的生存空间”，“尽管台澎金马只是太平洋边的蕞尔小岛，只要两千三百万同胞不畏艰难、携手向前，我们梦想的地图将会无限远大，一直延伸到地平线的尽头。”②

2006 年 2 月 26 日，陈水扁宣布“终止运作”“国统会”和“国统纲领”，要为通过所谓“宪政改造”谋求“台湾法理独立”铺平道路。3 月 1 日，中国国家主席、中央军委主席胡锦涛在会见瑞士国防部长施密德时说，台湾当局不顾岛内外的强烈反对，一意孤行，决定终止“国统会”、“国统纲领”，这是对国际社会普遍坚持的一个中国原则和台海和平稳定的严重挑衅，是在走向“台独”的道路上迈出的危险一步。

同时，陈水扁当局积极推行“去中国化”及“去蒋化”的实际行动，2007 年伊始，台湾故宫博物院收藏品说明中的“北平故宫”与“中央博物院”字眼完全删除。两周后，孙中山先生被剥夺“国父”称号。此外，民进党当局还对青少年下手洗脑，向其灌输“台独”意识，杜正胜任“教育部长”后，大幅修改历史课本，删去孙中山先生“国父”称号，视之为“外国人”，非但如此，孙中山先生领导的辛亥革命，竟被列入“中国古代史”。原中正机场改为桃园国际机场后，甚至台湾的大型企业“中国石油”、“中国造船”与“中华邮政”都改为“台湾石油”、“台湾国际造船”及“台湾邮政”。台北中正纪念堂在民众抗议声中改为“台湾民主纪念馆”后，台湾陈水扁当局变本加厉继续其“去蒋化”的步伐，12 月 23 日，台湾军方

① 《就当前两岸关系问题中台办、国台办受权发表声明》，《人民日报（海外版）》，2004 年 5 月 17 日，第 1 版。

② 《陈水扁就职演说全文》，［新加坡］《联合早报》，http：//www. zaobao. com/special/newspapers/2004/05/others200504zb. html.

撤走了台湾桃园县大溪镇蒋介石和蒋经国陵寝的卫兵，“两蒋陵寝”也暂时封馆。

2007 年 6 月 18 日，据台湾“中央社”报道，陈水扁说，希望透过联署提案，在接下来的“大选”一并举行所谓“以台湾名义申请加入联合国的公民投票”。由于持“台独”路线的民进党当时掌握着执政资源特别是舆论工具，中国大陆一直对“台独”分裂势力的谋“独”本质保持警惕。民进党、台联党等“台独”势力的一贯作法是蓄意挑起两岸对峙，制造恶性互动，而后“出口转内销”，把台湾的族群撕裂为“卖台—爱台”、“独—统”这种相互对立的二元仇视结构，以从中获取政治利益。

由此可以看出，自以李登辉和陈水扁为代表的“台独”分子掌握台湾地区的公权力后，肆意分裂国家，抛弃了 1992 年汪辜会谈“一个中国，各自表述”的“九二共识”，使海峡两岸的矛盾性质发生了转化。李登辉上台之前，蒋氏父子主政台湾事务，与中央政府的海峡对峙是国共两党在一个中国内部的政权之争，属于民族内部矛盾；李登辉上台，特别是抛出“两国论”后，台海地区中华民族同分裂国家、民族的“台独”势力的斗争已属于结构上对抗性的民族矛盾，这是两类不同质的矛盾，由民族内部的阶级矛盾已经上升为中华民族同民族分裂势力斗争的民族矛盾。

在陈水扁发布了 2006 年“制宪”及 2008 年“建国”的法理“台独”时间表后，海峡两岸的关系剑拔弩张，一度降至冰点。特别是 2007 – 2008 年恰逢陈水扁执政的第二任期届满，大陆集中精力举办奥运会，曾被认为是当时台湾当局“法理独立”的重要时间节点。

而台湾的民意对于“台独”多次说“不”。2004 年末，台湾的“立法院”选举后，持反对“台独”立场的“泛蓝”阵营席位过半。2005 年，中国国民党主席连战、亲民党主席宋楚瑜、新党主席郁慕明相继访问大陆，开展党对党的对话和交流。2005 年 12 月，台湾县市长选举中，“泛蓝”阵营大胜。这是台湾民众主流民意的真实体现，从而为两岸和平带来了一线曙光。2008 年初，台湾举行了第七届“立委”的选举，全部 113 个席次中，国民党获 81 席，民进党 27 席，无党团结联盟 3 席，亲民党 1 席，未经政党推荐 1 席，对此台湾岛内主流媒体联合报发表社论《民进党须惩治陈水扁，国民党应抚慰绿色选民》指出，原本“蓝头绿脚”的政治版图如今可谓已成了“蓝色大海中飘着几片绿色的落叶”。

2008 年 3 月 22 日，中国国民党候选人马英九、萧万长在台湾地区领导人大选中以221万票的领先优势获胜。马英九胜选后表示，这次选举结果不是马英九及萧万长的个人胜利，亦不是一个政党的胜利，而是千千万万希望求变的台湾民众的胜利。台湾民众的心声在这次大选已反映出来，希望政府清廉，不是贪腐；希望经济繁荣，不是萧条；希望政治安定，不是内斗；希望族群和谐，不是撕裂；希望两岸和平，不要战争。

两岸的统一是大势所趋，伴随着台湾民众的主体意识的回归，“台独”势力“法理建国”梦在不断膨胀后已经破裂并且渐行渐远。

## 三、台湾问题在中国国家安全利益框架中日益“核心化”

随着“台独”势力分裂活动的日益猖獗，台湾问题在中国国家安全利益框架中日益“核心化”，主要表现在以下几点：

第一，政治上，台湾问题将对中国的和平发展进程产生重大影响。台湾海基会前副秘书长石齐平撰文指出：“当台湾问题已成为美国全球战略布局中的主要成分之后，它在中国的战略布局中只定位在两岸统独的框架中，显然极不对称又不合理，且相当危险。北京方面必须把台湾问题提高到攸关中国新世纪能否顺利和平发展与崛起的战略高度，换言之，台湾问题已成为中国和平发展与崛起的关键。”① 中国和平发展及崛起的重要标志之一在于领土主权的完整，领土缺失谈不上崛起。当一个国家的人均GDP处于1000美元－3000美元之间时，国际上普遍认为这是处于进一步发展的十字路口，一旦处理不好就会引发社会动荡，使国家的发展步入停滞期，拉美国家停滞的十年就是明显的例证；当前中国的和平发展进程已经进入一个矛盾凸显期，台湾问题如果处理不妥就会成为导火索，将使改革过程中诸多矛盾复杂化、尖锐化，特别会产生引起国家分裂的现实危险性。经济发展是中国的第一要务，台湾问题则涉及中国的领土完整，涉及中国的根本利益，二者发生碰撞时，前者要服从于后者。

美、日在台湾问题上的基本考量是将台湾作为演化、分化中国的多米尼诺骨牌中的第一块骨牌，通过台湾问题引发中国的其他不稳定因素。“台独”势力一旦得逞，将势必动摇国家的治国安邦之本，践踏国家宪法，破坏整个民族的向心力，“藏独”、“疆独”、“蒙独”势力势必群起而效仿，

① ［澳门］《新华澳报》，2005年2月21日文章，转引自2005年2月28日《参考信息》，第1版。

中国将失去安全、稳定的国内、国际环境。李登辉在《台湾的主张》一书中，提出了“七块论”，即“摆脱大中华主义的束缚”，主张把中国分割成台、藏、疆、蒙、东北等七个享有“充分自主权”的相互独立的政治实体，实际上就是七个主权国家。“台独”势力和“藏独”分子的勾结已经愈演愈烈，李登辉上台后表态支持达赖以实现“藏独”为目的的所谓“五点和平计划”。

第二，经济和社会发展上，台湾问题日益关系中国改革开放成败的全局。中国的改革开放需要一个稳定的国内和国际环境。环顾中国周边，中印、中俄、中国与东盟、中韩的关系相对稳定，只有中日关系处于不稳定状态，但是中日之间发生直接军事对抗的可能性不大。“台独”活动的走势是唯一会引发中国启动战时状态的内部因素，如果因为“台独”势力越过中国政府的动武底线导致台海战争的爆发，中国将会错过本世纪头二十年的战略机遇期，中国的经济发展就会走向停滞甚至倒退，从而改革开放的全局就会受到严重影响，这是国际反华势力最为乐见的两败俱伤的结果。21世纪是“海洋的世纪”，中国军事科学院罗援研究员指出：“台独”势力一旦得逞，中国300万平方公里海洋国土的一半和大量海洋资源将随之丧失。[①] 1966年联合国亚洲及远东经济委员会经过对包括钓鱼岛列岛在内的我国东部海底资源的勘查，得出结论：东海大陆架可能是世界上最丰富的油田之一，钓鱼岛（与台湾岛在地理上共生）附近水域可能成为“第二个中东”。据我国有关科学家1982年估计，钓鱼岛周围海域的石油储量约30亿－70亿吨。还有材料说，该海域海底石油储量约为800亿桶，超过100亿吨。钓鱼岛周围海域的渔业资源也十分丰富，盛产飞花鱼等多种鱼类。长期以来，我国台湾等地渔民经常到这里从事捕捞活动，年可捕量高达15万吨。[②]

第三，地缘安全上，台湾问题对中国主权和领土完整产生巨大的辐射作用。日益紧张的台海局势已成为威胁中国国家安全的最紧迫的核心议题。台湾一旦从中国分离出去，中国的东部海上通道将处于他人的监控之下，地缘环境严重恶化；海南岛一旦失去台湾岛的彼此呼应，保卫南沙群岛的作用将会降低，南沙的海权更加难以维护。[③] 台湾问题与钓鱼岛问题、南沙问题、

① 罗援：《“台独”是危害国家安全的大毒瘤》，《国防知识报》，2004年2月25日。

② 《新闻背景：日本租借钓鱼岛的背后》，http://news.sina.com.cn/c/2003-01-05/0108862556.shtml.

③ 罗援：《“台独”是危害国家安全的大毒瘤》，《国防知识报》，2004年2月25日。

东海大陆架问题息息相关，所以日本国内右翼势力认为一旦中国统一，钓鱼岛问题将会不复存在。从日本群岛、朝鲜半岛、冲绳列岛到菲律宾群岛，台湾是美日在太平洋封锁中国的中间链条，中国国家统一后中国海军就能冲破第一岛链的封锁，从近海防御走向远洋防御，这对于中国保护日益重要而脆弱的能源运输通道有着至关重要的作用。在中国的海洋经略中，只有台湾岛以东的部分洋面是中国进出太平洋的战略通道，这一战略通道如果被他国控制，中国的海洋发展战略将会严重受挫，中国就不可能成为真正的海洋强国。

第四，“台独”分裂势力对于中国国内的社会稳定构成了威胁。台湾当局是所谓“民运”分子甚至是邪教“法轮功”的后台。从 2002 年到 2004 年，“法轮功”组织利用台湾陈水扁当局的支持对鑫诺卫星等中国大陆民用卫星信号猖狂干扰。在台湾岛内，台当局不仅允许“法轮功”在台湾“合法”注册，还提供活动场地、活动经费。2004 年台湾“大选”期间，以张青溪为首的台湾“法轮功”头目更是公开号召台湾地区“法轮功”分子支持民进党当局，成为民进党的铁票来源。在对大陆的卫星干扰方面，台湾当局更是给予直接的物质和技术支持，据了解，台湾地区干扰大陆卫星信号的发射源之一是阳明山一带，而此地正是台当局军情局电子监听站，由此可见台当局对“法轮功”在台组织的支持力度。2009 年 7 月，新疆发生“7 · 5”严重暴力犯罪事件后，以陈菊为首的民进党竟然处心积虑与“疆独”头目热比娅沆瀣合流，无视其恐怖主义分子的实质。

第五，台湾问题的长期化将对中国的“软实力”特别是国家形象造成损害。从 19 世纪中叶开始，中国人民饱受国家分裂、主权丧失、社会动荡之苦，所以追求国家统一、民族富强一直是体现中华民族民族凝聚力的核心理念，台湾如果在国内外的反动势力支持下走向“法理独立”，中国人民对于中国是否还是一个积贫积弱的国家产生怀疑，整个民族的凝聚力和耐受力都将受到严峻的考验。

第六，台湾问题的复杂性还在于西方借此进行意识形态的对华渗透。美日等西方国家认为中国是专制制度，而台湾是民主制度的样板，所以把台湾作为演化、分化中国及开展意识形态渗透的“振荡器”，希望借此引起中国国内民主意识的“发酵”效应，如同在格鲁吉亚、乌克兰、吉尔吉斯斯坦等前苏联国家爆发的“颜色革命”一样，通过街头暴动来颠覆中国共产党的执政地位。

第七，台湾问题对于中国共产党执政的合法性提出挑战。中国共产党执政地位的取得在于中国共产党人为国家统一、民族富强付出巨大牺牲后得到了全中国人民的认可，所以中国共产党人始终是维护中国国家统一、民族富强的中流砥柱。如果“台独”活动触及中国的领土完整和主权统一，作为执政党的中国共产党应对不及时、不妥当或者对全局缺乏有效的掌控能力，国内外的舆论就会对中国共产党执政能力、执政的合法性提出质疑，国内外的反华、反共势力可以作为借口进一步掀起推翻中国共产党领导的颠覆活动。

第八，台湾问题占用中国诸多国家资源特别是外交资源。在国际舞台上，中国把相当多的外交资源用来同“台独”势力作斗争，压缩台湾当局追求的所谓“国际生存空间”；而台湾当局则以大量金钱收买“邦交国”，公开制造“两个中国”或“一中一台”。

台湾的这些“邦交国”① 大多经济困难，国内形势复杂，对华、对台政策经常变化，利用台湾问题渔利，如基里巴斯、瑙鲁等国家的几届政府完全不具备起码的国际道义，以与中国大陆或者台湾当局“建交”作为筹码分别向双方提出经济援助等条件。这些都牵制着中国作为国际社会的重要成员在构建国际政治经济新秩序中发挥更大的作用。

## 第二节　美国在台湾的综合安全利益突出

1945 年，美国作为“开罗会议”等国际会议的主要参与方，积极支持台湾回归中国，因此在台湾归还中国这一问题上美国是做出过正面贡献的。

中华人民共和国成立后，台湾问题的产生、演变也一直与美国因素相伴，半个多世纪以来，美国在中国国家统一进程中的负面作用居多。美国在不同的历史时期插手台湾问题有着不同的战略考量，冷战后，美国奉行以实用主义和保守主义为圭臬的外交政策，更是以维护美国在台湾的综合安全利

① 台湾当局近年来大搞“经援外交”，在国际上制造“两个中国”、“一中一台”，到 2006 年初台湾仅剩 25 个所谓的“邦交国”，主要分布在非洲及拉美，即：欧洲 1 个：梵蒂冈；非洲 6 个：马拉维、乍得、斯威士兰、布基纳法索、冈比亚、圣多美和普林西比；拉丁美洲 12 个：巴拿马、海地、巴拉圭、萨尔瓦多、多米尼加、哥斯达黎加、危地马拉、洪都拉斯、圣文森特和格林纳丁斯、圣基茨和尼维斯、伯利兹、尼加拉瓜；大洋洲 6 个：瑙鲁、图瓦卢、所罗门群岛、马绍尔群岛共和国、帕劳、基里巴斯。

益为主线的。

## 一、冷战前后台湾在美国全球安全战略体系中的地位不断波动

冷战前后，台湾在美国全球战略中的地位几起几伏。在冷战时期，美国把台湾作为反共的重要环节。中华人民共和国成立之后，美国一直等待“尘埃落定之后”，对于中国对美政策持观望态度，对于台湾并不想承担安全上的义务。但是，朝鲜战争爆发后，美国总统杜鲁门大肆宣扬“台湾地位未定论”，派驻第七舰队进驻台湾，开始阻挠中国实施解放台湾的国家统一步骤。1954 年 12 月，美国与台湾当局签订了所谓《共同防御条约》，公然将台湾置于美国的“保护”之下，声称要同台湾当局采取“共同行动”，反对中国解放台湾的正义斗争，这是美国政府干涉中国内政、插手台湾问题的重要军事部署。此后在 20 世纪 50 和 60 年代，台湾一直作为美国遏制社会主义中国的“不沉的航空母舰”而存在，其对美国而言既有地缘战略价值，又有意识形态利益。美国著名的中国问题专家鲍大可（A. Doak Barnett）1960 年撰写的《共产党中国与亚洲：对美国政策的挑战》一文中明确了美国在台湾的战略利益，并至今为美国的当政者奉为圭臬，他指出：“目前，不容置疑，如果中共控制了台湾并将其确立为一个主要军事基地，美国在亚洲的现有安全体系将会受到严重损坏。在二战期间，日本曾将台湾作为一个从事广泛军事行动的基地，如果中共控制了台湾，一种现实的威胁将会展现在附近地区，如菲律宾、冲绳等地。”① 因此，冷战时期，台湾在美国的亚洲军事扩展机制中发挥着不可替代的作用。

20 世纪 50 年代后，美国在台湾问题上的立场经历了从明确支持台湾回归中国到公开提出“台湾地位未定”论，从“不介入”台湾问题到武力侵占中国台湾海峡的两大变动，这两大变动始终遵循的原则是，台湾是否纳入美国的亚洲战略轨道，是否与美国的全球利益有利。所以，美国的利益需求才是美国对台政策变动与稳定的出发点和立脚点。②

70 年代，中国调整对外战略，恰逢美国实行战略收缩以对付苏联的军事扩张，由此中美两国接近并结成“一条线”用以对付苏联，而美国本着

① 转引自李增田：《从鲍大可的著述看美国在台湾问题上的利益需求》，《国际论坛》，2004 年 7 月第 6 卷，第 4 期。

② 刘丽华：《论 40 – 50 年代美国对台政策的变动性与稳定性》，《内蒙古师大学报》（哲学社会科学版），2000 年第 5 期。

实用主义的态度在台湾问题上对中国有着一定的让步。中美三个联合公报——《上海公报》、《建交公报》、《八一七公报》的签署使台湾问题在中美关系中暂时搁置，美国得以借助中国抗衡苏联。20 世纪 70 年代后，在中美苏大三角的背景下，中美关系有了较大的改善，“冷战期间，美国对台湾政策以三个联合公报为标志，出现三次大的变动，尽管依然或明或暗保持与台稳定的关系，但出于借助中国这支无可替代的重要力量，抵御苏联威胁的战略考虑，三次大的变动，还是体现了向中国大陆倾斜的立场。其对台湾旧有关系的发展较为谨慎，较有限度”，[①] 因此在 20 世纪 70 年代和 80 年代台湾在美国整体对外战略中的地位呈下降趋势。

1979 年 4 月，美国参、众两院先后通过《与台湾关系法》，并于 4 月 10 日经美国总统签署生效。《与台湾关系法》公然声称，“美国决定同中华人民共和国建立外交关系是基于台湾的前途将通过和平方式解决这样的期望”；“以非和平方式包括抵制或禁运来决定前途的任何努力，是对西太平洋地区的和平和安全的威胁，并为美国严重关切之事”；美国仍将“向台湾提供防御性武器”。[②] 这表明美国时刻把台湾问题作为一颗重要的制衡中国的砝码而储备起来。

20 世纪 90 年代初，冷战结束，但是美国独霸天下的冷战思维并没有终结。冷战后，台湾在美国全球战略中地位凸显，其原因在于美国要利用台湾问题遏制意识形态迥异而又快速发展中的中国。事实上，美国一直把正在崛起的中国视为潜在的竞争对手，并在政治、经贸、地缘安全上予以打压，干扰中国的现代化进程，但是各方面的实际效果并不如美国当局者所愿。例如人权领域是美国打压中国的传统阵地，1990 年后在联合国人权会议上以中国为首的阵营先后 10 次挫败了以美国为首的阵营在人权问题上的反华提案，2005 年 3 月在日内瓦参加联合国人权委员会（人权会）第 61 届会议的美国代表团正式宣布不搞反华提案。在中美政治领域里，中美关系中对抗的幅度在减弱、影响范围在缩小，而在中美经贸领域里彼此相互依存的一面在加强，这应归功于中国对美外交正确的应对策略，即坚持“韬光养晦，有所作为”的基本原则。1991 年 10 月 5 日，邓小平在会见金日成时强调在形成

① 刘丽华：《论 70 年代以来美国对台湾政策的变动性与稳定性》，《内蒙古师大学报》（哲学社会科学版），1999 年第 6 期，第 5 页。

② 苏格：《美国对华政策与台湾问题》，世界知识出版社 1998 年版，第 475 页。

新的世界格局的过程中，“我们主要观察，少露锋芒，沉着应付”，[1] 因此美国难以在中美利益交错的领域内找到合适的打压中国的借力点。

随着中国的“睦邻、安邻、富邻”周边政策的成功实施，在中国的整体安全环境中只有作为周边国家的日本和中国国内的台湾地区对中国大陆形成安全上的不稳定因素，而在美日同盟重新定义后，台湾目前成为美国遏制中国的最有力筹码。在美国的战略利益考量中，一方面只要中国没有实现统一，美国就具备在台海地区军事介入的理由，使中国不得不保持相当规模的军事力量，不能完全集中精力进行现代化建设，同时美国有意渲染台海地区发生军事冲突的可能性，引起西方大国对华投资的疑虑及中国周边国家的不安，抵消中国以经济建设为中心的基本国策及其相关睦邻政策、经贸政策的成效；另一方面，在地缘上，美国希望台海局势在其可控范围内，使美国不动干戈就可以凭借这道天然屏障防止中国的军事力量进入太平洋，避免美国的军事部署直接暴露在中国的军事威胁之下。

## 二、台湾是美国式民主制度在亚洲推行的样板

“民主和平论”是以美国为首的西方国家在意识形态上敌对中国等社会主义国家的理论基础。1983 年，“民主和平论”的主要倡导者之一——约翰·霍布金斯大学政治学教授米切尔·多伊利在《康德、自由主义遗产和外交事务》一文中提出了自由民主国家相互间从来没有发生过战争的论点，他把康德的思想称作是“远见、政策和希望的源泉”，并以康德的政治思想为依据解释说，民主政府相互间不愿打仗的原因之一是它们必须向其国内的人民作出交代，如果战争的代价过高，它们在选举中就会失败。[2] “民主和平论”的基本观点是：首先，民主国家之间从不（或很少）发生冲突，即使它们之间发生冲突，彼此也不大会使用武力或以武力相威胁，因为民主国家认为战争有悖于民主的原则和理性，不是解决它们之间纠纷的合适方法；其次，专制国家之间或者民主国家与专制国家之间更容易发生冲突，而且更易于以武力解决争端，甚至认为与民主国家相比非民主国家更加好战，尽管

---

① 《邓小平思想年谱》，中央文献出版社 1998 年版，第 457 页。

② ［美］米切尔·多伊利：《康德、自由主义遗产和外交事务》，［美］《哲学和公共事务》，1983 年夏季号。

自由民主国家很少（或从不）相互打仗，但它们可能和非民主国家打仗。[①] 1991 年，塞缪尔·亨廷顿出版了《第三波：20 世纪末民主化浪潮》后，“民主和平论”在美国再掀热潮，对于美国的意识形态外交产生重要影响。

在东亚地区，美国想要推销其价值观和社会制度必须树立一个“样本”，而美国认为台湾的民主制度是“美国式民主”在亚洲的成功实践。1986 年，台湾国民党当局开始了所谓“政治革新”，目的是在新形势下以变求存，虽仍没有突破“动员戡乱体制”的范围，但台湾的政治体制由此发生了重大变化，开始由军事戒严和一党专制向标榜实行西方政治制度的方向过渡。开放党禁后，各种政治势力迅速发展，尤其是民进党的力量逐步发展。在 20 世纪 90 年代的一系列选举中，民进党等在野势力发展，不断给国民党执政造成严峻的挑战。“国民大会”、“立法院”等机构中，国民党一党独大的局面已经结束。在 1994 年底的省市长选举中，民进党获得了台北市长的席位。在 1997 年底的县市长选举中，民进党获得空前的胜利，得票率第一次超过国民党，赢得了 23 个县市长席位中的 12 个。2000 年和 2004 年台湾地区领导人的选举中，民进党击败国民党及泛蓝联盟两度成为执政党。

美国是台湾“民主化”的幕后操纵者，70 年代美国对台政策的重点是“扶持国民党内的技术官僚，保护新兴的党外反对势力，厚植台湾自由化和多元化的党内力量和党外力量，以待变局”。[②] 80 年代，美国开始不断增加对国民党当局的压力，敦促其进行政治改革，美国公开支持民进党的成立，要求台湾当局“开明”地处理民进党成立事件，不要作出过激反应，从而成为推动民进党成立的主要外部力量。1995 年 4 月 7 日，美国众议院就台湾加入联合国问题形成了第 63 号“众议院共同决议案”，列举了 14 条台湾应该加入联合国的“理由”，其中第 4 条是：“台湾的人权记录有明显改善，在多党制度下定期举行自由和公平选举”。[③]

由于台湾在很大程度上已接受了美国的政治模式和价值观念并在经济上取得了较大的成功，美国认为：“台湾作为世界大棋局中的一颗重要的棋子，尤其是台湾的意识形态、价值观念以及近年来的政治‘民主化’，完全

① ［美］米切尔·多伊利：《康德、自由主义遗产和外交事务》，载（美国）《哲学和公共事务》，1983 年夏季号。

② 袁明、范士明：《“冷战”后美国对中国（安全）形象的认识》，《美国研究》，1995 年第 4 期，第 10 页。

③ 苏格：《美国对华政策与台湾问题》，世界知识出版社 1998 年版，第 731 页。

符合美国的利益。"[①] 而通过台湾的民主模式的"挥发"效应，就可以把美国的价值体系推广到整个亚洲，特别是可以成为西化、演化社会主义中国的桥头堡，这才是美国推崇台湾民主制度的利益所在；布热津斯基指出：台湾是"民主成功的范例……即民主与中华文化是相融的，它的范例对大陆中国未来的演进，有着重要的和长远的意义"。[②] 本着树立台湾作为"民主样板"的思想，美国对台湾岛内猖獗一时的"黑金政治"、"贿选政治"、"权钱交易"等政治毒瘤视而不见，一味赞许台湾民主政治的成功。2004 年 3 月，台湾举行了地区领导人选举，其选举过程和选举结果备受岛内民众的质疑，美国国务院发言人埃瑞利办公室代表美国政府对台湾"大选"发表官方声明说：祝贺台湾人民进行了一场民主的竞选活动，数量众多的台湾选民行使了民主的选举权。[③]

## 三、冷战后美国"对台军售"与美国军工复合体利益攸关

美国对台军售一直困扰着中美关系的健康发展。20 世纪 80 年代初期，美对台军售一度成为中美关系继续发展的重大障碍，为此中美双方经过了艰苦的谈判，于 1982 年 8 月 15 日双方达成协议，8 月 17 日发表中美联合公报（《八一七公报》）。在公报中，中美双方重申了中美"上海公报"和建交公报中确认的各项原则，美方承诺：它不寻求执行一项长期向台湾出售武器的政策，它向台湾出售的武器，在性能和数量上将不超过中美建交后近几年供应的水平，它准备逐步减少对台湾的武器出售，并经过一段时间导致最后的解决。此后，在整个 80 年代，美国出于同中国结盟的需要尽量控制对台军售。

冷战结束后，美国借口保持海峡两岸的军备平衡，对台军售逐步升级，给"台独"分子形成一种美国全力支持"台独"的错觉，直接造成中美关系的波折与动荡。台湾目前是美国的最重要军火市场之一。2004 年 12 月 26 日，据台湾《中央日报》等媒体报道，美国国会研究处公布的一份报告指出，过去 8 年，台当局向外（主要是美国）购买军火共花了 194 亿美元，在全球军购的国家与地区中排名第二位。就美国军火的外销市场而言，台湾

① 于江欣：《两难：美国在台海问题上》，《世界知识》，2000 年第 6 期，第 12 页。

② ［美］布热津斯基：《如何与中国共处》，《战略与管理》，2000 年第 4 期，第 71 页。

③ 隗静：《美国政府就台湾大选结果发表声明》，2004 年 3 月 21 日华盛顿消息，凤凰卫视。

绝对占有相当重要的地位。美国2003年对台湾售出军火金额为5.4亿美元，台湾为美国全球第八大武器出口对象；2003年台湾与美国签订的武器采购协议金额为3.9亿美元，排名第10位。2000年至2003年，美国对台武器出货金额为45亿美元，这段期间台湾为美国第三大武器出口对象。1996年至1999年间，美国对台武器出货金额为72亿美元，这段期间台湾为美国第二大出口对象。美台军火交易的重要中间机构——美台商业协会提出一份报告，预计在未来10至15年内，台湾对美军事采购总额将超过354亿美元(约12000亿新台币)，而在2004－2008年期间台湾将成为美国军火外销的最大买主。

事实上，美国对台军售既有美国国家战略导向的驱使，又同美国军工复合体的利益驱动息息相关。在美国的选举政治中，美国军工复合体历来是美国保守势力的财政后盾和美国朝野两党争夺的主要支持力量。1992年9月，布什（老）政府不顾中方的一再强烈抗议公然允许对台湾出口150架先进的F－16战斗机，严重恶化了中美两国关系，后来布什（老）对中国的解释为大选的因素，是由于他当时在竞选连任总统时处于劣势，为了取悦选民，承诺为军工企业工人争取更多的就业机会而签署了这宗军购订单。

现在美国对台军售已经从“卖方市场”转入“买方市场”，即美台间的军购关系已经由“台湾忙着买”变为“美国急于卖”。其原因是多方面的，就台湾而言一方面台湾岛内政局变化后，在野力量监督增强，特别是国民党候选人马英九执掌台湾地区的行政权后，台湾当局对待美国军售问题相对十分谨慎；另一方面由于台湾的经济增长趋缓、财政预算大不如前，财力上难以支撑数目庞大的军售预算。就美方而言，这种一正一反的转换恰恰反映了美方军工复合体强烈的利益诉求和在美国政坛上的重要地位。

2004年6月2日，台行政部门以大陆“制空与制海能力将在2005年到2010年间超越台湾”为由，通过了“重大军事采购特别预算案”以及“重大军事采购条例草案”，简称“特别军购案”，共编列6108亿新台币，约合182亿美元。该案规定从2005年开始，在15年内向美国购买8艘柴电动力潜艇、6套“爱国者”Ⅲ型导弹和12架P－3C反潜巡逻机。为筹措这笔巨额款，台湾准备举债4200亿，出卖国有土地1000亿，释出包括台湾土地银行、台湾银行、台湾烟酒公司、台电、中油、中华电讯等股票940亿，这对美国特别是军火商而言更是一块“大蛋糕”。

与此同时，美国军工复合体利益与美国国家利益的不一致导致美国在

“对台军售”问题上前后矛盾。一方面，美国向台湾出售爱国者三型飞弹系统，P－3C反潜机和远程预警雷达等军备，是出于美国为了建立战区导弹防御系统，必须在海外部署远程预警雷达的需要，而台湾是美国在亚太地区最佳的布置地点，美国一直就把台湾定位为情报、资讯的重要来源地，同时武装台湾就可以减少美国直接军事介入台湾的冒险性，使美国的对台和对华政策留有回旋的余地。另一方面，就美国的国家利益而言，大量出售武器给台湾会增加台海局势的不稳定性，助长了“台独”势力的分裂势头，对美国的国家安全构成了威胁，但是由于美国军工复合体对美国政治的影响十分强大，不断通过各种院外活动集团加大对美国政府和国会的游说力度，逐步解除了美国对台军售的一些限制。当前美国军工复合体在国际军购市场上面临欧盟、俄罗斯的挑战，为了从台湾军购中大发横财，尽管美国政府和各级官员都一再表示不会向台湾出售“能够改变台海现状”的进攻性武器，但神通广大的军火商仍向美国政府游说对台湾当局施压签署大宗军购订单。同时，美国各大军火公司拼命贿赂台当局负责军事采购的各级官员，如美国联合防卫公司，2004年就花了42亿元的巨额佣金，分到了一块850亿元的军购“大饼”。[①] 而台湾当局看准美国政治的这一弱点，通过购买美国价格奇高的武器博得美国军工复合体的支持，进而影响美国对台政策，力图把美国绑在“台独”的战车上。

2008年10月4日，美国政府通知国会，决定向台出售“爱国者－3”反导系统、“E－2T”预警机升级为“鹰眼2000”型相关设备和服务、“阿帕奇”直升机、“标枪”型导弹、潜射“鱼叉”导弹和飞机零部件等6项武器装备，总价值64.63亿美元，中国军方对此表示了强烈不满和坚决反对。

## 四、“不统、不武、不独”——美国的台海政策解读

美国的台海政策总体而言是以美国的国家利益为主线，受美国国内各种因素的影响呈钟摆式左右波动，但其波动保持在一定的范围内，不会彻底地背离美国的国家核心利益。

对于美国的台海政策比较客观的论述可见苏格所著的《美国对华政策与台湾问题》一书，“正是因为美国将台湾实际上当成一个实现自己利益的‘卒子’，那么它就从根本上决不可能对海峡两岸任何一方的利益予以充分

① 《五千亿军火换支持“公投”，阿扁买武器讨好美国》，《环球时报》，2004年2月23日。

的考虑。也正是因为美国决策者时时以自身的利益出发制定对台政策，其政策就难免不出现种种难以平衡的矛盾之处”，“美国自我标榜的‘双轨’政策，说到底就是要维持台湾海峡两岸‘不统不独’、‘不战不和’的局面。”①

“不统不独”、“不战不和”的局面是因为美国台海政策的左右摇摆和台海双方的互动而形成的，并非美国所能够完全操纵的，只是刻意维持。事实上，美国台海政策对于“不统”、“不独”、“不战”、“不和”这四项是有战略排列顺序的，目前看来“不战”、“不和”这两项可以修正合并为“不武”，由此基本可以排序为“三不”——“不统、不武、不独”。美国力图操纵台湾问题的发展趋向的首要目标在于“不统”，因为美国朝野上下的共识是统一后的中国将对美国的单极地位构成现实的挑战，“不统”才能使美国的台海利益最大化，达到“以台制华”的目的；“不武”来源于对中国国家实力的分析判断，在未来的台海战争中台湾必然处于劣势，而在朝战、越战中美的几度交手中美方难以占优，从美国的决策者到美国的民众没有做好同中国进行一场全面战争的物质和心理准备；“不独”的出发点在于对中国对台战略的判断，美国认为台湾强行独立势必引发台海战争，随之美国不得不军事介入，这与美国“不武”的初衷背道而驰，所以美国对于“台独”势力的行为一直加以约束，避免局势的失控。总而言之，“不统”是统领美国台海政策的长远战略，是着眼于美国全球霸权地位的综合考量；“不武”是美国台海政策的现实基础，是美国操纵台海局势的基本前提；“不独”是美国台海政策的无奈选择，是美国避免中美两国直接对抗的权宜之计。

美国政策智库的一些学者在“不统、不武、不独”的基础上提出了“国际参与暂行架构”，比较有代表性的是曾任美国国家安全会议亚洲事务资深主任的李侃如（Kenneth Lieberthal）在 1998 年 2 月提出的中程协议（Interim Agreements）构想，即在“台湾不独，大陆不武”的原则下，共同谈判出一个 50 年不改变现状的中程协议，要点包括：“一、承认‘一个中国’原则，但两岸均为一个中国架构下两个国际法主体；二、两个国际法主体不必互相承认，双方仍可声称对他方之主权；三、和平统一中国，不得使用武力；四、一国虽已承认中共，但仍可以国家之态度对待台湾，亦可不

① 苏格：《美国对华政策与台湾问题》，世界知识出版社 1998 年版，第 811 页。

承认台湾对大陆之主权。”[①]

美国一再强调台湾问题的和平解决，其中的潜台词在于首选台湾的“和平独立”，而非台湾的“和平统一”。1998 年 6 月，克林顿提出对台“三不”政策（美国不支持“两个中国”或者“一中一台”，不支持台湾独立，不支持台湾以主权国家身份参加国际组织）后，共和党主导的美国国会立即以所谓《加强台湾安全法》进行反击，特别在同年 10 月通过《综合拨款法》和《1999 财政年度国防授权法》，干涉中国内政并要求把台湾纳入战区导弹防御系统和继续向台湾出售武器，使克林顿宣示“三不”政策所产生的积极效应很快丧失，并使美国国会内的亲台势力更加嚣张。2004 年 4 月 22 日，美国国务院主管对东亚及太平洋事务的副助理国务卿戴利在新加坡举行的亚洲安全对话上发表了讲话，戴利重申支持一个中国原则，但又指出不反对台湾海峡两岸现状出现改变，前提是任何改变都必须是在和平及得到台海两边同意的情况下进行。戴利的讲话，是美国政界右翼势力支持台湾“和平独立”的政策的公开化，[②] 透露了美国的对台政策的潜台词。因此，虽然美国当前台海政策的基调为维持现状，会对“台独”突破其政策框架的分裂活动进行一定的约束，但这个政策的侧重点是阻挠统一，进而“以台制华”。

2004 年在深圳举办的第六届孙子兵法国际研讨会上，美国的国际评估与战略中心副会长费雪（Richard Fisher）认为，防止台海冲突是美国的利益所在，为此美方会慑止任何冒进行动，但他不同意“维持现况”就能符合美中利益，因为现况存有太多不稳定的因素，重点是美国需要有较好的“危机管理”，但目前做得不够。[③]

2007 年 8 月，台湾媒体同时报道了两件新闻。一件是五角大楼通报国会，希望批准向台湾出售 60 枚空射型“鱼叉”反舰导弹。另一件是《纽约时报》记者出书披露中情局间谍卧底台湾，粉碎台湾核武计划。还有媒体把两条新闻放在一起评论，称美国的对台军售蕴含着很深的政治意味，既有

---

① ［新加坡］陈子帛：《北京会接受“暂时架构”吗》，《联合早报》，2006 年 3 月 25 日，http：//www. zaobao. com/special/china/taiwan/pages10/taiwan060325a. html.

② ［新加坡］《美副助理国务卿戴利：两岸同意下，美不反对台海改变现状》，《联合早报》，2004 年 4 月 29 日，http：//www. zaobao. com/special/china/taiwan/pages6/taiwan290404f. html.

③ 《台海是和是战？美俄印三国学者各有解读》，央视国际网站（2004 年 12 月 06 日），http：//www. cctv. com/news/china/20041206/106608. shtml.

"打气"的功能，鼓动台湾对抗大陆；又有"绳套"的效果，让台湾只能对美国俯首听命。岛内媒体评论指出，美国在军售问题上一贯的立场是维护美国的国家利益。因此它一方面要不断向台湾提供军售，既可以赚取巨额利润，又能在战略上制衡大陆；另一方面它的军售也像一根绳套，台湾一不听话，美国就紧一紧。①

## 第三节　日本的"台湾情结"归因于日本在台湾的根本安全利益

1945 年 10 月 24 日生效的《联合国宪章》指出，日本是"第二次世界大战中本宪章任何签字国之敌国"，第 107 条指出："本宪章并不取消或禁止负行动责任之政府对于在第二次世界大战中本宪章任何签字国之敌国因该次战争而采取或受权执行之行动"。② 所以，日本战后一直作为战败国而跻身国际社会，随着日本在经济上的崛起，日本一方面在道义上要求废除《联合国宪章》中的战败国条款，进而成为联合国安理会常任理事国；另一方面又寻求在亚太地区发挥领导作用，主要战略就是以台湾为跳板，遏制中国，辐射东南亚，充当美国的亚洲"警长"。所以，日本在台湾有着根本的安全利益，日本无论是在历史还是在现实上都有着浓郁的"台湾情结"。

### 一、日本对台湾的侵略历史形成了日本的"台湾情结"

从甲午战争到 1945 年二战结束，日本对台湾统治达 50 年之久，从而形成了日本特有的"台湾情结"。为了殖民统治的需要，战前日本政府促使大批日本人移民到台湾，1931 年在台湾的日本人达 24.38 万人，日本战败时增加到 47 万人（含军队）。③ 这一时期日本殖民者为了把台湾改变成为日本的一个组成部分，在不断强化和巩固对台湾政治统治的基础上，还强制推行文化上的同化政策。日本侵略台湾伊始就建立了殖民地教育体制，并于

① 沙莲：《美国对台军售是个"套"》，《中国国防报》，2007 年 8 月 16 日，http://military.people.com.cn/GB/52935/6122766.html.

② ［联合国主页（中文网址）］《联合国宪章》，http://www.un.org/chinese/aboutun/charter/contents.htm.

③ 冯昭奎：《三个层次剖析日本的台湾情结》，《中国周刊》，http://news.21cn.com/kanwu/zgzk/2009/05/22/6395972.shtml.

1937年开始推行“皇民化运动”，对台湾展开全方位的文化侵略，包括强制普及日语、强制日本化的生活方式、灌输日本帝国主义的所谓价值“理念”等等。正是这种文化侵略培植了台湾一小部分民众的“皇民化情结”，以身为日本国国民为荣，最为典型的当属李登辉，李登辉受过日本文化的洗礼，有着难解的日本情结，李本人曾扬言在他22岁之前是日本人。正如台湾有些学者所言：“目前台湾人的普遍看法是，身为元首的李登辉与日本存在千丝万缕的联系则是人所共知的事实。”① 所以，在李登辉主政台湾后，政治上实行一条“拉美国、亲日本”的“台独”路线，在文化领域实行的是李登辉所倡导的带有浓厚的亲日色彩的“新台湾文化”。

“台独”分子要分裂中国建立所谓的“台湾国”，必须首先在台湾岛内开展“去中国化”运动，铲除植根于台湾人民中间的中华文化传统。而存在于部分台湾民众中间的“皇民化情结”与“台独建国”理念具有功能上的耦合性，即“台独”势力可以通过厚植台湾人对于日本的“亲情”意识，造成台湾人民对于中国大陆的隔阂与误解，最终把这种意识转化为“台独”理念。李登辉与日本人司马辽太郎访谈时曾提及所谓“台湾人的悲哀”，称台湾人在自己的土地上，却没有自由自主的权利，而2005年台联党主席苏进强参拜靖国神社更是反映了“深绿”阵营的“皇民化心态”和借助日本完成“台独”的政治图谋。

冷战后，日本从其国家利益出发乐见台湾民众“皇民化情结”的滋长，由于受战败国身份的限制，日本不能和美国一样在政治和军事上直接介入台湾事务，但是日本凭借多年来形成的台湾民众的亲日意识在文化上渗透台湾。自1995年开始，台湾各大学的日语系剧增，到2004年全台设有日语系的高等院校多达43所，共有7.5万名学生在学日语。日本交流协会及其在台北、高雄两地的事务所，是“日语渗透台湾”的最大推动者。台湾岛内政客还把学日语、去日本访问当成捞取政治资本的捷径，民进党上台后包括“国安会秘书长”邱义仁、前民进党秘书长张俊雄等人都在学习日语，而所有的课程都是由日本交流协会台北事务所安排的。

日本在文化上培植了台湾部分民众的“皇民化情结”，反映在政治上则为暗中扶持“台独”。从历史上说，日本军国主义是“台独”的始作俑者。日本在二战后初期曾酝酿“台独”。1945年8月，日本天皇宣布无条件投降

---

① 李晓、张觉明：《揭李登辉底牌》，台湾光华出版事业有限公司，1995年版。

后，日驻台湾总督安藤利吉即策动一些日军中的军国主义分子和汉奸分子，在台湾建立起“台独”组织；同时，驻台日本右翼军人发动“台湾独立”事件，即为“台独”活动的发端。但是，台湾重归中国已不可逆转，日本军国主义势力进行的“台独”活动遭到失败。由于 19 世纪 50 年代后蒋介石在台湾采取镇压“台独”的措施，“台独”分子只能在海外从事活动。1951 年、1956 年“台独”分子先后分别在日本、美国建立组织。1952 年 4 月 28 日，日本政府与台湾的国民党政权签订了《日台条约》，这为日本政府之后大搞“两个中国”埋下了伏笔，以至于在 1972 年中日两国进行邦交正常化的谈判时，日本政府仍然拒绝承认 1952 年《日台条约》的签订是非法和无效的，只是同意在中日正式建交时予以废止。

60 年代中期，日本是“台独”势力的大本营。当时在日本的“台独”派别众多、组织复杂，其中以廖文毅为首的“台湾共和国临时政府”是最具代表性的“台独”组织。周恩来在中日复交前曾指出：“要日本抛弃美国，抛弃台湾，这不仅短期内做不到，长期也困难。日本自民党虽然分许多派，但在台湾问题上都是一致地含糊其辞，大多有野心。吉田茂、岸信介等人就是想把台湾分出去。在台湾和祖国统一之前，在这个问题上我们同日本的斗争是长期的。”①

日本当局清楚日本宣示其“台湾情结”的作法会引起中日民族情绪的日益对立和中日关系走向冷淡，但是在美日同盟的荫护下，日本恰恰可以利用这种情绪上的反弹达到其目的，一方面借口台海危机冲破日本“和平宪法”的约束扩充军备，另一方面可以利用海峡两岸的文化隔阂与安全互信的缺失插手台湾事务。

## 二、台湾问题是日本成为世界大国的第一“支撑点”

台湾对于美国而言，最重要的价值在于遏制中国，所以美台关系是服从于中美关系的，台湾并非美国全球战略的核心部分。而台湾对于日本而言，则涉及日本的核心国家利益，日本从甲午战争到第二次世界大战期间发动绝大部分对外侵略战争都离不开台湾这块“跳板”，因为日本是一个岛国缺少必要的以广阔陆地为依托的战略纵深，必须借助多个可以互相呼应的地理上

① 辛向阳：《百年恩仇——两个东亚大国现代化比较的丙子报告》，中国社会出版社 1996 年版，第 644 页。

的支点展开战略部署，台湾则是辐射亚洲特别是东亚地区最为理想的支点。美国前驻华大使芮效俭指出：在太平洋战争中，台湾是日本的战争支撑机制的关键部分。日本把台湾作为一个力量构造的内容，在很大程度上不是针对中国的，而是针对东南亚。①

当前，日本染指台湾确有地缘安全的考虑，但是其目的肯定不是作为继续发动战争的支点，而是把台湾作为其在亚太地区乃至世界发挥影响作用的重要舞台。日本要成为“正常国家”进而跨入有世界影响的政治大国行列，首先必须取得对亚洲事务的主导权，因为从历史乃至现实衡量，日本不具备在其他大洲营造其势力范围的传统和可能性。日本构想的理想中的东亚格局为美日同盟下日本主导的“雁行”模式，其具体的实施步骤在于以全面提升军力为后盾，以经贸、文化交流为先导，进而影响东亚各国的对外政策特别是对日政策，形成以日本为核心的东亚“同心圆”。但是，日本认为中日之间存在各自势力范围的重叠区，特别是随着中国的崛起，日本根本无法取得对东亚地区事务的主导权。在历史上，日本军国主义一直坚持“远交近攻”的外交理念，日本发动的甲午战争和对华全面侵略战争都是在中国面临两次国内现代化（近代化）的历史时期而发动的，现在中国将要完成第三次现代化的进程，日本国内的不安和焦虑更是有迹可循的。当前，世界的基本潮流就是倡导和平与发展，中日之间爆发热战的可能性几乎不存在。但是，日本一直有意寻找遏制中国的各方面因素，干扰中国的现代化进程，在中国的发展一旦遇到诸多问题而陷入停滞时时，日本就可以在东亚事务中居于主导地位。日本东京都知事石原慎太郎在2000年4月12日接受德国《明镜》周刊记者采访时，更直言不讳地鼓吹“中国分裂有利于日本”，叫嚣：“中国最好分裂成几个小国，日本应尽力促进这一过程。”② 因此，具有特殊历史背景和现实利益纠葛的台湾问题成为日本干扰中国的首选，这与美国的出发点既有相同之处，又有不同之处，因为美国插手台湾的意图在于要保持世界的“单极”地位，日本的目的在于争夺同中国有关东亚事务的主导权，尽管中国政府一贯坚决奉行不干涉他国内政的和平外交政策。

迄今为止，日本对于台湾问题的表态一直落后于美国的立场。1945年8

① 刘建飞：《芮效俭：中国崛起不至于导致两国（中国、美国）发生冲突》，《亚洲论坛》，2005年9月号，第33页。

② 岳麓士：《不能容忍的狂言》，《人民日报》，2000年4月17日，第6版。

月，日本政府在《日本乞降照会》中只是表示“日本政府准备接受中美英三国政府领袖于1945年7月26日在波茨坦所发表其后经苏联赞成的联合公告所列举的条例”。[①] 1950年9月，美国主持下的单方面对日媾和“七原则”中，“台湾地位未定论”作为一项重要的内容被提出来。1972年9月，中日两国政府签署《中日联合声明》时，日本政府表示“充分理解和尊重”“台湾是中国领土不可分割的一部分”这一中国政府的立场，没有使用“承认”一词。1998年11月江泽民主席访日时，日本首相小渊惠三只表示“不支持台湾独立”，而回避了对“不搞‘两个中国’、‘一中一台’”和‘不支持台湾以主权国家身份参加国际组织’”的明确表态。自日本战败至今，日本对中方关于包括台湾在内的“一个中国”的主张，日方使用的是“理解”一词，而并不是“同意”或者“承认”，可以说这样的表述为日本将来的变化留下了很大的余地，它只意味着日方“明白了中方的主张”。[②]

1996年3月，中国在台湾海峡实施军事演习后，日本首相桥本亲自约见中国驻日大使，表示“希望和平解决台海危机”，池田外相在参院回答议员质询时说，“有人指出中共这种做法对于中国本身是不利的，我也这样认为”，[③] 3月14日，日本当局竟然以“因台海演习，延缓第四批对华贷款”相威胁，日本是中国周边国家中唯一追随美国表示“遗憾”、“关注”的国家。1998年5月22日，日本外务省北美局局长高野纪元在国会众议院外务委员会召开的会议上作证时说，“日美新防卫合作指针”中所说的“远东地区”包括台湾，因此日本的“周边事态”也包括台湾在内。为此，引起了中国的强烈谴责。

2009年5月，日本交流协会台北办事处所长斋藤正树在台湾嘉义中正大学一个国际关系学会年会上发表演讲，他在演讲中依据《旧金山和约》和“中日和约”，强调日本是“放弃”台湾主权，因此台湾国际地位未定，并称此一观点“代表日本政府”。由此，引起台湾当局的严正抗议。

21世纪初，中国的发展对周边国家产生了“磁吸”效应，中国与亚洲周边国家的关系处于几十年来最好的时期；日本与中国、朝鲜、韩国、俄罗斯等邻国的关系产生了诸多问题，而“台独”势力却有意接近日本换取对

---

① 田桓主编：《战后中日关系文献集（1945－1970）》，中国社会科学出版社1996年版。

② ［日］中西辉政：《台湾是日本的生命线》，［日本］《呼声》，2004年4月号。

③ 范跃江：《试析影响日本对华政策的“台湾情结”》，《日本学刊》，1999年第2期。

其分裂行径的支持，日本一直想发挥在亚洲的建设性作用，不成为“亚洲的弃儿”，所以今后相当长的历史时期日本会利用台湾这个重要的筹码制衡中国。

## 三、台湾问题维系日本根本的地缘安全利益

日本是一个岛国，国土面积狭小，资源匮乏，加之近年来相对“右倾”化的对外政策，所以日本一方面特别注意保护作为其“生命线”的能源通道特别是石油运输通道的安全，另一方面，日本在与邻国发生领土争端时态度强硬，甚至不惜与其关系恶化。日本与邻国存在争议的领土都是四面环海的岛屿，与俄罗斯在北方四岛问题上，与韩国在竹岛（独岛）上，与中国在钓鱼岛和冲之鸟岛等问题上纠纷不断，并且日本政府和民间的态度十分强硬，主要因为岛屿所在海域往往牵涉大片的专属经济区和大陆架，蕴藏有丰富的渔业及矿产资源，根据海洋法公约，这些岛屿的归属直接影响到日本同邻国之间专属经济区和大陆架分割。

中日两国在东海大陆架、钓鱼岛、冲之鸟岛等领土问题上的争端已经严重地影响了两国关系，这些争端又大部分牵涉到台湾问题，同时台湾本身就牵涉到了中日两国的地缘战略冲突，所以从地缘安全的角度看，台湾问题维系着日本根本的地缘安全利益。

钓鱼岛问题历来是中日关系发展的严重障碍。钓鱼岛自古以来就是中国的领土，与台湾岛在政治、地理上具有共生性。它位于中国东海大陆架的东部边缘，距台湾岛东北大约92海里，距日本琉球群岛约73海里，但相隔一条深1000米至2000米的海沟，该海沟成为中国和琉球群岛之间的天然分界线，按联合国海洋公约规定，钓鱼岛在地理位置跟中国的台湾同属于一个大陆架的延伸面上，在地质结构上是附属于台湾的大陆性岛屿。钓鱼列岛从明朝时起便已不是“无主地”，而已由中国明朝政府作为海上防区确立了统治权。1945年日本战败，台湾岛重新回到祖国怀抱，各种国际文件均明确指出，台湾及其周围岛屿归中国所有。日本政府则将附属于台湾岛的钓鱼岛等岛屿以归冲绳县管辖为借口交由美军占领。1970年，美国把琉球群岛的管辖权交给日本，同时把钓鱼岛“送还”给日本，日本遂派出军队赴钓鱼岛巡逻。

日本政府认为1971年6月17日签署的日美《归还冲绳协定》中包括了“尖阁列岛”，企图以此作为国际法上日本拥有钓鱼岛主权的主要依据。然

而，这一点连美国政府至今都不承认，况且中国的领土不能由日美两国的协议来决定。在战后领土归属问题上，日本只能严格遵守1945年其所接受的《波茨坦公告》及《开罗宣言》。[①]

对于日本而言，钓鱼岛尤其具有地缘战略意义，主要在于钓鱼岛牵涉中日两国大陆架的划分和东海经济区域特别是石油开采区的划分等诸多问题。大陆架就是大陆领土的自然延伸，大陆领土延伸到海底称为大陆架。东海大陆架的划分上，日方一直坚持"共架说"（即日本冲绳群岛也在东海大陆架上），以此提出所谓"中间线原则"，要求与中国平分东海大陆架。而海底勘测的结果却发现日方主张难以成立——冲绳群岛海底地貌和东海海底地貌截然不同，不在东海大陆架上。然而，钓鱼岛却在东海大陆架上，这意味着如果日本领土涵盖钓鱼岛，会对其坚持"共架说"将比较有利。

中方坚持的原则是1969年以前国际法庭正式确认的大陆架自然延伸的原则，即中日海洋专属经济区在东海应该以冲绳海槽为分界线。但是日本想按照所谓中线划分，按照这个方案，相当于日本国土的1.7倍，即大约65万平方公里的海洋经济区就划为日本所有了，同时相当一部分属于中国的大陆架划归日本。这是中日双方在钓鱼岛和大陆架问题上互相僵持的重要原因。台湾岛内的"台独"势力则宣称日本应该对钓鱼岛拥有主权，台湾只是具有渔业权利。但是，中国统一后，台湾与钓鱼岛的共生性将使日本的这些战略意图落空。

日本京都大学教授中西辉政在《台湾是日本的生命线》的文章中认为台湾对日本的安全来说是最后的生命线。[②] 他指出，如果台湾与中国合为一体，那么尖阁诸岛（即钓鱼岛及附属岛屿）周边就将完全成为中国海；冲绳海域和东支那（"支那"是对中国的蔑称）海就将成为中国军舰的演习之域；日本的船舶和飞机就将被赶出这一区域。如果台湾被中国吞并，那就意味着日本的出入口将被北京完全堵死，那么日本只能对北京唯命是从，日美安保条约也将有名无实。这是一篇带有浓厚右翼色彩的文章，但是台湾海峡对于日本的地缘安全的重要性是毋庸置疑的。

台湾综合研究院战略与国际研究所副所长杨志恒提出："中日两国在东

① 钟严：《论钓鱼岛主权的归属》，《人民日报》，1996年10月18日。

② ［日］中西辉政：《台湾是日本的生命线》，［日］《呼声》月刊4月号，转引自《参考信息》，2004年4月4日，第1版。

北亚的地缘战略中的另外一个冲突点是台海安全问题。就台湾的战略地位而言，它位于东南亚与东北亚的中间，是日本很重要的南方屏障，也是中国要出太平洋最重要的据点，因此，必然会是‘海权’的日本与濒海大国的中国获取优势地缘战略据点的必争之地。台湾若向中国倾斜，则日本乃至于美国目前在东亚的兵力部署必然要被切割成两半。且中国若利用台湾为基地可北上包围日本，切断驻日美军与夏威夷、关岛之间的联系，美国可能因之要撤出太平洋第一岛链防线到第二岛链，日本就将被中国所包围，使其完全丧失地缘战略的优势地位。因此，台海一旦有事，其结果势必导致中、日地缘战略的‘零和’游戏。换言之，对日本而言，台海安全和它的国家安全息息相关，决不能坐视不理，和中国之间的冲突也势必难免。”①

## 四、台湾海峡局势关系到日本的经济安全

日本是一个以贸易立国的国家，台海局势的紧张将影响日本对华、对台贸易，所以日本从其本国的经济安全出发努力缓和起伏不定的台海局势。需要指出的是，日台经济关系早在日本占据台湾时就已经形成一个供应链，台湾当时作为日本的殖民地，是日本国内的原料供给地和产品的倾销地。中华人民共和国成立后，日台经贸关系迅速发展。50 年代初，日本经济界就打出“重返台湾”的旗号，加紧对台进行经济渗透。1952 年 7 月 29 日，“台湾日本经济协会”成立，国民党亲日派何应钦、张群等人鼓吹台日合作，在经济上共同发展，在政治上共同反共。此后，日本加速向台湾扩张。20 世纪 50 年代中期，台日经济关系已恢复到 1945 年日本投降前的水平，台湾对日本出口额占其出口总额的一半左右。

20 世纪 70 年代，中日两国实现邦交正常化后，日本和台湾仍然保持着民间性质的经贸关系。战后乃至 1972 年日台“断交”后，日台之间依然保持着十分密切的人员交流和经贸往来。②

台湾人口仅为大陆人口的近六十分之一，其面积仅为大陆的约二百六十分之一，然而，即使在 1972 年中日复交以后，中日之间的人员交往数和双边贸易额在很长时间里不及台日之间的人员交往数和双边贸易额。

---

① 杨志恒：《中国及日本在东北亚的角色》，《亚太情势与两岸关系学术研讨会论文集》，（台湾）财团法人两岸交流远景基金会 2002 年版，第 120 页。

② 冯昭奎：《三个层次剖析日本的台湾情结》，《中国周刊》，http：//news. 21cn. com/kanwu/zgzk/2009/05/22/6395972. shtml.

冷战后，台日双方的经贸关系更为密切，日台双方贸易大幅增加。20 世纪 90 年代，日本长期保持着对台贸易 70 亿 - 100 亿美元的贸易顺差。1991 年，台日贸易额达到 250 亿美元，台湾对日本贸易逆差为 96.93 亿美元。1994 年，台日贸易额达 345 亿美元，其中日对台出口为 238 亿美元。1995 年日本对台贸易顺差高达 171 亿美元。1997 年，日台双边贸易额为 407 亿美元。日本是台湾的第二大贸易伙伴，台湾已经成为日本获取海外经济利益的最重要市场。① 从双边贸易额看，在 1993 年中日贸易额为 390 亿美元，终于超过了台日贸易额的 345 亿美元。从人员往来看，2007 年中日之间的人员交往数为 543 万人次，相当于台日之间人员交往数 255 万的 2.13 倍，而考虑到人口规模，台日之间人员交往密度是中日之间的近 30 倍。②

进入 21 世纪，台湾地区对日本的贸易逆差在扩大。2001 年，日台双边贸易额达 386.1 亿美元，其中台对日输出 127.6 亿美元，输入 258.5 亿美元，对日贸易逆差达 130.9 亿美元。2002 年台湾对日贸易总额为 393 亿美元，其中出口 120 亿美元，进口 273 亿美元，逆差仍达 153 亿美元。日本进口市场一直是台湾工业原材料和机械设备的主要来源地，对于台湾的经济起飞和经济升级十分重要；日本的出口市场一直是台湾农产和农产加工品的主要销售地，对于台湾的农业发展十分重要。③ 日本 9 大贸易商社控制了台湾贸易总额的 66% 以上，日本的钢铁、电子、机械等产业也与台产业关系极为密切。NEC、Epson 等大商社在台湾均有重大利益。④ 日本早期是台湾地区最为重要的贸易市场，到 20 世纪 50 年代中期被美国超越，退居台湾第二大贸易伙伴；21 世纪初期又被中国大陆超越，降为台湾的第三大贸易伙伴。

近年来，随着日本经济的持续低迷，日本迫切希望台湾能够为日本的经济复苏作出贡献。日本前官房长官、自民党重量级人物梶山静六在 1997 年亚洲金融风暴后访问台湾，希望台湾帮助日本解决财政赤字严重、景气低迷等问题。在亚洲金融危机中，台湾成为日本百货业的避风港，日本各大商业集团从东南亚国家纷纷转向台湾。台湾当局也有意将日本冲绳岛建成台湾的

---

① 姚文礼：《日本与台湾关系》，《中国对外关系中的台湾问题》，经济管理出版社 2002 年版，第 71 - 72 页。

② 冯昭奎：《三个层次剖析日本的台湾情结》，《中国周刊》，http：//news.21cn.com/kanwu/zgzk/2009/05/22/6395972.shtml.

③ 李非：《台湾经济发展通论》，九州出版社 2004 年版，第 359 页。

④ 姚文礼：《日本与台湾关系》，《中国对外关系中的台湾问题》，经济管理出版社 2002 年版，第 71 - 72 页。

转口贸易区，声称要在冲绳投资100亿美元，把冲绳建成“亚洲的第二个香港”。①

另外，日本的原料、能源补给严重依赖进口，从波斯湾经印度洋、马六甲海峡、南海和台湾海峡到日本的这条海上航线，被称为日本经济的“生命线”，日本3/4的货船都要经过这条航线，日本方面认为，这条海上航线安全与否，“直接关系到日本的生死存亡”，因为一旦日本的能源运输通道被切断，日本的经济将会陷入崩溃。台湾海峡是这条海上航线的必经的咽喉要道，基本上每10分钟就有一条日本物资运输船通过台湾海峡，被视为“日本的生命”的来自中东的石油，从东南亚进口的原材料，80%以上需经过台湾海峡运往国内，仅经过台湾海峡运往日本的石油、原料以及其他货物，每年就达7亿吨左右。台湾海峡局势已经影响到日本对全球的原料进口和产品出口，所以台海战争最终会断送日本的经济复苏。所以，日本政界普遍认为台湾海峡是日本“经济生命线”的重要组成部分，日本的经济安全与台海局势密切相关。

## 第四节　21世纪初期中美日安全关系博弈的焦点集中在台湾

台湾问题没有涵盖中美日安全关系的全部，但是对中美日安全关系产生了深远和现实的影响，折射了三国安全关系发展的基本趋势。当前，随着“台独”基本教义派活动的日益猖獗，中美日安全关系博弈的焦点逐渐集中在台湾。

### 一、台湾经济在中美日的经济博弈中占据重要位置

台湾作为亚洲四小龙之一具有相当的经济实力和发展潜力，2001年在美国市长协会公布的“2000年国家与城市经济生产力”排名中，台湾位居全球第19名，在亚洲中，仅次于日本、中国大陆、印度和韩国。2003年，台湾岛内生产总值为2800亿美元，人均GDP接近1.3万美元，外汇储备2066亿美元，在世界上属于中等发达地区。而根据国际货币基金组织

① 王飞：《日台关系历史演变(2)》，来源：Tom文化，http://news.tom.com/1002/2005120-1782617.html.

(IMF)所公布的各国所得数据资料，以反映实际购买力的购买力平价(PPP)指标估算，2003年台湾的人均GDP已逼近2.5万美元，在亚洲四小龙当中，仅次于香港，高于新加坡、韩国。到2006年，台湾的GDP为3556亿美元，折合人民币约27736亿元，据世界银行统计显示，以购买力平价(PPP)计算后的台湾岛内人均国民生产总值，2006年为3万美元，在全球所有国家和地区中排名第21位。

台湾的经济总量不能同中美日三国的经济总量相提并论，例如2004年中国大陆生产总值大约2.7万亿美元，大概是台湾地区GDP的8倍；但是台湾经济在中美日的经济博弈中占据相当重要的位置，主要在于台湾同大陆或者美国、日本任何一方的经济整合都将改变目前的中美日经济格局。中美日三国的经济博弈结果将最终决定中美日三国的国际影响力乃至国际地位。美、日经济地位的下降和中国经济的腾飞只是一种中长期预测，毕竟现在美国、日本是世界的第一和第二大经济体，当前中国大陆的经济总量与美国相差甚远，经济质量要赶超美、日两国还有相当长的路要走。但是，中国与港澳台的经济整合一旦完成，即建立成一个“大中华经济圈”，中国的经济总量和质量在短期内就可以缩短与美、日的差距。所谓大中华经济圈，是指中国内地、中国香港、中国澳门、中国台湾整合为一个完全自由贸易区。中国香港、中国澳门与内地更紧密经贸关系(CEPA)于2004年1月1日已经正式启动。在连、宋访问大陆后，两岸商贸界一再呼吁大陆与台湾签订类似CEPA的经济合作协议。据专家的预测，到2020年，大陆人口将达到16亿人，如届时人均GDP能达到5000美元，仅大陆本身的GDP就有8万亿美元，加上港台两地，大中华经济圈到2020年的GDP将达到美国2010年9.1万亿美元的水平。[①] 海内外专家指出在中国的区域经济一体化战略中，中国内地、中国香港、中国澳门、中国台湾将构成最紧密的核心圈，东盟和东北亚国家是紧密联系圈，美日在内的亚太经济圈是最外层。

进入21世纪，两岸经贸交流呈现深化、泛化的基本趋势，目前大陆是台最大出口市场和最大贸易顺差来源，台对大陆市场依存度超过对美、对日的依存度。台商投资大陆脚步加快，岛内75%的大公司已在大陆投资。中国与东南亚发展自由贸易区被台湾当局认为是将台湾边缘化，岛内部分人士

① 《发挥香港独特优势，促进两岸和平发展》，来源：文汇报，http://paper.wenweipo.com/2009/07/29/HK0907290058.htm.

对此也深表担忧，普遍认为两岸经贸整合才是一个双赢的选择。

台湾民进党当政时期却将两岸经贸问题政治化，以与美日的经贸合作换取对其“台独”路线的支持，拒绝两岸“三通”，逐步丧失了与大陆开展经济合作的最佳时机，加之台湾民进党当局无治理经济的经验和人才，使台湾经济的竞争力逐步下降。国际洛桑管理学院最新统计，台湾经济实力的全球排名从国民党下台前一年——1999 年的第 21 名，猛降至 2004 年的第 40 名，经济竞争力则从第 15 名退到第 24 名。

从国际上自由贸易区的迅猛发展和区域经济整合的根本趋势看，“中美日＋台湾”的亚太经济格局将是全球最有经济活力的地区之一，关键在于中美日三国必须合力排除“台独”势力将经贸问题政治化的企图和行径，建立合理的经贸合作互动机制，三国四方在经济领域里才能加强了解与沟通，减少敌意与对抗，最终能够实现经济上的共赢和贸易上的互补。

## 二、台湾问题在中美日安全关系中日益“重心化”

台湾问题使中美日安全关系中不平衡的倾向加剧，并且日益“重心化”。台湾问题触及中国的国家核心利益，美、日在台湾的利益不对称、不均衡，日本在台湾利益需求大于美国在台湾利益需求，同时双方在利用台湾遏制中国的这一点上，具有利益上的一致性；就地区安全合作而言，中美日三国又在防止台海爆发战争上具有利益的一致性。

中美日共同安全利益主要集中于台海局势，这种共同安全利益主要可以归结为现实利益（既得利益）与长远利益。在现实利益（既得利益）的层面上，美日维持台湾“不统、不独、不战”的局面就等于维持其国家利益的最大化，第一层经济利益——维持台海和平，美日就可以减少与中国发生军事对抗的风险，保持在世界经济领域里的相对优势，而且美国就可以从对台军售中渔利；第二层安全利益——巧妙地维持台湾事实上与中国大陆的分裂局面，美日的军事同盟就可以涵盖台湾海峡；第三层意识形态利益——美日可以以台湾为样板宣扬西方资本主义社会的意识形态和社会制度的优越性，发挥其“软实力”的影响力。

就美日的长期利益而言，以台湾问题干扰中国的和平统一进而压制中国的和平发展，美日就可以维护自身的长远利益。在资源层面上，21 世纪是一个“海洋世纪”，随着陆地资源的日益衰竭，海洋资源将成为世界各国普遍争夺的焦点。当前美日已经成为“海洋大国”，随着中国综合国力的提升，中国必将成长为一个海洋强国，2005 年 4 月，中国“大洋一号”科学考察船从青岛港出发，远赴太平洋、大西洋、印度洋执行环球大洋科学考察任务，引起世界各国的普遍关注。按照西方的“蛋糕”理论，中国在走向海洋寻找替代资源的同时，必然会导致美日海洋权益的缩减，所以美日必然共同封锁中国走向远洋；台湾是中国走向远洋最为顺畅的出海口，只要阻挠中国大陆与台湾的统一，就可以在第一岛链封堵中国进出太平洋。

在地缘安全层面上，随着韩国退出了冷战结构，东北亚局势发生重大变化。美国遏制中国是其基本战略，但是受全球战略和国内政治的影响，美国不可能充当一线国家，只能寻找代理人，日、韩、台湾成为在地缘上遏制中国的支点。以往韩国和台湾是美国封锁中国的一线国家和地区，随着韩国的退出，日本必然首当其冲成为前沿国家。日本防卫厅公开承认，从 2004 年美日在旧金山举行安保事务性谈判起，美国就强迫日本对台湾问题介入。[①] 此外，2005 年以来，美国为减少直接介入台海局势的风险，加快武装台湾的步骤，一直督促台湾“立法院”尽快通过台湾对美军售的一揽子提案。

“台独”势力利用中美日安全关系的这一缺口频频得逞，逐渐“挟洋自重”，甚至提出了“台独”的具体时间表。在当今的国际社会，弱肉强食的“丛林法则”仍有市场，而世界历史上霸权主义、强权政治一向有投机性、冒险性，他们会寻找合适的时机对于任何一个正在崛起的国家进行侵略或者颠覆，通常会选择在这个国家内部出现复杂的局势时加以分化、演化。美国在其拉美后院推行大棒政策曾经屡试不爽，对于委内瑞拉查韦斯政权的几次颠覆就是在委国内局势呈现动荡甚至反对派发动政变的情况下进行的，而对意识形态和社会制度迥异的古巴却无法倾覆，主要在于古巴一直保持国内社会的稳定；日本 20 世纪前期两次对华侵略无不是在中国国内面临社会动荡、民族分裂及政府治理无力的局势下进行的。“苏东剧变”之时，美国为首的西方阵营利用“六四”事件全面打压中国，但是并没有取得“多米尼诺骨牌”效应；而后利用中国“法轮功”组织、“民运”分子搞境外颠覆，利用达赖搞“藏独”活动，支持“疆独”势力进行分裂活动，抓住各种时机干扰中国的和平发展，但是收效甚微。今后看来可能掌握执政资源的“台独”势力无疑是一股可以借助的分化、演化力量，因此今后台海局势肯定会呈现

① 《阿扁求救，山姆大叔左右为难》，台湾《新新报》周报，2005 年 4 月 27 日，转引自 2005 年 4 月 26 日《参考消息》，第 12 版。

复杂化的态势。

## 三、两岸互动对中美日三边关系的催化

近年来，台海局势发生了许多新变化。2005 年 4 月 26 日－5 月 3 日，应中国共产党中央委员会总书记胡锦涛邀请，中国国民党主席连战率国民党大陆访问团，基于两党对促进两岸关系和平稳定发展的承诺和对人民利益的关切，会谈后两党决定共同发布“两岸和平发展共同愿景”，提出：坚持“九二共识”，反对“台独”，谋求台海和平稳定，促进两岸关系发展，维护两岸同胞利益，是两党的共同主张；促进两岸同胞的交流与往来，共同发扬中华文化，有助于消弭隔阂，增进互信，累积共识；和平与发展是 21 世纪的潮流，两岸关系和平发展符合两岸同胞的共同利益，也符合亚太地区和世界的利益。“两岸和平发展共同愿景”同时提出两党将共同促进尽速恢复两岸谈判，共谋两岸人民福祉；促进终止敌对状态，达成和平协议；促进两岸经济全面交流，建立两岸经济合作机制；促进协商台湾民众关心的参与国际活动的问题；建立党对党定期沟通平台。

2005 年 5 月 5 日至 13 日，应中共中央总书记胡锦涛的邀请，亲民党主席宋楚瑜率亲民党访问团正式访问大陆，这是亲民党和中国共产党之间首次进行两党之间的对话，双方在会谈中达成了“六点共识”，即促进在“九二共识”基础上尽速恢复两岸平等谈判，在签署两岸各自表明均坚持一个中国原则，即“九二共识”（两岸一中）的基础上，尽速恢复两岸和平谈判，相互尊重，求同存异，务实解决两岸共同关心的重大议题；坚决反对“台独”，共谋台海和平稳定；推动结束两岸敌对状态，促进建立两岸和平架构；加强两岸经贸交流，促进建立稳定的两岸经贸合作机制；促进协商台湾民众参与国际活动的问题；建立推动两岸民间精英论坛及台商服务机制。

2005 年 7 月 12 日，中共中央总书记胡锦涛在会见郁慕明率领的新党纪念抗战胜利六十周年大陆访问团时，就当前发展两岸关系提出了四点看法，即：共同促进中华民族的伟大复兴，坚持一个中国原则，坚决反对和遏制“台独”，切实照顾和维护台湾同胞的切身权益。新党表示，接受“一中原则，九二共识”，进而提出“一中两制”的思维，追求两岸和平。

两岸对峙多年以来，国、亲、新三党的领导人特别是国、亲两党的领导人相继访问大陆，这对于稳定台海局势，促进两岸和解具有重要的历史意义。这是两岸政界首次在没有外力介入的情况下进行的高层次沟通，展现了

两岸民众期盼统一的民意基础。

乔治·华盛顿大学国际关系学院中国项目负责人、著名中国军事问题专家沈大伟博士（David Shambaugh）告诉记者，他很高兴看到连战和宋楚瑜对大陆的访问，衷心希望连宋二人的大陆之行进一步促进两岸对话，促进海峡两岸关系“逐步走向稳定和正常”。白宫前国家安全委员会亚洲事务资深主任、著名中国问题专家李侃如（Kenneth Lieberthal）博士对华盛顿媒体表示，国亲两党主席分别前往大陆访问具有非常特别的意义。日本政府外务省国际报道官千叶明说，日本政府在台湾问题上的正式立场是希望和平解决台湾问题，不支持台湾“独立”，期待连宋对大陆的访问“有利于两岸的和平与稳定”。前日本驻华大使谷野作太郎表示日本“对台湾没有领土野心”，日本国民希望海峡两岸的当事者通过对话和平解决问题，他认为这次连宋访问大陆，台湾的舆论积极评价，大陆方面应对灵活。

2005 年 5 月 14 日，英国皇家国际问题研究所高级研究员陆伊伊撰文指出：“反对党领导人的大陆之行却标志着两岸关系一个历史性的转折。台湾政治已出现了一种根本性的变化。国民党及其盟友亲民党在台湾‘立法院’中占据着多数席位。可以肯定的是，在两党领导人访问大陆之后，台湾的政治趋势将不可逆转地发生变化。国民党及其盟友将向台湾人民提供一种与主张独立的势力所截然不同的有关台湾未来的前景。这反映出台湾相当多的人——尤其是商界的一种情绪。台湾商界认为，与大陆加强经济一体化是确保未来繁荣的唯一途径”，“全世界的决策者都将他们的对华政策建立在这样一种看法上，即中国大陆与台湾很可能会爆发战争，台海将无限期地保持现状。他们现在需要从根本上重新考虑各自的战略。否则，一些国家的政府将看到自己制订完善的、旨在遏制中国的政策将彻底失败。最近发生的一些事件不仅将大大增加海峡两岸实现和平的可能性，而且还将推动中国的统一，亚太地区的地缘政治形势也因此将发生变化。美国政府至少一直在密切关注这些事态的发展。布什总统已经要求与中国国家主席胡锦涛讨论台海局势。”①

美国虽然对两岸高层对话表示欢迎，但是希望台海局势在其掌控范围内，连宋访问大陆后，《自由时报》报道，宋楚瑜秘密与美国在台协会台北

① 陆伊伊（音译）：《对台湾的新战略》，《亚洲时报》（香港），2005 年 5 月 14 日，http://www.asiatimes-chinese.com/simplify/indexSIMPLIFY.html.

办事处处长包道格会面，重点讨论大陆之旅，包道格对宋楚瑜的“搭桥之旅”予以肯定，并对连宋“登陆”后的两岸关系发展表示忧虑，认为进展之快已超乎华府预期。

2006 年 4 月 16 日，中共中央总书记胡锦涛再次会见国民党荣誉主席连战一行时强调，和平发展理应成为两岸关系发展的主题，成为两岸同胞共同为之奋斗的目标。针对两岸关系，胡锦涛提出四点建议，即：第一，坚持“九二共识”，是实现两岸和平发展的重要基础；第二，为两岸同胞谋福祉是实现两岸关系和平发展的根本归属；第三，深化互利双赢的交流合作，是实现两岸关系和平发展的有效途径；第四，开展平等协商，是实现两岸关系和平发展的必由之路。

2008 年 5 月 28 日，中共中央总书记胡锦涛同中国国民党主席吴伯雄举行了会谈，胡锦涛强调，在国共两党和两岸同胞共同努力下，台湾局势发生了积极变化，两岸关系发展面临着难得的历史机遇。这一局面来之不易，值得倍加珍惜。希望国共两党和两岸双方共同努力，建立互信、搁置争议、求同存异、共创双赢，继续依循并切实落实“两岸和平发展共同愿景”，以富有成效的努力，扎扎实实推动两岸关系不断取得实际进展，增强广大台湾同胞对两岸关系和平发展的信心。

台海局势的新变化对“台独”份子子已经产生了“青蛙效应”，导致“台独”阵营出现了混乱核分裂，“台独”基本教义派及台联党与倾向于走中间路线的民进党部分成员出现了激烈的斗争，所以大陆对台湾的统战政策产生的效果类似于“温水煮青蛙”，逐渐使“台独”丧失基本民众的支持，达到争取台湾民心的作用。

两岸互动的“溢出”效应是明显的，因为“求发展、求稳定、求和平”是两岸民意的主流。总之，两岸的经贸整合是大势所趋，两岸的文化交流同根同源，必然推动建立两岸军事和政治的互信机制。

## 四、在中美日安全架构中主导未来台海局势的几条基本规律

中美日安全关系聚焦在台湾问题上呈现矛盾叠加、利益交织、冲突频仍的复杂局面，主要可以用“一二三四”加以概括：“一”即“一个中国”为中国解决台湾问题的基本前提；“二”即美、日两个国家成为中国解决台湾问题面临的最突出的外部因素；“三”即中国实现统一、台湾独立及“不统不独”的台海局势是台湾问题演化下去面临的三种可能性；“四”则说明

了台湾问题的解决取决于四个进程的相互制约，即中国的现代化进程、美国的单边化进程、日本的“右倾化”进程、“台独”势力的发展进程。以上的“一二三四”是在本书的框架中就中美日安全架构中影响台湾问题的诸多因素归纳出的具有代表性的几条，对于台湾岛内的内生因素没有列入其中，仅仅在理论上具有参照意义。

当前中美日及台湾“三国四方”的互动面临着“三正三反”定律的考验，所谓“三正三反”定律表述为：“三正”即中国正在进行的现代化进程与中国解决台湾问题的进程呈现正向运动，中美、中日关系两个双边关系的健康、平稳发展与解决台湾问题的进程呈现正向运动；“三反”，即美国的单边化进程、日本的右倾化进程、“台独”势力的分裂化进程与中国解决台湾问题的进程呈现反向运动。此外，从这一规律还可以衍生出诸多进程不同的排列组合，进而呈现出不同的演变形态。

解读“三正三反”定律的前提是中美日三国各自国内发展和对外政策的基本走向。中国的现代化进程既是中国所面临的历史任务，又是美、日等主要的世界大国制定对外政策所面临的重大课题。进入 21 世纪，美国竭力维持其“一超”地位，在保守主义的理念支配下推行美国主导的单边化进程，当今国际社会包括联合国在内的国际力量对其制衡的作用明显不足。日本国内经济不景气，在政治上要求成为有影响的大国，对历史问题的反思不彻底，国外特别是东亚国家的舆论压力反而助长了其国内“右倾”思潮的抬头；从《联合国宪章》等国际条约看日本没有完全摆脱“战败国”的身份，所以国际社会对日本右倾势力有着一定的制约；而从日本的单一民族的性格及国内政治、经济形势看，日本国内的进步势力特别是亲华派不能对日本的右倾化进程形成有力的制约。

“三正三反”定律基本阐释了当前台海局势的运行规律，其主导因素在于中国的可持续发展，中国国力增强后会增加中国国家统一的向心力和对外部干涉的抗干扰力，这是定律的核心部分。中国要紧紧抓住战略机遇期，大力推进政治、经济、社会、文化的深层次的体制改革，加快军事现代化进程；针对国外和台湾岛内对于中国民主的批评，中国政府要正面应对，渐进地、稳步地推进民主政治的进程，虽然不可能完全照搬西方的民主制度，但是要积极进行沟通，进而争取西方国家和台湾岛内进步势力的理解与认可，最终为中国的统一在政治和制度层面上创造更大的可能性。

美国、日本的保守和右倾势力会对中国的国家统一形成干扰，但是干扰的强度和力度取决于美国的单边化进程和日本的右倾化进程，如果国际社会不能对于两个进程形成有力的制约，一旦美国的单边化进程、日本的右倾化进程及“台独”势力的分裂进程达到在时空上的一致将会产生功能上的耦合，将对中国的现代化进程和国家统一进程造成严重的负面影响，中国的国家统一必然会面临诸多困难。当然，美国的单边化进程和日本的右倾化进程毕竟违背世界和平与发展的历史潮流，必然面临下降的拐点，今后美、日两国的政局将受到国内外反战、拥护和平之进步势力的直接推动和影响，会存在一定的变数。

# 第四章　中美日安全框架的构建及其对中国国家统一的促进作用

## 第一节　中美日三国共享“和平红利”制约“台独”势力“以武拒统”

### 一、中美日三国共同享受“和平红利”

按照传统国际安全理论的基本观点，随着崛起的新兴国家开始谋求相应的大国地位，必然破坏已有的均势，将不可避免地与霸权国家发生争夺势力范围的冲突乃至战争。中美日关系从表面上看是处于这种状态，美国要维持一超地位，日本要成为正常国家，中国正在和平崛起，三国之间尚没有建立起行之有效的安全互信机制，所以在国际社会缺乏普遍权威的情况下，在三国中间存在着所谓的“安全困境”，“一国为保障安全所采取的措施，意味着降低了其他国家的安全感。在无政府状态下，一方聊以自慰的源泉就成了另一方为之忧虑的根源。”①

但是，按照国际关系的基本规律看，每个国家的外交政策都从本国的利益出发，所以追求利益最大化是各个国家对外政策的首要原则。当前中美日三国并非要发生不可避免的冲突，三国各自国家利益的交汇点就是利用相对较长的和平时期实现对国内经济、社会的有效治理，如中国抢抓二十年的战略机遇期、日本欲借助经济结构改革走出经济萧条、美国实施“内外并重、国内优先”的战略导向，即三国都在共享“和平红利”。

首先，三国共享“和平红利”的前提在于“和平与发展”的时代主题。20 世纪 50 年代后，时代的主题由“战争与革命”转变为“和平与发展”，

---

① ［美］肯尼思·沃尔兹著，王红缨译：《国际政治理论》，中国人民公安大学出版社 1992 年版，第 3－4 页。

进入21世纪后，随着经济全球化、核威慑和以合作为基础的国际机制的建立，各国之间特别是大国之间的政治、经济利益相互交织，在安全领域里表现为求同存异、相互依赖。经济全球化程度的加深，使各国之间的相互合作及多边、双边关系的建构具备了经济基础；核威慑虽然使各国面临核大战的阴云，但是核战争一旦爆发导致交战双方及邻国乃至世界走向共同毁灭的特点，却达到了"恐怖平衡"的效果，各国特别是核大国反而不敢轻衅战事，使地区乃至世界维持着总体态势上的和平；国际机制特别是联合国在维护世界和平方面发挥着重要作用，现在的联合国已经不同于第一次世界大战后的国联，其权威性得到大多数成员国的普遍尊重，这种国际机制尽管存在缺陷，但是许多希望通过国际机制受益的成员国将必须接受机制的约束，体制和制度的羁束效用在维护世界和平方面的作用日益凸显。

其次，三国的国内政治现状为三国共享"和平红利"创造了可能性。美日两国政治的特点是选举政治，一向是国内问题优于国际问题，所以美、日领导人上台后首要目标在于集中精力解决国内问题，而保持台海和平就可以从东亚的快速经济增长中维护和扩充既得经济利益，为国内增加社会福利与就业机会，安抚选民，赢得选票，从而转化为现实的政治利益；反之，台海发生危机，必然导致国际及美、日国内的经济波动，国内民众的生活和就业受到影响，引发民众的厌战情绪，必然使其任期内的政府信任产生危机，对于两国的领导人而言，这将会使其自身及所在执政党在政治上的优势地位丧失殆尽，并在随后的政权交替中丧失执政地位。对于中国而言，21世纪前20年是重要的战略机遇期，保持台海地区的稳定就可以为国内经济发展创造一个稳定的和平环境，使改革开放20多年的经济和社会发展的上升势头得以延续。

第三，基本的"和平理念"是三国共享"和平红利"的基础。国内有些学者认为在历史上全球性权力的和平转移过程中，霸权国与新兴大国之间不仅是权力竞争，也是认同竞争；不仅是权力的转换，更是认同的转换。国家间如果只关注权力竞争本身，霸权战争的怪圈就无法打破。而从作为一种共同认知框架的认同着眼，则有可能走出一条和平发展的道路，① 如美国19世纪崛起后美、英间国家互动和认同的转换。时殷弘教授指出：对国家间关系来说，"更重要的是需要它们有足够广泛和深厚的共同利益感和价值观

---

① 封永平：《从建构主义视角解读美国和平崛起》，《学术探索》，2004年第9期。

念”，“否则，国家间敌意和冲突的滋生、加剧完全可以同它们之间互相依赖、互相了解的增进相并行，相交错。”①

因此，要从建构主义的观点看待中美日安全关系的构建，如果中美日三国要构建三边安全框架，必须寻找相互的认同，而和平的理念是三国相互认同的基础。2004 年 4 月，胡锦涛访美期间在耶鲁大学发表演讲时指出“中华民族历来爱好和平，中华文明历来注重亲仁善邻，讲求和睦相处。中国人在对外关系中始终秉承‘强不执弱’、‘富不侮贫’的精神，主张‘协和万邦’。中国人提倡‘海纳百川，有容乃大’，主张吸纳百家优长、兼集八方精义”，② 和平对于当今中国而言，既有目标的指向性，又为其发展进程提供支撑与保障，因此中国一再强调自身的和平发展及与其他国家的和平共处。2004 年 11 月 5 日，美国总统布什在取得连任后，阐述其对外政策的目标是为了维护世界“和平”，如打击恐怖主义、实施“中东和平路线图”计划，当然他提出的实现和平的路径、方式与其和平的理念存在矛盾。日本的“和平宪法”则明文规定日本不具有对外发动战争的权力，日本在相当长的历史时期内不具有发动战争的法理基础，尽管日本对于日美安全同盟的态度和对于历史问题的认识令邻国忧虑，但是和平理念在日本国内特别是民众中间具备广泛的基础。2008 年 5 月，中国国家主席胡锦涛访日并在日本早稻田大学发表了重要演讲，指出：“中国将始终不渝走和平发展道路。这是中国政府和人民作出的战略抉择”，“1972 年，中日实现邦交正常化，揭开了两国关系新篇章。从那时以来，中日关系在各个领域都取得长足发展。双边贸易额由实现邦交正常化时的 11 亿美元增加到去年的 2360 亿美元。截至 2007 年底，两国友好城市达到 236 对，人员往来达到 544 万人次。中日关系的改善和发展，给两国和两国人民带来了实实在在的利益，为促进亚洲和世界的和平与发展作出了重要贡献”。“随着经济全球化深入发展，中日两国的共同利益不断拓展、合作空间不断扩大，在国际和地区事务中肩负的责任也不断加重。”③

所以，三国对于和平的目标及所处的和平环境有着基本共识，其背景在

① 时殷弘：《全球化潮流中世界政治的内在矛盾和冲突》，《世界经济与政治》2001 年第 12 期，第 9 页。

② 胡锦涛：《在美国耶鲁大学的演讲》，《人民日报》，2006 年 4 月 23 日，第 1 版。

③ 《胡锦涛在日本早稻田大学的演讲（全文）》，新华网，http：//news. xinhuanet. com/newscenter/2008 －05/08/content_ 8131916. htm.

于国内历史、政治、经济、社会问题制约各自国家的决策层对于战争与和平的基本态度。三国虽然存在严重的战略分歧，但是这种战略分歧不足以超越三国共同的利益交汇点——在和平状态下解决彼此的矛盾可以达到利益最大化和成本最小化的可预期收益，这是中美日三国在相对较长的历史时期所取得的战略共识，包括借鉴两次世界大战和冷战期间的诸多经验教训。

当然，中美日三国对于和平的基本认知是在除却国际局势的偶发因素下得出的，这种认知诉诸于实践时要受政治领导人的个人意志、民族情绪及突发国际事件的影响，因此在现实中由三国的相互外交行为所形成的区域秩序和具体案例将会具有复杂性、迂回性和波动性。例如美国在不损害自身的国家利益的前提下，可能单方面对于一些国家和地区采取非和平行动乃至战争行为，这是对自身和平理念的异化。日本急欲修改“和平宪法”，更是背离了多年来奉行的和平外交路线。这些消极因素对于中美日共享“和平红利”的局面形成了负面影响。

## 二、“台独”势力制造战争的行径危及台海地区的和平局势

“事物的矛盾法则，即对立统一的法则，是唯物辩证法最根本的法则。”① 矛盾具有普遍性，贯穿于一切事物和每一事物发展过程的自始至终；矛盾又具有特殊性，即一事物具有区别于他事物的特殊本质。矛盾的主要方面和次要方面在一定的时间和空间条件下是可以转换的，取得支配地位的矛盾的主要方面起了变化，事物的性质也就随着起变化。

中美日三国的国家利益存在矛盾，但是利益的汇合点在于规避大国间的战争从而赢得和平发展的机会。所以，尽管美日以台湾问题作为遏制中国的筹码，但是台海爆发战争特别是可能导致美日卷入其中的战争不符合美、日两国的根本利益，因此“台独”势力不断引发紧张局势的行为与美、日的台海战略是矛盾的。中国正是可以利用美、日与“台独”势力的矛盾寻求一个和平发展的良机，从而遏制“台独”势力分裂国家的行径。

事实上，自李登辉和陈水扁上台后，一直大搞“渐进式”和“蠕变式”“台独”，不断地触及大陆的和平底线，采取“退一步，进两步”的做法，游走在战争与和平的边缘。从李登辉的“两国论”到陈水扁的“台独”三部曲（“公投”、“立宪”、“建国”），“台独”势力在掌握台湾的执政资源

① 《毛泽东选集》，第一卷，人民出版社1966年版，第274页。

后，不断地把台湾引向战争的深渊。

2003 年 9 月下旬，民进党选择党庆日在高雄举办“公投”大游行，陈水扁鼓噪要“催生新宪法”，并抛出了“公投立法、催生新宪”的主张，在陈水扁的不断挑动下，“公投”议题在岛内急剧升温，岛内民众支持“公投立法”的比例有所上升。同时，陈水扁当局利用“统独议题”对台湾民众进行战争煽动，对大陆发出战争叫嚣，逐步暴露其“以武谋独”的本质。

2003 年 11 月 18 日，海协会会长汪道涵在接受采访时表示，近来台湾岛内发生的一系列事情，严重冲击着两岸关系的和平与稳定，他高度关注着事态的发展。国台办副主任王在希明确表示，“台独”就是战争，如果台当局公开搞“台独”，“那武力恐怕就难以避免”。

2004 年 5 月，国务院台办发言人张铭清在新闻发布会上指出，未来台海爆发战争的可能性，要看陈水扁的态度。2004 年 11 月，前民进党主席许信良在新书《民粹亡台记》一中指责陈水扁当局已把台湾逼近战争边缘，他指出两岸现在最根本的诉求都是对立冲突的，陈水扁说台湾是“主权国家”，而大陆则认为台湾是中国的一部分，“不让步，最后一定是冲突与战争”。台湾民进党政要、前“行政院院长”游锡堃曾经发布诸多有代表性的“台独”言论，其一就是以后所有政府的公文书称呼“中国大陆”叫做“中国”，而不叫做“中共”或者“大陆当局”；第二个抛出了“恐怖平衡论”，扬言要用导弹“攻击上海”等，“如果大陆方面打台北、高雄的话，台湾就一定打上海，大陆打台湾一百颗导弹，台湾也有能力打大陆五十颗导弹”。

在军事上，台湾陈水扁当局曾强行推动巨额军购案，加强针对大陆作战的军事准备。2004 年后，陈水扁指使台“行政院”通过“重大军事采购条例”及“重大军事采购特别预算案”，以加强反导弹装置与强化台军制海能力为由，推出总金额高达 6108 亿元新台币的军购案。当前，台湾正在强化自身的攻防能力，以抗拒来自于大陆的威慑，包括在第三代作战飞机、舰船数量保持不变的情况下，加快改良速度和武器整合能力，使其成为更强力的武器平台。同时，台湾加速预警机指挥系统的升级换代速度，加快预警机与战斗机、战斗机之间的数据链建设，以便早日实现军队指挥系统的一体化，并不断强化美日台情报同盟的构建。在海军建设方面，不断增加现代化潜水艇的数量并且努力提高质量。除此之外，种种迹象显示台湾还在发展射程为 1000 公里－1500 公里的高弹道巡航导弹，以强化“境外作战”、攻势防御，打击包括北京、三峡大坝在内的战略目标的能力。

2005年3月，台军试射了“雄风”2E巡航导弹，该导弹射程约1000公里。台“国防部长”李杰称，导弹从位于台湾屏东的军事基地发射，飞行了500公里后击中了目标，其发射半径已远及南京、武汉和桂林等城市，包括上海、福州、广州、香港、澳门等在内的大陆东南部均在其射程范围之内。未来15年内，台湾的攻势力量可能形成以潜水艇－巡航导弹－战斗机携带精确制导兵器为主体的格局。

大陆方面对于“台独”势力的分裂行径一直保持高度警惕。2004年6月3日，中共中央政治局委员、中央军委副主席、国务委员兼国防部长曹刚川在济南军区国防动员委员会第四次全体会议上发表了重要讲话，针对台海地区的严峻局势，他要求要“全面加强国防动员建设”，“把国防动员建设纳入战区军事斗争准备和经济社会发展总体规划”，“为维护国家安全统一”提供强有力的保障。2004年8月，中国在福建东山岛举行了“解放二号”三军联合演习，相对应的是台湾军方之前举办“汉光演习”和军机高速公路紧急起降演练，以及美国军方正在进行中“夏季脉动2004”演习。

2005年3月4日，中共中央总书记、国家主席、中央军委主席胡锦涛强调中国反对“台独”分裂活动决不妥协。他表示，台湾是包括2300万台湾同胞在内的13亿中国人民的台湾，任何涉及中国主权和领土完整的问题，必须由全中国13亿人民共同决定。胡锦涛说，维护国家主权和领土完整，是国家的核心利益。任何人要危害中国的主权和领土完整，13亿中国人民坚决不答应。在反对分裂国家这个重大原则问题上，我们决不会有丝毫犹豫、含糊和退让。“台独”分裂势力必须放弃“台独”分裂立场，停止一切“台独”活动。

2007年，是中国准备奥运会的关键之年，同时台海形势进入了敏感而关键的一年，有山雨欲来风满楼之势。2007年1月17日，国台办举行2007年第一次新闻发布会，发言人杨毅指出，2007年是反对“台独”、维护台海和平的关键时期。台湾当局通过所谓“宪改”谋求“台湾法理独立”的活动将进入实质阶段，两岸关系将面临严峻挑战。坚决遏制“台独”分裂活动、维护台海和平，仍然是两岸同胞当前最重要、最紧迫的任务。我们将以最大的诚意、尽最大的努力争取和平统一的前景，但是绝不容忍“台独”，绝不允许任何人以任何方式把台湾从中国分裂出去。

而2007年之于陈水扁当局，有着双重意义：它是2008年奥运会举办前的关键时期，是自己在位的最后阶段。在陈水扁的策动下，台当局明显加快了“台独”分裂的步伐。民进党中央和台行政部门不顾各界的质疑与民众的反对，竞相推动岛内部分重要公营企事业单位的更名活动，强行将“中华邮政”、中油和中船分别改名为“台湾邮政”、“台湾中油”和“台湾国际造船公司”，去除原名称中的“中国”或“中华”标记。泛绿阵营还加紧推出了10余种“新宪版本”，大肆进行宣传鼓动。激进“台独”组织所提方案中，有的把台湾的“领土范围”明确界定为“台澎金马及有争议的钓鱼岛、南沙群岛与东沙群岛”，有的还公然打出“台湾共和国”的旗号。①

2008年1月30日，在国务院台湾事务办公室举行2008年首场新闻发布会上，发言人杨毅表示，回顾过去的一年，陈水扁当局加紧推动“台独”分裂活动，预谋进行“台独”冒险，当前两岸关系发展正处在一个紧要关头，坚决遏制“台独”，维护台海和平，是两岸同胞面临的最重要最紧迫的任务。我们对台湾当局妄图进行“台独”分裂活动决不妥协。

2008年1月9日，《澳门日报》发表题为《民众盼扁“伟大”旅程尽早结束》的社论。社论说，新年伊始，台湾当局领导人陈水扁发表任内最后一份元旦文告。除了继续挑衅大陆，刺激岛内的民粹主义和族群对立，他亦自我总结自己近八年的执政。他大言不惭：“这伟大的旅程即将告一段落。”社论指出，民进党当局执政近八年来，台湾内忧外患有增无减。目前，岛内大多民众只期待陈水扁那“伟大旅程”早点结束，让新的领导人赶快处理他留下来的烂摊子。

社论指出：陈水扁执政以来，台湾空转数年，以致民不聊生，内耗严重，民众对其执政的意见越来越大。陈水扁不仅没有反思过错，反而越发疯狂。近期，他“疯狂”地跟美国呛声，“疯狂”地跟北京对干，“疯狂”地搞公投，“疯狂”地斗老蒋，“疯狂”地操控“中选会”，“疯狂”地撤换台北、台中市选委会主委，“疯狂”地推一阶段领投票，“疯狂”地扬言要戒严、延选……甚至连李登辉也因此说，“其中任何一件，都不是一个正常的人会做的事！”

2008年3月22日，台湾地区领导人选举投票结束，国民党推出的候选人马英九、萧万长以221万票的差距领先，赢得决定性的胜利，成为台湾1996年地区领导人选举以来得票最高的候选人，这昭示着台湾人民在用选票向民进党当局坚定地说“不”，毋庸置疑是在陈水扁执政八年的答卷上格

① 孙升亮：《2007：反“台独”关键年》，《半月谈》，2007年第7期。

外醒目地打上了一个“不及格”的评判。

而由陈水扁当局捆绑举行的“入联公投”投票率仅35.8%，与本次台湾地区领导人选举超过76%的投票率相比，投票率差距悬殊，这显示出台湾平民百姓在用选票表达着对陈水扁的强烈不满，他们反对制造两岸局势紧张的分裂行径，由此陈水扁用“公投”绑选票的政治骗局彻底破产了。为此，国务院台湾事务办公室发言人李维一于22日当晚发表谈话表示，“台独”分裂势力搞“台独”是不得人心的，期盼为两岸关系和平发展共同努力。李维一说，陈水扁当局推动的所谓以台湾名义加入联合国的“公投”遭到失败，再次说明“台独”分裂势力搞“台独”是不得人心的。

## 三、美国重视中国的安全关切并约束“制造麻烦”的“台独”势力

“9·11”事件对美国的国家安全战略产生巨大的冲击，由此美国改变了以中国、俄罗斯等地缘大国为主要战略威胁的安全战略。“9·11”后，美国集中精力开展反恐斗争，打击所谓的“无赖”国家，并采取措施控制大规模杀伤性武器的扩散。因此美国对其全球战略部署进行了相应的调整，在亚太地区寻求同中国在反恐、朝核问题上的合作。同时，美国要求盟国日本在亚太地区承担更大的责任，希望日本在反恐和防扩散方面有能力做出强烈和有效的军事反应，发挥更大的作用，以减轻美国在亚太地区的压力。

小布什上任之初曾表示要协防台湾，但是“9·11”和伊拉克战争后美国的主要精力投向了反恐和防扩散，地缘安全战略重点转移到了中东，美国在台湾问题上的举动更加倾向于“求稳怕乱”，表现为压制“台独”势力的过激言行，打压陈水扁的“正名”举动；一方面维持台海局势的“不统、不武、不独”局面更加符合美国的根本国家利益，美国无力同时应对东亚和中东两场地区冲突；另一方面美国在国际安全合作上有求于中国，希望得到中国的大力配合。李侃如在《美国对华政策》一文中指出：布什政府应该坚持“一个中国”政策并且采取措施阻止海峡两岸的围绕部署导弹及反导弹为主要内容的军备竞赛，应该提倡建立以一种不威胁台湾自由、繁荣和安全为前提的两岸联结。布什政府应该寻求一种积极的两岸政策，主要在于减少紧张，增加互信，鼓励两岸重启对话进程。美国需要采取的重要一步在于不断强调坚持和平解决台湾问题的立场和“一个中国”政策的同时，继

续地领会一方的见解且关注另一方的观点。[1]

美国政府与亲台保守势力一直存在矛盾。2004 年 12 月 10 日，美国副国务卿阿米蒂奇指出，在中国崛起过程中，美中关系的最大地雷大概是台湾，并表示“台湾关系法”并没有规定美国必须保卫台湾，而如果台湾受到中国大陆攻击，美国是否宣战，必须由美国国会决定。

2005 年 4 月 6 日，美国国会众议员李奇（共和党，爱荷华州，2004 年曾经率团参加陈水扁第二任期“就职典礼”，是美国国会的重要人物）在美国国会亚太小组的听证会上警告台湾说，如果当局领导人反复无常，导致两岸冲突，美国很难履行《台湾关系法》。他说，台湾独立意味着毁灭性的战争，美国必须澄清承诺，免得台湾误判。他说，如果台湾宣布独立，不但台湾自决能力会崩溃，数十万、甚至数百万人的性命将遭受危害；任何片面改变台海现状的意图，都充满着极大的危险。他表示，美国国会或行政部门都决心信守《台湾关系法》中的义务，但是这些义务的前提是台湾领导人必须了解中国大陆的决心，自我约束，不要以反复无常的行为招致冲突，或使建设性对话无法开展。

迄今为止，当前中美双方领导人对于台湾问题的沟通是顺畅的。美方重视中方的安全关切。2004 年 11 月 8 日，中国国家主席胡锦涛应约与美国总统布什通电话，布什表示在新的任期内将继续致力于加强美中在各个领域的合作关系，重申美国政府不会改变在台湾问题上的立场。胡锦涛积极评价了中美两国近年来在众多领域合作中所取得的进展。他强调，只要中美双方始终牢牢把握两国关系发展的正确方向，遵循中美三个联合公报的原则，中美关系就能够健康稳定地向前发展。胡锦涛表示，中方赞赏美方多次重申坚持一个中国政策，遵守中美三个联合公报，反对“台独”的立场。[2]

2005 年 3 月 20 日，中国国家主席胡锦涛会见了美国国务卿赖斯。胡锦涛指出，妥善处理台湾问题仍然是中美关系健康稳定发展的关键，中国全国人大前不久审议通过的《反分裂国家法》，是一部促进两岸关系发展、推进两岸和平统一的法律，是一部反对和遏制“台独”、维护台海地区和平与稳定的法律，希望美方认清“台独”分裂势力及其活动的本质和危害，信守

① Kenneth Lieberthal, *U. S. Policy Toward China*, http: //www. brookings. edu/printme. wbs? page =/comm/policybriefs/pb72. htm, Copyright 2001, The Brookings Institution.

② 《胡锦涛主席与美国总统布什通电话》，《人民日报》，2004 年 11 月 9 日，第 1 版。

布什总统多次重申的坚持一个中国政策、遵守中美三个联合公报、反对“台独”的承诺，理解和支持中国政府和人民为维护国家主权和领土完整、实现两岸和平统一所做的一切努力，不向“台独”分裂势力发出任何错误信号。赖斯说，维护台海局势的安宁并和平解决台湾问题符合美国的利益，美方将为此而努力，美国政府坚持一个中国政策、遵守美中三个联合公报的立场不会改变。①

针对台湾屡屡“踩红线”的行径，美方的台海政策逐渐清晰化，对台湾当局屡屡踩“红线”的行为发出清晰的警告，从陈水扁当选后到2004年底的“立法院”选举，美国多次警告陈水扁“不要制造麻烦”，并且鼓励两岸的和平对话，表态支持连宋访问大陆，所以在美国地缘战略进入调整期时，对台政策中倾向“不独”的一面愈发清晰。

2006年4月20日，胡锦涛访问美国，在和美国总统布什会晤中，布什说，在对台政策方面，美国将会直言不讳，基于“一中”政策，反对任何一方单方面改变台湾的现状，同时吁请各方避免对抗和挑衅的行为，台湾的将来应当以和平方式解决。胡锦涛在讲话中说，我们赞赏布什总统和美国政府多次表示坚持一个中国政策，遵守中美三个联合公报，反对“台独”。我们将继续以最大的诚意，尽最大的努力，争取两岸和平统一的前景，同台湾同胞一道，促进两岸关系和平发展，但决不允许任何人以任何方式把台湾从中国分割出去。

2007年8月29日，美国《侨报》刊文称，美国副国务卿内格罗蓬特斥责台湾“入联公投”是迈向“台独”、改变台海现状的步骤，批评台湾当局处理“公投”的态度是“错误的”。报道指出，这是迄今为止，美国官方对“入联公投”最严厉的公开表态。此言一出，大陆表赞赏，台湾感遗憾。正应了美国智库学者一个月前对记者的所言——如果陈水扁继续一意孤行，美国必有更强烈的反应。

2008年7月16日，美国太平洋司令部司令基廷在华盛顿智库传统基金会举办的一场论坛中说，美国政府已暂时冻结了对台湾的军售计划。基廷指出，近来美国没有重要的对台军售计划，暂时冻结对台军售是美国的官方政策。他说，当前两岸关系缓和，美国也尽一切力量降低台海紧张局势。

据台湾《联合报》报道，2008年7月30日，美国总统布什在白宫与亚

① 《胡锦涛主席会见美国国务卿赖斯》，《人民日报》，2005年3月21日，第1版。

洲媒体记者会面时，主动对两岸关系现况表示“十分满意”，并首度表明美国在两岸议题上确有一些“红线”，“就是不能片面宣布（台湾）独立。”报道称，美国过去对统“独”问题，顶多以“反对两岸任何一方片面改变现状”表态；这是美国总统首度承认确有“红线”，首次表明台湾“不能片面宣布独立。”此外，香港《南华早报》也刊登对布什的专访，布什表示，目前美国与台海两岸间的关系处于“较好位置（better place）”。布什定于8月4日出访韩国、泰国及中国，行前安排亚洲驻华盛顿媒体记者在白宫聚会。未经记者提问，布什两度主动说明美国的两岸关系立场。“美国在这项议题上，是有些‘红线’。”布什说，“不能片面宣布独立，美国的政策仍然一样。”①

综合分析美国布什政府在八年任期内的台海政策，可以得出的结论是：尽管美国会维护其在台湾的战略安全利益，但是反对和遏制“台独”的立场逐渐清晰并且在政策执行上愈发坚决。

## 四、日本政府明确反对台湾独立及台湾扩充军备

受1947年生效的《日本国宪法》的和平主义原则制约，日本在法律上不能扩充军备，在国际公开场合一直表态要维护台海地区的和平与稳定。日本多年来一直追随美国在国际场合公开反对台湾独立，当然日本从其战略利益出发，其立场与美国比较相对模糊和不明确。

日本国内政界的诸多有识之士已经认识到台海局势是否稳定关系着日本的国运兴衰。日本领导人多次在不同场合表示坚持一个中国政策、不支持“台独”的立场。日本前首相村山富市1995年表示，日本将坚持“一个中国”的立场。日本前首相桥本龙太郎1997年重申，台湾是中华人民共和国领土不可分割的一部分，日本政府充分理解和尊重中华人民共和国政府的立场，日本不支持台湾独立。日本前首相小渊惠三1999年强调，日本将坚持日中联合声明所确定的原则，不会改变只有一个中国的立场，绝不参与和支持台湾独立。日本首相小泉也多次表示，日本政府奉行一个中国政策，不支持“台独”。2003年12月，中国外交部副部长王毅与日本外务审议官田中均举行了中日外交当局定期磋商，王毅希望日方坚持“一个中国”政策，

① 《布什称对两岸现况满意，首度承认有反“台独”底线》，中国新闻网，http：//news.ifeng.com/world/2/200808/0802_2591_690466.shtml.

切实遵守迄今做出的政治承诺。田中表示，日本不参与制造“两个中国”或“一中一台”，不支持“台湾独立”。

2004 年 3 月 15 日，日本民主党党首菅直人在东京以校友身份为东京工业大学的中国留学人员举行招待会时说，日本民主党对于台湾问题的基本原则是中国大陆和台湾是一个国家，即使花长一点的时间也希望中国大陆和台湾实现和平统一，中国大陆和台湾的和平统一对亚洲的安定和经济发展是有益的。他认为现在中国大陆和台湾的经济往来非常多，民间交流也非常多，中国大陆和台湾这种经济上的关系是想切也切不断的，经济上的关系已经很紧密了。但是在政治上，台湾却有一小部分人想搞独立，所以他们坚决不支持“台独”分子，反对台湾独立，“虽然中国统一要花一段时间，但是中国大陆和台湾还是应该坚持在一个国家的前提下共同向前发展”。①

2009 年 8 月 30 日，鸠山由纪夫领衔的日本民主党获得众议院全部 480 个议席中 308 席，超过控制众议院各个常设委员会的绝对稳定多数 269 席，取得空前胜利，最终以压倒性优势战胜自民党，取得执政权，并得以组建内阁。历史上，一直以在野党身份表明不支持“台独”的日本民主党在取得执政权后如何处理日台关系还有待进一步观察。

中国是日本周边安全外交的首要目标，日本 1993 年就确立了开展对华安全对话的方针，此后一直以机制化和高层化为目标，力求把日中安全对话的水平不断提高。由于中国政府坚持台湾问题是中国内部事务的立场，日中安全对话议题更多涉及的是东北亚地区和美日同盟等安全事务，日本的长远考虑却是将高层安全对话作为消除疑虑、避免误解的重要途径，为今后在需要的时候扩大自己在台海安全问题上的影响做准备。当前，中日关系处于低潮，保持和恢复中日之间的安全对话十分必要。

对日本来说，避免台海局势紧张有着更重要的意义，这不仅是保证日本“海上生命线”和国土安全的需要，也可以更好地维护其在华经济利益，避免不得不在中美两个大国之间做出唯一的选择。美国学者 Phil Deans 认为，东京在两岸间最倾向的选择还是继续维持现状，因为这样能够让日本避免在台海军事冲突发生时，面临支持美国保护其前殖民地，还是同它在亚洲最重要的邻国对抗这两个艰难选择和决定；在可预见的未来，虽然台湾在东京有

---

① 《日本民主党党首菅直人反对“台独”》，http：//enjoy. eastday. com/eastday/mil/node3036/node3149/node3151/userobject1ai129731. html.

不少有影响的朋友，但日本政府依然不会冒险同中国进行直接的对抗。[①]

2005年2月23日，凤凰卫视援引共同社报道称，针对之前在日美安保磋商委员会会议（2+2会议）中通过的“共同战略目标”中涉及台海问题而遭致中国的强烈反对，日本政府决定就该问题向中国作出解释，具体将包括：预定在2005年3月以后陆续召开的中日外交部司长级、事务次官级、外长级磋商中就“无意干涉中国内政”之意向中方作出解释，并寻求中方的理解。此前，日本首相小泉纯一郎于2月21日曾强调指出，日本将坚持一贯的主张，希望能通过和平方式解决台湾问题，同迄今为止的方针没有变化。

当前，日本政府虽然右倾化相当严重，但是在和平与发展的世界潮流下，历经民主化改造并受西方民主思想浸染的日本民众应该能够在相当程度上理性地看待台海和平，日本国内外维护和平的力量将会对日本政府的对台政策形成一定的制约。

2006年10月，时任日本首相安倍晋三访华，10月8日，中国国家主席胡锦涛在北京人民大会堂会见了安倍晋三，安倍首相在会见中重申日本将按照日中联合声明坚持一个中国政策，不搞“两个中国”、“一中一台”，不支持“台独”，反对单方面改变台海现状。2007年12月，日本首相福田康夫对中国进行了正式访问，福田康夫在北京大学发表的演讲中谈到了构成日中两国战略互惠关系的三大核心支柱：互利合作、国际贡献、相互理解和相互信赖，他指出正因为日中两国是近邻，所以往往彼此会看到对方不理解自己而产生很大的心态，双方需要为进一步加深相互理解而付出努力。

2008年5月6日至10日，应日本国政府邀请，国家主席胡锦涛对日本进行了国事访问，这次访问是中国国家元首时隔10年首次访日。访问期间，胡锦涛主席同福田康夫内阁总理大臣举行了会谈，双方签署了《中日关于全面推进战略互惠关系的联合声明》，在声明中，双方确认，两国互为合作伙伴，互不构成威胁。日方重申，继续坚持在《日中联合声明》中就台湾问题表明的立场。双方确认，增进政治安全互信对构筑中日战略互惠关系具有重要意义。在促进东亚区域合作方面，中日双方表示，今后要共同致力于维护东北亚地区和平与稳定，本着开放、透明和包容的原则，共同推动建设

---

① 李翌鹏：《日本对台海安全的战略考虑及其影响》，www. chinaiiss. org/bewrite/lipeng/20040102. html.

和平、繁荣、稳定和开放的亚洲。

## 第二节 区域一体化背景下的中美日经济安全关系有助于台湾问题的边缘化

经济是政治的基础，在中美日三边框架内探讨台湾问题，不可以回避中美日三边经济的整合对于台湾问题的影响，事实上，中美日三边经济一体化将有助于台湾问题的边缘化。

### 一、经济全球化和区域一体化是当今世界经济的基本走向

就其本质而言，经济全球化是指按照市场规律，逐步在全球范围内对资源、资本、商品、劳务等生产要素进行合理配置和生产、流通、消费有序运行的一种客观历史进程。[①] 在经济全球化的形势下，世界各国越来越深地被纳入不断扩大的、统一的世界市场体系，各国间的相互联系、相互依赖、相互依存关系达到空前的紧密，主要表现为生产经营的全球化、贸易的全球化、金融资本的全球化、科学技术特别是信息的全球化。经济全球化不仅对全球的经济结构、运行方式、发展战略产生深刻的影响，而且对国际政治也产生了深刻的影响，导致国际政治的主体国家的行为方式、主权观念及世界政治格局都发生了深刻的变化，具体表现为促进国家间特别是大国间的协调与合作，特别是推动区域内国家联合，对于南南关系、南北关系的结构性变化都产生了深远的影响。对于世界各国尤其是发展中国家而言，经济全球化都是机遇与挑战并存。

“区域经济一体化”是指“特定区域内的国家或地区通过达成经济合作的某种承诺或者组建一定形式的经济合作组织，谋求区域内商品流通和要素流动的自由化以及生产分工的最优化，直至形成各国经济政策和区域经济体制某种程度的统一”。[②]

区域经济一体化是经济全球化的前提和基础，经济全球化是区域经济一体化的必然趋势。区域经济一体化的迅速发展有其深刻的政治与经济基础。

---

① 特约评论员：《在考验和调整中发展的国际形势》，《现代国际关系》，1999 年第 1－2 期，第 8 页。

② 王和：《群体本位的中国人》，《中华文艺论坛》，2002 年第 2 期，第 8 页。

第三次科技革命的浪潮极大地促进了生产力的发展进程，从而使生产社会化与国际经济化的程度大大加深。区域经济集团正是国际分工日益细化，各国经济联系日益加深的结果。当一国的生产社会化越出国界并发展到一定程度时，必然会提出消除市场障碍和实现经济一体化的要求。不管是发展中国家，还是发达国家加入区域经济组织，其根本原因都在于面对世界范围内激烈的市场竞争，为了维护自身的经济、贸易利益，为本国经济的发展和综合国力的提高创造有利的外部环境。①

20 世纪 80 年代后，较高层次的区域经济集团不断出现，90 年代出现了北美自由贸易区、亚太经济合作组织、欧盟三大区域化组织。与北美自由贸易区、欧盟本身具有法律约束力，并对成员构成一个超国家的机构不同，亚太经济合作组织（APEC）虽然包括了中美日三国在内诸多亚太区域内的发达国家和发展中国家，但是由于各成员国之间的经济发展水平各异，只是一个建立在自愿基础之上的非约束性地区合作组织，其落实行动的方式是“协调的单边主义”，即“集体指导原则下的单边行动”，以成员的自愿行动为主，不像欧盟那样实行以政府协定为基础的制度一体化，而主要由市场机制推动，所以 APEC 不具有区域经济“集团”的性质，运行机制是十分松散的，只是政府间的协商合作组织。与欧盟、北美自由贸易区相比较，亚太经济合作组织（APEC）更加接近于一个论坛，没有成为彻底整合亚太经济特别是中美日三国经济的有效载体。实际上，中美日三国的政治分歧、地缘冲突造成了整合三国经济的诸多困难。

就东亚地区而言，地区经济合作虽然有所进展，但是存在诸多分歧和矛盾。为了推进东亚区域合作，最终建立东亚共同体，在东盟的主导和改造下，东亚峰会得以取代东盟“10 +3”峰会。2005 年 12 月 14 日，首届东亚峰会在马来西亚首都吉隆坡圆满结束。与会各国领导人签署了东亚峰会《吉隆坡宣言》等文件，并就国际和地区性政治、经济问题以及全球和本地区所面临的挑战等交换了意见。澳大利亚、新西兰、印度参与了峰会。日本在峰会中表现了牵制中国的一面，力图邀请美国以观察员的身份与会，但是美国最终没有参会。中国总理温家宝在东亚峰会上发表讲话时表示，中国反对搞封闭的、排他的和针对任何特定一方的东亚合作。中国绝不会在东亚地

① 白天明：《经济全球化与区域一体化并行发展》，《河北理工学院学报》（社会科学版），2004 年第 1 期。

区谋求支配性地位，从而明确了中国对首届东亚峰会的召开所持的开放性、建设性态度。

作为东亚区域合作的亮点，中国－东盟自由贸易区的建设为亚太地区的区域合作提供了范例。根据中国－东盟2004年底签订的双边协议，中国—东盟自由贸易区已于2005年7月启动全方位降税计划，以自由贸易区的税率实现彼此货物的通关，由此占目前中国和东盟贸易产品总额95%、近7000种产品（不包括“早期收获计划”产品和敏感产品）的关税逐步调低，在2010年以前将关税减至0－5%，此举标志着中国—东盟自由贸易区的建设迈出重要一步。

2009年9月21日，日本首相鸠山由纪夫在美国与中国国家主席胡锦涛会晤时，提出了按照欧盟的形式，建立一个东亚共同体的构想。东亚国家，特别是中、日、韩三国文化交往悠久，经济合作紧密，政治上也在不断增进互信。东亚地区经济发展迅猛，成为继西欧、北美经济区之后的世界第三大经济区。统计数据显示，中、日、韩外贸总额超过两万亿美元，其中58%来自三国之间的区域内贸易，高于北美自由贸易区的55%，逊于欧盟的65.5%。①

## 二、中美日经济合作成为亚太地区经济发展的客观趋势

中美日三国的GDP总和占全球GDP总和的40%强，所以如果中美日主导的亚太经济圈整合成功，必将成为引领世界经济的火车头。当前，中美日三国的贸易依存度在逐步加深，中美日三国虽然存在较大的政治分歧但并没有停滞三边贸易的发展，例如中日两国在小泉执政时期的“政冷”并未完全导致“经凉”，中美两国政治波折不断，但是中美贸易仍然呈现蓬勃生机，究其原因在于世界经济运行的基本规律仍然在中美日三国这一经济循环体上发生作用，中美日经济合作成为亚太地区经济发展的客观趋势。当前三边贸易摩擦呈现热化的趋势，要看到这正是三边经济依存度加深的衍生现象，在不同的阶段都会有不同的表现形式，是在国际经济领域内经济博弈的产物，不会导致三国经济合作的倒退或者停滞。

国际金融领域是国际经济合作最集中的表现，美国虽然是世界第一经济

---

① 《中国理智回应东亚共同体构想，发展尚存四大障碍》，http://news.qq.com/a/20091008/000516.htm.

大国，但是财政赤字巨大，日本、中国已经成为美国的第一和第二大债权国，据美国财政部公布的2004年11月份的统计数据表明，截至2004年11月份，中国持有的美国国债（包括中长期债和短期债）为1911亿美元，这一数额占同期中国外汇储备的比例为33.3%。正是由于中国外汇的流入，支持了美元汇率的稳定。

1997年东亚金融危机发生之后，中国为解决危机主要做了两件事情：一是通过国际货币基金组织向泰国提供10亿美元的援助，二是郑重承诺人民币不贬值。对泰国10亿美元的援助是中国第一次大规模地参与国际多边救助行动，而人民币不贬值则为稳定亚洲金融危机后的局势起到了至关重要的作用，在这场危机中，东南亚国家和日本、韩国的货币都纷纷贬值，但美元、港币和人民币稳定了币值。危机之后，东亚其他国家经济增长均有大幅度下滑，中国承担了人民币不贬值的巨大损失，经济却依然保持了8.8%的较高增长率。美国因此对于中、日两国在亚洲经济中所发挥的作用重新进行了评估。长期以来，美国一直把日本看作是该地区经济稳定的最重要支柱。但在这次危机中，日本不仅没有成为抵御危机的铜墙铁壁，反而加入到贬值的浪潮中，急于扩大出口，转嫁国内困难。美国曾多次批评日本在扩大内需方面行动迟缓，调整不力，向东南亚提供的援助不够充分。美国贸易代表巴尔舍夫斯基说："作为世界上第二经济大国的日本迄今所做出的努力一直是极其不充分的。"同时，巴尔舍夫斯基对中国在帮助亚洲经济恢复方面所发挥的作用则给予了高度评价："在目前的危机方面，中国发挥了最具建设性的作用。"美国从这场危机中认识到：中国的影响力不限于维持地区政治稳定，在保证地区经济安全方面同样是一支不可忽视的重要力量。①

2006年4月19日，胡锦涛访问美期间在西雅图午餐会上发表的讲话中指出，中美建交的1979年，双边贸易额只有24亿多美元，2005年则达到2116亿美元，增长80多倍。现在，美国在华投资项目超过4.9万个，实际投资累计510多亿美元。中国已成为美国第三大贸易伙伴和增长最快的出口市场，美国则是中国第二大贸易伙伴和最大出口市场。美国是世界上最大的发达国家，拥有先进的科学技术、雄厚的资金和旺盛的市场需求。中国是世界上最大的发展中国家，拥有丰富的劳动力资源、广阔的市场和不断改善的

① 翟丰玉：《赢家，输家，还是有赢有输？——评中美日三国在东亚金融危机中的得失》，《世界经济与政治》，1998年第7期。

投资环境。中美经济互补性很强，共同利益广泛，合作空间广阔。①

1997 年以来，随着中国商品进入美国市场，美国消费者每年至少节约数百亿美元的支出。1997－2006 年，中国产品使美国消费者节省了 6000 多亿美元，仅 2004 年就节省了近 1000 亿美元。2004 年，美国在华投资企业在中国市场实现销售约 750 亿美元，在中国生产的产品出口到其他市场约 750 亿美元。2005 年，美资企业在华销售额达到 1076 亿美元。中国美国商会 2005 年调查显示，约 70% 的美国公司在华赢利，约 42% 的公司在华利润率超过其全球的平均利润率。②

《洛杉矶时报》报道，2005 年日本和中国虽然仍处于一种冷淡的政治关系中，但是据日本外务省说，日本在华投资达到了创历史新高的 65 亿美元，比 2004 年增加了 12%。而中国政府的数据显示 2005 年日本在华直接投资增加了 20%，2005 年在上海开设分部的日本企业还增加了 525 家。和美中贸易相比，中日之间的贸易处于平衡状态，事实上，在美中经济关系遇到困难之际，日本和中国的商业联系达到了有史以来最良好的状态。③

2006 年春季，一场发生在美国的“次贷危机”开始逐步显现，所谓“次贷危机”是指因次级抵押贷款机构破产、投资基金被迫关闭、股市剧烈震荡引起的风暴，它致使全球主要金融市场隐约出现流动性不足危机。2007 年 8 月，这场“次贷危机”席卷美国、欧盟和日本等世界主要金融市场。日本共同社则援引分析人士观点指出，由于美国次贷危机可能抑制个人消费增长，使美国的经济前景更加扑朔迷离，再加上日元持续走高，市场普遍担心这将导致以北美为主要市场的丰田汽车、索尼等日本出口企业业绩下降，不可避免地使日本经济受到冲击。2007 年末，美国次级住房抵押贷款市场危机不但对美国住房市场乃至总体经济构成了冲击，对日本以建筑和数码家电为主的出口企业产生的不利影响也开始显现。日本内阁府认为，美国次贷危机造成的金融市场动荡是导致日本景气先行指数恶化的主要原因。

而中国政府对于美国“次贷危机”十分关注，担心因此拖累乃至影响

---

① 《胡锦涛在美国西雅图午餐会上的讲话》（全文），新华网，http：//news. xinhuanet. com/newscenter/2006－04/20/content_ 4452837. html.

② 国务院新闻办公室：《中国的和平发展道路》，《人民日报（海外版）》，2005 年 12 月 23 日，第 1 版。

③ ［美］唐·李发：《中日经济关系在政治冷淡时期发展》，［美］《洛杉矶时报》，2006 年 4 月 17 日报道，转引自《参考信息》，2006 年 4 月 22 日，第 8 版。

中国和世界经济体系的良性运行，2008 年 3 月 23 日，中日两国在东京举行第二次财长对话会议，会议显示，中日两国政府有望携手，共同对付美国的次贷危机，以保证亚洲的金融与经济的稳定。日本财政大臣额贺福志郎在与中国财政部部长谢旭人的会谈中，坦承次贷危机给日本的经济带来了极大的冲击，日元急剧升值，而东京股市则全面暴跌，长此以往，日本经济将面临困境。他呼吁日本与中国迅速建立一个信息交换机制，以便采取协调的步骤，来共同应对美国的次贷危机，维护两国和亚洲地区经济的稳定和发展。尽管额贺福志郎一再表示，这不是因为日本经济不好，才导致日元升值，而是因为美国经济衰退拖累日本，但是，东京证券市场的日经指数跌破 12000 点，显示日本经济雪上加霜。此次中日财长对话，寻求与中国的合作成为日本最渴望的事情。①

自奥巴马上台以来，中美关系保持了强劲、积极的发展势头，特别是胡锦涛主席与奥巴马总统 2009 年 4 月在伦敦举行的会晤，为新时期中美关系发展指明了方向，有力推动双方深化互利合作。2009 年 7 月 27 日至 28 日，首轮中美战略与经济对话在华盛顿举行。中国国家主席胡锦涛特别代表国务院副总理王岐山和国务委员戴秉国与美国总统奥巴马特别代表国务卿希拉里·克林顿和财政部长盖特纳共同主持。在经济对话中，双方围绕应对国际金融危机这条主线，本着合作的精神，就事关两国经济的战略性问题进行了深入探讨，取得了许多重要成果，为发展 21 世纪积极合作全面的中美关系注入了新的动力。②

中美日三国的经济在国际贸易、国际金融等领域内是一损俱损、一荣俱荣，其中中国因素突出使三边经济架构摆脱了不平衡的倾向，即由过去中国在经济发展中更多地有求于美、日转换为中美日三国互有所求、相互依存的格局，从而为构建稳定的中美日三边安全架构奠定了坚实的经济基础。

当前，在亚太地区一些跨地区的双边自由贸易协定也已出现，如日本与新加坡即将签署的《新时代经济联携协定》、中国与东盟自由贸易区的建设。今后，中美日经济合作的长远发展方向是建立以三国为主导的自由贸易区，涵盖东亚及亚太地区诸国，消除和降低各类贸易和技术壁垒，将成为一

---

① 徐静波：《忧虑次贷危机，日本渴望“携手”中国》，《第一财经日报》，http://news.hexun.com/2008-03-24/104696723.html.

② 《首轮中美战略与经济对话在华盛顿举行》，《人民日报》，2009 年 7 月 30 日，第 3 版。

个不同于亚太经济合作组织（APEC）的区域经济合作体。东亚金融危机之后，日本曾经有意推动包括中国在内的亚洲经济一体化以及在金融方面的“亚洲货币基金”，但是由于美国的阻挠而夭折，所以中日排除美国进行亚洲经济一体化的可能性不大，只有中美日为主导的亚洲经济一体化才具有可操作性。

## 三、中美日经济合作圈中台湾经济地位的下降及“次重要化”

经济全球化和区域一体化是当今世界经济的基本走向，中美日经济合作必然呈现进一步整合的趋势，特别美、日借助中国“引擎”实现经济增长，在这种大趋势下，必然导致台湾经济地位的下降及“次重要化”，最终在政治上使台湾问题在中美日三边框架中被“边缘化”。

台湾在20世纪80年代被称为亚洲“四小龙”之首，其经济的腾飞主要取决于冷战期间美国处于反共、反苏的需要对其经济上进行“扶持”，并为其提供安全上保护；长期以来，日、台、美两国三方形成了一套国际产业分工体制，日本和台湾的相互经济依存度呈现逐步增强的趋势。在后冷战时代，各国转向以经济竞争为核心的综合国力的竞争，台湾经济在这场经济博弈中经济实力处于劣势，加之中国经济崛起导致台湾经济地位的相对下降。

台湾经济属于海岛型经济，就具体的经济形态而言属于“订单经济”，对美、日、欧的外销市场依赖甚高，20世纪90年代以来一直以半导体、个人电脑等信息技术相关产业带动经济发展，电子等高科技产品出口占其出口总额的一半以上。自2000年第四季度以来，美国以经济资讯及通讯产业为代表的新经济在经历长达10年的快速增长之后，开始步入衰退，特别是“9·11”事件后，全球电子产业景气大幅下滑。严重依赖电子产品和信息技术设备出口的台湾受国际市场对电子信息产品需求低迷的影响，岛内工业生产持续衰退，进出口贸易大幅萎缩，经济增长失去原动力，出现罕见的萧条。①

台日经济关系上，台湾对日本逆差逐年扩大，2001年，双边贸易额达386.1亿美元，其中台对日输出127.6亿美元，输入258.5亿美元，对日贸易逆差达130.9亿美元。台湾经济在技术源头上也越来越依赖日本，逐步成

① 李非：《台湾经济发展通论》，九州出版社2004年版，第489页。

为日本的加工厂。台湾“立法委员”彭百显在论述近30年来台日经济关系后认为，台湾经济仍是“日本的半殖民地”。①

台湾地区在渔业上与日本一直存在尖锐的矛盾。2005年6月，台驻日代表处官员称，由于有钓鱼岛列岛领土主权争议问题，台湾籍渔船跨越东经122°附近的传统渔区作业时，常会受日本海上保安厅及水产厅巡逻艇驱赶。每年5－6月是钓鱼岛渔区捕捞鲔鱼旺季，仅在2005年5月台湾渔船就五次遭日本船舰驱逐。由于日方以强力手段驱离台湾渔船，台湾驻日代表处曾多次转达台湾方面立场，希望尽早和日本举行渔业谈判。但是，日本反映冷淡，而台湾当局害怕得罪日本，不敢与日方发生直接冲突，为此引起了台湾渔业界的一致抗议，一方面抗议日本的霸权行为，另一方面谴责台湾当局对渔民保护不力，所以诸多渔民出海干脆挂上五星红旗从而取得安全上的保障。这突出地反映了台湾经济地位的弱化，以及在美日等国利益格局中明显处于不平等的地位。

但是，“台独”势力宣称台湾经济体制与美日经济体制具有亲缘性、同轨性，美日台的经济合作更具有先天优势，从而最大限度地削弱两岸经贸联系，抗拒两岸经济一体化进程。陈水扁上台后一直鼓吹“安全、民主、经济”的所谓“三锚论”，希望借美台、日台“自由贸易区”的成立，“共同加速建立亚太民主国家经济共荣体”。台湾《联合报》社论分析，在经贸上“台湾拉拢美国作为后盾，以换取经济合作和民心稳定，当然更为缓冲中国大陆的磁吸效应”，“在走向两岸三通的路上，向美国多买一个保险”。2004年陈水扁“5·20就职”后，更把与美国签FTA（自由贸易协定）视为“最高战略”，强调“不惜一切代价”。台湾《中央日报》指出，扁当局过于明显地将FTA与发展政治及军事战略伙伴关系紧密连结在一起。台当局寄望美台签FTA，可以打破与其他国家签FTA的缺口，以此促进贸易便捷化，但是更主要的是全面提升与美“实质关系”，从而“挟美抗中”搞“台独”，缓和台湾日益边缘化的速度与幅度。台湾前“国安会副秘书长”江春男毫不讳言，签FTA将是美保证台湾安全的最重要步骤。

美国一些人士认为“台具有成为美经济上第51个州的潜力”，美与台签FTA，在经济上可以取得巨利，将促使美国农业、电信业向台湾市场长驱直入，政治上也可“以台制华”，美国国会台湾连线共同主席之一、佛罗里

① 中国社会科学院台湾研究所编：《台湾年鉴》，中国友谊出版公司1991年版，第87页。

达州民主党籍众议员韦克斯勒曾致函美国国际贸易委员会主席柯普隆，表示支持美国与台湾签署自由贸易协定。

但是，美国政界也清醒地认识到一旦台在经济上成为美的一个“州”，美国在两岸军事冲突时，为维护其既得经济利益，将不得不出兵协防台湾，美国最终得不偿失。2002 年，中国大陆外经贸部明确表示，中国并不反对台湾与其他国家发展贸易关系，但凡是与中国建交的国家，同台湾开展经贸关系，“一定要遵循一个中国原则”，“这些国家如果跟台湾当局签订自由贸易协定，必然会给他们带来政治麻烦”。由于中国市场潜力巨大，更多美国工商界担心美与台签 FTA，会带来政治麻烦，导致对华经贸的中断，因此极力反对。2004 年，台湾岛内媒体转引美国财经专业媒体 BNA 报道，因怀疑台湾希望展开“自由贸易协定（FTA）”咨商“政治目的高于经济”，美国助理贸易代表傅瑞伟原定于 6 月底赴台进行经贸咨商会谈的行程“可能因故延期”。此前傅瑞伟明确表示，美国与其他国家或地区谈 FTA，首先要取得企业界支持，企业界才会去游说国会通过 FTA 法案，但“没有一个美国企业团体要求联邦贸易委员会与台湾谈 FTA”，“相反，有人要求不要和台湾谈”，“和台湾签署 FTA 并未正式提出，甚至连概念都没有”。岛内舆论分析，陈水扁当局与美国结成“经济同盟”、强化“实质台独”的重大阴谋受挫，“美台签署 FTA 还有很长的路要走”。①

2002 年 11 月，台湾当局“经济部长”林义夫向赴台参加“台日经贸会议”的日本官员表示，希望双方能尽快签署“自由贸易协议”。日本从本国总体安全利益出发，拒绝与台湾签署“自由贸易协议”（FTA）。

所以，台湾对于美、日尽管有经济和政治上的利用价值，但是只是充当美日遏制、防范及平衡中国的工具和砝码。台湾地理位置和发展潜力决定了它的外向型、依托性经济，所以中美日经济合作对于台湾经济而言是一个再次腾飞、定位的机会。当美、日政界和商界都把抢占中国大陆的巨大市场作为扩充本国经济利益、维护自身经济安全的首要战略时，台湾当局却对于海峡两岸经贸整合持抵制态度，由此台湾地区在中美日三边经济框架中弱化的色彩愈发明显。

---

① 《美台签署自贸协定有戏吗》，人民网，http：//www.chinataiwan.org/web/webportal/W2001030/A12998.html.

## 四、两岸经济合作将有助于遏制“台独”，最终实现统一

台湾对大陆的经济依赖性逐步增强，这将有助于遏制“台独”及最终实现国家统一，事实上，“两岸经济关系越密切，相互依赖越强，台湾独立的可能性越小；反之，没有两岸经济关系发展与相互依赖，在没有武力威慑的前提下，台湾更加容易独立”。①

从台湾《工商时报》发表的两岸经贸走势评估看，2004 年，两岸贸易额达到 783.2 亿美元，同比增长 34.2%，台湾是大陆第五大贸易伙伴，第二大进口市场；大陆是台湾第一大出口市场和最大贸易顺差来源地，台湾对大陆出口已占台湾出口总额的 25%。2004 年台湾向大陆出口近 450 亿美元，同比增长 27%，远大于其对美日欧的出口增长率；台湾自大陆进口额约 167 亿美元，年增长 52%，2004 年台湾对大陆顺差达 283 亿美元，同比增长 16%。据中国社会科学出版社出版的《2003－2004 中国外商投资报告》公布的数据：台湾已成为第四大累计对华投资来源地，2004 年台湾实际对大陆投资约 31.2 亿美元。约有 60000 家台资企业在大陆运营，为约 1000 万大陆劳动力提供了就业机会。

2005 年 5 月连战访问大陆，在北大演讲时提出两岸的“互助和双赢”，他说：“今天这个市场的经济已经逐渐的在那里整合两岸经济的资源，不但是两岸，事实上今天市场经济的作为可以说在全球化的趋势里面已经席卷了全球，自由的经济就是这样的一个趋势，但是在自由经济的体制之下如何维护和提升我们的竞争力这是最重要的事情。我们不能只喊口号，要落实，而维护提升竞争力唯一的就是一定要合作，唯一的就是一定要创新，合作、创新，才有机会。今天，两岸的关系，各位看到，我们不但是互相依存，而是互补互利，而是一加一大于二的情况，所以我相信台湾在创造了第一次经济奇迹之后，现在正在迈向第二次的经济奇迹这条路，在努力，大陆今天所面临的也是千载难逢的一个机会，所以中华民族这种现代化，这种富强康乐，已经不再是一个遥不可及的美梦而已了。尤其在即将面临的未来，我要讲，我说两岸合作赚世界的钱有什么不对啊？我们一定能够来实现所谓如虎添翼

① 力军：《两岸“政经”之辩》，（香港）《广角镜》，2006 年 3 月，第 38 页。

的加成的效果，这种加成的效果不是双赢，实际上是多赢的。”①

两岸合作以农业为例，台湾所产优质的热带水果具有比较高的经济价值，一向是台湾农民重要的经济收入来源之一，但是长期以来受到市场运输和成本的影响，在丰收季节常常出现滞销，成为困扰台湾农民的一个重要问题。为此，中共中央总书记胡锦涛在发表“在新形势下发展两岸关系的四点意见”时指出，台湾农产品在大陆的销售问题事关广大台湾农民的切身利益，要切实解决。2005 年 3 月，温家宝总理在中国全国人大的记者招待会上提出，要采取措施解决台湾农产品到大陆销售的问题。中国共产党和中国国民党、亲民党在会谈当中也对台湾农产品扩大在大陆销售达成了很多共识。3 月，为了协助解决台湾水果丰收季节的滞销问题，中共中央台湾事务办公室受权宣布对台湾进入大陆进行质量检疫的水果由 12 种准入品种扩大到 18 种，并且将对 10 余种水果实行进口零关税的措施。台湾农民联盟常务理事詹澈表示，已经有越来越多的台湾农民意识到，只有将产品打入祖国大陆市场才有出路。

2006 年 4 月 15 日，中共中央台办主任陈云林在两岸经贸论坛闭幕式上，受权宣布和通报了大陆方面将进一步采取的促进两岸交流合作、惠及台湾同胞的 15 项政策措施。2008 年 12 月 21 日下午，第四届海峡两岸经贸文化论坛在上海闭幕，中共中央台办主任王毅在闭幕式上宣布大陆各有关主管部门专门为加强两岸合作、共同应对国际金融危机制订的 10 项政策措施。

“台独”分子的基本教义在于文化上割断与大陆的同宗意识，经济上摆脱大陆的磁吸效应，进而在法理上把台湾从政治上分割出去。由于经济和政治的不可分离性，即经济是政治的基础，“台独”要实现其“政治理想”，必然排斥在经济上两岸的进一步整合，这与东亚乃至世界的发展趋势是背道而驰的。相比较而言，美、日作为台湾问题的始作俑者仍要抓住中国这个巨大的市场，与大陆同宗同缘的台湾当局却阻碍两岸的“三通”，这必然脱离台湾经济发展的正确方向，背离台湾的主流民意。

20 世纪 90 年代初，台湾曾雄心勃勃地推进所谓“亚太运营中心”的计划，其目的是吸引跨国公司将其亚太地区的业务基地和总部放在台湾，以统筹其区域内所有分支机构的业务，管理跨国性高附加价值产业的经营；暗含

---

① 《国民党主席连战北大演讲全文》，http：//spaces. msn. com/members/gdceo/Blog/cns！1p7axhF2r0nqUMKk2Y71Zbyw！116. entry.

的目的是削弱香港的亚洲金融、贸易、航运中心的地位。当时许多有识之士认为，台湾要建立“亚太运营中心”必须以大陆为腹地，为此必须实现“三通”。而李登辉不但反对“三通”，反对西进，而且鼓吹台湾资本南下，结果，“亚太运营中心”计划不得不以失败而告终。其后李登辉又推行“戒急用忍”政策，企图封杀台商到大陆的投资，遭到台商的强烈反对，并以各种迂回方式投资大陆，南下的资本也陆续转往大陆。被台湾当局长期遏制出境的电子信息产业，2000 年开始大规模迁往大陆，大企业投资不断增加，在上海、苏州、东莞、昆山等地出现了台商投资集中的据点。台商们认为大陆市场庞大，经济增长势头不减，两岸又是同文、同种、血脉相连，所以任何政策都挡不住这种有着亲缘、血缘关系的市场吸引。后来，台湾当局在加入 WTO 前匆匆宣布取消“戒急用忍”政策，实际上这个政策早被台商冲破，不得不宣布取消。① 陈水扁上台后竭力阻挠“三通”，2002 年 9 月在谈及台湾与祖国大陆的“三通”问题时声称，台湾当局要将两岸间的航线定义为“特殊的国际航线”，才能够与对岸的大陆进行通航的谈判。

事实上，尽管台湾当局推行所谓“戒急用忍”政策，但都无法阻止台商对大陆越来越大的贸易与投资。从 1992 年起，大陆一直是台湾最重要的贸易顺差来源地，至 2003 年底，累计达 2000 亿美元。如果扣除台湾在两岸贸易中享有的顺差，台湾外贸顺差（同期为 1200 亿美元）将转为严重的逆差（800 亿美元）。台湾对大陆顺差的收益，正好弥补了对日本逆差的缺口（同期为 2000 亿美元）。② 因此，从实质上看，两岸再加上香港、澳门的“大中华圈”共同市场雏形已经显现。

2005 年 10 月 18 日，在《中共中央关于制定“十一五”规划的建议》中提出，“扩大两岸民间交流与往来，维护台湾同胞的正当权益，推动全面、直接、双向‘三通’，促进建立稳定的两岸经贸合作机制，促进两岸关系发展，维护台海和平稳定。支持海峡西岸和其他台商投资相对集中地区的经济发展，促进两岸经济技术交流和合作。”③ 2006 年初，福建省提出了“海峡西岸经济区”的设想，“海峡西岸经济区”是“闽东南地区”概念的延伸，指以福建为主体的台湾海峡西岸地域经济综合体。其构想包括：以构

① 林凌：《东亚经济格局的变化与台湾经济的未来》，《社会科学研究》，2002 年第 2 期。

② 李非：《台湾经济发展通论》，九州出版社 2004 年版，第 399 页。

③ 《中共中央关于制定国民经济和社会发展第十一个五年规划的建议》，《人民日报》，2005 年 10 月 19 日，第 1 版。

建福州、厦门、泉州三大城市基本框架为支撑，连接漳州、莆田、宁德，对接三明、南平、龙岩，加快形成福建省城市体系的总体布局；加强交通能源基础设施建设，扩大经济腹地和市场空间；建立产业集群，集聚规模效益。“海峡西岸经济区”除了对中国东南沿海特别是福建省的经济有拉动作用外，更加重要的是对未来海峡两岸的经济整合奠定重要的软硬件基础。

同时，中国政府已经注意到台湾对大陆巨额贸易顺差与“绿色台商”支持台湾当局走“台独”路线的矛盾性。2004年5月24日，国台办新闻发言人张铭清在举行的新闻发布会上表示，“对于有在大陆赚钱又回到台湾支持‘台独’的人，我们是不欢迎的。”2005年3月23日，曾引发“绿色台商”话题的许文龙（台湾奇美集团前董事长），退休近一年后，首次在家中接受台湾《联合报》专访，并发表公开信，表达了对两岸关系的看法。许文龙称，2000年台湾“大选”，他支持民进党、支持陈水扁，但并不是支持“台独”，缘于他对国民党黑金政治的不满。他认为，台湾的经济发展离不开大陆，搞“台独”只会把台湾引向战争，把人民拖向灾难。许文龙说，“最近胡锦涛主席的讲话和《反分裂国家法》的出台，我们都很关注。我觉得有了这个讲话和法律，我们心里踏实了许多，因为敢到大陆投资，就是因为我们不搞‘台独’，因为不搞‘台独’，所以奇美在大陆的发展就一定会更加兴旺。”

尽管陈水扁在2006年初继续制造台海地区的紧张局势，但是2006年4月胡锦涛在会见参加两岸经贸论坛的中国国民党荣誉主席连战和台湾各界人士时，对两岸关系的发展又提出了新的具有前瞻性的四点建议，特别指出深化互利双赢的交流合作，是实现两岸关系和平发展的有效途径。

2008年，胡锦涛提出的推动两岸关系和平发展的六点意见，特别强调推进两岸经济合作，促进共同发展。其中谈及两岸可以签订综合性经济合作协议，建立具有两岸特色的经济合作机制，以最大限度实现优势互补、互惠互利。目前，马英九及行政当局一直推动海峡两岸签署“经济合作框架协议”（英文缩写ECFA）。台当局“行政院长”吴敦义表示，签署两岸经济合作架构协议（ECFA）一定会对台湾人民有利，应可净增加约26万人就业机会。

台湾“南下政策”的失败和拒绝“三通”将导致其淡出中美日主导的亚太经济合作圈，特别将错过大陆经济腾飞所造就的巨大市场机遇。海峡两岸的经济整合将会对国家统一产生“溢出”效应，两岸政治上的统一只有在经济有效整合的基础上才能得以完成。

# 第三节 在反恐等非传统安全领域中，中美日的协调、磋商机制有利于中国的“遏独促统”

## 一、“反恐”成为中美日安全合作的基本支点

“反恐”当前已经成为国际安全领域关注的焦点。由于目前国际社会对“恐怖主义”没有一个被各国都接受的统一的定义，世界各国对恐怖主义的认识也不相同。在美国看来，“9·11”事件的发生使恐怖主义上升为战争的层次，布什明确将恐怖与反恐怖定义为新型战争，指出针对美国的“袭击行动”就是“战争行为”。2004 年 10 月 8 日，联合国安理会 15 个成员国全票通过了关于加强国际合作打击恐怖主义的 1566 号决议。据联合国网站新闻中心提供的材料，1566 号决议的主要内容是要求各国对所有参与和支持恐怖活动以及向恐怖分子提供资金和庇护的个人或组织，采取起诉、引渡、武器禁运和冻结资产等措施。1566 号决议案第 3 条对恐怖主义作出的解释为，“恐怖主义适用于蓄意袭击平民的犯罪行为”。

“9·11”事件对美国的国家安全战略产生了巨大的冲击，为此美国国家安全战略的重心进行了移转，由集中精力对付以国家为对象的传统安全威胁，转向打击以恐怖主义为代表的非传统安全威胁。布什政府当时甚至以是否支持美国“反恐”来划清“敌我”界限，并认为自“9·11”以来，美国已经投入到一种新型战争中。美国制定了新的反恐军事战略，重点加强本土防卫和对“不稳定弧形区”的干预，对恐怖主义采取“先发制人”的行动。美军相应的调整计划主要是调整海外军事部署，增建新基地，使之更接近热点地区；同时削减海外驻军，在 10 年内将 7 万美军从海外撤回本土。

中美日在反恐领域里开展了协调一致的行动。美日两国在反恐领域继续加强同盟关系。“9·11”后，美国继续将日本作为其亚太地区驻军的指挥中心，重新部署驻日美军，加强驻日美军和日本自卫队的相互配合。从驻日美军调整来看，美国的亚太战略将更重视与日本的同盟关系，把日本作为抑制从朝鲜半岛到中东地区“不稳定弧形”的指挥中心和后勤支援中心。调整后的美军海外基地分为 4 个等级，最高等级是“战斗力展开据点”（PPH），日本即是其中之一。日本也十分重视日美之间及国际间的反恐合

作，2002 年 3 月 12 日，日本政府根据小泉纯一郎首相在“9·11”后提出的“加强有关出入境管理信息交换方面的国际合作”等反恐对策，决定新设反恐大使一职，日本驻以色列大使茂田宏将兼任这一职务。

中美在反恐领域的合作配合默契。2002 年，布什在即将访问中国时说：“我想对中国与邻近各国保持安定和平的关系表示欢迎，对（中国）在反恐战争中的合作表示感谢。”2002 年 8 月 26 日晚，美国副国务卿理查德·阿米蒂奇表示，美国已经正式将“东突厥斯坦伊斯兰运动”（ETIM）列入美国认定的“恐怖主义组织”名单，这表明中美两国在反恐领域具有广泛的共同利益。

中日两国同属东亚国家，在共同对付国际恐怖主义和共同维护地区安全等方面，相互间都有加强合作的愿望。2003 年 5 月 29 日、30 日，中国海事代表团乘坐的“海巡 21”轮在日本东京湾参加了日本海上保安厅举行的海上综合训练和检阅式，重点演练抢险和反恐能力，这是中国海事巡逻船第一次参加国际海上综合演练，预示着中日之间海上安全合作、反恐合作的新进展。

冷战结束后，中美日在传统和非传统安全领域内虽有合作，但是矛盾重叠，经常发生摩擦；在反恐领域三国也有分歧，但是能够在政策导向和具体行动的落实上如此默契，实在比较难得，也对构建三国安全框架有所启发。

## 二、中美日安全合作中“反恐”与反“台独”分裂活动的综合考量

在中美日三国的“反恐”合作中，十分有必要把“反恐”与反“台独”分裂活动进行综合考量。《反分裂国家法》第八条规定：“‘台独’分裂势力以任何名义、任何方式造成台湾从中国分裂出去的事实，或者发生将会导致台湾从中国分裂出去的重大事变，或者和平统一的可能性完全丧失，国家得采取非和平方式及其他必要措施，捍卫国家主权和领土完整。”[①] 事实上，“台独”势力的分裂行为已经符合恐怖主义行为的某些特质，对于中国的国家安全和国家统一构成了现实和潜在威胁。解决台湾问题是中国的内政问题，同时也要在国际社会尽可能争取包括美、日在内的更多国际力量支

① 《反分裂国家法（2005 年 3 月 14 日第十届全国人民代表大会第三次会议通过）》，《人民日报》，2005 年 3 月 15 日，第 1 版。

持中国的统一大业，这需要战略与策略相统一，在当今国际反恐的形势下，有必要界定“台独”分裂行径的一些恐怖主义特质。

随着中国国力的增强，中国实现国家统一的前景愈发清晰，“台独”分裂势力在两岸军事力量比对上逐步丧失优势，反制大陆的砝码日益丧失，所以企图以民用设施为目标，扬言对大陆进行恐怖袭击以达到对于中国实现国家统一的阻遏，最终实现台湾的独立目标。2002 年 10 月，美国防扩散研究中心就曾发表了一份名为《对中国导弹建设台湾如何回应》（Taiwan's Response to China's Missile Buildup）的报告。报告认为，在今后五年中，大陆日益增长的导弹能力将成为平衡台湾最主要的军事杠。这篇报告主要叙述了台湾对抗大陆导弹袭击各种可能的军事与政治回应，在谈到台湾对抗大陆的军事措施中共有五部分，其中引人关注的是第五部分“发展威慑能力”中提到：台湾可以试着发展打击中国大陆，以给中国大陆造成不可估量的损失，这需要有能力摧毁大陆的军事、经济或者大陆具有象征意义的目标的能力，比如大陆人口密集的主要城市，上海浦东的东方明珠电视塔，甚至是三峡大坝。

2004 年 6 月 7 日，美国《防务周刊》报道称，美国国防部在 5 月 28 日送交国会的《中国军事力量年度报告》中指出，台湾为了吓阻大陆，可能考虑瞄准大陆基础设施，例如三峡大坝。6 月 8 日，台军将领表示，“国防部”确实有过类似的研究计划。据台湾《自由时报》报道，台“国防部长”李杰曾私下和“国防立委”们谈过袭击三峡的问题。随后，台湾“国防部副部长”蔡明宪表示，如果大陆攻击台湾，台湾一定会反制，但三峡大坝不是台军目标。6 月 10 日，在中国外交部例行记者会上有记者问：美国国防部公布的 2004 年度《中国军事力量年度报告》中建议台湾将三峡大坝作为军事目标，中方对此有何评论？外交部发言人刘建超指出，如果内容属实，那就清楚地表明这个报告充满冷战思维，心怀叵测。对此，大陆军方人士指出，在战争中攻击水坝等民用基础设施严重违反现代战争的基本法则，何况三峡大坝不是普通的基础设施，一旦遭到破坏会对平民造成重大伤亡和财产损失，台军妄图对这类民用目标进行攻击是一种丧心病狂的想法，将犯下反人类罪行。如果台军真的对三峡大坝发起攻击，台湾方面将会遭到毁灭性打击。此外，“台独”势力为“法轮功”邪教提供条件干扰大陆的鑫诺卫星。

台湾当局扬言摧毁上海东方明珠电视塔及攻击三峡大坝等恐怖活动是一

种心理战手段，根本目的是涣散中国大陆政府和13亿大陆人民的统一意志。因此，台湾当局的这些行为具备实行恐怖主义行径的主观意图和客观要件，其中干扰大陆的鑫诺卫星属于既遂的恐怖主义行径，而扬言摧毁东方明珠电视塔及攻击三峡大坝属于实行恐怖主义行径的预备阶段，虽未实施，但是在社会舆论和民众心理上造成了恶劣的负面影响。

在以美国为首的西方阵营的“反恐”实践中，以意识形态画线，形成了界定恐怖主义的双重标准，使“台独”分裂势力有了可乘之机，助长了“台独”分裂势力的嚣张气焰。事实上，美国、日本对于意识形态迥异或者急欲进行战略遏制的国家所发生的恐怖行为态度暧昧，如纵容俄罗斯的车臣分裂势力，迟迟不愿意承认在中国新疆境内的“东突”组织是恐怖组织。“台独”分裂势力正是看准了这一点，才在半公开的状态下策划针对中国大陆的恐怖主义行径。美国两岸问题专家谭慎格称，国防部能公开讨论台湾如何进行报复，是非常重要的一件事，而攻击三峡大坝“绝对是个好主意”。

中国政府通过国际舆论对于“台独”势力的恐怖主义行径进行有力的揭露，有助于遏制“台独”势力的分裂活动，在国际社会上赢得广泛的同情，同时必须利用美日等国加大打击恐怖主义力度的有利时机，把反“台独”等分裂势力与反恐综合考量，争取在中美日三国反恐框架内对“台独”活动予以有力的遏制，例如美国智库学者在2004年6月9日的一场研讨会中纷纷对“台湾攻击三峡大坝”的提议表示强烈反对，美国战略与国际研究中心的军事专家葛来仪（Bonnie Glaser）警告说，台湾瞄准三峡大坝，可能造成毁灭性后果。

## 三、中美日非传统安全领域的互动压制“台独”势力进行“法理独立”

随着国际性犯罪活动的日益猖獗，中美日在缉毒、打击走私、反洗钱等领域的跨国合作日益加强，美、日等西方国家日益肯定中国在国际社会中作为一个负责任的大国发挥作用，使台湾在非传统安全领域逐渐被边缘化，“台独”活动的国际空间日益被压缩。

美国前总统克林顿说过，“在亚洲的稳定、防止大规模杀伤性武器的扩散与国际犯罪和毒品走私作斗争和环境保护”等方面，中美两国之间有共同利益，因此“与中国接触是符合美国利益的”。[1] 2006 年美国《国家安全战略报告》与 2002 年报告中完全宣扬单边外交路线有所不同，这份报告强调美国将通过多边渠道应对核武器扩散、恐怖主义、贩卖人口和自然灾害等国际问题，但报告宣称美国仍要发挥领导作用。

中日在非传统安全领域的合作取得的成绩有目共睹，特别是日本对华 ODA 项目一直是中日友好的标志性合作项目。针对日本削减对华日元贷款（ODA），中方学者指出这是中日经济合作的重要组成部分，中日双方可利用日本对华 ODA，加强两国在防止艾滋病等疫病传染、应对走私贩毒等非传统安全领域的合作，进而减少两国在传统安全领域的互不信任。

“台独”势力走渐进式“台独”路线，其中比较重要的做法就是避免在公开国际场合和传统安全领域与大陆发生正面交锋，转而通过民间渠道或者非传统安全领域进行“台独”活动，因此中美日作为世界上有影响的大国加强在非传统安全领域的互动，一方面压缩“台独”势力的有效活动空间，另一方面可以降低“台独”分裂活动的现实危害性。

2004 年台湾《联合报》等媒体披露，台湾当局加快了研发某种新型导弹和巡航导弹等进攻性武器的步伐，以便在军事上取得“两岸（之间的）恐怖平衡”。据台湾“国防部”官员透露，在研发射程为 600 公里至 1000 公里的新型导弹时，台军必须搞到高强度钢材和高纯度固体燃料等原材料，以及相关的高精尖技术。在研发巡航导弹方面，台军则急需高精度军用全球定位系统、精确惯性导航系统和性能可靠的小型喷气式引擎等零部件。这些台湾当局急需的零部件、原材料和技术，美国的军火商都有现货，但是因为违反国际军备控制禁令，美方不能公开同台军开展此类军火交易。台湾当局于是组建走私系统，把上述设备偷偷运进台湾。2004 年 9 月，台湾“军情局”通过由它控制的欧洲某国的一家公司，打着“欧洲厂商”的招牌，与美国的军火商接触。美方立即对这家公司展开审查，最终“误以为”它们的产品不会进入台湾，便同意做这笔生意。按照台湾当局的走私计划，只要“军情局”能将这些敏感产品偷运出该国海关，这次秘密行动成功了。但是，台湾当局急于求成，将这次大规模的军火走私行动安排得过于密集，从而引起了该国警方的注意。该国警方以为，这可能是恐怖分子的武器走私活

① *The New York Times*, June 4, 1998, A10.

动，便通知海关严查，最终发现了台湾当局走私的所有违禁产品。[1] 此事一经曝光，立即引起了国际社会的关注。分析人士指出，此次台军的军火走私行动暴露了它加速实施“能打到上海的反制武器计划”，加紧扩军备战的真实面目。

中、美、日三国在非传统安全领域里的互利合作，可以有效压制台湾在民间商贸交流的幌子下开展“台独”分裂活动的行为，特别是美国一直把军控、防扩散、打击走私作为中美合作的主要内容。随着中、美、日在各领域里的深入合作，台湾当局企图在“台独”活动中打“擦边球”的几率将越来越低。

## 第四节　中美日安全框架的合理构建将促进中国的和平统一

### 一、合理构建中美日三国安全框架的具体目标

根据系统论的观点，系统的结构决定了系统的行为方式。当前中美日安全框架是由美国主导建立的“轴心－轴辐”式三边架构，其中美日一边是坚实的，中美一边是脆弱的，中日一边则暂时缺失，所以对比中美俄、中美印等三角关系而言，中美日三边框架是不健全的，并且由于三个双边关系处于动态变化之中，中美日三边互动因此失衡。从长远看，在中美日三边关系演变中出现了一些可能进行合理搭建三边架构的积极因素，而就具体构建过程而言将是曲折和复杂的。

针对各方在台海利益不对称的情况，中方要积极推动建立有利于中国国家统一的中美日安全框架，合理构建三边框架后对解决台湾问题将产生积极的影响。就具体构建的目标而言，可以归结为两点：

第一，在宏观上，如果中美日三国沟通顺畅，三边架构稳定，各个双边架构深入发展，就可以遏制“台独”，从而使台湾问题彻底被边缘化。当前，中美日三边架构不平衡主要在于中美和中日关系的不稳定，中美关系的动荡必然导致日本对外战略取舍上的矛盾，中日关系的波折又可以被美国利用进而主导三边架构；随着中国的迅速发展，美日联手遏制中国的态势掩盖

① 李润田：《台走私武器被截获》，《环球时报》，2004年10月19日，第1版。

了其他矛盾，“台独”势力正是抓住了这对主要矛盾得以扩展其生存空间。但是，随着中美日三国进行了多轮次的博弈后，必然产生一个相对合理的框架来约束彼此的行为，其基本目标在于明确三方共同的利益诉求，从而减少不必要的冲突和碰撞，这是一个相对时期较长，但是可以预期的过程，这个宏观架构形成后，在理论上“台独”势力的活动空间就会大大地被压缩。

第二，在中美日三边产生具体的个别矛盾时，中国要防止台湾问题被衍生化、共生化，在中美、中日进行双边磋商时“要区分议题，区别对待”，争取台湾问题的次重要化。长期以来，中美、中日在贸易、人权等问题上一直存在一些摩擦，本应具体问题具体分析，但是由于“台独”势力的介入，经常使台湾问题被衍生出来，制约了中国可以发挥的平衡作用。

2005 年 6 月 1 日，美国总统布什在白宫记者会上谈到中美关系时说，两国的关系十分复杂，在不同的问题上双方的互动也有不同。他说，在台湾问题上，美国要协助解决两岸的分歧，在朝核问题上中美是盟友，而在贸易问题上两国要公平竞争。布什说，在这个（台湾）问题上，（中美）关系体现在（美国）帮助解决这个问题，维护（台海）地区的稳定，以便最终会有一个和平的解决方案。对于布什这一表态要具体分析，一方面他看到了中美在诸多领域是合作与摩擦并存，另一方面这已经是布什第二次公开将中美关系定义为“按照议题，区别对待”的复杂双边关系，有助于台湾问题的边缘化。

2005 年 6 月 15 日，全国人大外事委员会主任姜恩柱率领人大代表团与美国众院交流小组进行交流，双方就台湾、朝核、人民币、美中贸易逆差、中国扩军等议题广泛地交换了意见，美方交流小组主席曼祖洛指出，美中在台湾问题上很有共识，争议比较多的是在经济方面。

2005 年 8 月，中国现代国际关系研究院副院长陶坚在接受香港《文汇报》采访时表示，中美首次战略对话已经超越台湾问题，这代表着中美关系的发展。陶坚称，中美双方在台海问题上已经纠缠数十载，这对双方都是很大牵扯，双方目前应有更多话题可以共同关注、合作。中美两国对话中，不应该“第一句话就是台湾问题，最后一句话还是台湾问题”。他认为，中美间的战略对话具有世界眼光，从这个角度讲也充分体现了中国的发展和崛起。[①]

中日关系中的台湾问题比中美关系中的台湾问题更加复杂和棘手。2006年4月1日，新加坡《联合早报》撰文指出中日关系在历史问题上陷入僵局时中日关系有可能呈现两个趋势，那就是："一、两国政府之间的关系将进入'低层框架'，亦即进入较为低级的政府层面；二、中日关系将更多展现其由民间和社会力量主导的一面。就第一点而言，两国政府关系虽然进入了'低层框架'，但其实还是有许多机制性的东西有待完善或建立，"这种"低层框架""包括：一、副外长级的战略对话机制；二、两国政府之间的危机管理处理或管理机制；三、纠纷谈判机制；四、两国军方的对话和交流机制。这些机制若能在低级政府层面建立或完善，可能是未来几年里中日关系的一大突进；相反，中日关系可能面临一个暗淡的未来。"[②] 从一种学术视角来看，这是新时期发展中日关系的建设性思维。从根本上看，在日本政界右倾势力居于主导地位的情况下，中日关系应更多展现其由民间和社会力量主导的一面。

## 二、中美日安全框架构建中针对台湾问题的利益分解

构建中美日的三边利益框架时，核心在于针对台湾问题进行利益分解。在国家关系中，国家主体处理对外关系一般遵循国家利益原则，如果没有利益共识，则国家间的"零和"博弈在双边关系中就会占据主要地位。中国的国家统一是中国的国家核心利益，而非中美日三国的共同利益所在；在台海问题上中美日的安全共识表现为"反急独"，这是针对台湾问题进行利益分层的最低层，是构建三国框架的基石。

台湾牵涉美国的国家安全利益，但是并非美国的核心安全利益所在，台海战争会使美国丧失在台海问题上的主动权，把美国拖入一场损害美国国家利益的战争，因此美国反对"台湾急独"。从布什、鲍威尔到赖斯都明确表态反对"台独"势力将美国拖入战争。

由于中日关系受历史、领土问题影响处于低谷，日本对台湾的表态比美国消极，但是日本同样反对"台湾急独"，第一，受本国的国家利益驱动，

① 《专家：中美战略对话超越台湾问题，体现中国崛起》，http：//www. huaxia. com/zt/tbgz/05－062/514561. html.

② 转引自《参考消息》：《中日关系将进入新模式》，2006年4月1日，第16版。

包括经济利益、地缘安全利益等；第二受美国对台政策的影响，要与美国保持一致；第三，受自身为非正常国家的掣肘和限制，特别在经济低迷、国际形象不佳的情况下，必须树立自身和平国家的形象。

另一个利益分层则呈分化的态势，虽然中美日都力主遏制台湾“急独”，但是长远的利益诉求是不同的，美国希望台湾问题和平解决，但是希望“和平独立”的成分更大一些；日本坚决反对台湾回归中国，希望在不爆发台海战争的情况下，台湾获得独立或保持分裂状态，最终实现在东亚地区的国家利益最大化。中国则坚决要完成国家统一，最佳方案是和平统一，但是不排除使用非和平的方式。所以，即使中美日安全框架构建完成，还是有其局限性的，即在“遏急独”方面可以发挥作用，但是在“促统一”方面作用有限。

## 三、在遏制“台独”的背景下合理构建中美日安全框架

中美日安全框架的基本功能是辐射作用，因为美、日是影响台湾问题的主要因素，一旦美、日对于台湾问题的基本对策磨合成熟，将对相关国家对台、对华政策产生重大影响，如澳大利亚、韩国、东盟、欧盟，所以构建中美日三方框架能够抓住台海局势的主要矛盾，次要矛盾自然迎刃而解。

中美日临时和长期的磋商机制有助于防止“武力急独”。从第三次台海危机看，由于中美双方缺乏必要的沟通机制，导致双向交流的阻滞，进而使中美双方的军事对峙不可避免，因此中美军方的交流十分急迫。1995 年，时任美国总统的克林顿迫于国会亲台势力的压力，允许李登辉访美，李登辉借机在美公开鼓吹“台独”。为警告李登辉等“台独”势力，中国人民解放军随即在台海进行了军事演习。1996 年 3 月，中国宣布在台湾海域附近进行导弹演习。害怕局势失控的美国急忙派遣两个航母战斗群在台湾以东游弋。这就是“1996 年台海危机”，也称“第三次台海危机”的由来。美军当时的作战指挥官、前美国太平洋司令部司令普理赫特别提到，在 1996 年台海危机中，中美两国军方始终没有交流。“这是我从这件事得到的教训。我们跟很多国家的军方都保持交流，其中有些国家并不是特别好的朋友。我们和解放军没有任何联系或交流，倒不是说我们非得做朋友，但我们需要

交谈。"①

2002年8月26日，《参考消息》转引加拿大《汉和情报评论》的一篇评论文章指出，陈水扁"一边一国"论提出之后，中美双方相当低调的态度，反映出北京、华盛顿正在形成某种程度的台海危机管理机制。当前，中美双方进行了包括在情报交流在内有益的军事交流。进入21世纪，受国际、国内大环境的影响，中美两军交往呈上升势头，尤其是在美军参谋长联席会议主席迈尔斯和太平洋司令部司令法戈访华，以及中国国防部长曹刚川和总参谋长梁光烈访美后，两军关系发展到一个新阶段，交流管道也更加通畅。比如，美军进行"2004夏季脉动演习"和中国人民解放军进行东山岛演习等重大军事活动期间，双方都能及时通气、打招呼，避免了对于形势的误读、误判。与此同时，中美两国元首也保持着热线联系。从2004年的情况看，中美两国元首几乎每两个月就要进行一次电话联系，而且多数时候话题都跟"台湾"有关。②

2005年8月2日，中国副外长戴秉国与美国副国务卿佐利克在北京举行了首次中美定期"高层对话"，全方位就两国关系及地区和全球问题直接对话。这是中美建交以来第一次举行如此级别的例行对话，此次对话引起国际社会的广泛关注，其意义在于中美以开放的胸襟和务实的态度开创了一种新的沟通机制。同年12月，中美两国进行了第二次战略对话。在这两轮战略对话中，令人关注的是，美国副国务卿罗伯特·佐利克（Robert Zoellick）在此期间多次表示，希望中国成为全球事务负责任的"利益相关者"（Stakeholder）（又译为"责任分担者"或者"共同经营者"）。美国的这一新命题的内涵是：中美两个重要力量相互接触，寻找共同的合作框架，达成对国际秩序的进一步共识，实现相互间利益的最大化。

当前，中日之间需要建立正常的沟通平台，才能有效遏制"台独"势力与日本政界右翼势力之间交往频繁的势头，形成此长彼消之势。在小泉执政时期，中日两国处于邦交正常化以来最困难的时期，自2005年5月以来，中方相继派出国务院副总理吴仪以及副外长戴秉国访日进行沟通，展现了中方希望建立中日双边对话机制的愿望。小泉之后，包括鸠山在内的日本首相

---

① 《美上将谈96台海危机内幕：大陆是否动武成焦点》，环球时报，2004年11月24日，第1版。

② 《美上将谈96台海危机内幕：大陆是否动武成焦点》，环球时报，2004年11月24日，第1版。

都展现了改善中日关系的愿望。但是，中日关系中包括台湾问题在内的一些顽疾短期内难以消除。事实上，中日关系的改善主要在于日本是否能够主动释放善意，中方可以进一步主动采取外交措施的空间有限。日本需要在构建中美日安全架构时进行明确的定位。

在联合国框架内，中美日三国约束了台湾“重返联合国”，因为通过中美和中日一系列双边协定的签署，美、日不能对于台湾“重返联合国”的举动提供任何公开的支持，在这种国际政治大气候下，国际上只有寥寥几个较小的国家支持台湾加入联合国。

在 APEC 框架内，中美日三方达成了默契，“台独”势力同样没有政治上的发言权。2001 年在上海举办了亚太经合组织会议，台湾当局企图突破参加上海亚太经合组织（APEC）领导人非正式会议代表的地位，对此中国外交部发言人朱邦造表示，关于台湾参加 APEC 领导人非正式会议的问题，APEC 谅解备忘录有明确的规定，在此基础上也形成了惯例。“根据规定和惯例，陈水扁不能参加上海 APEC 会议，台湾方面只能按照规定和惯例由负责经济事务的部长级官员来出席会议。”所以，在 APEC 框架内把台湾限定为地区经济体，有效地挤压了“台独”势力在国际上的活动空间。

2009 年 6 月 10 日，美国奥巴马政府新任助理国务卿提名人库尔特·坎贝尔在美国参议院听证会上指出，“美国将加强在中美日三角关系上的外交投入”，中、美、日是东亚和太平洋地区举足轻重的三个角色，因此，加强在中、美、日“三角关系”上的“外交投入”，是美国在东亚地区政策的重要组成部分，美国既要加强与中国的接触，也要固化与日本的“盟友”关系。

此外，中国在东盟“10 + 3”框架及其他多边国际场合扮演重要的角色，在国际舞台上日益发挥重要的作用，压缩了“台独”势力在国际上的活动空间。

事实上，多边安全架构下的中美日关系压缩了“台独”势力的国际活动空间，对“台独”势力的分裂活动形成了有效的遏制。

## 第五节　美、日之外反对“台独”的国际阵营日益壮大

在中国的国家统一进程中，中国所面临的国际因素是复杂多变的，各种

国际力量既彼此联系，又时刻处于分化、整合之中。美国和日本是影响台海局势的主要因素，此外中国的周边国家、欧盟及广大发展中国家也围绕自身的利益需求形成了各自的对华政策及针对“台独”的立场，并对中美日安全架构的构建产生重要影响。总体上看，近年来随着中国国际地位的逐步上升，国际上反对“台独”的阵营呈现日益壮大之势，这对于推动中美日安全架构向有利于遏制“台独”的方向构建有着重要的推动作用。

## 一、上海合作组织成员国尤其俄罗斯明确支持中国维护国家统一

在美、日、台三方逐步加大军事合作的背景下，以中、俄为首的“上海合作组织”的影响力逐步扩大，在国际上为中国“反分裂、促统一”增添了诸多的积极因素。面对地区恐怖主义、分裂主义、极端主义及大规模杀伤性武器扩散、跨国犯罪、环境恶化、疫情传播等新威胁和新挑战，“上海合作组织”成为各成员国共同应对这些挑战和威胁、保障国际及地区安全的有效机制。2001 年 6 月 15 日，中国国家主席江泽民、俄罗斯总统普京、哈萨克斯坦总统纳扎尔巴耶夫、吉尔吉斯斯坦总统阿卡耶夫、塔吉克斯坦总统拉赫莫诺夫和乌兹别克斯坦总统卡里莫夫在上海共同签署了《打击恐怖主义、分裂主义和极端主义上海公约》(Shanghai Convention against Terrorism, Separatism and Extremism)。中俄哈吉塔乌六国承诺将遵循《联合国宪章》的宗旨和原则，遵循此前“上海五国”历次元首会晤签署的声明和《上海合作组织成立宣言》的精神，为打击威胁各国领土完整和安全以及政治、经济和社会稳定的恐怖主义、分裂主义和极端主义势力（简称为“三股势力”）而进行有效的合作。2006 年 4 月 26 日，哈萨克斯坦、中国、吉尔吉斯斯坦、俄罗斯、塔吉克斯坦、乌兹别克斯坦 6 个上合组织成员国的国防部长会议在北京举行，再次向外界传递了维护地区安全、打击“三股势力”的信心。2006 年 6 月 15 日，上海合作组织峰会在中国上海召开，六国元首在共同签署的《上海合作组织五周年宣言》中指出“全面深化打击恐怖主义、分裂主义和极端主义及非法贩运毒品领域的合作，是本组织的优先方向”,[①] 六国元首还共同签署了 10 份文件，其中一份是关于上合组织成员国

① 《上海合作组织五周年宣言》（全文），http://news.xinhuanet.com/newscenter/2006-06/15/content_4703028.htm.

在之后5年内打击“三股势力”的合作纲要。

在上海合作组织范围内，各成员国都支持中国为反对民族分裂势力采取的维护国家统一的正义行动，其中俄罗斯的态度尤其引人关注，因为在国际区域关系的调整中，“美日”和“中俄”两对双边关系的发展一直引起重视，主要在于：其是否会导致“美中俄”和“美中日”两个对抗性的战略三角关系，从而对亚太安全产生不利影响。[①]

在台湾问题上，和美、日干涉台湾问题的做法不同，俄罗斯是当今世界上的主要大国中最为坚定地支持中国实现国家统一的政治力量，俄罗斯官方多次明确反对台湾独立及西方国家干涉中国的国家统一。因此，在美、日联手干涉台湾问题的态势下，中国需要借助于俄罗斯的政治影响和反对“台独”的政策主张维护中国的国家统一。

20世纪90年代后，从“叶利钦时代”到“普京时代”，尽管俄罗斯不断调整其对外政策，但中俄关系基本保持着平稳发展，特别是“中俄战略协作伙伴关系”的建立使两国的政治关系运行在较高的水平上。2001年7月17日，中国国家主席江泽民访俄期间同普京总统签署《中俄睦邻友好合作条约》，为双方关系长期稳定发展奠定了坚实的法律基础，这是中俄两国关系史上的一个重要里程碑，标志着双方关系进入一个新的阶段。该条约作为指导新世纪中俄关系发展的纲领性文件，在总结历史经验的基础上，概括了中俄关系的主要原则、精神和成果，条约确认中俄两国的友好关系是建立在不结盟、不对抗、不针对第三国基础上的新型国家关系，由此将两国和两国人民“世代友好、永不为敌”的和平思想用法律形式确定下来。

俄罗斯本身是一个多民族国家，近年来面临车臣等民族分裂势力的困扰，坚决反对西方国家利用民族问题干涉他国的内部事务，同时从中俄战略协作伙伴关系出发支持中国遏制“台独”势力的分裂行为，是所有大国中反对“台独”态度最为坚决的一个。在《中俄睦邻友好合作条约》中双方互相支持各自国家所制定的有关国家统一和领土完整问题上的政策，其中第五条明确写到：“俄方重申一九九二年至二〇〇〇年期间两国元首签署和通过的政治文件中就台湾问题所阐述的原则立场不变。俄方承认，世界上只有一个中国，中华人民共和国政府是代表全中国的唯一合法政府，台湾是中国

① Michael Oksenberg, *The United States, Japan and Asia*, New York: Norton, 1994. 转引自苏格：《美国对华政策与台湾问题》，世界知识出版社1998年版，第779页。

不可分割的一部分。俄方反对任何形式的台湾独立。”①

2000年，参加第五届孙子兵法国际研讨会的俄罗斯军事科学院前副院长基尔申曾主张，俄方不能介入台海战争，因为它可能点燃核战而难以控制。2004年，俄罗斯联邦国防部军事历史研究所所长科利丘科夫（A. Koltyukov）说，美国不会用武力介入台海争端，因为中国大陆既有核武，又能实施核反击，他难以想象美中开战的后果。②

2005年3月18日，俄罗斯总统普京在巴黎谈到中国全国人大通过的《反分裂国家法》时说，俄罗斯认为，世界上只有一个中国，中华人民共和国政府是代表全中国的唯一合法政府，台湾是中国不可分割的一部分。俄罗斯反对任何形式的“台湾独立”，也不能接受“两个中国”或“一中一台”。俄罗斯一贯支持中国为和平解决台湾问题所做的努力。俄主管副外长阿列克谢耶夫在会见中国驻俄罗斯大使刘古昌时也表示，俄方对中方通过立法反对分裂、维护国家统一的努力表示完全理解和支持，认为这有利于台海和亚太地区的和平稳定。

2008年5月24日，俄罗斯总统梅德韦杰夫访问中国并在北京大学发表演讲，他指出俄中关系近年来达到前所未有的高水平，发展迅速、内容广泛，双方一致认为战略协作伙伴关系可靠而有前途，将继续合作，俄罗斯和中国作为联合国安理会的常任理事国，肩负着对世界未来的特殊责任。他表示，俄中两国建立战略合作符合两国根本利益。

## 二、澳大利亚对台湾问题的表态转为“不协防美国出兵台湾”

同美国、日本涉足台海局势相比，近年来随着中澳关系的发展，澳大利亚在台湾问题上的政策转向尤其引人关注。

美国一直要求澳大利亚明确表示一旦美卷入台海冲突，澳必须挺身而出，责无旁贷地站在美国一边。在2001年前后，澳大利亚在台湾问题上的暧昧言论一度影响到了中澳关系，但是澳大利亚出于维护自身核心国家利益的考虑，在重新审视中澳关系后最终明确拒绝在未来的台海冲突中协防美国。在此之前，澳大利亚联邦政府2000年底发表的国防白皮书中，对其对

---

① 《全国人民代表大会常务委员会关于批准〈中华人民共和国和俄罗斯联邦睦邻友好合作条约〉的决定》，（2002年10月27日通过），《全国人民代表大会常务委员会公报》，2001年7月。

② 《台海是和是战？美俄印三国学者各有解读》，“央视国际”，2004年12月6日，http：//www.cctv.com/news/china/20041206/106608.shtml.

外政策就做出了与美国不同的阐述：澳美同盟是澳战略防御的基石，但因两国各自关注的领域不尽相同，澳将独立追求自身利益。

2004 年 8 月，澳大利亚外交部长唐纳表示，如果大陆对台湾动武，澳并无义务根据《澳新美安全条约》助美协防台湾。唐纳指出，根据该条约，只有在美国或者澳本土受到攻击时，缔约一方才有义务帮助另一方，“美国‘有义务’保护台湾，那是美台之间的事”。① 澳对两岸通过和平谈判方式最终解决问题持乐观态度。霍华德在多个场合反复强调，介入台海冲突不符合澳国家利益。2005 年 3 月，针对中国通过《反分裂国家法》，唐纳重申，澳美同盟协定不会迫使澳大利亚参与美国卷入的所有战争。澳大利亚总理霍华德也对唐纳的说法给予肯定。美国也随即公开表示不指望其盟友澳大利亚会自动出兵参与美中可能发生的台海冲突。在唐纳发表谈话后，台湾“外交部政务次长”高英茂在接受美国广播公司专访时表示，台湾方面对唐纳的言论“感到失望”，他同时还指责唐纳向大陆方面传达了“错误信息”。澳大利亚国立大学战略与国防研究中心的保罗·迪博教授认为，唐纳的言论是对澳美联盟基础的挑战，将改变太平洋地区的力量均衡。与在伊拉克问题上紧跟美国的立场迥然不同，澳外长拒绝与美国一道在台海“玩火”，这是对中国日益增强的重要性的认同。②

就中澳关系而言，中国和澳大利亚没有明显的地缘安全利益冲突。近年来由于澳大利亚从中国的和平发展中看到了自身面临的机遇，在对华政策方面并未单纯地追随美国，转而强调对华友好，对外政策日益重视中澳关系的发展。2005 年 9 月 15 日，澳大利亚总理约翰·霍华德在纽约举行的一个亚洲协会午餐会上说，不要害怕中国崛起，试图限制中国的发展是很愚蠢的，“中国的发展不仅使自己的人民受益，而且对整个世界也是有利的。中国经济的对外开放与世界经济的一体化使数亿人摆脱了贫困，它近年来的发展进一步推动了全球经济和世界贸易保持增长的势头。”③ 2003 年 10 月，中国国家主席胡锦涛成功访问澳大利亚，双方一致同意建立“高度互信、长期友

① 戴军：《积极发展两国战略关系，拒绝美国协防台湾要求——澳大利亚看重中国》，《环球时报》，2005 年 10 月 17 日，第 10 版。

② 吴佳：《澳大利亚不愿在台海玩火，台当局大失所望》，《世界新闻报》，2004 年 8 月 23 日。

③ 《澳大利亚总理霍华德称中国发展对全世界有利》，《环球时报》，2005 年 9 月 14 日，第 6 版。摘自 2005 年 9 月 13 日《悉尼先驱晨报》，原题为“中国崛起对全世界都有好处”，作者迈克·加文达，杨孝文译。

好、互利双赢的全面合作关系"，10 月 24 日，胡锦涛主席在澳联邦议会发表题为《携手共创中澳全面合作关系的美好未来》的演讲，宣示了中国的对澳政策。他指出："中澳建交 30 多年来，两国关系经历了时间和国际风云变幻的考验，不断向前发展。巩固和发展同澳大利亚的全面合作关系是中国对外关系的重要组成部分。我们历来从战略高度和长远眼光看待和发展同澳大利亚的友好关系。深化中澳全面合作，是两国政府和人民的共同愿望。"①

2006 年 4 月 1 日，中国总理温家宝出访澳大利亚，对此香港《东方日报》发表评论："针对美日轴心近期连串动作以及台湾拓展国际空间的举措，温总理出访南太平洋四国显然是一石二鸟：一是加强与四国合作反制美日，二是进一步打压台湾的生存空间。"② 评论中指出，美国拉拢澳大利亚举行历史性的美日澳三方战略会谈，并发表明显针对中国的共同宣言，美国同时做好准备确保对于台湾岛 2008 年的控制权。

2008 年 4 月 10 日，中国国务院总理温家宝在北京人民大会堂与澳大利亚总理陆克文举行会谈，陆克文表示，澳大利亚政府坚持一个中国政策。

因此，中国对于澳政界对台海局势的相关表态要辨证分析，一方面台湾问题是中国的内政，澳政界的表态遵循了国际法的基本准则，中国应该表示赞赏；另一方面，澳大利亚毕竟是美国的可靠盟友，中国如果要分化、瓦解支持"台独"分裂行径的国际势力，还要坚持对澳大利亚政界和民众做许多正面工作。

## 三、韩国淡出美日韩围堵中国的包围圈

冷战后，由于美韩军事同盟的存在，在美国构筑的地缘上遏制中国的"半月形"包围圈中，韩国是美国推行亚太地区安全战略的重要链条。法国《费加罗报》2006 年 4 月 27 日报道，美国建议北约与一些国家建立特殊的军事关系，其中韩国名列其中，美、日继续利用韩国遏制中国的意图已经公开化。③

作为东北亚地区的两个重要国家，中韩两国具有众多的共同利益。中国

① 《胡锦涛在澳大利亚联邦议会发表重要演讲》，《人民日报》，2003 年 10 月 25 日，第 1 版。
② 《温总理大洋洲之行令各方瞩目》，《参考消息》，2006 年 4 月 2 日，第 1 版。
③ 《欧洲大国反对北约插足亚太》，《参考消息》，2006 年 4 月 29 日，第 1 版。

日益重视中韩关系。钱其琛在其著作《外交十记》中谈到：邓小平同志对中国与韩国关系问题，一直十分关心。1985 年 4 月，邓小平同志在谈到中国和韩国关系问题时说，中韩发展关系，对我们来说，还是有需要的。第一，可以做生意，在经济上有好处；第二，可以使韩国割断同台湾的关系。

中韩自 1992 年 8 月 24 日建交以来，两国友好合作关系在各个领域都取得了快速发展。中韩两国的领导人近年来互访频繁，并在贸易、渔业、文化领域签署了一系列双边协定。中韩之间民间交流顺畅，在韩国掀起了学习汉语、了解中国的“汉风”，中国民众兴起了欣赏韩国影视、音乐的“韩流”。与韩国发展友好关系同样被视为中国周边外交的重要一环。

与中国营造良好周边环境的外交战略相对应，韩国也在倡导“东北亚时代”的概念。2003 年 7 月，卢武铉访华时，乐观地指出，“东北亚时代即将到来，中国和韩国正处在这一中心”，这个提法与中国的战略相吻合。

经过 10 多年的发展，中韩经济合作的发展速度和规模让人惊讶。2004 年，韩国对华出口列第三，排在日本和台湾地区之后。2005 年，韩国成为对中国的第二大出口国，双边贸易额达到 1000 亿美元。韩国国际贸易协会公布，韩国对中国大陆出口比前年猛增了 23.5%，达到 786 亿美元。[①] 两国经济依存度不断加深，彼此从中受益。

中韩经济上合作日益密切，同时在朝鲜半岛无核化上问题上立场相近，促使韩国淡出美日韩围堵中国的包围圈，并在台湾问题上支持中国的主张。2004 年 3 月 11 日，韩国最大通讯社——“联合通讯社”在新闻报道中说，韩国外交部以发言人名义发表的评论中强调，韩国政府继续坚持“一个中国”的原则，并首度针对台湾“公投”表态，强调他们认为“公投”导致两岸关系趋向紧张，并且为此深表忧虑。韩国政府对台湾欲实施“公投”首次展现了否定态度，特别在美韩军事同盟的背景下更加引人注目。

2005 年 3 月，韩国总统卢武铉在参加韩国空军陆军士官学校毕业典礼发表讲话时说，驻韩美军对朝鲜半岛的和平与稳定十分重要，但是驻韩美军不能卷入东北亚地区争端，这是在任何情况下都不能让步的坚定原则，从而成为韩国政府第一次就驻韩美军战略调整所作出的正式表态。此前，美国称将采取“战略上的灵活”策略，将驻韩美军重新调整为“快速部署部队”，随时对东北亚地区的军事冲突进行干预，甚至干涉台海之间的军事冲突。

① 《中韩贸易额超千亿美元》，http://www.fw188.com/Article_Show.asp?ArticleID=407.

2005 年 11 月 17 日，中国国家主席胡锦涛访问韩国期间在韩国国会发表了题为《加强友好合作，共创美好未来》的重要演讲。他强调，中国愿同包括韩国在内的各国一道，共同承担起维护世界和平、促进共同发展的崇高使命，积极推动建设一个持久和平、共同繁荣的和谐世界，造福中韩两国人民和世界各国人民。① 在当日发表的《中韩联合公报》中，中方强调，世界上只有一个中国，台湾是中国领土不可分割的一部分；韩方对此表示充分理解和尊重，重申中华人民共和国政府是代表中国的唯一合法政府，表示韩方将继续坚持一个中国的立场。

韩国、日本近年来因为历史问题、领土问题矛盾不断，甚至两国关系恶化呈现了升级的趋势。2006 年 4 月 25 日，针对韩日“独岛（日本称竹岛）”之争，韩国总统卢武铉在青瓦台总统府发表特别讲话，宣布韩国将全面动员国家力量和外交资源，强烈、坚决地应对日本在独岛（日本称竹岛）主权和历史问题上的挑衅行为。卢武铉说，韩国还将作出其他一切必要的努力，不惜花费任何代价和作出任何牺牲，决不停止自己的行动，决不妥协。中国、韩国在历史上同受过日本军国主义的入侵，因此在对待日本反省历史的问题上，两国具有一致的认识并且立场基本一致。

2008 年 5 月 27 日，中国国家主席胡锦涛在人民大会堂同韩国总统李明博举行会谈，两国元首一致同意，顺应两国关系发展的现实需要和长远要求，将中韩全面合作伙伴关系提升为战略合作伙伴关系，共同开创中韩关系更加美好的未来。

## 四、东盟、印度等中国周边国家和地区组织反对“台独”的态度日益明朗

中国共产党十六大报告指出发展同中国周边国家的关系是中国外交的首要目标，由于历史上中国的周边国家同中国台湾地区有着复杂的关系，而且美国、日本对于中国周边地区十分重视，力图构筑围堵中国的“新月形”战略包围圈，所以争取周边国家支持中国的国家统一至关重要。

东盟在历史上就形成了与美、日及台湾地区千丝万缕的关系，因此东盟等中国周边国家在美、日、台湾军事防御一体化的进程中宣示的立场、政策令人关注。东盟各国在历史上与台湾有着千丝万缕的联系，如多年来新加坡

① 《胡锦涛在韩国国会发表重要演讲》，《人民日报》，2005 年 11 月 18 日，第 1 版。

的军队一直在台湾受训，而东盟各国诸如印尼、马来西亚与中国有着历史上的纠葛和现实的利益碰撞，所以台湾当局多年来一直鼓吹“南下”政策。但是，中国巨大的发展潜力与崛起的势头促使东盟在台海局势中明确地支持中国的国家统一政策。

1997－1998 年的亚洲金融危机表明了东盟既无法抵御国际投机资金的侵袭，也无法通过自身的力量克服本地区的经济危机。2002 年 11 月 4 日，中国与东盟在柬埔寨举行的第六次中国－东盟领导人会议上正式签署了《中华人民共和国与东盟全面经济合作框架协议》，决定到 2010 年建成中国－东盟自由贸易区（CAFTA）。自 2002 年中国大陆与东盟签署《框架协议》以来，大陆与东盟 10 国的贸易额增长快速，2002 年、2003 年和 2004 年分别比上年增长了 31.6%、42.9% 和 35.3%，东盟 10 国占中国对外贸易的份额由 2002 年的 8.8% 提高到 2004 年的 9.2%，而台湾的份额却相应的由 7.2% 减少到 6.8%。① 另一方面，中国在东盟对外贸易的比重由 1993 年的 10.8% 上升到 2003 年的 31.6%，而台湾的比重则由 17.4% 下降到 16.9%。②

2004 年 3 月 4 日，在越南下龙湾举行的东盟外长非正式会议上，经东盟各国外长一致同意，东盟常务委员会主席、印度尼西亚外长哈桑代表东盟就台湾问题发表声明，对外宣布东盟各国外长就台湾问题达成共识，声明中表示东盟关注当前台海形势进展，强调应避免采取任何可能导致局势恶化的行动，即台湾将举行的“公投”。鉴此东盟国家重申坚持一个中国政策。这是东盟第一次就台湾问题发表共同声明，表明了东盟全体成员国坚持一个中国政策的坚定立场。

在东盟各国中，新加坡和台湾的关系尤其引人注意，2004 年 7 月 10 日至 12 日，即将接任新加坡总理的李显龙曾不顾中方强烈反对，以“私人身份”访台，中方表示严重不满，并取消了一些两国交流计划以示抗议。随即在 8 月 22 日，新加坡总理李显龙在新加坡国庆群众大会演讲时指出，如果台海两岸因台湾挑衅而引发战争，新加坡不会支持台湾。这一表态在海峡两岸引起巨大反响。中国外交部发言人孔泉 8 月 25 日表示，新加坡“新任领导人”重申坚持一个中国政策，“符合新加坡利益”，也是国际社会的共

① 中国国务院商务部发布的统计数据。

② 根据 ASEAN Statistical Yearbook 2004 的数据计算得来。

识，有利于本地区的和平与稳定。①

中印是世界上两个最大的发展中国家，有着悠久的文明、独特的历史和相似的奋斗目标，因此在涉及两国领土、安全的一系列问题上开展了合作。2003 年 6 月 24 日，中国国务院总理温家宝与印度总理瓦杰帕伊在人民大会堂签署了《中华人民共和国和印度共和国关系原则和全面合作的宣言》，在宣言中“印方承认西藏自治区是中华人民共和国领土的一部分，重申不允许西藏人在印度进行反对中国的政治活动。中方对印方的立场表示赞赏，重申坚决反对任何旨在分裂中国、制造‘西藏独立’的企图和行为。印方表示印度是最早承认只有一个中国的国家之一，其一个中国的政策没有改变。中方对印方的立场表示赞赏。”②

蒙古等中国其他邻邦都明确反对“台独”势力的分裂活动，支持中国实现国家统一。

## 五、维护台海地区的和平是广大发展中国家和西方发达国家的基本共识

加强同发展中国家的关系是中国新世纪外交的立足点，长期以来中国在国际社会中一直站在发展中国家一边。截至 2005 年末，中国共向 110 多个国家和区域组织提供了援助，援助项目达 2000 多个。中国已减免了 44 个发展中国家总计 198 笔价值约 166 亿元人民币对华债务。广大发展中国家则在人权、西藏、台湾问题上坚定地支持中国的立场，因此发展中国家是中国在实现国家统一的过程中最为可靠的外部支持力量。

非洲的大多数国家坚定地支持中国的国家统一，2000 年在台海局势发生动荡的时候，非洲塞拉利昂、安哥拉、苏丹等国家纷纷发表声明，重申坚持奉行一个中国的政策，支持中国政府在台湾问题上的原则立场。大多数拉美国家坚持一个中国的立场，明确承认中华人民共和国政府是代表中国的唯一合法政府。自 1956 年中国与埃及建立友好外交关系以来，中国与阿拉伯国家的政治、经济发展日益活跃，近年来中国以成立“中阿合作论坛”为标志，推进中国与阿拉伯国家关系的全面发展，中国一向支持巴勒斯坦和阿

---

① 外交部网站：《外交部发言人孔泉就新加坡总理李显龙表示反对“台独”事答记者问》，2004 年 8 月 25 日，http：//www. china. org. cn/chinese/2004/Aug/644951. htm.

② 《中华人民共和国和印度共和国关系原则和全面合作的宣言》，新华网，2003 年 6 月 24 日，http：//news. sohu. com/57/85/news210418557. shtml.

拉伯国家的民族解放事业，而大多数阿拉伯国家支持中国实现国家统一。

包括欧盟在内的广大发达国家基本主张是反对“台独”，主张维护台海地区的稳定，因此在中美关系中经常围绕着一个中国原则，进行分裂与反分裂的尖锐斗争，而在中欧关系中并不常见。2005 年是中国与欧盟建交 30 周年，长期以来，欧盟在一个中国原则上做出了这样的表述：奉行一个中国原则，希望通过建设性对话和平解决台湾问题。欧盟与中国的分歧主要表现在意识形态特别是人权领域，欧盟在新世纪基本较少因为台海问题影响中欧关系，这与美、日积极介入台海局势明显不同。欧盟虽然不可能像俄罗斯那样坚决支持中国的国家统一，但是中欧之间至今关于台湾问题的沟通渠道是顺畅的。

近年来，欧盟在政治上疏远台湾，在经济贸易方面则与其保持着紧密的交流。2001 年，欧盟执委会通过一项“欧洲与亚洲：一项为强化伙伴关系的策略架构（Europe and Asia：A Strategic Framework for Enhanced Partnership）”建议，该建议的主要目的是希望能强化欧盟未来十年在亚洲的地位及扮演的角色，内容中指出：“欧盟承认为一分离关税领域，但不承认为一主权‘国家’的台湾是欧盟在亚洲第三大双边贸易伙伴，台湾正在审理中的加入世界贸易组织应对贸易与投资交流及相关对话进一步的增加有所帮助。欧盟并认为，两岸议题仅能和平解决，且在一具有建设性对话的基础上”。这是欧盟执委会首次在它提出加强与亚洲国家关系新策略架构建议中，清楚说明欧盟与台湾发展关系的立场。2003 年 3 月 10 日，欧洲执委会在台北成立欧洲经贸办事处时明确表态，遵循欧盟一个中国的原则，办事处不涉及本质上与外交上与政治相关的事务。因此，在美国政府和国会十分活跃的台湾当局雇佣的政治利益游说团体，在欧洲政坛不多见。

综上，本章主要阐述美日之外的国家对于台湾问题的基本立场和政策，可以看出，世界上大部分国家反对“台独”。因此，中国的国家统一远非国际上的反华势力所能操纵的，是一个大势所趋的发展进程，中美日三国能够在共同遏制“台独”这一问题上形成利益交汇点也正反映了这一根本趋势。

# 第五章　美日台“隐性安全同盟”成为中国解决台湾问题的主要障碍

## 第一节　美日台“隐性安全同盟”的形成及其认知根源与现实基础

### 一、美日台“隐性安全同盟”的逐渐形成

“同盟”是西方当代国际关系理论的重要概念，西方现实主义学派大师汉斯·摩根索在《国家间的政治》一书中指出结盟与势力均衡密切相关。美国学者斯蒂芬·沃尔特进一步发展了新现实主义的结盟理论，在《结盟的起源》一书里提出了“威胁平衡”的观点，指出国家之间保持平衡不是处于抗衡权力，而是出于抗衡威胁；同时由于国际体系的无政府状态和国家之间的物质实力分配，尚不能确定哪个国家是威胁者。沃尔特认为，威胁来自地缘战略和军事方面的诸因素，来自“侵略者的意图”①。

美日台安全同盟是美台同盟和美日同盟的整合。美台同盟自蒋介石政权盘踞后一直存在，在中美建交后不再以正式的条约形式而改以“隐蔽”的方式得以存在；美日安全同盟在20世纪90年代结束“漂流”后重新定义，主要理由在于应对来自中国崛起的威胁，台湾当局一再叫嚣大陆对其军事威胁恰好顺应了美日安全同盟的共同的“利益诉求”。台湾当局从李登辉开始就一直谋求建立“美日台同盟”，但是美日顾忌中国政府的反应一直较为低调，由于美日台三方的沟通和协调处于隐蔽乃至半公开状态，所以是一种“隐性”的安全同盟关系。近年来，随着美日对于中国崛起的畏惧，美日台三方同盟逐渐从临时性的、隐蔽性的形态转向机制化、公

① Stephen M. Walt, *The Origins of Alli-ances* (Ithaca: Cornell University Press, 1987), pp. 22 – 26. 转引自黄刚：《冷战后美日同盟：建构主义的解释》，《国际观察》，2002年第1期。

开化。

当前的美日台三方同盟是美日安全同盟在台海局势下的扩展，是一个结构严重失衡的“同盟”。王建民在2004年4月《世界知识》杂志上发表的《“美日台战略同盟”的台湾角色》一文指出，台湾当局所希望建立的三方同盟涉及政治、经济、军事多个层面。政治上，陈水扁在2000年“大选”时发表的“对外政策白皮书”中就提出“建立美日台三角安全网络”口号，此后建构美日台安全同盟就成为民进党的重要战略与政策。2002年8月21日，台湾召开“美日台三边战略对话会议”，陈水扁提出“安全、民主和经济是确保亚太地区和平与繁荣三个主要支柱的锚”。

经济上，台湾谋求建立“美日台自由贸易区”，陈水扁将“经济合作”作为美日台结盟、对抗中国大陆的“第三个锚”，并与地区安全、民主相结合，形成一个遏制中国的新链环。

军事上，台湾与美日的军事合作关系正逐渐由地下结盟向公开结盟，由临时协议向长效机制的转换。1996年，美日达成“美日防卫合作指针”，是美日军事结盟，对付中国的重要战略步骤，从而受到台湾当局的大力支持与拥护，也增强了台湾与美日军事结盟的信心。1999年日本通过《周边有事法》，扩大了日美安保防卫范围，公开将台湾海峡纳入“周边有事”区域，企图在军事上介入两岸问题，这更是台湾当局求之不得的事情与竭力争取的目标。2005年2月20日，美日安全磋商会议在发表的共同声明中，首次将台湾问题列为美日共同战略目标之一，给岛内“台独”势力发出了错误的信号，被台湾当局视为建立“美日台战略同盟”的重要进展。

当前，美日台同盟没有一个公开的协定加以约束，在政治、文化领域主要通过民间渠道加强联系，但是在军事领域三方逐渐从应急机制转为长效机制，三方针对中国大陆进行军事合作机制的整合尤其令人关注。据2004年11月的《国际先驱导报》报道，随着美国亚太战略利益的不断抬升，日本染指台海意图的进一步明晰以及“台独”势力的气焰甚嚣尘上，美、日、台三方“合流”渐渐公开化，情报合作机制得到强化，在东亚和西太平洋弧形岛链地带联手打造信息“铁幕”。美国、日本、台湾三方联手打造半月形信息“强链”，重在监控东亚和台海风云，掌控中国大陆新式装备的主要性能指标，把握大陆军事动向，其间最有价值的情报是中国潜艇活动和导弹的部署、试验。冷战期间，美国曾经针对中苏构造了“反潜链”，冷战后美国联合日本、台湾加强了千岛群岛至琉球群岛一线的反潜力量，主要目标针对中国。台湾方面除台军购买美国的反潜机外，还与太平洋美军和日本自卫队达成了“反潜情报共享”的秘密协议，与美日进行反潜情报联网。

冷战后，美日台三方同盟在美日安全同盟重新定义后一直若隐若现，所以带有“隐性”特征。进入21世纪，随着中国的迅速崛起，美日台三方加强了合作，特别是在军事领域尤为突出，有从“隐性”逐步向“显性”过渡的趋势；今后一个时期，同盟的整合将是一个动态的过程，会因美国的战略扩张和日本加强在东亚地区的军事存在而逐步得以加强。

## 二、美日台“隐性安全同盟”形成的建构主义视角：中美日三国的认知错位

建构主义认为国家间的矛盾来自于认知错位。美日台安全同盟源起于美日认为中国崛起会导致地区均势破坏，所以需要两国结盟以制衡中国，特别是利用台湾当局对于大陆的敌对意识形成围堵中国的完整链条。所以，中美日三国的认知错位主要体现在美日对于中国的认知错位，台湾当局也正是利用这种认知错位推动国际社会对于台湾法理独立的认同。

美国对于中国的认知错位主要在于两方面：一是在意识形态上，美国的反共主义由来已久，布热津斯基在《失去控制：21世纪前夕的全球混乱》一书中指出，中国即使非常务实，实行商业共产主义的政策，但是仍然称自己属于共产主义政策，会非常有意识地扮演世界穷国领袖的角色，同美、日、欧盟为首的捍卫现状的联盟相抗衡。[①] 二是不管意识形态相同与否，美国坚决遏制可能崛起并会对美国发起挑战的大国，如针对20世纪90年代的日本、苏东剧变后的俄罗斯，近年来中国崛起势头迅猛，所以中国成为美国维护霸权地位的加以攻击的“靶心”国家。随着中国的发展，“美国模式”与“中国模式”、“华盛顿共识”与“北京共识”的对抗已经对美国“软实力”的影响力形成了考验。

日本对于中国的认知错位则更加复杂，一是在历史上日本右翼势力的侵华、仇华、疏华的意识根深蒂固，邓小平同志指出在世界近现代史上日本是对中国伤害最深的国家，“日本对中国的损害无法估量，单是死人，中国就

---

① 转引自刘建飞：《美国与反共主义：论美国对于社会主义国家的意识形态外交》，中国社会科学出版社2001年版。

死了几千万人，所以算历史账，日本欠中国的账是最多的，”[①] 而侵占中国上百万平方公里的沙俄对中国伤害程度才位居其次。从甲午战争到二战暨抗日战争，日本每次需要转嫁国内危机时都把侵略战争的矛头指向中国，在日本右倾人士的意识中，中国本应该是一个贫穷、落后、受人宰割从而被日本占有、支配的国度；二是随着中国的崛起与日本树立亚洲领导地位的同步，日本把遏制中国发展作为重振大国雄风的现实对策，对于中国崛起后对于中日历史、领土纠葛的政策走向持疑虑态度，认为将来中日两国的冲突不可避免，“亚洲人担心的就是美国的撤出将使中国在亚洲获得相当于美国之在于美洲其他国家的地位”，[②] 所以必须对正在发展中的中国加以遏制。2001 年 9 月 10 日，日本极右翼的代表人物石原慎太郎在美国哈得逊研究学院的曼斯菲尔德太平洋事务研究中心组织的一次报告中称亚洲各国越来越担心中国的崛起：“放眼当今世界，中国是唯一一个拥有帝国野心的国家。”不仅如此，石原慎太郎竟诬蔑中国一直在亚洲地区推行“霸权主义和扩张主义”。[③] 日本的右翼势力虽然是少数，但是已经成为日本政坛上举足轻重的力量，影响着日本对华政策的制定。

美日之间也有认知的错位，但是一方面美日两国之间形成了纠错机制，特别是日本能够主动认可美国在美日关系中的主导地位，两国的合作趋势成为主流；另一方面，中国崛起掩盖了美日矛盾，增大了两国的相互认可度，即美、日对于中国认知错位远远大于美日之间的认知错位，正是美、日对于中国的认知错位与“台独”分裂势力对于中国大陆的敌对意识产生功能上的耦合，最终形成了美日台三方同盟的意识形态基础。

## 三、美日台安全同盟形成的现实基础：美日台三方利益诉求的交汇

中美日三国的认知错位为美日台结盟提供了可能性，美日台三方的认知趋同乃至利益诉求的交汇为美日台三方结盟提供了一种必然性，并且成为三方结盟的现实基础。

---

① 《邓小平文选》，第三卷，人民出版社 1993 年版，第 293 页。

② ［美］米尔顿·埃兹拉蒂著，沈建译：《日本变局将如何改变世界均势》，新华出版社 2003 年版，第 205 页。

③ 《石原慎太郎大放厥词，无端指责中国建立亚洲霸权》，http://news.enorth.com.cn/system/2001/09/11/000139894.shtml.

美日台三方的认知趋同主要体现在意识形态领域，美、日政界的保守化、右倾化对台湾问题的影响日益加剧。台湾是美国反共、反华的桥头堡，成为美国在亚洲推进其民主理念和价值观的“样板”；日本右翼势力则通过与“台独”势力合流美化“日本侵台史”，达到歪曲其侵华历史的目的；在台湾，李登辉之流竭力美化“日本侵台史”，“台联”的苏进强参拜靖国神社，台湾支持日本成为联合国安理会常任理事国等一系列事件，都是“台独”分裂势力企图以混淆历史来取得日本所谓的认同感的“媚日”表演，希望最终换取日本对其分裂行径的支持。

日本政界、台湾当局相互呼应攻击中国的政治制度，提出中国并非民主化的国家，“遏制大陆的军事发展，不断加强与大陆的民主交流，是日台的共同利益”，① 鼓噪“一党专制”的中国大陆和“民主化”的台湾不具备实现统一的前提——民主的政治制度。为加强三方所谓的“民主共识”，2002年8月21日，陈水扁在台湾召开“日美台三边战略对话会议”上明确提出，“台湾愿意强化美日台三方的合作基础，发展‘亚洲民主同盟’关系，共同建立一个亚太民主的社群”。“副总统”吕秀莲更明确表示，台湾和日本具有共同的文化、经济及政治理念，因此应与日本等国家建立“亚洲民主联盟”。

台湾当局一再宣示“台海和平”是“美日台”三方的利益交汇点，劝说美、日加大干涉台湾问题的力度，陈水扁提出：“台海两岸的和平与安全不仅关系到两岸人民的安全与福祇，也和亚太地区的安全密切相关。两岸关系的安定和平与正常化符合美日和其他亚洲国家的利益。”因此，台湾当局一直把“在日美同盟关系中寻找出台湾的利益作为今后对日工作的最重要项目”。

因为三方的认知趋同，即台湾可以成为美国、日本在意识形态上反共和地缘战略上反华的切入点，所以美日台安全同盟的现实基础就是遏制中国。这个现实基础贯穿着三条围绕美、日及台湾各自利益的线索：第一条利益线索是美国遏制中国可以维持“一超”地位；第二利益线索是日本遏制中国可以寻求在东亚的领导地位；第三条利益线索是通过遏制中国，台湾岛内的“台独”势力就可以择机实现法理独立。美日台三方的利益诉求不同但是在遏制中国这一点上实现了交汇，美日台安全同盟实现了从可能性向现实性的

① ［日］《正论》，1999年8月号。

跨越；而利益交汇区的狭窄和三方利益分层的局限性，注定了三方同盟的松散和未来走向的不确定性。

## 第二节　美日台“隐性安全同盟”的战略目标、组织形式、运行机制

### 一、“以台制华”是美日台“隐性安全同盟”的战略目标

任何一个同盟都有其基本的战略目标，如冷战期间“北约”、“华约”成立目标就在于相互的防范与自保，美日同盟在冷战期间对付苏联而在冷战后重新定义为对付中国，美英同盟在于牵制欧洲的整合，而美日台“隐性安全同盟”主要战略目标是“以台制华”，目标的第一层次在于遏制中国，这一层次与美日同盟的战略指向基本一致；第二层次是利用台湾这个支点，以点带面，达到干扰中国整个现代化布局的最终目的。所以，从这两个层次的战略目标分析，美日台“隐性安全同盟”与美日安全同盟有着天然的亲缘关系，美日台“隐性安全同盟”的出现是美日安全同盟的战略拓展，美日安全同盟则是美日台“隐性安全同盟”的轴心。

美国国内的保守势力与日本的右翼势力对两国对外政策的操控使美日台三方战略目标围绕着“以台制华”加以展开。“以台制华”是美国遏制中国和平发展的主要手段，美国保守势力一直视中国为主要的战略竞争对手而非战略伙伴，美国企图利用台湾问题影响中国的和平发展。

布什第一任期上台之初，视中国为其“战略竞争对手”，遏制中国的战略意图公开化、明朗化。布什上台后，首先开展“电话外交”，从2001年1月末同包括俄罗斯在内的十几个美国的盟友和关系密切的国家领导人通了电话，但没有同中国领导人通电话，“电话外交”显示的美国“同心圆”战略把中国排在并非最重要的外围地区。布什上台后竭力推行“国家导弹防御系统”，四处寻求支持，但和者寥寥；中国明确表示反对美国建立“国家导弹防御系统”（NMD），在美国布什政府就任前夕，中国主管外交事务的前国务院副总理钱其琛接受《华盛顿邮报》记者潘文采访时指出NMD会引起军备竞赛，导致军备竞赛升级，所以中国始终不赞成NMD。2001年4月发生了中美“撞机”事件，中美关系因此陷入了低谷。

“9·11”事件后，中美关系在反恐的背景下得以恢复和发展，但是美

国政界反华的势力仍然十分强大，在布什政府第一届任期内阁组成中，由副总统切尼、国防部部长拉姆斯菲尔德、国防部副部长沃尔福威茨组成了强硬的“三人帮”，他们在外交决策上逐渐排挤了以国务卿鲍威尔为代表的温和派而占据了主导地位，由于“三人帮”在对华政策上浓厚的意识形态色彩和敌对性，整个美国对华政策倾向是不利于中美关系的。2002 年 9 月，美国《国家安全战略报告》中提出四大关键地区，主要是东北亚地区、东亚沿海地区、欧洲地区、西亚中东地区，朝鲜半岛、台湾海峡成为美国关注的重点地区。

布什的第二任期开始后，内阁组成的保守主义特征愈发明显，鲍威尔在第一任期末就辞去了国务卿职务，拉姆斯菲尔德留任防长职务，沃尔福威茨被布什推荐担任世行行长，赖斯转任国务卿后对外奉行强硬路线，而随着美国在伊拉克战争的逐渐结束和对于阿拉伯诸多国家强硬外交的成功，下一步美国将更加关注亚洲的热点地区——朝鲜半岛和台湾海峡。2006 年美国《国家安全战略报告》中重申美国继续奉行“先发制人”的军事打击战略，报告称朝鲜为在核扩散、美元伪钞、毒品等领域的严峻挑战，报告指出“大陆与台湾必须和平化解歧见，没有胁迫，任何一方不应片面行动”。这是美日台同盟形成的深层次战略背景。

中日关系多年来龃龉不断，在小泉上台后达到最低点，日方的右倾路线致使中日两国连基本的历史问题都难以达成一致。在日本政界看来，“以台制华”一举多得：巩固美日同盟、为日本扩充军备找到充足理由、制衡中国的现代化建设、与台湾结好谋取现实利益，所以日本在台海的立场上与美国基本一致，并希望从中渔利。当前，许多人把中日关系的改善寄托在后小泉时代，但是目前看有望接班的安倍晋三等人右倾色彩更加浓厚，所以中日关系是在整个国际大背景和日本国内政治、经济形势演变的前提下形成的，不会随着主要领导人的更迭而有显著的改善，日本朝野上下只有深刻反思历史、反思国家整体发展战略、反思对外安全政策，才有可能改变对华的敌对情绪和在台湾问题上的边缘政策，进而中日结好。

21 世纪以来，美日两国右翼势力对于本国政界的影响力逐步增强，两国对外的单边化倾向都比较突出，而台湾又正值具有“台独”倾向的李登辉、陈水扁等势力掌握行政资源，这为以“反华”、“遏华”为战略基点的美日台三方同盟的时空整合创造了重要的政治基础。

## 二、“美国主导，日本辅助，以台湾为前沿”是三方同盟的组织形式

任何一个同盟都有基本的组织形式，首先要产生一个由强势国家扮演的领导者，北约以美国为盟主，华约以苏联为核心，同时在各个组织内部进行具体的分工。美日台“隐性安全同盟”的组织形式是“美国主导，日本辅助，以台湾为前沿”。

三方同盟以美国为主导是由历史和现实形成的。半个多世纪以来，台湾问题一直没有解决的最大障碍来自于美国的干预，尤其是美国与台湾当局结成的官方和准官方的军事关系。邓小平同志一针见血地指出了台湾问题的实质所在，“台湾问题说到底是美国问题”。现实中美国插手台海局势既有地缘安全利益，又有意识形态的斗争需要。美国主导三方同盟通过两条线索加以贯穿，一是美日安全同盟，二是美台“隐性”安全同盟。

冷战后美日安全同盟不仅没有解散，反而得到进一步加强。美国加强日美同盟“是以一种更加平等的方式来定义日美同盟，事实上并不像有些美国人认为的那样是放弃（或者克制）领导地位，而是在一个更加平等的共同体中去维护真正的领导地位”。[①] 1995年《日美安保条约》重新定义，1997年《日美防卫合作指针》重新修订。1999年5月24日，日本参议院在继众议院之后，通过了《日美防卫合作指针》相关三法案，即《周边事态安全保障法草案》、《日美相互提供物品及劳务协定修正案》、《自卫队法修正案》，为日本军事力量走向世界、干预地区事务提供了法律依据。“9·11”事件以后日美安全合作进一步加强，日本首次在战时为美国军事行动提供后勤支援，日美同盟进入一个新阶段。2005年2月19日，美国国务卿赖斯、国防部长拉姆斯菲尔德与日本外相町村信孝，以及防卫厅长官大野功统在华盛顿举行的美日安全磋商委员会结束后发表了共同声明，赖斯说：“美日官员在会晤中谈到与中国建立合作关系的意愿，以及确保台海问题和平解决的意愿。”[②] 这是美日安全同盟首次公开将台湾列入其合作范畴。法国《费加罗报》2006年4月27日报道，美国建议北约与一些国家建立特殊

---

① Harry Harding，“The Asia Challenge”，Speech to the Faculty of Business Administration of the Chinese University of HK，Hong Kong，Sept 25，1995，P. 10.

② 《美日共同战略首次列入台海问题，顿成关注焦点》，引自《北京青年报》，http：//news.xinhuanet.com/world/2005-02/21/content_2598148.html.

的军事关系，日本名列澳大利亚之后，其在亚太地区联合日本，整合亲美势力，遏制中国的态势十分明显。①

第二条线索是美台“隐性安全同盟”，美台“隐性安全同盟”机制历来是中国国家安全的最大威胁。美国保守势力强化《与台湾关系法》并力图架空《八一七公报》，从而在实质上强化美台同盟关系。布什总统上台后一度提出要“协防台湾”，当前美国对台军售已经完全突破了《八一七公报》的限制。美国针对台海地区的紧张局势和自身的利益加速对台军售，这是美台安全同盟强化的主要表现。同时，顾忌中美三个联合公报的约束和中国政府的强烈反对，美台安全同盟一直处于不公开或者半公开的状态，这就是美台安全同盟区别于美日安全同盟的“隐性”特征。

在美国主导的前提下，日本在美日台安全同盟中辅助美国在军事、政治上介入台湾问题，这是进入21世纪以来台海局势的新情况，增加了台海局势的复杂性。日本辅助美国“以台制华”，一方面地缘上充当美国介入台海的战略支点，另一方面在安全上为台湾充当重要战略依托。

中国社科院台湾研究所研究员修春萍认为，中日建交以来的很长一段时期，日本政府基本上能以作为中日关系基石的三个共同文件，即《中日联合声明》、《中日友好条约》以及《中日联合宣言》为基准，在台湾问题上一直采取较为谨慎的态度，避免因公开介入台湾问题而影响到日中关系。尽管1996年美日签署《美日安保共同宣言》和1997年修改的《美日防卫合作指针》，将美日安保条约的范围扩大到“周边有事”，但对于台湾是否包含于“周边事态”之内，日本一直没有做过明确界定。然而，近些年来，日本在台湾问题上的态度出现了明显的变化，插手台湾问题、利用台湾牵制中国的意向越来越明显和公开，包括公开支持台湾参与世界卫生组织，不断松动对台政策，放宽日本对台关系的既有限制，提高双方官方接触层次，扩大日台官方性质的实务交流与合作等，到如今，日本更发展到明确表示要和美国一起插手台海事务。日本公开表示要干预台湾问题，明明白白地表现出其要在停滞不前的中日关系中加入“台湾因素”，或者说要打“台湾牌”来牵制迅速崛起的中国。目前，虽然中日经济关系不断升温，但双方的政治交往却日趋僵冷。在这种大背景下，日本长期存在的特殊“台湾情结”被激活，再加上日本部分右翼势力的竭力推动，利用台湾问题牵制中国，并以此

① 《欧洲大国反对北约插足亚太》，《参考消息》，2006年4月29日，第1版。

来抑制中国的发展势头，便逐步进入了日本政府政策选择的视野。①

2003 年 6 月 6 日，日本国会通过“有事法制三法案”。该法案规定，一旦某国在日本领土附近集结军队，日本政府就可以据此判断为“有事法制”中的“武力攻击预测事态”，并进而启动自卫队作战机制。这意味着，日本政府实际上已经突破了宪法对“行使集体自卫权”的制约，可以随时启动战争机制。因为中国是日本的邻国，台海一旦发生战事，日本就可依据“有事法制三法案”相机行事。2004 年 5 月 20 日，陈水扁宣誓就职之际，日本国会下院通过了 7 项法案，允许日本自卫队在日本周围区域发生军事危机时向美军提供支持，其中最关键的条款之一，是针对向“进攻日本”的国家运输货物的船只，日本舰船有权“检查和限制”其行动。这实际上是超出军事领域的一项举措，意味着日本海上自卫队可以不受限制地参与海战。

在美日、美台同盟的基础上，美日台同盟进行系统化的整合。在美国的支持下，日本不断加强同美国的军事合作，加快日美军事一体化进程的同时，把台湾海峡纳入了美日“共同作战计划”。继 2005 年 2 月美日“2 + 2”会议把台湾问题列入了美日同盟的 12 项亚太地区共同战略目标之后，5 月 –6 月，美日两国政府决定着手制定针对台湾海峡争端以及朝鲜半岛“有事”的“共同作战计划”，双方在计划中明确发生周边事态等“有事”时，各自应发挥的作用和具体的分工。该计划涉及敏感的台海问题，实质上就是在干涉中国内政，凸显出美日要在台海发生争端时谋求战略主导权的企图。

2006 年 5 月 1 日，日本《朝日新闻》报道，日美双方就驻日美军重组问题形成最终报告之后，日美军事合作将发生变化：建联合作战司令部，应对日本周边事态；共用基地，推进双边军事整合；作用分担，日本的军费负担加重。主要内容有：驻扎在华盛顿州的美国陆军第一军团司令部改编成联合作战司令部，移设到驻日美军在神奈川县的座间基地，主要是将此基地作为因应朝鲜半岛、台海等日本周边有事时的作战指挥据点。此外，为了对付恐怖行动、支援国际和平行动而新设的日本陆上自卫队中央紧急应变司令部，也与联合作战司令部合并。日本防卫厅官员指出，因此美日沟通可以比

① 修春萍：《美日再向“台独”发出错误信号》，《人民日报（海外版）》，2005 年 3 月 3 日，第 3 版。

较顺畅，无时差或者地理差异等问题。①

台湾作为前沿的涵义在于，其一是作为前沿整合反华资源充当反共、反华的前沿阵地。随着中国“睦邻、安邻、富邻”的周边政策的成功实施，美日只能以台湾作为遏制、封堵中国的基点，具体部署就是在美国主导亚太安全领导权的前提下，美日在亚太安全合作中明确地介入台海事务，台湾地区已经被明确界定进美日安全合作的范围内。

其二是台湾本身以美日同盟为依托择机搞“台独”。“台独”势力进行分裂活动的最重要的做法就是“挟洋自重”，由于台湾岛内缺乏广阔的战略后方，一旦启衅战事，大陆的战机和中短程导弹的作战和进攻半径可以覆盖全岛，无论如何推演，“台独”势力都没有胜算，所以台湾独立唯一的希望在于美、日彻底介入未来的台海战事，所以台湾当局竭力促成美日台三方同盟，不惜对美日作出政治和经济代价极为惨重让步，包括在军售上逢迎美国的利益，在领土和历史问题上取悦于日本。政治、军事上“反攻大陆”是蒋氏政权退居台湾后在精神上的“安慰剂”，当今台湾当局并未完全放弃，所以“法轮功”组织、“民运精英”、达赖等“疆独”分子在台湾接踵而至，陈水扁等人对于邪教“法轮功”蛊惑人心的“九评”大加赞赏，台湾当局甚至表态支持达赖以实现“藏独”为目的的所谓“五点和平计划”。2003年1月20日，一个名为“台湾西藏交流基金会”的组织在台北成立，在成立仪式上，陈水扁公开宣称台湾当局不再把西藏流亡者视作大陆人士。所以，台湾陈水扁当局企图整合境外反华势力，配合美日遏制中国的战略意图，成为反共、反华的前沿阵地和大本营。2008年后，民进党一部分骨干失去岛内执政权后，依然与海内外“藏独”、“疆独”势力紧密勾结，破坏中国的国家统一和社会稳定。

## 三、“军事合作为主，政治合作、经贸交流为辅”是三方同盟的运行机制

美日台三方同盟主要针对中国，特别是在军事领域。由于中国是安理会“五常”之一，在国际事务中具有广泛的影响力和亲和力，中美、中日之间一系列的条约、公报规定了美、日处理台湾问题的基本原则，其中最为重要的是“非官方”原则（即不反对美台、日台的民间交流），所以美日台三方

① 《新协议提升美日协同作战能力》，《参考消息》，2006年5月2日，第1版。

不存在公开的政治合作基础；此外，中美日三国的经贸合作空间远远大于美日台的合作空间。因此，“军事合作为主，政治合作、经贸交流为辅”是三方同盟的运行机制。

“美日台”三方军事合作主要在于应对曾经一度紧张的台海局势。历史上，第一次和第二次台海危机在某种程度上是国共内战的继续，其中在第二次台海危机中海峡两岸都反对美国“划峡而治”的分裂行径，主张世界上只有一个中国。第三次台海危机爆发于 1995 - 1996 年，1995 年 5 月 22 日，美国政府出尔反尔，不顾中国政府的一再劝告、交涉，公然允许台湾李登辉于 6 月 3 日至 11 日访美，中国政府决定在台湾海峡举行大规模的军事演习。1996 年 3 月，台湾实行所谓“总统”直选。为进一步打击台湾当局的“台独”气焰和警告“台独”势力，中国人民解放军在东南沿海进行导弹发射训练和军事演习。为此，美国向中国台湾附近水域派遣了两艘航空母舰，向中方炫耀武力。同时，美国众议院国际关系委员会通过“美国应帮助保卫台湾”的决议案，鼓噪美国使用武力“保卫台湾”。1996 年 3 月，中国在台湾海峡实施军事演习后，日本是中国周边唯一追随美国表示“遗憾”、“关注”的国家。1998 年 5 月 22 日，日本外务省北美局局长高野纪元在国会众议院外务委员会召开的会议上作证时说，“日美新防卫合作指针”中所说的“远东地区”包括台湾，因此日本的“周边事态”也包括台湾在内。为此，中国表示强烈谴责。

第三次台海危机之后，美日台的军事合作表现在两点：第一，加速武装台湾，李登辉访美后，美国对台军售的层次不断升级，向配套化、改装化、尖端化方向发展。在 1982 年的《八一七公报》中，美国政府声明：“它不寻求执行一项长期向台湾出售武器的政策，它向台湾出售的武器在性能和数量上将不超过中美建交后近几年供应的水平，它准备逐步减少它对台湾的武器出售，并经过一段时间导致最后的解决”。[①] 但是在事实上，美国出于遏制中国的需要没有遵守这项承诺。2001 年 4 月 23 日，美国总统布什批准向台湾出售包括四艘“基德”级驱逐舰和八艘柴油动力潜艇在内的一批武器，虽然台湾当局一直要求购买的“宙斯盾”级驱逐舰未在批准之列，但美对台军售的升级是近些年来前所未有的，为此中国政府向美国政府提出了严正

① 《中华人民共和国和美利坚合众国联合公报》（1982 年），http://news.xinhuanet.com/ziliao/2002-01/28/content_257069.htm.

交涉和强烈抗议。2002 年 4 月 18 日，美国军方负责台湾事务及军事出口的官员共同访台，拜会台湾军方新领导阶层，针对各项美台军事合作项目进行讨论。对美国而言，台湾成为仅次于沙特阿拉伯的第二大“国防”安全系统合作者。2004 年 6 月 2 日台当局行政部门通过了“重大军事采购条例”及重大军事采购“特别预算”案，将编列新台币 6108 亿元新台币，用于向美购置爱国者三型系统、柴电潜艇等相关军事采购，以加强反导弹装置与强化台湾军队的制海能力。2005 年 3 月 21 日正在中国访问的美国国务卿赖斯警告说，如果欧盟解除对华武器禁运有可能改变亚洲地区的军事平衡。赖斯说：“就美国的观点而言，这（欧盟解除对华武器禁运）不是个正确的信号。这有可能改变该地区的平衡，特别是美国在该地区拥有安全利益。”①

日本追随美国的对华军售政策，2004 年 12 月日本首相助理川口顺子向媒体表示：从亚洲的安全层面来考量，日本政府反对欧盟解除对中国军售禁令。

第二，全方位建设美日台军事合作机制，加速高层交流、情报交换、反潜合作。美国目前一直在抓紧研制战区导弹防御系统（简称 TMD），日本已经加入了研制进程，2001 年美国国防部的一份内部报告称美日有意将台湾纳入 TMD 系统，中国外交部发言人严正表示，对美国想要把台湾纳入 TMD 中去的做法，中国绝对不能接受。

2001 年 7 月 26 日，人民日报的文章《在以武拒统道路上越走越远的危险信号——解放军报发表署名文章评台湾当局领导人鼓吹美日台军事合作的言论》指出，“台湾当局领导人近日在接受美国《华盛顿时报》记者采访时，毫不掩饰地表露出三点希望：其一，希望美、日、台三家合作，共同对付中国大陆的‘导弹威胁’；其二，希望能够加入美国的战区导弹防御系统；其三，希望与美军搞联合军事演习。这是他在‘以武拒统’的道路上越走越远的危险信号。为达成这一步，台湾当局已经暗中做了若干铺垫：让美国人到台湾看地形，让美国人全程参与‘汉光’演习，让美国人帮助操控试射‘爱国者’导弹，让美国人帮助建构三军部队的‘数据链路’。似乎为了证实这一切并非子虚乌有，美国防部最近也宣布，向台湾提供价值 7.25 亿美元的‘联合战术信息传送系统’，改造台湾‘三军联合作战指挥中

① 《美国国务卿赖斯反对解除对华军售禁令》，中国日报网站，http：//news. sina. com. cn/c/2005－03－21/14305421343s. shtml.

心'及各军种的作战指挥中心，使美台双方用一致的作战指挥系统完成联结。台湾舆论形容：美台军事互动就像是炉子已经点着了火，离联合军演不过一步之遥了。"①

2003年9月15日，台湾《联合报》刊发了驻华盛顿记者的相关报道，在一场"美台军事关系研讨会"上，兰德（Rand）公司学者伽斯（Grazzi）宣读研究报告时，透露台湾与美国间已经建起了高层军事热线。报道引用与会台湾官员的话说，美台军事热线在布什政府上台后已经秘密开通。据台湾媒体报道说，1996年台海危机后，美国军方代表就提出了开通"美台军事热线"的构想，这一设想直到布什政府执政时才得以落实。

布什的第二任期内，美国、日本、台湾三方联手打造半月形信息"强链"，重点在于监控东亚和台海风云，掌控大陆新式装备的主要性能指标，把握大陆军事动向，竭力获取中国潜艇活动和导弹的部署、试验等最有价值的情报，美、日、台及时互通掌控的中国潜艇活动信息，俨然一个"准反潜联盟"。②

2005年6月，据共同社报道，日本防卫厅长官大野功统在新加坡表示，日本准备从2006年度起，使日美两国共同研究的海基导弹防御系统进入开发阶段。导弹防御系统第一年的开发经费预计将高达数十亿日元。他还说，日本希望扩大导弹防御系统的范围，使之有能力对旨在使弹道导弹免遭拦截的假目标作出反应。日本《产经新闻》2004年12月报道，日本政府目前正准备把一个鲜为人知的小岛——下地岛，发展成为反潜作战基地。同时，还有报道说，该岛早已获得五角大楼的青睐，美军也希望在那里建设"前沿基地"，因为小岛靠近台海，距离台湾400公里。③ 而台湾当局则妄想，美日进军下地岛，能够为实施"台独"计划撑起新的保护伞。

2006年4月，台湾军方举行了2架E－2K"鹰眼—2000"型空中预警机的成军典礼，据英国《简氏防务周刊》报道，台湾E－2K成军后，已经具备了对大陆24小时监测能力，再加上日本全天候早期预警能力，美国借以封锁大陆的"第一岛链"已经具备了对华不间断预警侦察能力。更为重

① 《在以武拒统道路上越走越远的危险信号——解放军报发表署名文章评台湾当局领导人鼓吹美日台军事合作的言论》，《人民日报》，2001年7月26日，第4版。

② 钱彦琮：《美日台三方"反潜联盟"瞄准解放军》，《国际先驱导报》，2004年11月26日，新华网转载。

③ 《日拟用下地岛为反潜作战基地》，http://news.sohu.com/20041119/n223075502.shtml.

要的是，由于台湾、日本都采用美国的预警机，都预留了共通的数据链接口，再加上台日都使用美制的战斗机，一旦发生战事，有能力可以在短期内实现数据互通和协同作战。①

美日台安全同盟运行机制以军事合作为主，美日对于建立美日台自由贸易区并不热心，这主要是中国大陆的经济飞速发展所产生的“磁吸”效应所致，因此美日台在经济上形不成合力；政治上，受国际法和一系列双边条约的束缚，美日台的政治交流都是不公开或者半公开的，这正是三方同盟的“隐性”特征之一。近年来值得关注的是美国驻台联络处的活动十分活跃，台湾领导人的换届选举和台湾“立法院”的选举、台湾军购案都有其幕后操纵的身影，说明美国朝野上下与台湾当局有着千丝万缕的联系。

进入21世纪，日本政界在台湾问题上的新动向同样引人关注。杨志恒认为：“从1996年3月，日本对于中国在台湾首度总统人民直选过程中，以飞弹试射威吓台湾就已表示高度关注，而在2000年台湾政党轮替后，更肯定台湾民主政治的成就，日本国会除亲中国的小党社民党、共产党外，朝野政党都和台湾建立了不同形式的政党外交关系，今年（2001年）日本国会议员访问台湾进行交流的人数更是倍增。而更具关键的指标是今年（2001年）4月下旬，日本政府发给李登辉签证赴日就医，此一事件又值日本自民党总裁与总理改选之际，当时的日本重量级媒体都大幅报道并在社论上支持李登辉赴日，这反映了日本舆论及民意对民主台湾的肯定，也迫使日本政界必须重视日本民意的普世价值观。最后，日本政府顾不了中共的抗议，自主地决定了李登辉赴日案，这显示了日本政府已在自由民主主义外交原则下，摆脱中国施加的压力，重视日台关系。”②

2002年10月，日本众议院议长绵贯民辅、国土交通大臣扇千景出席台湾驻“台北经济文化代表处”的“双十庆典”，并发表祝词。这是日方首次打破惯例，派国会的议长和内阁大臣等官方要员参加此类活动。2004年5月，日本“台湾帮”由47名日本参、众两院国会议员发起成立了一个亲台组织——“日本台湾安保经济研究会”，在成立后召开的第一次大会上，该研究会就迫不及待地通过了支持台湾民主化、自由化的声明。5月6日，美

① 李济然：《美暗布“第一岛链预警带”》，《国际先驱导报》，2006年4月21日，第3版。

② 杨志恒：《中国及日本在东北亚的角色》，《亚太情势与两岸关系学术研讨会论文集》，（台湾）财团法人两岸交流远景基金会2002年版，第129页。

国联邦参议院无异议通过支持台湾参与WHO（世界卫生组织）的参院第2092号法案。5月14日，日本政府发言人福田康夫表示，日本支持台湾以观察员身份加入WHO。2004年9月日本国会议员大举访台，日台交往悄然升级，一些亲台学者和右翼媒体不断鼓噪，严重误导着日本民众的对台认识。11月24日，日本47名议员公开表态支持台湾"正名"。12月，日本再次允许李登辉访问日本，引起了中国政府强烈抗议。

## 第三节 美日台"隐性安全同盟"对于中国国家统一的负面影响

### 一、美日台"隐性安全同盟"催生"台独"势力的顽固性、冒险性

20世纪90年代后，李登辉、陈水扁相继上台，"台独"势力在掌握了台湾地区的行政资源后，表现出了相当的顽固性、冒险性，表现为以美国、日本为靠山，不惜在军事上与大陆进行正面对抗，完成其"台湾建国的梦想"。2002年8月3日，陈水扁借参加"台独"组织活动之机大放"台独"言论，不仅声称台湾与对岸的祖国大陆"一边一国"，更首次鼓吹"台湾现状的改变要公民投票"，"大家应认真思考公民投票立法的重要性与急迫性"。2002年8月12日，陈水扁宣称美国是台湾当局"最稳定的靠山"。2004年5月，陈水扁在备受争议的所谓台湾"总统"选举中就职，他发表的就职演说极力回避海峡两岸同属"一个中国"的共识，宣扬其"台独"的根本理念："（台湾要）积极参与国际事务，扩大台湾在国际的生存空间。"

"台独"势力的顽固性、冒险性虽有内生因素，但是关键在于"挟洋自重"，要求美、日等国为其"台独"行径"买单"，这是台湾竭力促成"美日台同盟"的主要动机。"台独教父"李登辉一直宣称美国、日本会完全支持台湾独立。2004年11月30日，据台湾媒体报道，李登辉在高雄市为"立委"候选人造势时称，未来3年是台湾的"关键时刻"，不过处理的好对台湾会很有利，反之则会很不利；他并称，美国国务卿更替之后，外交政策会有大变化。而对于美国国务院发言人鲍彻对陈水扁"新宪说"发表的谈话，他则称"大家不要紧张，因为美国对台湾特别好"，这种事"撒娇一

下就好”。李登辉称，美国共有48艘的核子潜艇对准大陆的北京、上海及三峡大坝，“情势并非对台湾完全不利”，中国大陆“不敢打啦！”他还强调称，美国没有台湾不行，“台湾一定要利用这个机会，有什么主张和想法，一定要大声说出来”。[①]

2005年4月21日，针对连战、宋楚瑜将访问大陆，李登辉声称：“两岸对谈的地点应该不是北京。去北京谈，台湾就会被中国吞并。台海问题关系世界和平，台湾地位在二次世界大战至今未定，台海问题是国际问题”，“谈两岸问题的适当地点就是美国，台湾主权的决定与美国有关”，“应该由放弃台湾主权的日本、美国、中国和台湾，四个国家共同参与，坐下来谈”。[②] 2005年7月4日李登辉声称，台湾“国不成国”，没有资格加入联合国，主要是法定地位未定，台湾要“独立”，除了推动所谓“民主、制宪、正名”之外，未来还要跟美国谈论台湾“法定地位”，美国要求台湾什么，台湾可以配合。[③]

日本和“台独”分子的勾结十分密切。2004年12月中旬，台湾一位大学教授担忧地说，日本对台湾的渗透“达到令人震惊的地步”。这一说法很快得到了证实。12月底，日本一个亲台组织的成员露骨地表示，日本已经“控制”了台湾的两代领导人。此话虽有些危言耸听，却不无道理。首先是李登辉。1994年，他公然宣称自己“22岁以前是日本人”；2004年，他又为日本首相小泉纯一郎参拜靖国神社辩护，甚至说自己“也想去看看”。接下来是陈水扁。2005年，媒体透露，陈水扁首次宣布竞选“总统”的前一天还在日本，受到日本首相和外相的接见，并得到了对方的“锦囊妙计”。[④]

在美国右翼势力的支持和授意下，台湾陈水扁当局提出了“先发制人”，反制大陆的“台独”战略，基本上是仿效美国的“先发制人”战略的翻版。中日之间历史问题本来就积怨颇多，台湾问题既是历史遗留问题，又涉及现实利益纠葛，所以“台独”势力竭力在日本侵华历史、钓鱼岛等问

---

① 《李登辉叫嚣美国48艘核潜艇瞄准京沪与三峡》，http：//news. xinhuanet. com/taiwan/2004－12/01/content_ 2282019. htm.

② 郜海：《评论：无可奈何的诅咒》，新华网，http：//news. xinhuanet. com/newscenter/2005－05/01/content_ 2903014. htm.

③ 《李登辉声称台湾要“独立”应与美国谈法定地位》，http：//news. sohu. com/20050704/n226182875. shtml.

④ 《日本加紧渗透台湾，扶植政治代言人控制岛内企业》，http：//news. sohu. com/20050107/n223823760. shtml.

题上逢迎日本政界，离间中日关系。

所以，“台独”势力的基本战略在于以中美日三国的矛盾为缺口走渐进式“台独”路线，所以“台独”势力比较猖獗的时期与中美关系及中日关系的波折期或者摩擦期基本一致。

## 二、美日台“隐性安全同盟”加深了中美日安全关系的脆弱性

中美日安全关系是世界上最为重要的三角关系之一，但是自身具有不平衡性和脆弱性。台湾问题是中美日安全关系这个系统中的子系统，自身产生的负面效应对于整个系统的运转极具破坏性，并且其破坏力具有传导性，可以影响其他子系统的正常运转，产生“木桶效应”，特别对于中美日三国之间的经贸整合、反恐合作、地区安全磋商形成了诸多的负面影响，所以美日台安全同盟的形成和发展必然加深中美日安全关系的脆弱性。

经贸领域本来是中美日三边关系的重要支点，但是美日台同盟已经成为中美日经济关系中的逆流，陈水扁多次提出美、日、台三方应进一步调整应对“威权中国（大陆）”的投资和经贸政策。在经济领域，中美日三国在经济博弈的过程中都十分重视台湾这个筹码，美国前副贸易代表佐立克（Robert Zoellick）在联邦参议院提名审核听证会中明确表示，台湾必须与中国同时加入世界贸易组织（WTO），他强调，这项会员资格不但对台湾极为重要，同时最终也将有助于台湾与北京之间的关系。

进入21世纪，美国、日本一直力压人民币汇率升值，台湾当局也附和这一说法，2005年3月，台湾“经济部长”何美玥表示，若要维持台湾经济成长，新台币最好是紧盯人民币。如果人民币不升，新台币就不应有太大升值，新台币对人民币汇率应进行改革。她说，长久以来，人民币都是紧盯美元，这才会出现亚洲货币随时处于变动状态，但人民币却不动的“不公平”情况。何美玥强调，如果新台币汇率持续飙升，而人民币停滞不动，两地产品输入第三市场时，台湾产品竞争力将受到影响。因此，若人民币汇率能采用浮动式，且与新台币汇率浮动比例差异不大时，对台湾岛内产业应具正面效益。①

中日两国以“能源争夺战”为核心的经济竞争牵涉台海局势。现在，中日的能源之争十分激烈，第一是能源产地之争，第二是能源运输通道之

① http：//www.jfinfo.com/finacenews/index.asp？ArticalID＝32543.

争，中日围绕俄罗斯纳卡输油线路的走向之争已经呈现白热化。台湾海峡是日本主要的能源运输通道之一，日本必须保证台湾海峡的顺畅，因此比美国更加关注台海局势对于日本国内能源供给的影响。2004 年以来，日本媒体大肆炒作中国在东海开采油气事件。中方建议主权纷争可以搁置，两国政府可以共同开发双方都认为归自己所有的区域的资源；台湾和中国大陆还可以共同开发东海临时分界线中国一侧的资源；作为协议的一部分，日本可以以较低的价格从中国那里购买天然气，以此作为投资天然气开发项目的回报。这个方案对于日本而言是具有现实性和可操作性的，但是日本的立场一直十分强硬，甚至无理要求中方提供正在中国经济专属区开采的春晓油气田的数据，致使中日之间的东海油气之争陷入僵局。日本在能源问题上掣肘中国，主要在于日本对于中国迅速崛起及对中国与其争夺能源供给地的担忧，日本因此在和中国的谈判中坚持其不妥协的立场。假如台湾得以回归中国，那么日本在今后有关东海海洋资源开发上与中国谈判时，可用的筹码大为缩减。所以，日本希望台湾问题的发展进一步导致东海问题复杂化，进而从中渔利。

反恐已经成为中美日关系的“稳定器”。但是“台独”势力一直企图利用“反恐”做文章，陈水扁提出，“美日同盟”一直是亚太安全的基石，台湾不仅会全力支持美国在第二阶段的全球反恐行动，亦愿意在“美日同盟”的双边和多边合作架构下，扮演更为积极的角色。2002 年 9 月 10 日，陈水扁公开诋毁大陆对台有“恐怖式”攻击企图。

2004 年 5 月 2 日，台湾媒体报道，美国众议院“台湾连线”主席罗拉巴克等人提案，建议美国洽请陈水扁派遣 3.5 万名陆战队到伊拉克与美军并肩作战，以彰显两“国”共同的价值观，并展现台湾对美国的支持，也从而减轻美军的负担。两位提案人分别是“台湾连线”共同主席之一罗拉巴克与“台湾连线”成员吉姆·莱恩。4 月底，保守派刊物《Human Events》上发表保守派人士 William C. Triplett 的文章，鼓吹“布什总统立刻致电陈水扁”，请台湾派军开赴伊拉克。① 最后，这项动议由于台湾朝野上下的挞伐而被束之高阁。

在地区安全领域，美日台同盟对中美日安全关系的最大挑战是破坏了三国的互信。中美日安全关系的不平衡表现在美日联合遏制中国，同时中国正

① 《2004 年台湾军事大事记》，http：//news. sohu. com/20050121/n224473381. shtml.

在突破现有框架加速崛起，所以三方互动的首要任务在于建立中美日三国的互信机制。中日在历史问题上纠葛不断，在相互信任问题上渐行渐远；台湾主要是中美两国之间的较量，但是中间夹杂着日本这个最不确定的变数；美日台同盟如果呈现强势，则中美日三国互信机制的建立将遥遥无期。中国崛起为世界强国、日本成为“正常国家”、美国维持霸权地位这三个不同的战略趋向在台湾问题上得以体现，致使三国的利益冲突被深度放大，最终“台独”势力有恃无恐地走渐进式“台独”路线。在机制层面上，因为美日台安全同盟的存在，中美日三国一直未能建立起有效的针对台海局势的合作协调机制，特别是在台海地区形势紧张时“中－美日”相互间的信息交流尤其困难，最终因为安全互信机制和信息交流机制的缺失导致了相互间安全对策的错位，促使各方从自身的核心安全利益出发选择加强相互军事威慑的战略，这反过来会进一步导致台海地区局势的不稳定。

要应对美日台“隐性安全同盟”的进一步整合，必须从全球和地区安全形势的角度，进一步协调与沟通中美日三国安全关系，努力搭建基本平衡的三国安全框架。

## 三、美日台“隐性安全同盟”对于中国国家统一的整体国际环境产生了诸多负面影响

美日台“隐性安全同盟”除了对于中美日安全关系的良性构建形成制约作用外，更为关键的是美日两国的反华势力竭力以美日台三方为链条构筑反华包围圈，“台独”势力也借此拓展“国际生存空间”，因此对于中国国家统一的整体国际环境产生了诸多的负面影响。

在地缘上，美日竭力构筑包括美国、日本、韩国、澳大利亚等盟友加上台湾地区在内的“半月形”包围圈遏制中国的发展，对于中国的安全环境形成了严峻的挑战。法国《费加罗报》2006 年 4 月 27 日报道，美国建议北约与澳大利亚、新西兰、日本、韩国等国家建立特殊的军事关系，其在亚太地区联合日本、澳大利亚、韩国遏制中国的态势十分明显。[①]

1951 年，澳大利亚、新西兰、美国签订《澳新美安全条约》，三方结为军事同盟，因此国际社会一直把澳大利亚和日本称为美国在亚太地区的“南北双锚”。就澳大利亚的地区安全政策而言，澳大利亚也有美国在亚太

① 《欧洲大国反对北约插足亚太》，《参考消息》，2006 年 4 月 29 日，第 1 版。

地区的“副警长”之称。冷战结束后，澳美双方出于各自利益的考虑，维系了两国的军事合作，并将其推向全方位的战略合作关系。1996 年，澳美两国签订了《澳美 21 世纪战略伙伴关系协议》，再次提升双边军事合作水平。美国一直要求澳大利亚明确表示一旦美卷入台海冲突，澳必须挺身而出，责无旁贷地站在美国一边。美国前副国务卿阿米蒂奇就曾声称，美国期待澳大利亚部队和美军并肩作战，一旦台湾海峡爆发军事冲突，澳有义务出兵。2006 年 3 月 19 日，美国国务卿赖斯、澳洲外交部长唐纳及日本外相麻生太郎在澳大利亚举行战略会谈，虽然会谈在表面上一致推崇中国在亚太地区的贡献，但是据日本《朝日新闻》报道，美日澳三国一致对中国急速扩军感到忧心。当然，近年来随着中澳关系的发展，澳大利亚政府已经从自身的国家利益出发多次表示无意介入台海局势，包括在未来的台海战事中不会协防美国。

2005 年以来，美国一直酝酿将驻韩美军重新调整为“快速部署部队”，随时对东北亚地区的军事冲突进行干预，甚至干涉台海之间的军事冲突。2006 年 1 月 19 日，美韩达成了驻韩美军新地位协议并发表联合声明，称驻韩美军“战略灵活性”与五角大楼全球战略相一致。但协议设定了一个前提，规定“就发挥战略灵活性问题，韩国不能违背韩国国民的意志介入东北亚地区的纷争，美国尊重韩国的立场”。①

在美国的压力下，欧盟内部对于中国的台湾问题一直有一些不和谐的声音。2005 年 7 月，欧洲议会通过了《欧盟、中国和台湾关系以及远东安全》决议案，反对中国的《反分裂国家法》，触动了中国的政策底线，中国外交部立即表示坚决反对。

此外，美国、日本阻止欧盟解除对华武器禁运，致使欧盟内部解除对华武器禁运的步伐放缓，对于中欧关系的健康发展形成了负面影响。近年来，围绕着欧盟解除对华武器禁运这一问题，中、美、欧、日本展开了多次外交交锋。2004 年 12 月，中国国务院总理温家宝与德国总理施罗德的会谈时表示，中国要求欧盟解除对华武器禁运绝不是急于购买欧洲国家的武器，而是反对歧视，因为互尊互信、平等互利是中欧关系的基础。2005 年 2 月，美国总统布什访问欧洲，主要议题是阻止欧盟解除对华武器禁运。22 日，布

---

① 专家：《美如介入台海冲突，中美或爆发大规模战争》，http：//mil. news. sohu. com/20060331/n242566341_ 1. shtml.

什在布鲁塞尔表示，如果欧盟解除对华武器禁运，美国国会可能采取报复性措施。在布什访欧前，美国国会则向欧洲欲解除对华军售禁令发出了明确预警，并以 411 票赞成、13 票反对的结果通过了反对欧盟解除对华武禁的决议。该决议指出，欧盟若取消对华武禁将危及台海和平和美国在亚洲驻军的安全，并将破坏欧美关系。日本斡旋英、法等国之间，也强烈反对欧盟解除对华武器禁运。法国总统希拉克在欧盟 25 个成员国首脑与布什会晤前举行的新闻发布会上表示，尽管美国反对，但欧盟仍坚持解除对华武器禁售。德国前总理施罗德也表示坚持解除对华军售禁令。在美日看来，欧盟是否解除对华武器禁运牵涉台海局势。对此，中国外交部发言人表示，欧盟解除对华武器禁运是政治原则问题，即使解禁，也不意味着中国将在禁运解除之后增加武器进口。

加拿大长期以来一直都声称支持“一个中国”的原则，但是对台湾的政策受美国的台湾政策影响较大。2005 年 6 月，据香港《太阳报》报道，继美国之后，加拿大国会也酝酿一部与台湾关系法案，即由保守党国会议员艾博特提出的提升加拿大与台湾关系的法案。2005 年 11 月，据 BBC 报道，中国驻加拿大大使卢树民发出警告说，目前提交给加拿大议会的有关与台湾建立正式经贸文化关系的法案一旦获得通过，将可能摧毁中加两国之间长达 35 年的外交关系的基础。

印度是世界上有影响的地区大国，又是中国的周边国家。李登辉、陈水扁等“台独”势力多次谋划将印度、日本与台湾连成一线，展开“三边”合作遏制中国，进而达到分化中国的目的。台湾与印度自 1995 年互设官方代表处以来，双方虽有交流，但就层级及层面而言一直很低，就连贸易额也只从 1990 年的 5 亿美元增加到 2004 年的 19.3 亿美元。2004 年，印度前国防部长费尔南德斯访问台北，他说：“我个人的想法不代表印度政府，但印度、台湾、日本间确有共同战略价值存在。”费尔南德斯认为，台印日成立战略联盟，符合印度人民的利益，有助于发展“三边”伙伴关系，促进“三边”间深化民主、强化国家安全。①

1989 年以前，苏联与台湾几乎没有任何直接交往，双方实际上处于隔绝状态。但是冷战后，俄台官方与半官方的经贸往来日益增加。1995 年在

---

① 《台湾智库谋划“民主同盟”》，《青年参考》，2004 年 11 月，http：//news. sina. com. cn/o/2004 - 11 - 17/12314265598s. shtml.

俄台湾投资企业已经超过500家，主要集中在加工和贸易服务领域。台方多次在俄举办商品展销会，并在俄成立了“台商俱乐部”。2002年7月在台北成立了旨在促进双方各项交流往来的“台俄协会”，理事长就是当时的“总统府”资政张俊雄。台湾当局除了通过发展与俄经贸关系来获得经济上的好处外，更主要的目的是寻求与俄政治关系的突破，使其“台独”目标得到俄罗斯这样的战略性大国的认可。因此中国必须认真对待俄台关系，主要着眼点是通过提升两国战略协作伙伴关系的水平，特别是通过加强双边经济贸易合作，使俄台贸易在俄罗斯对外贸易中逐渐边缘化，通过中俄两国间顺畅的沟通渠道封堵台湾当局对于俄罗斯政局的政治渗透。

虽然大多数阿拉伯国家支持中国实现国家统一，但是值得注意的是，2005年台湾向阿联酋出售军火及陈水扁在阿联酋过境，引起了中国政府的严正交涉。2006年，陈水扁访问中南美洲的“邦交国”时，过境利比亚作停留，说明台湾当局正在加紧向阿拉伯国家特别是海湾地区产油国进行外交、经济方面的渗透。

此外，台湾以“经援外交”维持了20多个所谓的“邦交国”，这些“邦交国”接受了台湾当局的经济援助后竭力为台湾当局在国际上制造“两个中国”或者“一中一台”摇旗呐喊。

## 四、美日台“隐性安全同盟”对中国国家安全态势形成严峻的考验

美日台“隐性安全同盟”的主要目标是针对中国，因此对于中国国家安全态势形成了严峻的考验。

第一，美日台“隐性安全同盟”有使中国陷入海峡两岸军备竞赛之虞。国内学者指出，在全球化的经贸竞争和高科技竞争的大潮里，美国企图有节制地把两岸拖入中等程度的军备扩张，不但有利于美国大赚军火生意钱，也可以削弱整个中华大经济圈形成后对美竞争的能力，在一定程度上延缓中国成为国际强国的脚步，并借着两岸“不统不独”局面造成的不稳定因素，用“美国梦”来“掠夺”两岸的现代化人才。

美国国际关系学者罗伯特·卡普兰在2005年6月号《大西洋月刊》发表了题目为《我们如何对付中国》的文章，指出中国才是更可怕的敌人，美国应做好和中国作战的准备，“中东只是一个小问题。美国与中国在太平洋上的军备竞赛将确定21世纪的性质。中国将成为一个比俄罗斯更难对付

的敌人”，“随着消费能力和军事能力的提升，加上拥有有史以来受过最好教育的农民，中国构成了对美国自由统治的一个主要传统威胁”，“而美国和中国军队在太平洋地区的作战将决定 21 世纪的军事格局。和前苏联相比，中国才是更可怕的敌人。随着中国整备军力，美军太平洋指挥部将会推动反制措施，而且这些措施将颇具危险性。因而，美中关系将迈入一个充满紧张和挑战，双方军事摩擦频繁，甚至彼此对抗的新纪元”。[1] 但是，美国也不得不小心避免将事情搞糟，因为两岸形势一旦恶化到开启战端的程度，则台海“不统不独”的局面将被打破，美国也就不能从中渔利。中国改革开放 20 多年来的成功经验就在于成功规避了无限制的军备竞赛，正确处理了经济建设与军队建设的辩证关系。目前正值台海局势复杂多变的矛盾凸显期，中国在以经济建设为中心的前提下，必须保持对“台独”分裂势力的军备优势和对外来侵略、干涉势力的有效威慑，这无疑是一场全新的考验。

第二，中国国家安全战略面临挑战。“和为贵”是中国传统外交理念的精髓，中国一贯主张“安全上应相互信任，共同维护，树立互信、互利、平等和协作的新安全观，通过对话和合作解决争端，而不应诉诸武力或以武力相威胁”。[2]“和平”在中国和平发展的过程中有两层含义：一是过程的延续性，中国自身发展过程是一个争取和平、维护和平的过程，中国处于和平与发展的时代，这是中国能够和平崛起的前提；二是目标的指向性，中国的发展将有利于本国乃至世界的和平。当前，在台湾问题上，由于美日台结成“隐性”军事盟友，所以台海地区的局势演化就将成为不以人的意志为转移的客观存在，在“和平”基本为台海地区乃至亚太地区“常态”的情况下，也不排除由于偶发因素导致的非和平乃至地区冲突的情况。出于这种考虑，中国要对国家安全战略进行调整，特别是为打赢未来的台海战争而积极展开相关的战略部署，如中国的西部大开发不应该被赋予单纯的经济跃升的色彩，而是应该放在国家安全的背景下加以考量，要从战略的层面把能源密集的中国西部地区建设成为中国维护国家安全、实现国家统一的可靠后方。同时，中国国家核战略的基本原则是“后发制人”，而在台海局势一旦恶化的情况下，必须加强核力量在维护国家统一中的战略威慑作用。

---

① 詹得雄：《2005 年世界风云变幻，美国的全球政策引发的国际大势激发人们的思考》，新华网，http：//learning. sohu. com/20051230/n241196432. shtml.

② 江泽民：《全面建设小康社会，开创中国特色社会主义事业新局面》，《人民日报》，2002 年 11 月 17 日，第 1 版。

第三，中国的经济安全、能源安全面临考验。中国经济在向市场经济转轨的过程中，面临着经济安全问题，例如金融危机、汇率冲击、能源供给等等。美、日等西方国家一直在对华贸易上挑起各种事端，例如美、日力压人民币升值，美、欧在纺织品上几欲掀起对华贸易战，美日还在能源问题上保持对华戒备姿态，这些问题如果应对不妥当就会引发国内、国际的诸多矛盾。“台独”势力一直关注中国在经济快速发展过程中引发的与美、日等国的贸易纠纷，企图促使“经济问题政治化”，在国际上煽动中国“经济威胁论”，为“台独建国”赚取国际社会的同情和支持。此外，中国现在作为世界能源消费第二大国，台海局势在地缘上已经影响到中国的能源运输安全。结合台湾问题，统筹中国的经济安全、能源安全势在必行，必须建立台海局势紧张时中国的经济运行特别是能源供给的应急预案。

面对美日台同盟的整合趋势，除了构建中美日安全架构外，中国必须建立以维护国家安全为核心，着眼实现国家统一为现实目标的国际统一战线，形成有利于中国实现国家统一的良好国际环境。

## 第四节　美日台“隐性安全同盟”的内在矛盾、结构性困境及基本走势

### 一、美日台安全同盟的内在矛盾导致同盟内基本互助功能的缺失

“美日台安全同盟”、“美澳同盟”、“美日同盟”是美国实施国家安全政策“链条”化的多个环节，在所有结盟中美国都是在维护自身安全利益的前提下才能承诺对于盟友的安全保证，这种自身利益最大化的准则不可避免地导致同盟内部的矛盾与冲突，导致美国的国家安全战略缺乏系统性和完整性、延续性，因此基辛格指出：“不要认为美国有一套系统的完整的战略。其实，我们从来没有一个长期的战略方针，更没有一套完整的战略思想。”①

“美日台安全同盟”内部，由于台湾当局的“急独路线”导致美台之间

① 转引自宋强等著：《中国可以说不——冷战后时代的政治与情感抉择》，中华工商联合出版社1996年版，第1版。

的矛盾一直呈现上升阶段。陈水扁当局近年来不断游走在台湾“法理独立”的边缘，有意碰撞美国台海政策的底线，美国也因此认为陈水扁的行为严重伤害了美台之间的互信，2006 年初陈水扁“终统”后，5 月美国布什政府在陈水扁“出访”巴拉圭、哥斯达黎加时故意降格其过境美国的地点和待遇，以给台湾当局难堪的方式警告台湾当局不要玩火自焚，陈水扁被迫放弃了“过境”美国的计划。

“美日台安全同盟”的主轴是“美日同盟”，美国虽然鼓励日本在亚太地区发挥作用，但是维护美国国家安全利益是第一位，所以美日合作的前提在于美国居于该地区的主导地位，而美日之间以及美日围绕台湾问题所产生的龃龉不断。

第一，出于历史渊源，美国对于日本在台湾的作为仍然有戒备和牵制的一面。历史上，美日两国并非天然盟友，日本民众至今仍然怀有“广岛情结”。

日本《朝日新闻》报道，越来越多的美国人担心，日本对待历史问题的态度不仅影响日本与中韩两国的关系，而且给日美关系带来不良影响，因为小泉连续参拜靖国神社所表明的历史观，就是想把先前的战争正当化。而这会导致这样的结果，在日本承认战争责任基础上形成的战后国际机制被否定。诸多美国专家认为，日韩、日中关系的恶化不符合希望东亚稳定的美国利益。乔治·华盛顿大学亚洲研究所所长莫奇斯基指出：“美国的精英全都否定靖国神社的历史观，因为历史问题而对日本持批评态度的人越来越多。”日本外务省的官员也说：“除（美国）政府外，美国其他方面对日本历史问题的态度很严厉。由于日美首脑尚处于蜜月期，所以批判日本的声音还不是那么强烈。一旦首相换人，情况就难说了。”①

1972 年，尼克松访华，中美领导人对于台湾问题深入交换了意见，尼克松提出了美方对于台湾问题的五项原则，其中第三项表述为“将在力所能及的范围内劝阻日本，使其不进入台湾，也不鼓励日本支持‘台独’”。②时至今日，美日在台湾问题上存在诸多矛盾和分歧，只是被中美、中日在台湾问题上的斗争所掩盖而已。

第二，美日争夺在亚洲乃至亚太的领导权涉及了台湾问题。80 年代中

---

① 《小泉参拜也会影响日美关系》，《参考消息》，2006 年 5 月 1 日，第 2 版。

② 苏格：《美国对华政策与台湾问题》，世界知识出版社 1998 年版，第 382 页。

后期，日本方面提出了“雁行模式”，该模式的具体内容是以日本为先导（雁头），亚洲“四小龙”（包括台湾）紧随其后（侧翼及雁身），其他经济为后阵（雁尾）。美国则于1991年提出了与之相对的“扇形结构”。按照美国前国务卿贝克的解释，所谓“扇形结构”，是指以美国为基轴，然后向西辐射，其中美、日同盟为骨干，美、韩、东盟及澳联盟为射线。这两个美日各自提出的模式反映了两强竞相争夺的态势。

2002年11月，为改变日本情报侦察体系严重依赖美国的现状，日本政府决定正式启动东亚军事动态卫星监测系统，位于东京的侦察卫星指挥控制中心也开始投入使用。2003年3月28日，日本向太空发射了两颗情报收集卫星（即事实上的间谍卫星），从而启动了谋划已久的间谍卫星发射计划。

日本政府原本基于保密的原因而计划独立开发F-2支援战斗机，但该支援战斗机却是由日美两国共同研制的，其原因是美国惧怕日本防卫技术开发能力增强，迫使日本购入美制F-16战斗机后再加以改良而成。

第三，美日两国在台湾问题上的利益不一致。日本在台湾的利益需求大于美国在台湾的利益需求，台湾在日本整体的国家利益中更加突出。台湾问题在中日关系中有从重要问题转向核心问题的重心化趋势，而台湾问题在中美关系中则有从核心问题转向次重要问题的边缘化趋势。

冷战后美国前任和现任总统从克林顿到布什都多次重申，美方理解台湾问题的敏感性，美国坚持一个中国政策，遵守中美三个联合公报。1998年6月，克林顿访华提出了对台“三不”——不支持“两个中国”或“一中一台”、不支持“台湾独立”、不支持台湾加入任何主权国家才能加入的国际组织。日本政府也表示奉行一个中国政策，不支持“台独”，但是不如美国的表态明确和具体。1998年11月，江泽民访问日本时日本政府坚持不在“三不”上作出任何表态，刻意回避这一问题。

最近，中日关系中的一些矛盾暴露出来，如历史问题、能源问题、钓鱼岛问题、东海大陆架问题，这些都和台湾问题有密切的联系，日本政府不顾胡锦涛和温家宝两次与小泉会晤的成果，一意孤行邀请李登辉访日，给“台独”分子发出错误信号，导致中日关系再次陷入低谷，其背后有日本在台湾的战略考量，中日在台湾问题上实际上由“暗斗”转为“明争”。

“9·11”后，美国把全部精力转向了中东，特别是忙于处理伊拉克和伊朗问题，而美国无力同时应对东亚和中东两场地区冲突，所以相应的“以台制华”的战略紧迫性在下降，美国在台湾问题上的举动更加倾向于

"求稳怕乱"，侧重于遏制"台独"势力的过激言行。同时，在国际安全合作上美国有求于中国，希望得到中国的大力配合。

第四，在美、日对于台湾问题的综合影响中，美国居于公开的主导性地位，日本处于隐蔽的辅助性地位。

美国居主导和支配地位主要表现为：美国对于台湾岛内政治的走向发挥着不可替代的影响。进入新世纪，与日本政府在台湾问题上的右倾化相比，美国处理台湾问题相对客观、理性一些，美国明确反对台湾独立，最主要的变化表现为布什政府因为陈水扁顽固拒绝理解美国反对台湾独立的立场而失去信心，美国对台政策从"战略模糊"走向"战略清晰"，逐步向北京倾斜。虽然台湾的"民主化"进程符合美国的主流价值，但是美国政界，尤其是克林顿政府期待用"软性围堵"来和平演变中国大陆的基本政策并没有变。换句话说，美国是想用台湾的"民主化"来作为促进中国大陆进一步走向"西化"、"分化"，但却不会为了保卫台湾的"民主化"成果而不惜与中国大陆一战。更重要的是，美国不会乐意看见因美国大幅提升对台军售引发中国大陆的反弹，使和平演变遭受挫折。

2004年末台湾的"立法院"选举中，美国国务院明确表示反对陈水扁提出的台湾"改名"意图，成为影响台湾"泛绿"阵营在"立法院"选举败北的重要原因。泛蓝阵营在台湾的"立法院"选举中获得胜利，对陈水扁当局形成了牵制局面。

看到台湾"泛绿"阵营在"立法院"选举失败，与美国的战略考虑并不一致，对台湾一直存有"私心"的日本对此感觉是很复杂的，而给李登辉这个"独派"精神领袖发放签证，日本也有自身的战略考量。总之，由于台海战事将危及日本的周边安全和核心的经济利益，日本才根据自身的国家利益追随美国反对"台独"。

由于美日在台湾问题上存在诸多矛盾，决定了美日在介入台海局势时难以进行系统的协调配合，美国在保证自身利益的前提下出于要维持台湾游离于中国大陆的不确定状态这一目的，一方面武装台湾，加强其自卫能力，另一方面要求日本与台湾一样成为"反华"的一线国家，使自身的国家安全利益不受损害。日本国内深谙其中要义，一方面"遏华、联台"不遗余力，从中攫取现实利益，另一方面精心把握政治、军事上介入台湾的力度、时机，尽量不与中国发生全面的政治、军事对抗。因此，这种同盟内部的矛盾导致了同盟成员之间互助功能的缺失，进而影响到了受益的均衡，使同盟本身陷入困境。

## 二、“同盟”内三方安全上受益不均衡导致同盟面临结构性困境

如果从美日台三方同盟的组织机制和演化趋势看，美日与“台独”分裂势力积极构筑的同盟在自组织理论[①]视角下早已存在结构性困境问题。

自组织理论认为，任何一个庞杂的体系内都会存在许多变量，在系统发生质变（物理学称为相变）时，快变量对质变没有影响，它的变化完全由慢变量来决定。而最终对体系运行发挥役使作用的慢变量被称为“序参量”，即体系得以维系的运行动力。美日台同盟即可以被视为一个复杂开放的巨系统，那么其赖以运行的序参量在于国家（地区）利益的汇合。但在该同盟体系内部不可避免的会产生各方利益上的重叠与冲突，所以同盟要形成合力，各方利益的相互让予（部分同盟内部的成员甚至要让渡一部分主权或者自主权）是必然的，同时还要尽量保证各方受益的均衡，从而维持同盟的存在。美日台“隐性安全同盟”有其自身的脆弱性，主要是三方安全上受益不均衡导致“美日台隐性安全同盟”结构性的困境。

美日台安全同盟的受益机制极为不平衡，如果将美日台同盟的利益总值设定为10，美国受益在6－7之间，日本受益在3－4之间，台湾受益在5－1之间。美日台同盟的地理坐标指向为台海地区，这里远离美国本土，在美国安全战略的得失权衡中，台海一旦发生战事，只要控制在一定的规模内，美国整体的国家利益不会受到损害，因为美国的能源供给、本土安全不受威胁。美国历届政府的对外政策鲜明地体现了务实、逐利的特点，从孤立政策到中立主义，美国在两次世界大战中都大发战争横财；美国一直坚持介入台海地区“不统、不独、不武”的基本政策，组建美日台同盟可以使美国从中日争执、两岸对峙中坐收渔利，进而把握中美日安全关系中的主导权。同时武装台湾既可以使美国国内军工复合体受益，又可以为美国在未来的台海战争中脱身做好准备，因此美国受益最多。

---

① 作为复杂性科学重要的组成部分，自组织理论是20世纪60年代末期开始建立并发展起来，其代表人物是普利高津（I. Prigogine），著有《从混沌到有序》等。所谓自组织系统即指无需外界特定指令而能自行组织、自行创立、自行演化，能够自主地从无序走向有序，形成结构的系统。当前国内外许多学者基于自组织理论深入研究政治、经济、科学等诸多现实问题时，尤其注重对系统（组织）的形成和演化规律及其运行动力进行分析。

日本视台湾海峡为其未来发展的“生命线”，台海局势事关日本的国家安全整体战略的展开，日本借助美日台同盟提升自己的国际地位，遏制中国的崛起，恢复和发展在台湾的传统与现实利益，所以日本在同盟中的受益为正值；但是，日本毗邻中国，日本、台湾同居环绕中国的第一岛链，台海局势一旦紧张必然对日本的国家利益产生负面影响，特别是能源安全问题，日本必须把握介入台海局势的程度，因此日本的受益不如美国丰厚。

在同盟内部，台湾受益最少，并且又可能成为受损最为严重的成员。台湾积极促成三方同盟的动机在于台湾独立，而迄今为止，美国、日本都表示不同意台湾独立，从而使台湾在同盟内的利益诉求“空洞化”。

同时，美国利用台湾“以武拒统”的想法不等价地进行对台军售。台湾为获得美国于2001年答应售台的8艘柴电动力潜艇，台湾当局编列了4121亿新台币的“特别预算”，平均每艘达515.16亿新台币，约合15.38亿美元。对此，台湾亲民党“立委”林郁方批评台湾当局购入潜艇价格明显偏高。林郁方说，韩国、印度、巴基斯坦、希腊等国购买与台湾同类型的潜艇，每艘价格只有3.17到4.2亿美元，台湾购买潜艇的价格却高出这些国家的5倍，显然价格偏高；如果台“国防部”以这种价格购买传统的柴电动力潜艇，就是另一个军购弊案。民进党的一些“立委”也认为美国卖给台湾的潜艇价格太高。对此，台军解释称，4121亿新台币的潜艇预算，包括了一笔约800亿新台币的“潜艇国造”费用。但即便如此，每艘潜艇仍需花费12亿美元以上，比国际军火市场的正常价格高出约4倍。[①]

台湾的大宗军购无疑为美国的军火淘汰和换代后产品倾销提供了“垃圾场”，冷战结束后，由于美国面临军备裁减的大趋势，再加上武器装备的正常退役和淘汰，所以“军备垃圾”很多。按规定，舰艇服役25年、飞机服役15年、导弹服役10年就要退役。随着科学技术的发展和工艺水平的提高，超期服役是很正常的事情，但不能超期太多，一般都在超过规定服役期5年-10年后退役。所以，美国把台湾当做一个“大垃圾桶”，利用租借和销售的方式出售，既能赚到钱又履行了法律义务。台军现有装备中属于这种状况从美国引进的装备占绝大多数。台湾购买的基德舰就属于这种情况，美方淘汰基德舰后不顾台湾的现实需要将其列入售台军售清单，台湾海军购买

① 《美国大肆售台武器，助台当局“以武拒统”》，http：//tw.people.com.cn/GB/26741/34736/34740/2595926.html.

了这种用于远洋作战的舰船根本不适合“‘台独’的现实需要”。

日本右翼势力利用台湾问题促使中日领土争端复杂化。日本政府一直以支持“台独”，争取台湾放弃对钓鱼岛拥有主权。2004年2月，在台湾岛内“立委”的强烈要求下，台湾省宜兰县地政局完成钓鱼岛的土地登记作业，正式将钓鱼岛划归头城镇辖区。但7月6日，台新任“驻日代表”、老牌“台独”分子许世楷在走马上任的第二天就宣称，“钓鱼岛距离台湾与日本都很近，不能简单论断主权归属”，“这个问题，随时都可以谈”。2005年2月9日，日本政府决定由海上保安厅接管右翼团体在钓鱼岛上设立的灯塔，并作为日本的“国家财产”予以保护。台当局肯定日本政府的行为具有“正面作用”，称此举“能让钓鱼岛归属问题的谈判在理性的环境下进行”。[①] 岛内舆论分析，此等荒谬言论暴露了台当局以钓鱼岛主权为筹码，谋求“联日制华”、争取“外交突破”的政治用心。正如岛内媒体所言，陈水扁当局要走“台独”路线，“在联美、日的大战略下，区区钓鱼岛在他们眼中又算什么呢?”[②] 在2005年6月的台日渔业争执中，台湾军方称无法在军事上抗衡日本，所以拒绝出海保护台湾渔民，招致台湾朝野上下一片哗然。所以，“台独”势力为了换取美日对于台湾独立的支持不惜损害整个台湾地区的利益，在三方同盟中是完全受损的一方。

“台独”势力在经济上“媚日”行径更加突出。1999年夏天，由李登辉口述，日本人撰写的《台湾的主张》一书出版。在这本大肆宣扬“台独”的书中，李登辉特意谈到了台湾高铁的建设问题，明确表示如果日本的商社和企业参加投标，台湾当局就应该做出“政治决断”，其意思不言自明。2004年12月30日，亲民党“立委”李鸿钧披露，台湾高铁原本与欧洲签约，但为了让李登辉赴日本“治病”，只好违约与日本新干线合作，付出的21亿元新台币巨额赔偿，其实就是李登辉访日的机票。此外，日本右翼势力还唆使台湾在中日东海大陆架之争中偏袒日方。

随着2008年初马英九上台，台日军事联系日渐平淡并开始趋于冻结。2009年，日本宣布在靠近台湾的与那国岛驻兵，外界普遍认为这是针对台湾的一着狠棋。7月，日本《读卖新闻》又披露了台日军机在与那国岛[③]上

---

① 《台当局为何拿钓鱼岛讨好日本》，http：//www. cctv. com/taiwan/20050218/100253. shtml.

② 《台当局为何拿钓鱼岛讨好日本》，http：//www. cctv. com/taiwan/20050218/100253. shtml.

③ 与那国岛是日本最西端岛屿，人口约1600人，距离台湾仅百余公里，一直以来在地缘与经济上都与台湾接近，反而与日本本土显得疏远。

空对峙的消息。《读卖新闻》报道称，7 月 8 日，日本防卫大臣滨田靖一搭乘自卫队的 U4 飞机，从冲绳首府那霸飞抵与那国岛访问。当天上午 7 时，驻扎于日本宫古岛上的自卫队雷达部队，侦测到台湾北部的某空军基地有数架战斗机起飞，日本担心这是针对日本防卫大臣的 U4 而来，紧急从那霸基地派遣两架 F－15 战机前往护航。日本航空自卫队军官事后表示，台湾战机升空，可能是对日本想要在与那国岛驻军表达不悦。而台湾空军司令部回应称，与那国岛正好跨在台湾和日本防空识别区（ADIZ）的分界线上，因此当日机接近与那国岛，也就是接近台湾 ADIZ 的边缘。在这种情形下，让台方在空战机就近了解一下状况，完全是标准处理程序。台日防空识别圈的重叠是美军占领琉球时留下的产物，造成与那国岛上空 2/3 的空域为台湾空军防空识别区，1/3 的空域为日本西南防空识别区的特殊现象，并一直沿用至今。因此，每当日本飞机进入与那国岛上空，都会进入台湾的防空识别区。台湾早在李登辉、陈水扁时期，台日在军事上可谓“眉来眼去”关系暧昧，以至于对日本的军事过激动作采取息事宁人的态度。1994 年 3 月，台湾一架民间飞机在与那国岛附近差点被日本战机击落。但出于“台日关系”的考虑，台当局并未对日本战机针对民航飞机的危险举动做出任何强硬表示，最终不了了之。陈水扁上台期间，台日军事关系更进一步发展。2008 年，台湾“国防部”宣布，台海军“海鲨”演习管制区的右缘被确定在东经一百二十三度，和与那国岛的领海线实现了“无缝连接”。但日本方面对台军的演习却持默认态度，不仅显示台日双方的默契，更试图象征美日台共同防御安保的立场。[①] 与那国岛事件凸显了日方对于马英九当局的军事不信任。

总之，台湾如果以一岛之力，企图用大规模报复的战略来制衡大陆，等于排除了两岸冲突的局部性，一旦开打，必然升级为全面战争，对台湾全岛上下无任何可以预期的利益而言，利益预期值只能为负。

三方受益上的不均衡必然使同盟的延续面临结构上的困境，在美日台三方博弈中，台湾无论采取何种对策，都必须以损害自身利益换取同盟形式上的完整以及美日基于道义上对于台湾的援助承诺。事实上面对日益发展的大陆，台湾当局自身孤立化、边缘化的程度在加深，所以同盟的延续将面临空洞化乃至彻底解体的危险。

① 海韬：《台日海空对峙几率增加》，《国际先驱导报》，2009 年 8 月 3 日。

## 三、从隐蔽化到机制化再到空洞化是三方同盟的基本走势

美日台安全同盟是一个体系，中美日安全架构也是一个体系，当前台海局势就是两种体系的对抗。而从整个国际背景看，中美日安全架构具有体系上的优势，具有政治对话、安全合作、经济互补的广阔前景，符合政治多极化和经济全球化的世界潮流；美日台安全同盟具有先天的劣势，从同盟基本的战略理念到利益分配、责任分担都存在诸多的缺陷，特别是以遏制中国为核心战略，破坏了同盟体系外与其他体系的兼容性，因此缺乏持久动力，其使命也是暂时的。

自组织理论认为任何一个系统都不是孤立存在的，与其他许多巨系统存在着重合与交叉。① 因此，包括中美日在内的东亚区域安全体系作为更高一层的巨系统决定着美日台同盟这个子系统的演化和消亡。在中美日三边架构中，中国综合国力的提升与国际地位的提高是这一体系的序参量（即运行动力）。

中美日安全架构尚未完善，美日台安全同盟亟待整合，双向走势的两种体系相互正面碰撞恰恰反映了台海局势的复杂性。当前，美日台安全同盟的基本走势就是从隐蔽化到机制化再到空洞化。

三方同盟发展的第一阶段是从隐蔽化到机制化。当前，隐蔽化是美日台安全同盟的重要特征，因此称为“美日台隐性安全同盟”。多年来，美日在台湾问题上的合作呈现“一明一暗”（即公开与隐蔽）态势。中美建交前，美国同台湾“断交”、“废约”并完成了相应的“撤军”，美台同盟便失去了相关国际公法的荫蔽，美台经贸关系以民间形式维持，美台政治关系和军事关系则成为台海局势下的“暗流”。1982 年，为了妥善处理中美关系，美国与中国签署了《八一七公报》，同时为了规避中美间达成的处理台湾问题的一些基本原则，美国国会制定通过了《与台湾关系法》。当前，美国亲台势力竭力提升《与台湾关系法》的法律地位，千方百计地架空中美三个联合公报，特别是《八一七公报》。《与台湾关系法》在美国现实对外政策中得以强化，使美台合作体系公开化。

---

① 所谓自组织系统即指无需外界特定指令而能自行组织、自行创立、自行演化，能够自主地从无序走向有序，形成结构的系统。转引自吴彤：《自组织方法论研究》，清华大学出版社 2001 年版，第 3 页。

日本处理涉台事务的基本做法则是以“‘无为’掩盖其‘有为’的实质”,[①] 日台地下政治、军事交流十分活跃。当前伴随日本要求成为正常国家和军事强国，20 世纪“美日台军事同盟”以“美台同盟”为幌子，掩盖日本的军事存在。进入 21 世纪，日本染指台湾的意图凸现，日本政界以“中国威胁论”阻挠中国的国家统一。日本是“中国威胁论”的始作俑者之一，2004 年 11 月 8 日，日本《东京新闻》的一篇题为《防卫厅设想中国对日发动攻击的三种可能》的文章称，日本防卫厅人士将于 11 月底制定“新防卫大纲”。为此，防卫厅的一个委员会对日本安全形势进行了评估。9 月，它提交了一份正式报告，认为中国“越来越成为日本安全的一大威胁”，中国武装进攻日本的可能性并非不存在。报告宣称，在三种情况下，中国可能对日发动攻击。第一，台湾海峡两岸发生严重军事冲突，驻日美军利用在日本的军事基地，援助台湾同大陆作战。在这种情况下，中国为了阻挡美军，可能对驻日美军的军事基地及其周边地区发动进攻。第二，在钓鱼岛问题上，如果日中两国的领土争端加剧，中国有可能采取强硬措施，以武力夺取钓鱼岛，从而导致日中两国爆发军事冲突。第三，在东海专属经济区划界等问题上，日中之间也存在争端，如果日本未按中国能够接受的方式解决争端，中国很可能会采用“非法步骤”——对日本动用武力。三种可能都明确或者隐晦地触及了台湾问题。此外，日本政府新的《防卫计划大纲》以及2005 至2009 财政年度的《中期防卫力量整备计划》设中朝为假想敌，并关切台海局势。

随后，美日台情报合作、反潜合作、三方军界高层交流及美日制定未来台海局势的应急预案，都展示了三方同盟机制化的进程。2004 年 11 月 16 日，针对日方提出的中方潜艇进入日本领海的事件，中国外交部副部长武大伟（前驻日本大使）向驻中国的日本大使阿南惟茂报告了中方的调查结果。武大伟解释说：“潜艇在训练时出现了一些技术问题，才会错误进入日本的石垣岛水路航道。”日本当局发布消息进一步指出：“按照日美两国的卫星情报，确定该艘侵犯日本领海的核潜艇最终开进中国青岛附近的姜哥庄潜艇基地。”[②] 日本在美国的支持下刻意将此事与中国勘探东海石油联系起来，

---

① 张耀武：《中日关系中的台湾问题》，新华出版社 2004 年版，第 365 页。

② ［新加坡］符祝慧：《潜艇风波：中国表示遗憾，日本当成道歉》，［新加坡］《联合早报》，2004 年 11 月 17 日。

并且多次渲染事件发生在冲绳附近，在日本看来这是美日台反潜机制化的重要演练。据日本《读卖新闻》2005年6月30日披露，美国已经向日本明确表示，为遏制台湾海峡可能出现的危机，美海军陆战队将继续驻扎在冲绳岛，不会按照当地民众的要求转移到其他地方。随着美国保守势力、日本右倾势力、台湾分裂势力三股力量逐渐合流，“美日台军事同盟”进一步走向一体化、机制化、公开化。

三方同盟发展的第二阶段是由机制化转向空洞化。美日台同盟具有先天的不足，特别是得不到大多数国家道义上的认可，加之体系内部结构性的矛盾和利益分配不均，必然引发同盟功能上的弱化，随后通过中美日的互动和中国国家统一的步骤加快，美日台同盟将会面临空洞化和解体的危险。当前，国际媒体渲染美日台军事合作对中国国家统一的正面威胁，其背后的用意在于拖中国加入同美、日、台湾的军备竞赛，使中国重蹈前苏联的覆辙，断送中国的现代化建设；而中国的统一是一个系统工程，包括政治、经济、军事、文化诸多领域，核心在于综合国力的提升，才能增大对于台湾的磁吸力，加大对于外来干涉的威慑力。当前中国对台宣示动武底线，同时加强在文化上的亲和力，经贸上的凝聚力，对美、日等国以务实的宏观战略统领具体外交政策，同时以有效的军备整合反对外来干涉的图谋，这种务实、稳健的台海政策已经收到良好效果，所以美日台安全同盟的层次在中国的现代化进程顺利进行和“台独”的分裂行为得以有效压制的情况下难以得到提升，除了在形式上为“台独”势力提供所谓的“道义支持”和“心理安慰”外，在实质内容上将会被正在搭建的中美日安全架构所架空。

就系统的自组织运行而言，美日台同盟在自身序参量（即运行动力）无法发挥作用的情况下，演化的过程中却日益受到了中国大陆这一外部慢变量的逐步役使，并且中国综合国力的上升最终成为促使美日台同盟这一系统走向解体的替代性序参量。由此，美日台同盟这一系统得以维系的前提在于其外部慢变量——中国大陆影响力的减退，但是当中国统一的整合力量大于美日台分裂中国力量时，必将导致处于结构性困境中的美日台同盟逐步由停滞走向崩溃。

# 第六章 “三国四方”安全博弈的走势及中国相关对策的调整

本章着重论述中美日三国和中国台湾地区“三国四方”安全博弈的基本走势，主要是在宏观上加以把握从而归纳出基本的理论范式，并演绎出中国在外交和军事上可能进行的相关对策的调整。台海局势多变，但是和平统一及局部战争的两种可能性都存在，所以必须透过现象抓住本质，从琐碎的事件中总结出一般的规律来，才能有的放矢地进行对策上的参考。

## 第一节 中美日安全架构的理性构建与和平解决台湾问题的一致性

### 一、中美日安全框架理性构建的外延与内涵

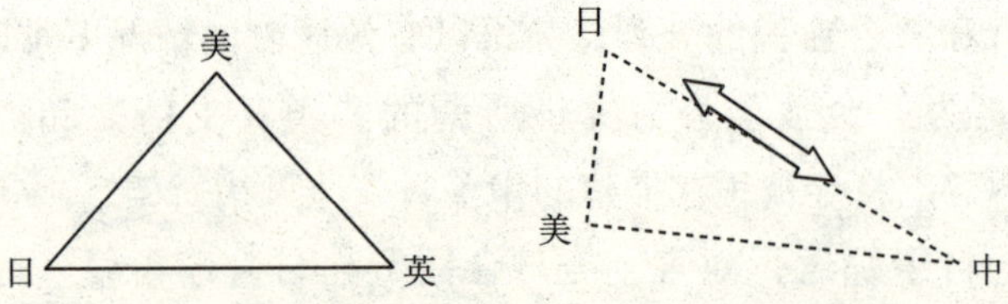


图示：“美日英”三边框架与“中美日”三边框架的比较

从几何学的概念看，三角形具有稳定性，四边形具有灵活性，这条原理同样适用于对国际关系中三边关系乃至多边关系的形象化阐释，前文中同样谈到的中美日安全框架的理性构建仅仅是一个泛化的概念，理性构建成功的基本标志在于形成一个稳定的三角架构。国际关系中，任何一个三边关系，只要任意两边沟通顺畅，并且保持相对稳定不变的距离，那么这个三边架构就是基本稳定的，从几何学的角度就可以演示为一个等腰或等边三角形，并且形成一个相对和平的区域环境，如美日英三边关系、德法英三边关系、中俄朝三边关系；稳定的三边架构从内部结构的协调性看，三个双边关系和谐互动，具有共同的战略利益诉求，同时没有出现任意两方联手对付第三方的

不平衡局面，特别是在可预见的将来没有出现破坏三边架构的局域爆发点。就中美日而言，三方共同的利益诉求是明确的，但是美日与中国存在认知上的严重分歧，所以美日联手制衡中国的走势十分明显，更为严重的是出现了台湾问题这个极易引发三边关系破裂的爆发点，所以尽管中美日关系不断演变，但是美国主导、美日结盟、中日交恶的三边形态将有常态化的趋势，这是中美日关系的个性所在，就几何学的含义而言，中美日三边架构中美日关系这边最短，中美关系这边较长，中日之间的距离最长并且逐渐拉长，所以中美日大三角是一个尚未形成稳定架构并且缺失一边的不等边三角形。

但是，在和平与发展成为时代主题的趋势下，中美日三国共同的利益诉求有可能超越三方的利益分歧，因此三边关系具有理性构建的空间和可能性。中美日三边关系理性构建的核心在于求同存异，要和平、求稳定、共发展，对于相互间的分歧通过理性的协商、沟通加以解决。三边构建的重点在于“理性”，美国单边主义、日本的右倾主义都是极端民族主义、大国霸权主义在新的历史时期的表现形式，把本国、本民族乃至国内某一阶层的一己之私凌驾于他国、其他民族甚至国际社会的合理利益之上，美、日两国国家利益诉求和对外政策“感性化”的倾向是导致中美日三边关系不平衡的主观原因，从“感性”到“理性”的跨越首先在于三国相互认知的纠偏，而理性的相互认知在于承认他国合理的利益诉求，当前美日必须重视中方在和平发展过程中的利益关切，特别是在维护国家主权和领土完整方面的合情合理的安全关切。

中美日三边架构理性构建的第一步在于明确美国在三边关系中的合理定位，美国主导美日同盟，同时美国因素是导致中美关系波折不断的主要根源，美国控制中美、美日关系的走向，所以美国如何摆脱既做运动员又做裁判员的“双重身份”，这是构建中美日安全架构的关键；第二步在于中日关系的改善，美国借助中日关系的恶化得以构建“中—美—日”三国间的“轴心—轴辐”式架构，而中日关系的改善既有利于中日两国的根本利益，又有利于合理构建中美日三边关系，当然如何跨越中日之间的历史问题和现实冲突，需要中日两国政府和人民进行历史的思考和现实的衡量，理性地弥合现实的分歧，扩大利益的共同点，从根本上在于两国人民情感上的契合和认知上的沟通。

## 二、中美日安全框架的理性构建提供了台湾问题和平解决的可能性

中美日三边的理性构建与台湾问题和平解决具有逻辑上的关联性，中美日三边的理性构建会形成有利于中国国家统一的外部环境，为台湾问题的和平解决提供了可能性，而台湾问题和平解决最终为构建中美日三边架构排除了最大的阻碍。在时间段上，中美日安全框架的理性构建与和平解决台湾问题是基本同步的，在功能上是相辅相成的，完全割裂二者的有机联系，或者刻意地界定为两个不同的历史阶段，将会陷入形而上学的理论误区中，必须在构建三边安全架构中寻找解决台湾问题的契机，而中国和国际社会进行的和平解决台湾问题的努力将会对中美日安全三边关系的构建起到重要的平衡作用。

“台独”势力走向法理“台独”必然引发战争，破坏台海乃至亚太地区的稳定。所以，中美日三国尽管利益趋向不同，但是在地区安全上有一点是基本一致的，就是防止“台独”势力法理“台独”，特别是防“急独”。当然，美、日反“急独”的出发点在于不愿意匆忙卷入台海战争，中国反“急独”的出发点在于为国内经济建设和最终完成国家统一积蓄力量、争取时间。

对中国而言，解决台湾问题的战略任务分为两个阶段，第一阶段的主要任务是“防止‘台独’”，第二阶段是“完成统一”。对美日而言，以台湾问题牵制中国的战略考量是存在的，但是保持在一定的“度”的范围内，这个“度”的上限就是台湾独立引发的台海战争。就现阶段而言，防止法理“台独”在当前的中美日关系中具有现实可操作性，也是中美日安全架构理性构建的基础性工作。

因此，中美日安全框架构建的当前目标在于防止台湾走向法理“台独”，尽管中国大陆与台湾地区处于事实上的分裂状态，但是台湾地区如果以“修宪”、“正名”等“渐进式”“台独”方式逐步完成“法理建国”的程序，最终将引发中国政府以《反分裂国家法》为依据，启动以“非和平”方式制止分裂国家行为的程序。

中美日安全框架的理性构建对于台湾问题的正面影响在于中、美、日三方对台湾岛内具有“台独”倾向的政治力量的约束，特别是美国、日本对于台湾政界的重要影响。特别是中国政府积极把国家统一与两岸相互促进、

共同繁荣和发展有机地结合起来，2005年3月14日，第十届全国人民代表大会第三次会议通过的《反分裂国家法》，在第六条中明确指出：“国家采取下列措施，维护台湾海峡地区和平稳定，发展两岸关系：（一）鼓励和推动两岸人员往来，增进了解，增强互信；（二）鼓励和推动两岸经济交流与合作，直接通邮通航通商，密切两岸经济关系，互利互惠；（三）鼓励和推动两岸教育、科技、文化、卫生、体育交流，共同弘扬中华文化的优秀传统；（四）鼓励和推动两岸共同打击犯罪；（五）鼓励和推动有利于维护台湾海峡地区和平稳定、发展两岸关系的其他活动。国家依法保护台湾同胞的权利和利益。”① 继台湾岛内国民党、亲民党、新党的代表团相继访问大陆后，海峡两岸形成一股加强交流、互促发展、共谋统一大计的进步潮流，对于猖獗一时的“台独”分裂势力形成有力的牵制和打击。

据《环球时报》报道，在“台独”势力分裂活动不断干扰美国在亚太的战略部署之际，先有美国副国务卿阿米蒂奇关于台湾是美中关系“最大地雷”的讲话震动了台湾朝野上下，接着，美国消息灵通的《尼尔森报道》杂志披露，阿米蒂奇的“地雷说”，包括“美国无义务参战台海，美国不会协防台湾”等讲话，都是在美国总统布什的授意下进行的。布什政府对台湾当局的不满，最初是从陈水扁提出“一边一国论”开始的。2002年8月，陈水扁以突袭方式提出“一边一国”，美方即私下劝阻台湾当局。但陈水扁反其道行之，到了2003年8月、9月间抛出“制宪”、“正名”等议题。从那时起，美国的方式便从私下劝说变为公开警告。据台湾《联合晚报》报道，早在2003年底，布什就派当时的国家安全会议亚太事务主任莫健赴台北，带去一封亲笔信。布什在信中说，他担忧台湾当时的一些举动可能让大陆感到被挑衅；美国反对台湾任何可能导致改变现状的单方面行动，要求陈水扁协助“降温”。然而这封信却没有得到台湾当局的重视。布什知道后非常生气，于是他又致电“美在台协会办事处处长”包道格，要包道格亲自转达他对台湾当局的不满，并用强烈的语调质问说：“他（陈水扁）是不是听不懂我们的话？如果他听不懂，你用他们的话告诉他！”据台湾《联合晚报》报道，2004年3月，在台湾“大选”前，布什在美国白宫内阁会议上讨论亚太事务时，对陈水扁当局在选前操弄议题，造成两岸关系紧张再次表

① 《反分裂国家法》（2005年3月14日第十届全国人民代表大会第三次会议通过），《人民日报》，2005年3月15日，第1版。

示不满，当场就骂了一句“SOB”（畜生）![1]

2003 年 12 月 29 日，日本政府郑重表示，日本关于台湾问题的立场已在《中日联合声明》中阐明，“最近陈水扁关于实施‘公民投票’及‘制定新宪法’的言论使两岸关系产生紧张。从台湾海峡及本地区和平稳定的角度，日本对此感到忧虑”。[2] 日本认为应避免目前事态的进一步恶化，希望陈水扁遵守就任演说中所做的“四不一没有”的表态。

所以，三方理性构建的基本做法在于规避具体涉及三边或者双边的个别突发事件的不利影响，因此面对台湾问题这个局域爆发点，三方理性地克制情绪化的决策行为，约束不断挑战台海和平的“台独”分裂势力，最终有助于台海地区和平机制的形成，也对中国的国家统一产生阶段性的积极效应。

## 三、台湾问题是否和平解决取决于中美日三国在框架内的“矢量合成”

台湾的作用在中美日三国的利益博弈中凸显，主要在于台湾的政治走向对三国关系的互动发挥着平衡作用，同时台湾问题是否和平解决取决于中美日三国在区域安全框架内的“矢量合成”。“矢量”本意是物理学术语，指“有大小也有方向的物理量”又叫“向量”，[3] 本书中借用这个概念描述在国际关系领域中国际关系主体之间力量的消长。中美日三国的“矢量合成”的基本定义就是在一定的历史时期，通过多轮的安全博弈，对比彼此力量和影响力的消长，形成一股左右地区安全形势的主导力量和发展趋势。

“历史是人们自己创造的，但人不能随心所欲地创造历史。”[4] 历史上任何一个国家的统一或者分裂都是历史“合力”作用的结果，具有其自身的社会历史规律性，是一个不以任何人的意志为转移的客观事实，并非是按单个人或少部分人的意志所臆造的历史。

在鸦片战争后帝国主义列强瓜分中国的第一次浪潮中，维护中国国家统

① 《布什三次严词警告陈水扁，在矛盾中展望中美关系》，《环球时报》，2004 年 12 月 27 日，第 1 版。

② 人民网：《日本政府对陈水扁“公投”表示忧虑》，http：//www. people. com. cn/GB/guoji/1029/2270767. html.

③ 中国社会科学院语言研究所词典编辑室编：《现代汉语词典》，商务印书馆 2002 年版，第 1149 页。

④ 《马克思恩格斯选集》，第一卷，人民出版社 1995 年版，第 56 页。

一、领土完整的国内力量虽然处于上升的势头，但是瓜分中国主权和领土的国际力量特别日、俄、英、法等侵华势力之和大于中国国内清政府及民间正义力量之和，所以中国在19世纪末和20世纪初呈现“瓜分豆剖”、四分五裂之势，主权几乎丧失殆尽；为挽救这种国运颓势，中国人民通过一百多年近现代史的斗争，特别是在中国共产党的领导下，最终改变了这种“矢量合成”的基本方向，中国收回了国家主权，维护了领土完整。

在中美日三国“矢量合成”的过程中，如果中美日三国的“矢量合成”的基本方向是寻求和平与合作，将有利于台湾问题和平解决。在中美日安全框架的理性构建和中国国家统一的过程中，存在运行方向各不相同的几个“矢量”，如果设定中国的国家统一和中美日安全框架理性构建的方向为正方向，那么支持和维护中国国家统一的国际和国内力量的矢量方向（设为矢量1）与正方向平行，美、日国内正确地、理性地看待中国和平发展的力量的矢量方向（设为矢量2）与正方向虽然不平行，但是基本一致，美、日等国国内敌视中国的“右倾”势力、“台独”分裂势力的矢量方向（设为矢量3）与正方向完全或者基本相反。（如下图演示）

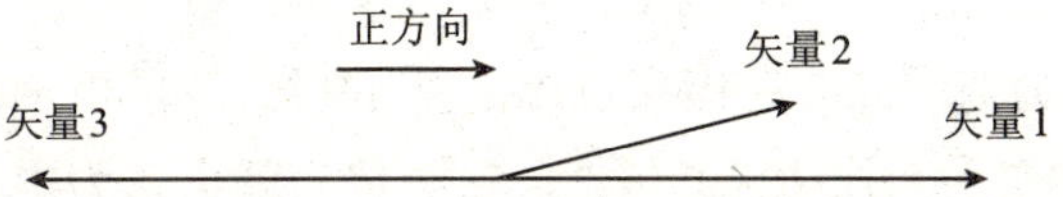


要最终完成中国的国家统一，必须满足以下条件：矢量1+矢量2>矢量3。其中矢量1是关键，保证整个运动过程的基本方向。所以，中国完成统一的基本保证是中国力量的上升。中国的发展质量是台湾问题得以和平解决的根本前提。“台独”势力勾结中国国内外的反华势力，诸如“民运”分子、藏独和疆独势力、“法轮功”组织，主要目的在于改变中国发展和崛起的势头（即矢量1的方向），而中国发展和崛起的质量要靠中国改革开放的综合效应，特别是中国大陆迅速发展后对台湾将产生经济上、社会上及民众心理上的“磁吸效应”；矢量2，即美、日国内正确地、理性地看待中国和平发展的力量，并非决定中国国家统一的主要力量，但是已经成为中国实现国家统一的重要统战对象，中国为此必须着手建立以实现国家统一为目标的广泛的国际统一战线；矢量3，即美、日等国国内敌视中国的“右倾”势力、“台独”分裂势力的力量，对于这股势力我们要本着“争取、分化、规避”的态度有针对性地开展工作，争取一部分不了解情况的敌对势力转化为中立势力，根据内部的矛盾和分歧展开分化工作从而削弱其凝聚力和整合

力，最后对于最为顽固的敌对势力要审时度势地展开“有理、有力、有节”的斗争，尽量规避国内外反华实力的集聚效应，不给“台独”分裂势力以可乘之机。

总之，中国国家统一和中美日关系的协调、建构都是系统性工程，必须以系统、全面的眼光在宏观上加以把握和驾驭，统一各方面的有利因素，合理规避各种消极影响，在有效改善中国和平发展的国际环境中实现中国的国家统一。

## 第二节　中美日安全关系的错位与“台独”势力的失控及其引发台海战争的可能性

中美日安全关系的演化作为一种客观的历史发展过程，既有可能在理性的轨道上运行，又有可能在某个特定的历史阶段脱离正常的发展轨道产生错位，这种错位极易为“台独”势力所利用并有引发台海战争的可能性。

### 一、“台独”势力不断择机推动“法理独立”

“台独”势力对大陆统一国家意志的基本判断是自相矛盾的，一旦中美日关系特别是中美关系产生波折，“台独”势力就会认为中国政府统一国家的意志受到挑战，加紧“台独”化的进程；而当中美日关系相对稳定、沟通顺畅的时候，“台独”势力的活动空间受到压缩，相对比较忌惮中国统一国家的意志和行动，其“台独化”的进程会有所收敛。

从1999年李登辉抛出“两国论”，到2000年主张“台独”的民进党上台，再到2002年陈水扁提出“一边一国”论，“台独”势力的挑衅活动不断升级。以2004年为例，陈水扁看到中美关系波折不断，中日关系陷入低谷，“台独”分裂活动明显升级，据台湾问题研究专家孙升亮总结，主要有六大表现：第一，极力推动“公投新宪”，企图以“宪改”之名行“制宪”之实，谋求“法理台独”。2004年初，陈水扁不顾岛内外各界的强烈反对，公布了两项所谓“和平公投”的议题，执意要“公投绑大选”。2004年11月21日，陈水扁公开声称，“中国如果逼人太甚，干脆把九二共识、一国两制交公投决定”并在三、四年内“终结中国宪法”，重申在2008年离任时实施“台湾新宪法”，强调有关“宪政改造”要专注于“宪改”所带来的“实质改变”。第二，在所谓的“中华民国”的简称问题上大做文章，将

“台湾正名”活动推向逐步变更“国名”的新阶段。陈水扁在“就职讲话”中即多次把“台湾”与“中华民国”对应使用或放在一起，他鼓吹“中华民国最好的简称就是台湾”。2004 年 12 月初，在台“立委”选举的最后阶段，陈水扁公开宣布要在两年内争取将台所有的驻外机构改名为“台湾代表处”，并从“国、公营事业”开始逐一正名。这表明陈水扁当局所推动的“台湾正名”活动，进入从“国号”简称入手逐步变更“国号”的新阶段。第三，以组织机构调整为名，图谋改变台现行行政架构中带有中国内涵的部门。第四，在教育与历史文化领域进一步推动“去中国化”运动，以凸显所谓的“台湾主体性”。2004 年 8 月底，台“教育部”首度将“台湾主体性”列为“四大教育施政纲领”之一。第五，鼓吹以“台湾”名义“加入联合国”，以“台湾”名义申请“加入联合国”是“台独”分子在对外关系方面的主张。第六，强行推动巨额军购案，发出战争叫嚣，妄图“以武谋独”。[①] 2004 年只是“台独”势力相对猖獗的时期之一，事实上，“台独”在 20 世纪 90 年后一直在推进“法理台独”的步骤，只不过根据各方反应不断地变换方式和手法，达到“进两步、退一步”的“蠕变”效应。

2005 年 6 月，据《人民日报》报道，陈水扁称有信心在 2008 年卸任前，为台湾催生一部合身、合时、合用的新“宪法”。对此，中国国民党发言人张荣恭指出，陈水扁“第二阶段宪改”方向，明显呈现“台独”主张，是在刻意制造政治动荡。陈水扁在出席台湾一个学术研讨会时表示，台湾已做好全面推动“宪政改造”的心理准备。他认为，过去因为“大中国意识形态”，每次“修宪”都只能修一点枝节，现在他希望以“主权属于台湾人民”的这个新“主权”论述，取代以往“大中国的主权概念”。张荣恭就此指出，陈水扁宣布的所谓“第二阶段宪改”方向，明显呈现民进党早期的“新国家、新宪法”的“台独”主张，将再掀重大争议及两岸统“独”斗争，是陈水扁在执政无能之后，为转移视线而施放的政治烟幕。亲民党发言人谢公秉表示，陈水扁关于推动二次“宪改”，要破除“大中国意识”的说法，充满自我矛盾。他表示，陈水扁在 2005 年 2 月“扁宋会”时才讲过“正名制宪”自欺欺人，现在又喊要新“宪法”，立场摇摆，逻辑充满矛盾，

---

① 孙升亮：《陈水扁当局 04 年“台独”活动升级六大表现》，《半月谈》，2005 年第 1 期，http：//news3. xinhuanet. com/taiwan/2005 -01/18/content_ 2477587. htm.

是真正“无魂有体”的稻草人。① 2006年初，陈水扁宣布“终止运作”“国统会”和“国统纲领”。

所以，尽管陈水扁当政时期迫于岛内外的巨大压力在政策走向上出现了左右摇摆，但是其坚持和贯彻“台独”路线的作法是全面的和一贯的，具有系统性、渗透性、主动性、冒险性，而其反对“台独”过激言行的举动和主张则是片面和不连贯的，具有一定的欺骗性、被动性、表面性。事实上，大陆国力增强以及国际外部环境的改善，特别是大陆经济发展对台湾经济的“磁吸”效应，使“台独”势力产生紧迫感，加紧进行“台独”分裂活动。2005年，台湾岛内中国国民党、亲民党、新党代表团相继访问大陆，一时间岛内外“促统求和”的声浪压过了“台独”势力分裂国家的气焰，但是当时“台独”势力仍然掌控着台湾岛内的执政机器，“台独”教义派的基本主张并未改弦易辙，“台独”势力“法理台独”的步骤并未放缓，只不过暂时由公开活动转入到地下进行，一旦遇到合适的“政治气候”，便继续掀起分裂国家的造势声浪。

根据各类已经披露的资料分析，“台独”势力曾经把2007－2008年作为“法理独立”的可供选择的重要节点，早在2002年李登辉就跳出来大放厥词，扬言“2008年是台湾新时代的关卡”，“本土意识将促成台湾建立新国家”。一是在此节点上民进党的执政期将满，并没有绝对把握获得下一轮“总统”选举的胜利，作为一个基本“民粹化”的政党，党内信众认为有必要为了实现其政党“宗旨”放手一搏；二是2008年恰逢大陆举办奥运会，“台独”势力认为大陆投鼠忌器不会轻易对岛内“台独”势力动用武力；三是“台独”势力认为美国、日本虽然明处反对“台独”，但是在暗处是纵容甚至支持“台独”行径的，在“台独”分子所造成的分裂局面已成事实的情况下，国际环境也许会朝着有利于“台独”分裂势力的方向转化。

2008年陈水扁当局包装而成的“入联公投”是“台独”势力部署“法理台独”的重要一步。但是，民意不可违。2008年3月22日，由陈水扁当局捆绑举行的“入联公投”投票率仅35.8%，与本次台湾地区领导人选举超过76%的投票率相比，投票率差距悬殊，这显示出台湾平民百姓在用选票表达着对陈水扁的强烈不满，他们反对制造两岸局势紧张的分裂行径，由此陈水扁用“公投”绑选票的政治骗局彻底破产了。为此，国务院台湾事

① 《扁再提“宪改”遭痛批》，《人民日报》（海外版），2005年6月28日，第3版。

务办公室发言人李维一于22日当晚发表谈话表示，“台独”分裂势力搞“台独”是不得人心的，期盼为两岸关系和平发展共同努力。李维一说，陈水扁当局推动的所谓以台湾名义加入联合国的“公投”遭到失败，再次说明“台独”分裂势力搞“台独”是不得人心的。2008年3月，《洛杉矶时报》报道说，陈水扁执政八年，与大陆和华府关系紧张，台湾经济低迷不振，官员频频被撤换，留下破碎的梦想和错过的机会。2009年陈水扁因为贪污和受贿被判决有罪后竟然向美军事上诉法院提出请愿，提出他在担任“总统”期间，知悉了美国军政府存在的“事实”，也接受军政府的命令。有关台湾之事，美国军政府是“至高无上”的，他在任内经常接受美国在台协会主席的指示。如今他面临“政治迫害”，因此向美国军事法院及全世界披露这个美国军政府的存在，要求军政府出面保护他。①

在2008年马英九上台之前，台湾岛内的政治走势并未完全清晰，虽然“泛蓝”阵营主导“立法院”，但是内部矛盾重重，特别是“泛蓝”阵营一直没有完成国、亲两党的合并，而随着陈水扁逐步淡出民进党权力圈的中心，民进党不断进行新一轮的政治“洗牌”，逐步推出其新一任“泛绿”共主。

必须认清只要民进党所持的“台独”党纲继续存在，就会有一部分“台独”势力继续破坏两岸和平发展的氛围。2009年8月，民进党籍高雄市长陈菊邀请“藏独”代表人物达赖访台，继邀达赖访台之后，9月陈菊再度出招，决定十月登场的高雄电影节主办方放映反映“疆独”头目热比娅②的纪录片《爱的十个条件》，并酝酿邀请热比娅及其追随者来台访问，遭到台湾当局的拒绝。对于以陈菊为代表的高雄有关方面的做法，大陆国台办表示坚决反对，并相信包括高雄市各界在内的台湾同胞能够认清问题的真相，敦促高雄市有关方面不要一意孤行，不要在两岸关系上再挑事端。

## 二、美国介入台海战争的现实性与局限性

从利益层面看，由于“美台利益共同体”的形成由来已久，所以为了维护其在台湾的既得利益和发掘其潜在的利用价值，美国介入台海战争具有

---

① 《中国时报：陈水扁是美国军政府的行政长官》，http：//www.chinanews.com.cn/hb/news/2009/10－12/1905008.shtml.

② 热比娅是民族分裂分子，由她幕后策划的乌鲁木齐“7·5”严重暴力犯罪活动，致使1700多人受伤、197人死亡，给当地无辜民众生命财产安全和正常社会秩序造成了严重危害。

现实性和可能性。在法理层面看，《与台湾关系法》为美国协防台湾提供了国内法方面的依据。在安全层面上，美国要维持其在亚太地区安全方面的主导和权威地位，充分利用台湾遏制中国崛起，这使美国介入未来的台海战争具有必要性。20世纪90年代以来，李登辉、陈水扁等“台独”势力掌握了台湾岛内的执政权后，两岸关系经常陷入剑拔弩张的境地，美国一直考虑介入台海战争的可能性，包括在第三次台海危机时的有限介入、美日同盟的重新定义及力图把台湾纳入TMD的防御范围等，美国无论是从战略上还是从具体的军事部署上都为应对台海战争做了相应的准备。台湾媒体2005年6月透露了美军太平洋司令部制定了代号为“厄夜丛林”的台海作战方案。该方案提出面对台海，太平洋司令部有三项责任，第一是正确评估情势，报告给国防部长及总统；二是协助台湾发展自卫能力；三是整军经武，一旦接获命令，立即出兵保台，并且要有必胜的把握。[①]

美国智库兰德公司曾分析说，美军一旦卷入台海冲突，可能出现四种状况，即威慑、局部战争、全面战争以及核战争，具体由美国太平洋司令部开始落实第一步。如果大陆单纯使用导弹攻击或海上封锁，美国不必与大陆进行大规模冲突，美军将以一个航母战斗群在台湾外海采取戒备，同时进一步以物资协助台湾。如果大陆没有罢手，美国开始集结兵力，增强威慑力度。但是如果威慑策略失效，美国可能与中国发生正面冲突，局部或全面战争都可能出现。美国必须准备1500架以上的飞机以有效压制解放军，并取得制空权，这种情况下要求太平洋司令部与其他战区司令部共同配合。[②]

当然，美国在介入台海战争这个敏感问题上有着不确定性和局限性。欧洲文化自文艺复兴以来形成的人本主义传统在美国文化中表现得极为典型，人本主义的基本精神就是宣扬人的尊严与生命的价值，民众利益特别是民众的生命利益至上的观念在美国民众中根深蒂固。而且美国战略思维的基点是美国利益至上，因此容易忽视别国利益，往往把美国人的人权置于他国人民的人权之上，在这种战略思维基础上形成的外交政策一方面表现为漠视他国意志的单边主义，另一方面则是维护美国国民利益的“避险”行为。美国的单边主义人所共知，但是对于其在对外政策中的“避险”行为则鲜有提

① 《美称若解放军战机大量集结将启动台海作战方案》，http：//news. sina. com. cn/c/2005 -06 -07/12076869863. shtml.

② 《兰德公司报告：美国灭亡中国的计划》，《环球视野》，2005年第37期。

及，其实在越战中美军被迫撤离越南战场以及近些年来美国在对外战争中追求“零伤亡”都属于在国内民众反战浪潮压力下的“避险”行为。1993年美国派兵介入索马里国内冲突，当美军在索马里阵亡了18名突击队员后，美国舆论一片谴责声，迫使美军不得不放弃原定计划，从索马里撤回。美国政府于2003年发动伊战，这场战争使美国在人员、经济、政治和国际声望等方面付出巨大代价，美国民众多年来渴望早日结束这场战争，伊战对美国内政产生了巨大影响，美国民主党打着“反对伊战”的旗号，不仅赢得了2006年国会中期选举，也取得2008年总统大选和国会选举的双重胜利。许多政治观察家认为，奥巴马之所以在去年美国总统选举中脱颖而出，与他在反对伊战方面的政治立场有很大关系。因此，2009年2月27日美国新任总统奥巴马宣布了美国从伊拉克撤军的时间表以及军事、援助与外交手段并举的对伊新战略，这表明奥巴马想要摆脱美国前总统布什背上的伊拉克战争这个“包袱”。

所以，分析美国在未来台海战争中的作为，一方面要看到美国与台湾千丝万缕的利益纠葛，另一方面要看到美国在台湾问题上的“避险”意识。美国国内法律制度健全完善，政党机制成熟运作，舆论工具监督有力，所以在美国介入台海战争缺乏正义性和必然性的前提下，如果在台海战争中造成了相当程度的人员伤亡，美国的政府和执政政党将会付出相当大的政治代价。因此，美国的舆论氛围及政治生态的交互作用，对其实施海外干预战争有着举足轻重的制约作用，在此因素的作用下，美国的军事干预能力大打折扣。美国对外政策的务实性、趋利性使其在权衡是否介入台海战争时会计算其利益回报与利益损耗之差，如果二者之差为负值，美国介入台海战争的可能性将会非常低，即使美国最终选择介入台海战争，其介入程度将会受到很大的约束。

在未来的台海战争中，美国具有其信息战方面的优势，同时在台海局势复杂化时具有自身在战略抉择上的主动性，既可以展开对华军事威慑，又可以利用对台湾的全面影响充当两岸的调解人，因此美国对台海局势的判断及其自身的安全战略调整会相对理性化，其对海峡两岸未来战争走向误判进而介入的几率较小，但是一旦介入对中国的国家安全威胁极大，所以在未来“台独”势力以武力分裂国家时，预防、评估与遏制美国的军事介入是中国军方面临的最大课题，也是中国军队打赢未来台海战争面临的最大挑战。

总体而言，美国一直力图掌控台海局势的主导权。马英九上台后，美国政府对于两岸和平发展的态势基本上持欢迎的态度，但是一些美国政界人士却忧虑美国正在逐渐丧失在台海地区的话语权。

2009年9月21日，香港《大公报》刊文称台湾马英九团队应警觉美国扰台意图，文中指出中美俄三强的国际体系将取代美国的单边主义，影响未来世界的发展。对此，两岸之间的友好气氛与实质交往，将会使美国非常“疑虑”。马英九当局客观上需要谨慎处理任何危机事件以及美国对台湾进行的挑衅行为。例如CNN在网络上进行马英九是否应该下台的民调，① 显然干涉台湾“内政”，也引起了台湾的反感。文中特别提到，美国华府智库“战略暨国际研究中心（CSIS）”的太平洋论坛刊登了乔治敦大学外交学院教授沙特（Robert Sutter）的一篇文章，该文指美国虽然鼓励台湾海峡两岸当前的和解，但中国大陆对台影响力快速增长，已使美国长期“维持台湾区域各方力量的均势，有利于台湾和美国的权益以及美国的影响力”目标无法实行，须全面检讨政策。

## 三、日本介入台海战争的冒险性与投机性

日本介入台海战争这一问题十分复杂，由于日本浓厚的“台湾情结”，使日本在介入台海战争中具有冒险性，当然这种冒险性的前提在于美国的支持与纵容，特别是美日安保机制的强化。与美国介入台海关系其局部的地缘安全利益不同，日本插手台湾问题关系到日本未来的战略走势和国家的地缘安全处境。

美国人类学家本尼迪克特指出“日本人重视耻辱感远胜于罪恶感”。② 日本的民族性格与日本二战期间的军国主义暴行有着内在的联系。历史表明，一个民族在某一特定历史阶段，在政治家们的误导下，会走入歧途。二战以前的德国和日本就是如此。德国和日本人民同世界各国人民一样，也是

① 2009年8月，“莫拉克”台风重创台湾，在台南地区造成了巨大的人员和经济损失。台湾当局在应对这场灾害时的举措，也受到了岛内一些民众和媒体的批评。然而，在针对台湾当局的批评声中，美国有线电视新闻网（CNN）显得尤为刺耳，在台湾受灾以来进行了一系列倾向性非常明显的报道。在对台湾“8·8”台风灾害的报道中，CNN记者不仅在灾区冲锋陷阵进行现场报道，而且还重炮指责台湾当局救灾缓慢，错失了救援的黄金72小时。更加出人意料的是，CNN甚至还在其网站上推出“马英九是否应该下台”的网络调查。据CNN称，调查结果显示，高达八成的网友认为马英九应该下台。这些引起台湾民众和媒体的普遍反感。

② ［美］鲁思·本尼迪克特（Ruth Benedict）：《菊花与刀》，孙志民、马小鹤、朱理胜译，九州出版社2005年版，第159页。

爱好和平的。但是，在军国主义势力的蛊惑、欺骗之下，善良的人民却把政权交给了军国主义分子，任由他们对内搞专制暴政，对外侵略扩张。①

除了民族性格外，日本在国际舞台上对外政策的右倾化和冒险性是在特定的历史条件下逐步形成的，根源在于二战结束后美国对日本军国主义清算不力，甚至使战犯岸信介等人重新进入政治舞台，这在战后的德国是不敢想象的。中国政府对于日本军国主义的复活一直保持警惕，在20世纪60年代，《人民日报》发表社论指出：“日本军国主义正在加紧复活”，“尽管日本军国主义的侵略矛头指向何处，目前还难于预料，但它一旦自认为时机成熟，就可以凭借它强大的经济潜力和军事力量，向外扩张，就会要在亚洲制造新的‘九一八’事变，使日本人民和亚洲人民重罹侵略战争的灾祸，却是完全可以肯定的。对这个局势，中日两国人民和亚洲人民都应该保持高度警惕；任何对日本军国主义复活的危险估计过低，都是绝对错误的”，“比起‘九一八’事变的时候来，今天正在复活的日本军国主义，具有更大的侵略野心，也具有更大的冒险性和疯狂性。”②

当今的时代主题是和平与发展，所以不能与半个世纪前中国面临的国际局势进行简单的类比。现在，日本的“和平宪法”可以约束它的发展方向，保证它不再走向军国主义；当今的国际环境也不允许日本再走军国主义的老路。但是在日本对历史问题刻意回避的背景下，强化美日安全同盟对于中国国家安全的影响不容忽视，日本在台湾问题上公开强调其利益诉求也为其将来介入台海局势进行舆论上的铺垫。从2005年2月，日本外务省发言人公开声称日美安保条约涵盖台湾海峡，到5月日本外相重申这一立场，日本在军事层面介入台海冲突的可能性上升。2005年台湾进行“汉光”军演兵棋推演时，首次实现了台美日连线。同时，日美两国已着手制定针对台湾海峡争端和朝鲜半岛“有事”的共同作战计划，并筹建“联合作战指挥中心”，这意味着日本在军事上介入台湾问题的可能性越来越大。在一般情况下，国内外学者认为，在台海发生军事冲突以及美国介入的情况下，日本除了允许美国使用其军事基地外，其他能做的无非是提供情报和后勤支援，但从日美同盟的发展趋势看，日本自卫队以某种形式与美军“并肩战斗”的可能性越来越大。在日本国内新保守势力和右翼势力越来越猖獗的背景下，日本外

① 刘建飞：《警惕日本军国主义复活》，《瞭望新闻周刊》，2005年第49期，第57页。

② 《社论：不许新的“九一八”事变在亚洲重演》，《人民日报》，1961年9月18日，第1版。

交与安全政策的冒险性在增大。①

1993－2009 年间，日本先后产生了 11 位首相，堪称一年一相，这一现象的出现与国际政治和日本国内政局的变化息息相关，究其深层原因在于日本社会面对政治转型和经济低迷的困惑期表现出来的政策、舆论和民意的摇摆不定。

从 2001 年到 2006 年，作为日本 30 年来在任时间最长的首相，小泉纯一郎在其任期内使日美关系得到改善和加强，积极与美国政府达成战略伙伴关系，与此相对，小泉对中国和韩国的外交方面乏善可陈，尤其在靖国神社、领土纠纷等问题上纠缠不清，小泉任内连续六次以不同的方式参拜靖国神社，造成日本同中、韩两国领导人互访中断。其中对华战略上奉行强硬战略，到其卸任后还没有实质性地改善日中关系。小泉后时代其继任者即安倍晋三、福田康夫、麻生太郎纷纷上台，从前日本首相安倍晋三 2006 年 10 月访华的“破冰之旅”，到中国总理温家宝 2007 年 4 月访日的“融冰之旅”，再到前日本首相福田康夫 2007 年 12 月底的“迎春之旅”，两国关系出现转圜。2008 年 9 月麻生太郎执政以来，为应对金融危机，加强同中国的合作，加强了同中国领导人的交往，两次访华。但是由于日本国内的政治现实所限，三位首相的任期短暂，同时没有形成完整的对华改善方略并加以执行。

2009 年 8 月 30 日，日本民主党在日本众院选举中获胜，日本实现政权更迭，民主党代表鸠山由纪夫担任首相的新政权诞生。清华大学日本问题专家刘江永教授在接受《世界新闻报》采访时说：“从日本民主党目前已经公布的具体政策上可以看出，其对华关系政策的积极面还是占据主导地位。”目前看，鸠山由纪夫是一个鸽派，属于自由派政治家，有望更主动地排除中日关系发展的干扰因素，“助推”中日关系迈向一个新台阶，中日政治关系将迎来发展的新机遇。但是，鸠山内阁的对华政策走向和内外阻力以及该内阁是否可以长期执政还存在许多不确定因素。所以，日本对华的政治走向至今不容乐观，中日关系的彻底改善尚需时日。

同时，不论日本哪个党派执政，日本右翼势力的根深蒂固有目共睹，因为有着系统的意识形态和一定数量的群众基础以及突出的政治影响力，日本的内外政策经常受到右翼势力的多方干扰。总体看，日本介入台海战争的投

---

① 吴心伯：《日本完成对华战略重新定位，积极介入台湾问题》，《环球时报》，2005 年 6 月 22 日。

机性仍然十分明显，对台政策左右摇摆的态势没有根本改观。长期以来，日本对台政策以“‘无为’的表象掩盖其‘有为’的实质”,[①] 以达到既维护在台利益，又不破坏中日关系的双重目的。美日、中日、日台三对关系中，日本以美日关系为标尺来衡量中日关系、日台关系的走向，因此冷战后日本在中美关系中的平衡作用一直没有正常地发挥出来。日本追随美国介入台海局势时，目的在于谋求在台利益的最大化，因此在美国要求日本在东亚地区特别是台海地区承担更大的防务责任时，日本自身面临战略上的矛盾，一方面要重振大国特别是军事强国的雄风，另一方面却要直接与近邻中国进行军事对峙甚至产生冲突，这使日本朝野上下面临国家安全上的两难选择。当前，中日关系频遇梗阻，日本多届政府在右倾化的对外政策思维中以台湾问题作为改善中日关系的筹码，这种缺乏理性化的战略思维必然导致中日关系的持续走低。中国的快速发展乃至崛起引发了中日两国在东海油气资源、钓鱼岛、台湾海峡等一系列问题上的龃龉，所以当前两国关系恶化是一种“并发症”，涉及经济（资源）、政治、领土等多个领域；同时，在美国的支持下，日本欲以台湾问题向中国施压，进而达到迫使中国在其他领域让步的目的，结果适得其反，日本的对华政策反而引发了本来就对日本在历史问题上的反省态度严重不满的中国民众的反日情绪，使中日关系的改善十分困难。

在未来的台海战争中，日本将会追随美国对形势的基本判断，同时联系自身相关利益做出选择。如果中美关系取得稳定进展，那么唯美国马首是瞻的日本将在台湾问题上避免采取更加激怒中国的举动，这是由日本对外政策的投机性所决定的。

总之，在中日关系复杂多变及中美关系持续改善的条件下，日本有可能衍生为中国国家统一的重要障碍。

## 第三节　中国围绕国家统一可能进行的对美、对日外交政策的深层次调整

中国对美、对日外交涉及多个层面和多个领域，以下阐释的是中国针对国家统一可能进行的对美、对日外交政策的深层次调整。

---

① 张耀武：《中日关系中的台湾问题》，新华出版社2004年版，第365页。

## 一、中国对美外交应加强在反恐、经贸领域里的伙伴关系

20 世纪 90 年代，中国国家主席江泽民提出搞好中美关系的 16 字方针，即“增加信任，减少麻烦，发展合作，不搞对抗”。当前，中美关系进入到了一个深化双边联系、加速多领域合作的逐步定位的过程，同时也是矛盾凸显期、纠纷多发起期，2005 年 5 月 31 日，美国总统布什在白宫记者会上谈到中美关系时说，中国是一个崛起的大国，两国关系十分复杂，在不同的问题上双方的互动也有不同。所以，当前中美关系的发展轨迹就是扩大共识、规避矛盾、化解矛盾的过程，就台湾问题而言中国对美外交的重点就是在多层次、宽领域的双边合作中加速台湾问题在中美关系中的边缘化进程。2005 年 9 月 6 日，美国《福布斯》杂志发表了题为《朝核危机的解决依赖于稳定的美中关系》一文，文章提到新加坡外交部长杨荣文在马来西亚首都吉隆坡参加“环球领导论坛”会议回答有关朝鲜与国际社会就平壤核计划的谈判陷入僵局这一问题时说：“解决问题的核心动力是美国同中国之间的关系，美中关系是当今世界上唯一最为重要的双边关系。”杨荣文表示，“如果美中关系保持友好，我想美中两国也有充分的理由要保持友好关系，那么朝核问题就能够得到解决，而且台海问题也能够得到解决。”①

简而言之，中美日三边关系中，美国凭借超强的综合国力在当今国际事务中具有重大的影响力，在台湾问题上美国的决策可以影响包括日本在内的一大批西方国家的政策走向，所以中国对美外交政策的立足点不应该仅仅在于“堵”住或者切断美台之间千丝万缕的联系，因为这种做法既不奏效又不现实，而在于“疏导”，即利用美国对于台湾问题的特殊影响，沟通中美两国对于台湾海峡安全的基本认识，达到遏制“台独”“踩红线”的目的，2004 年中美两国联手制止了陈水扁大肆制造两岸紧张对峙的危险行径，这是一次中国灵活调整对美外交政策以遏制“台独”活动的成功尝试。

中国要达到化解美国对台政策消极影响的目的，必须增大自身对于美国外交政策的积极影响，才能改变美国长期以来以台湾问题为主要议题干扰中美关系发展的局面。今后，中国必须把握对美外交政策的两大重点，一是涉及美国的国家安全，二是涉及美国的经济安全。

---

① ［美］《解决地区热点问题有赖中美关系稳定》，［美］《福布斯》杂志，2005 年 9 月 6 日，转引自《环球时报》，2005 年 9 月 9 日，第 6 版，万新译。

第一，中国要重视与美国在全球和地区安全领域里的合作与沟通。美国重视中美关系的基点在于美国希望把中国纳入美国的全球和地区安全框架，从而一劳永逸地规避中国崛起后对于美国国家安全所带来的隐患。中国的国家安全战略当然必须围绕着自身的国家利益进行，同时应该重视和正面回应美国的安全关切。

今后，中国要加强同美国在反恐领域的合作，把反恐作为加强双边安全关系的主要支点。“9·11”后，美国一度以反恐画线进行敌友甄别，布什以反恐为议题再度赢得大选得以连任总统，尽管当今国内外学术界认为布什政府以反恐为借口行重新调整地缘战略部署之实，但是“反恐”在美国朝野上下、内外政策中的核心位置一直无法替代。中国在“反恐”时把握自己的价值尺度同美国合作，能够切实维护自身的国家利益，特别是中美合作并由联合国界定“东突”组织为恐怖组织，为中国维护西部稳定和国家安全争取到了国际支持。

今后，中国在与美国进行反恐合作时应该把握几个原则，一是严格把握“反恐”的国际标准，反对双重画线，反对以意识形态论亲疏；二是坚决反对以“反恐”为名干涉他国主权，坚决反对把具有国际法地位的国家行为体作为打击目标；三是主张铲除滋生恐怖主义的根源，即贫穷、愚昧与种族的歧视。就台湾问题而言，“台独”分子“以武拒统”的某些行径已经可以纳入恐怖行为的范畴，诸如扬言“炸三峡”、攻击上海东方明珠电视塔等，中美两国可以在国际反恐的背景下遏止“台独”势力具有恐怖主义性质的分裂行为。事实上，美国一直肯定中国在反恐领域的配合，同时积极沟通双方在“反恐”领域的不同看法。此外，在朝核、伊（朗）核、中东等问题，中美相互安全合作的空间也非常广泛。

第二，中美加大经贸合作有助于改变中美不对称的伙伴关系。长期以来，由于在双边经贸领域中国对于美国的单方面依赖性比较强，导致美国不断在经贸领域制造摩擦，致使中国在中美关系中经常处于被动应对的态势。随着中国经济实力的增强，中国在美国对外贸易中的地位日益彰显，现在美国是中国的第二大贸易伙伴，而中国是美国的第三大贸易伙伴，双边贸易额达到1700多亿美元。中国向美国大量出口，所得顺差收入用于大量购买美元计价资产，主要是美国债券。2005年，中国外汇储备余额已达8189亿美元，中国的大量外汇储备和商业性金融机构外汇资金投向美国的国债、联邦机构债券市场，使中国连续数年位居世界第二大外汇储备国和美国国库券第二大外国持有人地位。

据中国社会科学院有关专家分析，中国经济未来一段时期内仍然有较高的增长速度，同时中国政府按承诺履行WTO的相关条款，实行更为开放的政策。美国经济也在稳定中增长。这种形势对中美经贸关系的发展，有决定性的影响。当前，中美经贸领域面临的主要问题是美国对华贸易的逆差问题，根据中国的统计，中美贸易1993年美方开始出现逆差62亿美元，到2004年上升到803亿美元，11年增长了近12倍。有关专家指出，中国产品对美出口增长是美国消费者旺盛的需求所致。因此，简单地限制中国产品并不能解决美国贸易逆差问题，搞不好还可能给美国造成短期的商品短缺和市场混乱，以及长期的消费品价格上涨。美国具有竞争优势的产品主要是科技含量高的制造业产品、农产品以及服务贸易产品，但是由于政治和所谓"安全"方面的原因，美国政府仍对高技术产品的对华出口进行限制。因此，美方贸易逆差的解决之道是美国增加其有竞争力的产品的出口，而不是限制中国产品的进口。① 中方为此已经作出了努力，2005年11月20日，布什访华期间，中国航空器材进出口集团与美国波音公司签订协议，波音将对华提供70架B737－700和B737－800飞机，目录价格总值达40亿美元，这是中国民航史上购买飞机架数最多的一单协议。

2006年4月，胡锦涛访美，他谈到关于中美经贸分歧问题时指出：经贸关系是中美关系的重要组成部分，虽然两国在经贸问题上存在分歧和摩擦，但互利双赢是主流，分歧和摩擦可以通过平等协商，在扩大合作中得到妥善解决②。所以，利益共同点大于分歧，合作多于摩擦，在互利与矛盾中发展，是中美经贸关系的主要特征。③

2009年3月6日，世界银行行长佐利克（Robert. B. Zoellick）和世行首席经济学家林毅夫在《华盛顿邮报》联名发表文章《世界经济复苏取决"G2"》。两名世行的高官在开篇即指出：中国经济增长率2009年将会下跌，美国正处于严重的衰退之中，世界经济要想复苏，这两个经济发展的发动机必须合作，并成为20国集团的引擎。没有"G2"（两国集团）强劲发展，

① 《中美经贸问题及对策》，《人民日报》，2005年9月14日，第7版。

② 《经贸合作是中美关系发展重要支柱》，《人民日报（海外版）》，2006年4月21日，第1版。

③ 王孜弘：《拉锯战中的中美经贸关系》，《中国经济时报》，2005年9月1日。

20 国集团就将会令人失望。[①] 因此，加强中美两国在经贸、反恐、地区安全等领域的合作，推动台湾问题在两国关系中的边缘化进程，是为中国国家统一逐步消除最大外部阻力的积极举措。

因此，中美关系中，中国经济地位的上升必然对中美两国的政治关系产生影响，尽管布什政府不再提中美两国的建设性战略协作伙伴关系，但是“区分议题、加强沟通、有所借助”的对华政策理念已经显出轮廓，这必然有利于改变部分美国政要敌视中国的立场，使台湾在美国的政治、经济利益格局中的地位有所下降，最终有利于中国排除外部干扰，分步骤地解决台湾问题。

## 二、中国对日外交要消弭历史宿怨、分解日台联盟

进入 21 世纪后，中日关系面临严峻的挑战，在某种程度上比中美关系更加难以处理，连续几年首脑互访中断、民间积怨特别是中国民间的反日情绪一直难以平息，而一贯右倾的日本政府在改善中日关系方面处处设障，至今许多棘手课题尚未完全解决，因此中国对日外交仍然面临历史、东海、台湾、美日同盟等现实障碍。尽管如此中国仍然要努力破解僵局，不让“台独”分子利用中日关系的一时困难发展隐蔽性的日台关系，阻碍国家统一。

第一，中国政府和民间要以长远眼光消弭中日历史宿怨，围绕中国的国家统一，要辨证的认识和分析历史问题。胡锦涛在纪念抗战胜利 60 周年大会上的讲话中指出：“我们回顾历史，是为了获取智慧和启迪，从而更好地把握今天的生活和未来的方向。中国人民抗日战争和世界反法西斯战争的胜利给了我们很多深刻而重要的启示”，“中国和日本都是亚洲和世界上有重要影响的国家。在中日两国 2000 多年的交往史上，中日友好是主流”，“我们强调牢记历史并不是要延续仇恨，而是要以史为鉴、面向未来”，“我愿在此重申，中国政府发展中日友好合作关系的方针没有改变。我们将严格遵守《中日联合声明》、《中日和平友好条约》和《中日联合宣言》三个政治文件，坚持通过对话、平等协商，妥善处理中日之间的分歧，加强两国在广泛领域的交流合作，加强民间友好往来，增进相互了解，扩大共同利益，以实际行动致力于发展 21 世纪的中日友好合作关系，使中日关系健康稳定地

---

① Robert B. Zoellick and Justin Yifu Lin “Recovery Rides on The ‘G－2’”, *the Washington Post* March 6, 2009, A15.

向前发展，使中日两国人民世世代代友好下去。”①

所以，对于中日两国的历史问题要向前看，坚决防止和杜绝两种倾向。其一不可以模糊历史。对于抗日战争的胜利，台湾当局为了讨好日本右翼势力，选择了冷漠以对的态度，一些“台独”分子声称“台湾与中国的抗战无关”，“60年前曾经是敌对的双方，今天早已成为合作的伙伴”，甚至狂言“日本一直关注台海安全，台湾应忘记此前的恩怨，反日势力有意举办纪念活动，当局不需要太积极”等等，在岛内舆论的压力之下，陈水扁仅发表了一篇所谓的“纪念专文”，虽然有“抗战”字样，却不提“日本”两字，在谈到抗日战争胜利时也用“终战”代替“胜利”，这是以混淆历史来换取日本右翼对于“台独”的支持。② 其二，不能鼓励狭隘的“民粹式”爱国主义，把历史问题引向盲目的仇恨，甚至不惜损害国家的声誉和利益，所以处理中日之间的历史问题必须辨证、客观，本着“有理、有利、有节”的原则，把握国家的整体利益，最终有利于中国的和平发展和中日关系的稳定发展。

2007年9月日本首相福田康夫接替辞职的安倍上任后，积极推进“中日战略互惠关系”，与访日的胡锦涛主席共同签署了中日之间第四个政治文件《全面推进中日战略互惠联合声明》。中日之间先前三份文件分别是中日两国政府1972年9月29日签署的《中日联合声明》，以中日实现邦交正常化为内容；1978年8月12日签署的《中日和平友好条约》；1998年11月发表的《中日联合宣言》，宣布两国建立“致力于和平与发展的友好合作伙伴关系”。第四份政治文件对先前三份政治文件有着相当大的继承性，除了肯定中日还要遵守先前三份文件的精神和原则，还以两国领导人签字形式确认了那三份文件。无论就历史、还是就台湾问题，三份文件都作出了明确规定并特别强调，中日要根据和平共处五项原则发展两国关系，不以武力威胁方式解决两国之间的任何争端。这些中日之间的外交成果在日本右翼势力的重重阻挠下形成不易，必须倍加珍惜。

第二，中国要重视针对日本的“民间外交”。中日民间交往历史久远，唐天宝元年即公元742年，日本僧人来华并敦请鉴真赴日传佛。鉴真欣然应

① 《纪念中国人民抗日战争暨世界反法西斯战争胜利60周年大会在京隆重举行》，《人民日报》，2005年9月4日，第1版。

② 王卫星：《言抗战不提日本侵略，称终战不说中国胜利》，《解放军报》，2005年8月30日。

允，克服种种困难，先后六次终获成功。他携带佛经、佛具及佛像，抵日本开始了传播佛教和盛唐文化。日本前首相田中角荣曾说：“中国是日本的邻国，有两千多年的文化关系，日本受到中国文化的哺育，这是一个不以人们意志为转移的事实。中日两国就是在这样的联系中生活过来的。”① 日本众议院议长河野洋平在2006年12月中国文化节开幕式的讲话中所说：“日本文化传统中散发着中国文化的浓郁馨香，表明日中之间有着割舍不断的因缘。”

2006年3月31日，中国国家主席胡锦涛在北京会见以前首相桥本为首的日本日中友好七团体会长一行时指出，在当前中日关系面临困难的情况下，七团体会长联袂来访充分体现了中日两国人民对改善和发展中日关系的殷切期望，他说：“日中友好七团体一直是中日友好事业的骨干力量，也是中日民间交流的桥梁。长期以来，日中友好七团体的朋友们为实现中日邦交正常化，发展中日睦邻友好关系，做了大量有益的工作，做出了突出贡献。”桥本说目前日中两国在各个领域的民间交流很频繁，希望这样的交流能进一步加强。② 日本《每日新闻》就日本七团体携手访华发表评论指出：“中国一方面拒绝与小泉首相和对华强硬派麻声外相举行高端磋商，另一方面又热情接待今年2月前来访华的自民党政调会长中川秀直、经济产业大臣二阶俊博以及其他日本执政党干部，活跃地展开对日外交。这次中国盛情款待的是‘亲华派’的7个日中友好团体的代表，是为了给自己创造一个平台，便于发出‘重视中日关系’的信号。”③ 2007年《瞭望东方周刊》与日本发行量最大的报纸《读卖新闻》分别在中国、日本对大学生进行了调查，调查显示参加调查的中日大学生们都把对方看作是对自己国家经济发展至关重要的国家。特别值得一提的是，在“请列举您认为对自己国家的经济发展来说非常重要的国家和地区”一栏中，超过一半的日本调查者写下了“中国”，位列榜首。而在中国学生看来，日本同样是对中国经济发展重要的国家，仅次于美国。这些都从某种意义上说明双方有增进了解的必要。在20世纪90年代曾经担任联合国难民署高级专员、现任日本国际协力机构理

① 刘志功：《日本——历史与现状》，旅游教育出版社1994年版，第123页。
② 《胡锦涛会见日本日中友好七团体负责人》，《人民日报》，2006年4月1日，第1版。
③ 转引自《日本七团体携手访华》，《参考消息》，2006年3月31日，第1版。

事长绪方贞子指出："中日关系关键在于人与人的交流。"①

第三，以务实态度分解日台"地下"结盟。日台结盟当前属于非官方性质，但是日本政界和民间的右倾势力已经影响到日本的对华、对台政策趋向，所以具有"地下"或者"隐性"的色彩。日台"地下"结盟与日美公开结盟互相呼应，具有隐蔽性、渗透性和突发性的破坏力。日台地下结盟的组织基础是日本的右倾势力和台湾岛内的"台独"势力，因此必须有意识地区分日本国内的侵华、反华与亲华、拥护中国实现国家统一的力量及中间势力，有的放矢地分解日本国内敌对的反华、遏华阵营，坚决制止日本民间反华势力上升到国家层面与"台独"势力结盟，干涉中国的国家统一。

长期以来，在中国政府多次重申对台湾问题的严正立场所形成的国际舆论氛围下，日本政府在国际公开场合的正式表态从来没有承认石原慎太郎等右翼分子美化日台同盟的言论，而中国政府虽然一直谴责日本国内一些势力否认日本发动侵略战争的性质和罪行进而竭力美化日本军国主义战争的言行，同时也肯定日本国内正义人士为中日关系的改善所做出的努力。所谓日本政治右倾化，主要是指日本右翼保守势力及其主张占据上风并影响政府决策的一种政治倾向。一旦持这种错误历史观、战争观的人控制日本的执政党、政府或自卫队，中日关系的健康发展就可能再度受到日本政治右倾化的严重干扰。中日政治摩擦期也将随之到来。② 曾任日本航空自卫队幕僚长的田母神俊雄2009年3月出版《田母神塾——这才是能令人自豪的日本教科书》一书，主张彻底推翻1995年村山富市首相关于承认日本侵略历史的讲话，修改宪法第九条，日本拥有核武器等。这得到右翼势力和极端民族主义的支持，在日本自卫队中有一定影响。所以，未来日本的政治走向和领导人的对华政策倾向仍值得关注。

在策略层面上，必须以务实的态度处理日本与台湾的关系，在经济上要肯定有利于台湾岛内民生的日台民间正常的经济往来，但是要揭露台湾当局以经济上特别是贸易上的不平等交易换取日台政治关系升级的卖国行径；支持日台间正常的文化交往、社会阶层交流，坚决反对在民间交往掩盖下的政界人员往来及官方色彩的政情沟通；对于日台间或明或暗的政治、军事交

① 陈言：《中日关系关键在于人与人的交流——专访日本国际协力机构理事长绪方贞子》，《中国新闻周刊》，2006年12期，第56页。

② 刘江永：《中日关系进入"后摩擦期"》，《环球时报》，http://opinion.huanqiu.com/roll/2009-07/521856.html.

流，要坚决采取必要外交行为与舆论攻势予以谴责，把这种行为上升到是否改善中日关系的大局上对日展开针锋相对的斗争，制止日台政治、军事关系升级。

对于台湾岛内存在的亲日、媚日群体以及力图促成日台结盟的“台独”势力予以舆论上的讨伐，有效地化解日台“地下”结盟带来的消极影响。

### 三、中国要在全方位外交背景下化解美日台同盟的整合态势

美日台同盟对于中国国家统一具有相当的负面影响，对此中方要在全方位外交的背景下化解美日台同盟的整合态势。

第一，法理层面上，中国一直强调台湾是中国的内政，拒绝外来干涉，对美、日插手台湾事务在国际法的层面进行了有力的反制。在国际社会中，中国政府坚决拒绝将台湾问题国际化，多次重申台湾问题不能与朝鲜半岛问题和东、西德问题相提并论，因为东西德、南北朝鲜问题的产生是二战后根据国际协议形成的，其历史背景和发展过程同台湾问题完全不同，因此中国政府历来坚决反对用处理德国问题和朝鲜问题的方式来处理台湾问题。当前海峡两岸尚未统一，但是仍然同属一个中国；台湾问题也应当在一个中国的框架内，由中国人自己来解决。由此，在法理层面上，对美、日特别是美国利用《与台湾关系法》为干涉台湾事务寻找法理依据的企图进行了反制，从国际法的角度阐明了美、日干涉台海事务阻碍中国的国家统一违背了国际法中的基本准则——不干涉他国内部事务，使美日台同盟缺乏基本的国际法依据。

第二，在策略层面上，要利用美台、日台关系的不对称加以各个击破。美台关系和日台关系有所区别，美国干涉台海事务是中国面对的外来干涉的主要方面，具有公开性和主导性；日本涉台是中国面对的外来干涉的相对次要方面，具有隐蔽性和从属性。所以，中国应对美日台同盟的整合态势，必须抓住主要矛盾——美台关系，以点带面，进而逐步解决次要矛盾——日台关系及其他涉台外部势力。美台关系是历史上形成的，根深蒂固，短期内难以解决，中国的相应对策就是加强双方在台湾问题上的沟通，利用中美关系上升的一面化解美台关系的不利影响，同时针对美国意欲协防“台湾”的战争挑衅行为，针锋相对，加紧进行应对台海紧张局势的军事斗争的准备工作，做到一文一武，张弛有制；日台关系很大程度上是日本侵华的“后遗症”，所以中国政府对日本涉台要严正交涉，坚决打压各种日台官方关系，

不断揭露日本军国主义侵华、侵台给中国人民带来的巨大伤害，不能在日本涉台这一问题上有任何的妥协和松动。中美关系对台湾问题的影响将直接决定日本涉台的程度，日台关系必将长期受到美台关系的制约。当然，要看到矛盾具有转换性，日本近年来一直加紧干涉台湾事务，在将来某个具体的历史时期内，中日关系对于台湾问题影响的重要性将会有所上升。

第三，国际舆论层面上，中国要展开全方位外交，孤立、分化中国的敌对势力，使其达不到有效的整合。国际上一小部分国家出于接受台湾当局援助的需要，不断为国际上制造“两个中国”、“一中一台”摇旗呐喊，特别是个别国家联合提出要求台湾加入联合国的提案。2005 年 9 月 13 日，第 60 届联合国大会总务委员会作出决定，拒绝将冈比亚等极少数国家提出的所谓“台湾在联合国代表权问题”和“联合国在维护台海和平方面积极作用”两项提案列入本届联大议程。这是台湾当局妄图在联合国内制造“两个中国”、“一中一台”的闹剧连续第 13 次遭到惨败。所以，在多边外交场合，诸如联合国、APEC 等舞台，中国必须坚持遏制“台独”势力的公开和隐蔽性分裂活动，为中国的国家统一争取广泛的同情与支持。

第四，妥善处理台湾地区的涉外问题。2009 年 5 月 26 日，胡锦涛总书记同吴伯雄主席举行会谈，就新形势下进一步促进两岸关系发展深入交换了意见，双方都主张两岸在涉外事务中避免不必要的内耗，增进中华民族整体利益。之前，中华台北卫生署应邀派出人员作为观察员参加了 2009 年的世界卫生大会。

## 第四节　中国大陆反“台独”活动的斗争及国家安全战略上的调整

中国的外交政策最终服从和服务于维护国家主权与领土完整这个核心的安全利益，因此在中国围绕国家统一开展对美、对日外交的同时，要全方位地针对“台独”活动展开斗争，并进行国家安全战略的调整。

### 一、中国政府要针对“台独”活动开展有力的政治、经济、外交斗争

中国的国家统一要做好打“持久战”的准备，即在中国的和平发展并最终崛起于世界民族之林的过程中解决台湾问题，从这个宏观层面出发，中

国大陆要对“台独”分裂活动在政治、法律、经济、外交等方面展开全面的斗争。

第一，政治上，开展统一战线工作尤其重要。当前，慑于岛内外的巨大压力，台湾当局不敢宣布法理独立，所以在舆论和军事的高压态势下台湾将会维持现状。事实上，只要台湾当局不踩“法理独立”的“红线”，台湾就可以在相当长的时期内分享大陆经济发展带来的“红利”，从而维持两岸的和平与稳定。对于大陆而言，台海局势维持现状（即台湾当局不宣布法理独立），目前看是一个可以接受的策略选择，有利于中国实现国家统一。长期看，解决台湾问题从而最终实现国家统一关键在于争取岛内的民心，所以要针对台湾岛内的各种势力和国际上的各种力量开展统一战线工作。因此，在政治上做好实现统一的前期准备，必须做好争取和团结岛内拥护国家统一的政治势力和民众力量的工作，这是一项根本性的、长期性的战略任务。

多年来，大陆不断地向台湾岛内展示了和平统一国家的最大诚意，动摇“台独”势力的民意基础，特别是2000年陈水扁上台后不断制造“台独”分裂活动，大陆方面就更加重视在政治上巩固与台湾岛内“泛蓝”阵营的统一战线。2005年9月，在中国人民抗日战争和世界反法西斯战争胜利六十周年纪念日，胡锦涛发表讲话指出中国国民党和中国共产党领导的抗日军队，分别担负着抗日战争中正面战场和敌后战场的作战任务，形成了共同抗击日本侵略者的战略态势。胡锦涛特别提到，以国民党军队为主体的正面战场，组织了一系列大仗，特别是全国抗战初期的淞沪、忻口、徐州、武汉等战役，给日军以沉重打击。对此，国民党中常委、台湾“立法委员”吴敦义认为，中共对抗战中国民党的贡献作出正面肯定，十分珍贵，是胡总书记善意的表示。他认为，中共正面解读八年抗战中国民党有那么多牺牲的将领官兵，用生命热血来捍卫国土，抵御日本侵略者，将对国共两党及两岸之间未来更好地交流，会有更大的帮助。①

台湾岛内长期以来一直存在所谓“省籍”之争，“台独”势力不断制造族群分裂，大肆煽动所谓本土派与外省人群的斗争，以达到主导统“独”议题的目的；中国共产党能够超越党派的历史背景，肯定国民党的抗日历史功绩，既维护了历史的真实性，又团结了一大批台湾岛内的政治力量。毋庸讳言，中国共产党的国家统一政策与台湾岛内的“泛蓝”阵营的统一主张

① http：//www. ycwb. com/gb/content/2005 -09/05/content_ 977016. htm.

存在着重大的政治分歧，但是在“一个中国”的旗帜下摒弃政治上的歧见可以更加有效地遏制“台独”分裂行径，有助于两岸统一意识及民族认同感的整合。

第二，在法律的层面，《反分裂国家法》是中国遏制“台独”活动最重要的法律武器。长期以来，中国大陆对台统战工作一直是在国家政治特别在党的政策层面上运作，没有纳入立法程序，对此国内外反华及分裂势力一直攻击大陆的国家统一行动只是党派利益的体现。中国大陆通过立法把国家的统一纳入了法律的轨道，为“台独”活动划下了“红线”，树立了中国作为法制国家的形象。现在通过立法上升为国家意志，有利于进一步界定分裂国家行为的性质及应对措施，团结国内外的进步、正义力量共同反对“台独”势力，遏制分裂活动。

第三，两岸经济整合在国家统一进程中的作用逐渐突出。台湾农产品登陆对于“台独”分裂行为的遏制效应初显，使台南农民、台湾渔民对于国家统一产生了经济上的认同，对于“台独”势力特别是民进党在台南的票仓形成釜底抽薪之势。大陆努力促成的两岸“三通”得到了台湾岛内工商界的认同。随着今后两岸经济的互动，两岸经济一体化为中国国家的统一奠定了物质基础。当前，大陆对台优惠政策已经成体系，有点对点到面对面，从经贸、教育、旅游、航运、文化这些宏观方面到台农增收、台胞大陆入学、新闻出版、地区互动等中观和微观层面，大陆惠台政策可谓系统化、整体化、长期化。

第四，两岸民间多领域的交流有助于增强台湾民众对于国家统一的认同。大陆赠台湾大熊猫、对在大陆高校就读的台生实行与大陆同等的收费待遇、承认台湾高等教育的学历，所有这些措施促进了海峡两岸的民间交流，提升了台湾民众对于国家统一的认同感和纠正了一些对于大陆的偏见与误会。

第五，针对台湾当局在国际上制造“两个中国”或者“一中一台”的分裂活动，中国政府要通过多边外交和一系列双边外交打压台湾当局拓展的所谓“国际生存空间”，另外要从争取台湾人民的角度出发允许台湾以“中国台北”的名义加入没有官方色彩的国际组织及开展商贸交流。在具体策略上，中国主要应该争取美、日、俄等大国和广大发展中国家对于中国国家统一的支持，对于那些国际上较少影响、缺乏起码的国际道义、国际信誉的国家，中国政府没有必要浪费大量的外交资源与台湾当局展开“外交战”，应把大量精力集中在双边和多边的国际舞台上开展国际统一战线工作。

## 二、中国针对“台独”在军事上的积极备战与战略上的有效威慑

在开展政治斗争的同时，中国对台军事斗争准备具有不可替代的作用。海峡两岸的和平局势是两岸人民的福祇所在，但是大陆只有对“台独”势力保持足够的威慑，才能达到“不战而屈人之兵”的战略效果。换言之，只有大陆保持强大的军事压力，“台独”势力才不敢轻易越过“法理独立”这条“红线”。

2004年12月27日，中国国务院新闻办公室发表《2004年中国的国防》白皮书，其中指出：“‘台独’分裂活动日益成为破坏中国主权和领土完整，危害台海两岸及亚太地区和平与稳定的最大现实威胁”，[①] 同时，中国维护国家安全的首要基本目标和任务是：“制止分裂，促进统一，防备和抵抗侵略，捍卫国家主权、领土完整和海洋权益”，所以“制止‘台独’势力分裂国家，是中国武装力量的神圣职责”，“如果台湾当局铤而走险，胆敢制造重大‘台独’事变，中国人民和武装力量将不惜一切代价，坚决彻底地粉碎‘台独’分裂图谋”。[②]

军事上的积极备战与战略上的有效威慑是紧密相连的，为适应国际战略形势和国家安全环境的变化，迎接世界新军事变革的挑战，中国坚持积极防御的军事战略方针，加速推进中国特色军事变革。在发展道路上，坚持走复合式、跨越式发展道路，加强以海军、空军和第二炮兵为重点的作战力量建设，全面提高军队的威慑和实战能力。在军事斗争准备上，人民解放军立足打赢信息化条件下的局部战争，突出加强武器装备建设、联合作战能力建设和战场建设，努力适应一体化联合作战的要求，建立能够充分发挥武装力量整体效能和国家战争潜力的现代作战体系。从各种资料的综合分析看，在“台独”势力制造重大“台独”事变的时刻，中国可能进行的对台作战的基本模式有三种：

第一，经济封锁。对台湾岛内的经济封锁可以达到“不战而屈人之兵”的作战效果，但是一旦实行，对于亚太地区的经济发展特别是中国的经济发

① 《中国发表2004年国防白皮书》，《人民日报（海外版）》，2004年12月28日，第3版。
② 《中国发表2004年国防白皮书》，《人民日报（海外版）》，2004年12月28日，第3版。

展负面影响较大。台湾地区囿于地理环境没有任何陆上通道与外界相连，经济上主要依靠对外贸易，一旦被封锁，经济上将会遭受致命性打击，“台独”行径必然得不到岛内民众的支持而归于失败。但是，美、日将会进行有针对性的反封锁行动，并且伴随西方社会对中国的经济制裁，整个东亚甚至全球的经济发展会陷入停滞。

第二，有限打击。中国军队通过发射导弹进行多个波次的攻击并且在海空军掌握台海的制海权和制空权后，可以有选择地对“台独”势力进行一定程度的有限打击，主要目的在于阻吓“台独”势力推行重大的“台独”事变，并且催生岛内政治力量的整合，最终使台湾当局能够回到“一个中国”的立场上来。但是，这种有限打击在何种程度上可以达到其政治上的战略意图，其临界点不好把握，而且一旦遇到外部干涉及美日对岛内的支援则形成两岸在军事上的对峙局面，将会背离这种有限打击的战略初衷。

第三，登岛作战。通过中国人民解放军的登岛作战，可以彻底根除岛内分裂势力的社会基础和物质基础，但是代价最大，只能是不得已而为之的最后选择。解放军登岛作战将会远远超出战役作战的范畴，将牵涉中国东部沿海地区的战时动员甚至全国动员，在相当长的一个时期里，一切工作将会服从和服务于对台作战及对台工作这个全国性的中心工作。在面临美、日等国家的进行军事干涉和政治封锁的强大压力下，中国的和平发展和整个国家和民族的意志力、向心力都将经受极大的考验。

总体来看，“台独”势力的基本特征在于对外挟洋自重，对内挑动族群分裂，并没有在整个台湾岛内建构起全民彻底对抗大陆实现分裂的意志和精神，只要中国政府与国际社会进行广泛的沟通，取得多数国家在道义上的支持，“台独”势力不顾一切进行“法理台独”的可能性不大；即使“台独”势力在美日等国暗中纵容下铤而走险，中国政府通过经济封锁和进行有选择、有目标的有限打击，可以挫败某些重大的“台独”事变。至于登岛作战，其政治、经济代价十分巨大，而且后续台湾岛的治理将会面临诸多问题，要进行全面的论证，在国家安全层面建立一整套预案，以备在国家安全面临最为严峻挑战的时刻启用。

## 三、中国要逐步对国家安全战略进行有针对性的调整

台海局势当前看是“外患”大于“内忧”，“台独”势力行分裂之实主要依靠外部势力的支持，所以中国遏制“台独”的对外方略在于构建有利

于实现国家统一的大国关系，特别是中美日大三角的走向直接决定台海地区的和平与稳定。在国内，中国必须在国家安全层面上对可能的台海战争做好准备，整体国家安全战略包括核战略要进行有针对性的调整，只有在对可能发生的一切情况做好充分准备的前提下，才有可能和平地实现国家的统一。

第一，要从国家安全的层面有针对性地进行区域经济布局规划。改革开放以来，中国东南沿海地区已经成为中国最重要的工业基地，在全国工业总产值中所占份额由 1978 年的 31.7% 上升到 1996 年的 41.30%，上升了 9.6 个百分点；2003 年，中国对外贸易达 8500 亿美元，吸引外资近 6000 亿美元，东南沿海地区占 60%，沿海地区经济增长速度超过全国 2 个百分点。台海战争一旦发生，中国东南沿海地区（主要指华东和华南地区，包括福建、广东、浙江、上海、江苏南部、香港、澳门）要承受巨大的经济损失，基础设施将会遭到较为严重的破坏，对外贸易将大幅度倒退，中国的工业能力也将整体下降。所以，必须从国家安全战略的宏观层面看待西部大开发与东北老工业基地的振兴。中国东北和西部地区相对台海地区而言是重要的战略纵深，国家把开发重点转向这两个区域，将完全不同于计划经济年代的“大三线建设”，是国家经济布局和国家安全战略的有机结合。所以，加强中国东北和西部地区的开发建设，不仅仅是区域经济平衡的问题，更为关键的是为未来可能发生的台海战争提供坚实的物质基础和技术支撑。

第二，建立战时应急经济运行体制的预案，特别是石油储备的预案。未来的战争不仅是高科技层面上的斗争，更是国家间综合国力特别是经济力的对抗。2003 年以来，美国每个月为伊拉克战争花费 56 亿美元，是美国过去 60 年来费用最高昂的战争。截至 2005 年 8 月，美国国会迄今为伊拉克战争批准了 4 项拨款法案，开支总额达到 2044 亿美元。未来的台海战争对中国的经济增长机制，特别是过度依赖对外贸易的经济增长模式产生重要的影响，所以中国必须着手建立战时应急经济运行体制的预案，扩大内需，减少对外资和外贸的依赖程度。

另一方面，石油战略储备是一个国家能源安全体系最重要的一个环节。中国在 1993 年成为石油净进口国。2003 年中国进口石油超过 9112 万吨，同比增长 31.29%，进口原油占国内原油消费量的 36.1%，2004 年进口量突破 1 亿吨，中国已经成为仅次于美国的世界第二大石油消费国。随着中国石油对外依存度的迅速提高，石油安全问题成了非常紧迫的问题。中国要打赢高科技条件下的局部战争，现代化作战条件下所需要的能源安全至关重要，中国政府必须从国家安全层面制定应急的能源安全特别是石油储备预案，包括战略石油储备库的建设，石油通道的安全保障、协调与主要石油供应国的关系以及加紧进行相关替代能源的开发等等。根据规划，中国于2004 年开始建设镇海、舟山、大连、黄岛等一期四座储备基地，2007 年 12 月 18 日中国国家发展和改革委员会宣布，中国国家石油储备中心正式成立，旨在加强中国战略石油储备建设，健全石油储备管理体系。

第三，中国要提高自身的核威慑能力以应对高技术条件下的局部战争。“9·11”事件之前，美国与俄罗斯、英国、法国和中国这几个核武器大国一样，承诺不会首先向无核武器国家发动核打击。但“9·11”后，美国已改变了这一核战略政策，并明确宣布对于伊朗、伊拉克、朝鲜、利比亚和叙利亚这些无核武器国家也有可能会首先使用核武器。中国当前的核战略主要体现在“有限核威慑”理论上，中国现行的核战略是一种“无条件”的核战略，概括起来说由以下四个方面构成：(1) 全面禁止和销毁核武器；(2) 在任何时候不首先使用核武器；(3) 在任何时候不对无核国家或无核武器区使用或威胁使用核武器；(4) 不扩散包括核武器在内的大规模杀伤性武器。

中国所拟定的“打赢高技术条件下的局部战争”的设想与这种“有限核威慑”理论基本上是相匹配的，但是在未来可能进行的台海战争中面临两个问题：第一，由于奉行“有限核威慑”理论导致中国核威慑能力先天不足，事实上，中国在常规武器装备的研发领域与美国等西方发达国家相比一直存在较大的差距，如果台海形势突变遇到外来军事干涉时，中国是否能够把常规战争的规模控制在局部范围内？如果假想敌在局部战争的框架内无法达到目的，将战争升级为全面常规战争，中国一旦处于劣势从而面临国家即将分裂的危险时如何有效自卫？第二，在高技术条件下，核大国正在加强核武器的研发以降低核打击的门槛。美国一心想要消除小型核武器和常规武器之间的差异，目前正在研制全新的第四代核武器——不存在核污染的纯热核武器。美国这种企图降低核门槛，将战略核武器战术化的做法，可能在全球引发研制新型核武器的竞赛，使本已笼罩在核阴云下的世界更加不安，国际社会当前也面临着如何界定新型核武器使用的临界点这一严峻课题。

所以，中国必须立足现实，着眼长远，一方面主张在全球范围内全面、彻底地销毁核武器，另一方面在国家安全战略的调整中牢牢把握国家的核心利益——维护国家主权和领土完整这一原则，使中国的核力量在遇有外部势力军事干涉中国国家统一进程中发挥重要的威慑作用。此外，要追踪美国等发达国家研制新型特别是小型化、可控型核武器的动态，通过自身技术水平特别是研发能力的提升维持中国核力量的基本威慑能力和快速反应能力，以应对个别核大国的核讹诈，弥补中国在常规武器装备领域中与美日等国家的相对劣势。

## 第五节 中美日三国在台湾问题上博弈的基本模型与未来走势

进入21世纪，台湾问题受中美关系和中日关系的影响日益复杂化，学术界对于台湾问题未来走势的预测也不尽一致。在经济领域、国际关系等诸多领域中广泛运用的“博弈论”可以为解读这一走势在理论上提供新的尝试。

### 一、“博弈论”为诠释“中美日－台湾”的安全架构提供了一种新视角

博弈论，又称对策论，是在20世纪40年代形成并发展起来的使用严谨的数学模型研究冲突对抗条件下最优决策问题的理论。博弈论根据其所采用的假设不同而分为合作博弈理论和非合作博弈理论。前者主要强调的是团体理性；而后者主要研究人们在利益相互影响的局势中如何选择策略使得自己的收益最大，即策略选择问题，强调的是个人理性。目前经济学家谈到博弈论主要指的是非合作博弈，也就是各方在给定的约束条件下如何追求各自利益最大化，最后达到力量均衡。非合作博弈论的代表人物——纳什奠定了现代非合作博弈论的基石，他证明了非合作博弈及其均衡解，并证明了均衡解的存在性，即著名的“纳什均衡”，“纳什均衡”的基本内涵是：合作是有利的“利己策略”，参与合作的多方只有在互相合作与妥协的过程中才能达到“双赢”。博弈论最早应用于经济领域，后来在国际政治学界特别是军控领域得以广泛运用。

21世纪初期，中美日围绕台湾问题既存在一定的安全困境，又有着一定的合作空间，在博弈论的基础上建立中美日三国在台湾问题上的安全模型，有助于从一个新的视角来看待台海局势的走势。

## 二、分别以中美、中日关系对于台湾问题的影响建立两个三方博弈的模型

通过"博弈论"建立"中美日－台湾"三国四方的安全模型，首先要在理论上要将影响台海局势的美、日以外的其他外部因素忽略不计，从而纯粹在中美日安全架构中探讨台湾问题的走向。首先，要对于中美日关系进行分解，以中美、中日关系对于台湾问题的影响分别建立两个三方博弈的模型。

建立模型前要给参与博弈的各方设定一个代码：中国—A，美国—B，日本—C，台海局势设为变量 T（T 的波动区间赋值为【－5，5】，【0，5】表示台海局势基本趋向于稳定，【－5，0】表示台海局势基本趋向于动荡不安）。

以下将以中美、中日两对双边关系对台海局势的影响为对象建立博弈模型。

### （一）中美相互外交政策对于台海局势的影响

**表 1**

| 台海局势 / 中国 / 美国 | 中国倾向于与美国在台湾问题上合作 $A_1$ | 中国拒绝与美国在台湾问题上合作 $A_2$ |
|---|---|---|
| 美国倾向于与中国在台湾问题上合作 $B_1$ | $0 < T_1 < 5$ 台海局势趋于稳定、和平 | $-3 < T_2 < 0$ 台海局势掺杂诸多不稳定、非和平因素 |
| 美国拒绝与中国在台湾问题上合作 $B_2$ | $-3 < T_3 < 0$ 台海局势掺杂诸多不稳定、非和平因素 | $-5 < T_4 < -3$ 台海局势趋向于陷入动荡与战乱 |

从表 1 中可以看出，中美关系对台海形势的影响基本从 $T_1$ 到 $T_4$ 进行演变，从历史上台海发生的三次危机来看，中美双方都拒绝在台湾问题上相互合作或者断绝了进行信息沟通的基本渠道，同时中美关系对于台湾问题的影响具有主导性；因此一旦中美关系恶化对于台海局势的影响十分明显，所以在（$A_2$，$B_2$）的情况下，数值变动设为 $-5 < T_4 < -3$。

进入 21 世纪后，中美双方在台海问题上进行了多轮博弈后，逐渐认识到双方只有采取合作的态度才能维护自身的国家利益，因此中方采取的 $A_1$ 策略和美方采取的 $B_1$ 策略逐步使台海局势趋于平和，当然"台独"分子分裂活动一直没有停止甚至在某一阶段内相当猖獗，对于台海局势的影响是负

面的，因此中长期内中美合作后的台海局势 T 的数值变量可以从 $0<T_1<5$ 修订为 $0<T_1<3$（T 的波动区间赋值为【-5，5】）。

（二）中日相互外交政策对于台海局势的影响

**表 2**

| 台海局势 / 中国 / 日本 | 中国倾向于与日本在台湾问题上合作 $A_3$ | 中国拒绝与日本在台湾问题上合作 $A_4$ |
|---|---|---|
| 日本倾向于与中国在台湾问题上合作 $C_1$ | $0<T_5<3$ 台海局势趋于稳定、和平 | $-1<T_6<0$ 台海局势掺杂一些不稳定、非和平因素 |
| 日本拒绝与中国在台湾问题上合作 $C_2$ | $-1<T_7<0$ 台海局势掺杂一些不稳定、非和平因素 | $-3<T_8<-1$ 台海局势趋向于动荡、不安 |

从表 2 中可以看出，中日关系对于台海局势的影响远不如中美关系对于台海局势的影响明显，因此双方趋于合作时与双方关系紧张时台海局势 T（从 $T_5$ 到 $T_8$）的赋值波动幅度不同于中美关系对于台海局势（从 $T_1$ 到 $T_4$）的影响明显，后者波动幅度更大一些。近年来中日关系趋于紧张，日本右翼势力与“台独”势力勾结的趋势日益明显，双方在包括台海问题上的一系列领域中产生严重的对立态势，而且美国希望日本在遏制中国方面发挥更大的作用，中日关系在未来不容乐观。虽然中日关系恶化的趋势不可能完全反映在台湾问题上，但是中长期内中日关系对于台海局势 T 的负面影响更多一些，将会从 $T_6$ 到 $T_8$ 之间变动，考虑到中日关系对于台湾问题的影响不如中美关系对于台湾的影响明显，台海局势的数值变量可以修订为 $-2<T_8<0$（T 的波动区间赋值为【-5，5】）。

## 三、中美日三边架构中台海局势的未来走势

以上通过建立两个模型获得了一系列变量，得以通过数值的形式阐释了中美、中日关系对于台海局势的影响，然而仅仅停留在除去美日之外的其他外部因素在中美、中日双边关系的基础上所导出的理论上的结论，在现实中中美日三边关系对于台海局势的影响是综合的，所以要进一步进行归纳。

$$\begin{cases}-2<T_8<0\\0<T_1<3\end{cases}\longrightarrow -2<T_8+T_1<3 \longrightarrow -1<1/2(T_8+T_1)<1.5$$

台海形势的数值变量 T 在（-5，5）之间浮动时，设其中（-2.5，

2.5）为中间范围波动的区间。设1/2（$T_8+T_1$）作为台海局势的未来走势$T_W$，则$-1<T_W<1.5$，$T_W$比照（$-2.5$，2.5）这个中间区间表示台海形势在未来既不会完全呈现和平与稳定的局势，也不会陷入战乱与动荡，在$T_W$的状态下，中美日三国的利益都为正值，表现为美国利益大于中国利益，中国利益大于日本利益，日本利益最小但是大于零。

在本世纪前二十年台海局势将会处在一个波折不断、困难与机遇并存的时期，关键在于中美日三国的战略认同与相互政策修订以及岛内政治生态格局的变迁。围绕台湾问题，中美日三个大国将进行多轮博弈，在多轮博弈中有陷入“零和博弈”（双方因为缺乏信任拒绝合作）的僵局的可能性，特别是中日两国在台湾问题上的紧张局面就显露出“零和博弈”的征兆，但是中美两国在台湾问题上合作态势的加强则体现了多轮博弈的另一个发展方向——多方共赢的博弈（参与各方通过合作达成妥协而利益均沾），即双方认识到了在台海形势上合作对于维护各自国家利益的重要意义。由于美国相对比日本而言在台湾问题上发挥主导性的作用，所以就中国在解决台湾问题时面对的总体国际环境而言，积极的因素多于消极的因素，而随着中国国力的进一步增强，对于中国国家统一有利的局面将会多于不利的局面。

# 第七章　中国国家统一的历史思考和长远战略

台湾问题是中华民族百年来的“国殇”，既折射了近代中国一个多世纪以来的从屈辱到复兴的曲折历程，又衍生成为当代中国崛起为世界性的大国、强国进程中的主要障碍。当今，台湾问题对于中华民族的民族精神特别是耐受力、凝聚力、向心力构成了现实的考验，因此美、日等世界各国看待台湾问题应该认识到台湾问题背后意蕴着中国的和平发展以及中华民族历史上形成的民族情结等诸多内涵，特别是面临着中国和平发展进程与中国的国家统一进程正在积极推进这一不可逆转的时代潮流。

同时，中国是世界的中国，台湾问题牵涉诸多国际因素，解决台湾问题必须重视中国国家统一的国际环境。在亚太地区，解决台湾问题与构建稳定的中美日安全架构是辩证统一的，构建稳定、合理的中美日安全架构将会为中国解决台湾问题扫清外部障碍。

中国的国家统一进程具有长期性、艰巨性与不可逆转性，是大势所趋而又任重道远。解决台湾问题要立足当前，放眼长远，在中华民族和平发展的进程中实现统一，以中国国家统一为动力促进中国的和平发展。

## 第一节　基于世界历史与中国历史有关国家统一的思考

### 一、民族国家最终实现统一是世界历史演进中不可逆转的进步潮流

从世界历史特别是世界近现代史看，任何一个民族国家要实现国家的繁荣昌盛前提在于国家的统一，一个民族国家丧失了主权独立和领土完整后，只能沦为一些霸权国家的附庸；长此以往，其民族精神和民族凝聚力会逐渐

消散，这个民族国家从实体和国家理念上都会走向消亡。

马克思、恩格斯等革命导师一直强调民族国家的统一对于无产阶级反抗资产阶级的积极意义，并把丧失主权的民族国家实现其国家统一作为各国共产党人在初级阶段的革命纲领。1859年，马克思在《意大利的统一问题》中指出："尽管波拿巴主义者在搞阴谋，尽管皮蒙特君主主义者在搞王朝的反革命图谋，但是在意大利有能够通过革命民主主义的道路实现国家统一的力量。"[1] 1884年，恩格斯在《马克思和新莱茵报》一文针对德意志的统一问题指出："'新莱茵报'的政治纲领有两个要点：建立统一的、不可分割的、民主的德意志共和国和对俄国进行一场包括恢复波兰的战争。""无产阶级的利益迫切要求德国彻底统一成为一个民族，只有这样才能把过去遗留的一切琐屑障碍清除掉而扫清无产阶级同资产阶级较一较量的战场。""普鲁士的消灭，奥地利国家的崩溃，德国真正统一成为共和国——我们在最近将来的革命纲领只能是这样的。"[2]

美国作为现在世界上唯一的超级大国，综合国力列全球之冠，而19世纪在美国发生的南北战争为美国延续近两个世纪的繁荣昌盛创造了重要的历史条件，奠定了坚实的社会、政治基础。19世纪下半叶，美国南方和北方因为对于是否废除奴隶制意见不一而使国家面临分裂的危险，为此当时的美国总统林肯领导美国人民进行了一场付出了巨大民族牺牲的南北战争，维护了国家的统一。林肯在1861年的就职演说中表达了维护国家统一的坚定意志："从一般法律和我们的宪法来仔细考虑，我坚信，我们各州组成的联邦是永久性的"，"没有一个名副其实的政府会在自己的根本法中定出一条，规定自己完结的期限。继续执行我国宪法所明文规定的各项条文，联邦便将永远存在下去——除了采取并未见之于宪法的行动，谁也不可能毁灭掉联邦"，"联邦是不容分裂的；我也将竭尽全力，按照宪法明确赋予我的责任，坚决负责让联邦的一切法令在所有各州得以贯彻执行"，"决定内战这个重大问题的是你们，我的心怀不满的同胞们，而并非决定于我。政府决不会攻击你们。只要你们自己不当侵略者，就不会发生冲突。你们并没有对天发誓必须毁灭这个政府，而我却曾无比庄严地宣誓，一定要'保持、保护和保

① 《马克思恩格斯全集（第十三卷的说明）》，第13卷，人民出版社1998年版，第19页。
② 《马克思恩格斯全集》，第21卷，人民出版社1965年版，第21页。

卫’这个政府。”①

1863 年 1 月 1 日，美国总统林肯签署了解放黑奴的宣言，在林肯看来，解放奴隶是他的人生观和价值观的核心理念。但是，当南部蓄奴州宣布要脱离联邦寻求独立时，林肯却说：“我在这场斗争中的最高目的是拯救联邦，而不是拯救或者消灭奴隶制。如果任何一个奴隶也不用解放就可以拯救联邦，我愿意这样做。如果只有解放所有的奴隶才可以拯救联邦，我愿意这样做。如果我必须解放一部分奴隶，留下一部分不管，才能拯救联邦，我也愿意这样做。我对奴隶制和对黑种人所做的事情，是出于我相信那样做将对拯救联邦有利；有些事我之所以克制不去做，也是因为我不相信那样做会有助于挽救联邦。”② 所以为了挽救国家不至于分裂，林肯充分地表达了他不惜代价维护国家统一的决心和意志。由于林肯对于美国国家统一的巨大贡献，他成为美国历史上最受美国人民爱戴的总统之一。

二战结束后，德国在冷战的历史条件下分裂为民德和西德。1990 年 9 月 12 日，民德和西德、英国、法国、苏联和美国在莫斯科签署了德国统一的协议，通过这个协议实现了盟国在德国权力的终结，促成了德国的独立、统一。1990 年 10 月 3 日，两德正式统一，统一后的德国领土面积达到了 35.6 万平方公里，人口 7800 万，全年国民生产总值达到 2.4 万马克，其经济实力相当于英、法两国的总和，所以“德国统一之父”——德国前总理科尔指出德国的统一具有重大的历史意义。统一后的德国逐步成为欧洲格局中的一个中心力量。1990 年 2 月美国《新闻周刊》载文指出，由于统一后的德国具有横跨中欧的地理特点和强大的经济实力，将成为一个新兴的经济大国——经济超级大国，具有称雄全欧的实力。③ 统一后的德国与法国一起结成“法德轴心”主导着欧洲事务。同时德国在世界事务中的发言权明显增大，充满自信地要求成为联合国常任理事国，进一步推动世界朝着多极化的方向发展。尽管德国统一后经济和社会发展一度因为东西部区域社会、经济发展的不协调出现了一些问题，但是显而易见，德国统一对于这个国家的积极作用远远大于负面效应。

---

① 黄雨石、辜正坤、邓蜀生译：《林肯集——演说、信件、杂文、公告、总统咨文和公告》（上），生活·读书·三联书店 1993 年版，第 298、第 299、第 305 页。

② 黄雨石、辜正坤、邓蜀生译：《林肯集——演说、信件、杂文、公告、总统咨文和公告》（上），生活·读书·三联书店 1993 年版，第 504－505 页。

③ 李钟发：《怎样看德国统一》，《半月谈》，1990 年第 19 期。

## 二、对于历史上中国国家统一与分裂的经验教训的纵深思考

解决台湾问题必须要有历史纵深感，我们必须以马克思主义唯物史观来分析历史现象和现实问题，纵观中国国家历史上数次统一与分裂的经验教训，可以通过一些具体的实例抽象出一般性的规律。

第一，国家统一的前提是国力强盛，国家分裂的起因在于国力衰微。从中国历史看，中国的国家统一乃至分裂与中国的国力强盛与否息息相关。中国的国家发展与国家统一具有辩证关系，即中国国家统一的前提是中国国力的增强。纵观中国近代史，中国发生国家分裂和领土被侵占的历史时期都是中国国力衰微的时期，而中国的完成国家统一都是在国力强盛时期；另一方面，中国完成统一后会进一步促进中国整体国力的提升。

17 世纪初，荷兰殖民者乘明末农民起义和东北满族势力日益强大，在明政府处境艰难之时，侵入台湾。1661 年 4 月，郑成功从荷兰殖民者手中收复了台湾。清军入关后建立了清王朝，国力日益强盛，1683 年清军收复台湾，中国完成了统一。19 世纪 40 年代，鸦片战争爆发后，中国国力日益衰微，陷入“瓜分豆剖”之窘境，先是英国通过鸦片战争强占了香港；接着在甲午战争后，台湾被割让给日本；20 世纪 20 年代在北洋军阀政府时期，外蒙古独立；此外帝国主义列强纷纷在中国划分势力范围。20 世纪 30 年代，日本入侵中国，经过八年艰苦卓绝的抗日战争，中国国力日益增强，1945 年日本战败投降后，台湾回归中国。

中华人民共和国成立后，中国共产党人和中国政府以国家富强、民族统一为己任，国家逐步摆脱积贫积弱的落后状态，邓小平指出“党的十一届三中全会以后，我们集中力量搞四个现代化，着眼于振兴中华民族。没有四个现代化，中国在世界上就没有应有的地位。”① 他铭记作为中国人的历史责任感，经常以中国近代史上饱受屈辱的历史警醒国人，指出九十年代初西方七国首脑会议制裁中国的行径令人联想起 1900 年八国联军侵略中国的历史。

20 世纪末，香港、澳门先后回归祖国，主要原因在于此时中国的国力已经今非昔比，“主要是我们这个国家这几年发展起来了，是个兴旺发达的

---

① 《邓小平文选》，第三卷，人民出版社 1993 年版，第 357 页。

国家，有力量的国家”，[1] 所以邓小平在1982年会见英国首相撒切尔夫人时说：“主权问题，中国在这个问题上没有回旋余地。坦率地讲，主权问题不是一个可以讨论的问题，”否则“任何一个中国领导人和政府都不能向中国人民交代，甚至也不能向世界人民交代。如果不收回，就意味着中国政府是晚清政府，中国领导人是李鸿章！”[2] 所以，尽管英国、美国在1997年之前曾为归还香港给中国设立种种障碍，但是香港最终回归中国。进入新世纪后，中英关系得到了健康的发展，主要在于包括英国在内的西方国家看到中国的蓬勃发展给他们带来的巨大机遇。

邓小平同志把国家统一看成是中华民族的最高国家利益，针对台湾问题，邓小平指出中国“吞不下去（台湾问题），不会吞下去的。如果真的出现这样的情况，由于台湾问题迫使中美关系倒退的话，中国不会吞下去。”[3] 他多次指出“我们一定要完成前人没有完成的统一事业，”[4]“实现国家统一是民族的愿望，一百年不统一，一千年也要统一。”[5] 1986年，邓小平再次谈及台湾问题，他认为台湾必须同大陆统一，“首先是个民族问题，民族的感情问题。凡是中华民族子孙，都希望中国能统一，分裂状况是违背民族意志的。其次，只要台湾不同大陆统一，台湾作为中国领土的地位是没有保障的，不知道哪一天又被别人拿走了。”[6]

因此，在中国国力强盛的前提下中国的统一才能得到实现，当今世界强权政治仍然存在，国力衰微的背后往往要面对国家分裂、民族纷争的隐患，前苏联的解体就是一个明显的例子。

第二，历史上，分裂势力一贯的顽固性、冒险性使中央政府可能完成和平统一的几率大为降低。在民族面临统一，结束分裂的历史关头，总有一小部分人蚍蜉撼树，逆历史潮流而动企图使国家分裂的局面固定化、长期化。在统一过程中，对这部分人从战略上要藐视他们，因为最终他们是螳臂挡车；但是在战术上要重视他们，因为历史证明这些分裂势力具有顽固性、冒险性及整合、勾结外部势力的能力，对国家的统一大业破坏性极大。

---

① 《邓小平文选》，第三卷，人民出版社1993年版，第85页。
② 《邓小平文选》，第三卷，人民出版社1993年版，第12页。
③ 《邓小平文选》，第二卷，人民出版社1983年版，第377页。
④ 《邓小平文选》，第三卷，人民出版社1993年版，第31页。
⑤ 《邓小平文选》，第三卷，人民出版社1993年版，第59页。
⑥ 《邓小平文选》，第三卷，人民出版社1993年版，第170页。

1662 年 6 月，爱国英雄郑成功收复台湾后不久去世。继承延平王位的儿子郑经、孙子郑克塽等人，凭恃武力在台湾割据。于是，遏制分裂，统一祖国成为大清王朝的重要任务。1667 年，在清朝“征剿”台湾的几次军事行动受挫后，清廷的对台政策改为“议和”。从 1667 年到 1682 年，康熙皇帝先后派福建招抚总兵孔元章和道员刘尔贡、知州马星等人作为谈判代表，与郑经进行了四次七轮谈判。郑经坚持仿效朝鲜“称臣纳贡不登陆不削发”，其理由为“朝鲜亦箕子之后，士各有志，未可相强”。当时清朝为统一国家，做出了最大限度的让步，同意台湾郑氏政权“称臣纳贡不登陆”，但康熙皇帝坚决拒绝“不削发”的条件，因为“削发”是清朝臣民的象征，台湾是大清王朝的领土，朝鲜只是保护国，台湾“东宁小朝廷”不能不削发。其实郑氏集团早已图谋“自立乾坤”，公开分裂国土，并无和谈诚意。面对其分裂行径，康熙起用施琅将军，采取“因剿寓抚”的正确战略，着手完成统一大业。郑氏集团惊慌失措，一些人甚至主张，派使者南联吕宋、苏禄诸国，北结日本，许以重酬，请他们派船派兵来台，共同赶走清军。1683 年，澎湖决战，清军击败郑军，郑氏集团无奈同意议和，对清廷称臣，台湾又一次回归祖国。[①]

无独有偶，当前台海局势与当年清朝收复台湾之前的情势有许多相似之处。两个时期的分裂势力都从在“一个中国”框架内对抗中央政府，转而谋求割据一方，分裂国家。郑经要求清朝给予台湾类似朝鲜的属国地位；李登辉则完全践踏汪辜会谈所达成的“九二共识”，公然抛出“两国论”，陈水扁更是大肆推行“统独公投”，叫嚣 2006 年“制宪”，2008 年“建国”。陈水扁下台后，以民进党陈菊一派为代表的“台独”势力蓄意破坏海峡两岸的和平发展氛围，与达赖为首的“藏独”分子和热比娅为首的“疆独”分子来往密切，遥相呼应，大有“三独”势力合流的趋势。

第三，军事斗争准备在国家统一进程中具有其不可替代性，同时为和平手段提供威慑保证。在国家完成统一的历史关头，必须树立正确的战争史观，充分宣示完成国家统一的决心和意志。按照克劳塞维茨的战争学说，“一方绝对忍受就不成为战争”，[②] 马列主义、毛泽东思想根据战争性质把战争分为正义战争和非正义战争，所以必须正确理解人们渴望和平的主观愿望

① 转引自孙力：《台海两岸分合历史之反思》，《史学集刊》，2003 年第 4 期，第 45 页。

② ［德］卡尔·冯·克劳塞维茨：《战争论》（上卷），解放军出版社 1964 年版，第 15 页。

与战争爆发的客观性。

对待战争的态度，可以引用毛泽东1964年接见外宾时讲的一段话："一九二一年，中国成立了共产党，我就变成了共产党员。那时候，我们也没有准备打仗。我是一个知识分子，当一个小学教员，也没有学过军事，怎么知道打仗呢？就是由于国民党搞白色恐怖，把工会、农会都打掉了，把五万共产党员杀了一大批，抓了一大批，我们才拿起枪来，上山打游击。"[①] 毛泽东同志言简意赅地揭示了战争是不以人的意志为转移的客观存在，他的这段话主要涉及了中国革命的一些基本问题，同样适用于诠释中国人民对于争取民族独立的解放战争的基本态度，因此盲目地、无原则地乞求和平只会吞下损害民族、国家利益的苦果。

近年来有人提出"中日不再战"，这完全混淆了战争的责任问题，抹煞了中国人民抗日战争的正义性，把战争责任分摊给中日两国。1939年6月，在国内抗日战争进入相持阶段后，毛泽东就怒斥国内的投降派，指出"战下去，团结下去——中国必存。和下去，分裂下去——中国必亡"。[②] 1949年，以毛泽东为首的中国共产党人坚决反对苏联等国家提出中国共产党与国民党以长江为界"划江而治"的方案，在《中国人民解放军布告》中宣布："我们已命令人民解放军奋勇前进，消灭一切敢于抵抗的国民党反动军队，逮捕一切怙恶不悛的战争罪犯，解放全国人民，保卫中国主权的独立和完整，实现全国人民所渴望的真正的统一。"[③]

李登辉、陈水扁一直鼓噪维持台海间的和平，攻击大陆"制造战争"、"破坏和平"。按照这种逻辑，只要中国政府放弃"一个中国"的原则，按照欧盟的邦联模式构筑大陆与台湾的关系，则天下太平，台海宁静。这显然是一个极端荒谬的悖论。台湾作为中国的固有领土，涉及中国的国家核心利益，具有专有性和排他性。在必要的时候以一场正义战争的方式维护统一、遏制分裂，是中国人民所具有的正当权利。邓小平同志指出："我们谋求用和平的方式解决台湾，但是始终没有放弃非和平方式的可能性，我们不能做这样的承诺。""决不能轻易使用武力，因为我们精力要花在经济建设上，统一问题晚一些解决无伤大局。但是，不能排除使用武力，我们要记住这一

① 中华人民共和国外交部、中共中央文献研究室编：《毛泽东外交文选》，世界知识出版社、中央文献出版社1994年版，第530页。

② 《毛泽东选集》，第二卷，人民出版社1966年版，第537页。

③ 《毛泽东选集》，第四卷，人民出版社1966年版，第1346页。

点，我们的下一代要记住这一点。这是一种战略考虑。”[①] 中华民族自古以来形成了崇尚和平的历史传统和民族性格，“中国人只是在国家民族的生死存亡悬于一发的不得已情况下，才会万众一心地起来拼命”，[②] 所以中国会尽最大努力维护两岸和平，但是绝对不能放弃使用武力实现国家统一。

第四，中华民族“天下一家”的“家国意识”、“天人合一”的大同理想成为中国国家统一的文化底蕴。从秦始皇统一六国开始，到历史上中华民族的几度融合，各朝中央政权的不断巩固，崇尚国家统一、反对民族分裂成为中华文化的基本内涵。中华民族“天下一家”的“家国意识”、“天人合一”的大同理想逐渐深入人心，所以国家的统一有其深厚的文化底蕴。就台湾问题而言，日本侵占台湾时推行文化上的“皇民化”运动并未铲除深植于台湾民众中的民族文化之根，现在陈水扁当局在文化、教育上大搞“去中国化”运动，同样不能撼动台湾民众的回归意识和反对“台独”的精神斗志。

解决台湾问题在排除外来干扰的同时，必须要弥合两岸多年来留下的历史的伤痕。李家泉在《“台独”乃历史“悲情意识”之异化》一文中分析在台湾民众中“悲情意识”的形成。李家泉指出“台湾商界过去常常提及岛内民众由于历史原因而产生的一种‘悲情意识’。这指的似还是比较原始、朴素，并且是自然产生的那种感情，本是可以理解，也颇值得同情，是无可非议的。”而后来，这种情况却逐渐变化了，特别陈水扁当局利用这种悲情意识培植“台独”意识，则已是上述悲情意识的一种质变和异化，“两岸都是中国人，血脉相连，祸福与共，自古一家。不幸的是，由于清朝政府的腐败无能，甲午战争中被日本侵略者打败，割地赔款，使我台湾同胞当了整整五十年的亡国奴。抗日战争胜利，台湾同胞喜庆回归祖国，然却迎来了国民党的反动统治，竟致发生一九四七年的‘二二八’流血事件。而这两件，都是在当时位于大陆、代表全中国的‘中央政府’之下发生的。这一次又一次的‘悲情’，遂使岛内一些人对祖国逐渐产生了一种疏离感。‘苍蝇不叮无缝的鸡蛋’，一些外国侵略势力和别有用心者趁机而入，挑拨离间，无所不用其极，于是这种‘悲情意识’，又由‘疏离意识’而逐渐演化为‘台独意识’。如今在台执政的民进党，已经成了有理论、有纲领、有外

① 《邓小平文选》，第三卷，人民出版社 1993 年版，第 86－87 页。

② 金冲及：《中国近代革命与改革》，《新华文摘》，2004 年第 8 期，第 52 页。

国势力撑腰，并掌握有台湾政权机器的‘台独’政党了，翻手为云，覆手为雨，利用悲情，制造悲情，推动‘去中国化’，早已成了家常便饭”。“溯自鸦片战争以后的一百多年，我中华民族一直成为外国侵略者欺凌、压迫和奴役的对象，几乎世界上所有帝国主义国家都侵略过中国，台湾历史上所遭受的不幸，不过是我整个中华民族所遭受的不幸的一个特殊部分。如果说，中华民族所遭受的这种不幸是‘大悲情’，那么台湾所遭受的不幸则是这个‘大悲情’中的一个局部，它是隶属于整个‘大悲情’中的‘小悲情’。当然，这个‘小悲情’，实际上也是这整个‘大悲情’中受害最惨烈的局部。一九四七年在台湾所发生‘二二八’事件，从本质上说仍不过是上述悲情历史的一个延续，假若没有美国帮助国民党打内战，这个悲情历史是完全可以避免的。”①

台湾人民感情上的历史伤痕由西方列强造成，而国民党蒋介石独裁政府加深了这一历史伤痕，“台独”势力则趁火打劫完全加以异化。因此，这种以悲情意识为主体的历史伤痕的弥合需要时间，需要两岸领导人宽广的胸襟和超前的气魄，大陆民众和台湾民众之间要逐步沟通感情，全面加强了解。

## 第二节 中国实现国家统一的长远战略与现实对策

### 一、中国的发展质量是解决台湾问题及构建稳定的中美日安全架构的前提和基础

邓小平把经济建设看成是中国的大局和解决一切国内国际问题的基础，他说：“先把经济搞上去，一切都好办。现在就是要硬着头皮把经济搞上去，就这么一个大局，一切都要服从这个大局。”② 同时，他一直强调指出“中国还有个台湾问题要解决。中国最终要统一。能否真正顺利地实现大陆和台湾的统一，一要看香港实现‘一国两制’的结果，二要看我们的经济能不能真正发展。中国解决所有问题的关键是要靠自己的发展。”③ 因此，

① 李家泉：《“台独”乃历史“悲情意识”之异化》，资料来源：人民网，http：//tw. people. com. cn/GB/14811/14869/1892807. html.

② 《邓小平文选》，第三卷，人民出版社1993年版，第129页。

③ 《邓小平文选》，第三卷，人民出版社1993年版，第265页。

中国的发展质量则是解决台湾问题及构建稳定的中美日安全架构的前提和基础。19 世纪中叶，中国在鸦片战争中战败给英国时，中国的 GDP 总量仍然占世界的 1/3，但是科研实力特别是军事实力已经远远地被抛在了后面。从历史教训来看，中国解决一切问题，包括台湾问题，最终要通过发展特别是增强综合国力从根本上加以解决，尤其是通过科学发展保证经济和社会发展的内在质量。

经过了 20 多年的快速发展，中国已经开始注意由粗放式经营转向集约式经营，注重提高中国的发展质量。中国“十五”期间，国家的经济实力、综合国力和国际地位显著提高，“根据国家统计局初步预计，2005 年国内生产总值将超过 15 万亿元，五年平均增长 8.8%；财政收入将达 3 万亿元左右，比 2000 年的 13395 亿元增长 1.3 倍。”① “‘十一五’时期面临的国内外环境，和平、发展、合作成为当今时代的潮流，世界政治力量对比有利于保持国际环境的总体稳定，经济全球化趋势深入发展，科技进步日新月异，生产要素流动和产业转移加快，我国与世界经济的相互联系和影响日益加深，国内国际两个市场、两种资源相互补充，外部环境总体上对我国发展有利。同时，国际环境复杂多变，影响和平与发展的不稳定不确定因素增多，发达国家在经济科技上占优势的压力将长期存在，世界经济发展不平衡状况加剧，围绕资源、市场、技术、人才的竞争更加激烈，贸易保护主义有新的表现，对我国经济社会发展和安全提出了新的挑战”，中国今后要“坚持以科学发展观统领经济社会发展全局。制定‘十一五’规划，要以邓小平理论和‘三个代表’重要思想为指导，全面贯彻落实科学发展观。坚持发展是硬道理，坚持抓好发展这个执政兴国的第一要务，坚持以经济建设为中心，坚持用发展和改革的办法解决前进中的问题”。②

随着中国大陆经济发展欣欣向荣，台湾与大陆经济实力的对比正从数量的增减转向质的变化，台湾《联合报》载文指出，再有活力的企业，在台湾当局僵固政策的钳制下，竞争力也会大打折扣。几年前没人想到大陆会有单一省份的出口超过台湾，但 2005 年广东省前三季整体出口值达 1656 亿美元，大幅超过台湾的 1371 亿美元，同广东迅速发展相比，台湾则呈现整体

① 《关于制定国民经济和社会发展第十一个五年规划建议的说明》，《人民日报》，2005 年 10 月 20 日，第 1 版。

② 《中共中央关于制定国民经济和社会发展第十一个五年规划的建议》，《人民日报》，2005 年 10 月 19 日，第 1 版。

衰落，止步不前。而广东的经济发展在大陆的经济格局中并非“一枝独秀”，中国的区域经济发展呈现“百花齐放”的局面，2005 年上半年，根据中国社会经济发展统计数据显示，山东规模以上工业增加值同比增长了近 29%，首次超越广东居全国第一位；中国西部地区如内蒙古等省区的经济发展速度已经在中国大陆地区跃居前列，预计今后几年中国沿海省份和西部省区的经济和社会发展将呈现蓬勃发展、竞相争先的可喜局面。在地区经济发展的速度和经济总量等经济指标上，将不断有大陆的单一省份超越台湾地区。

台湾的经济颓势在东亚地区也是有目共睹。2005 年 12 月 8 日，台湾《经济日报》发表社论《台湾没被韩国超过吗?》指出台湾与韩国均属“亚洲四小龙”，过去较长时期台湾经济发展表现优异，为“四小龙”之首，但政党轮替后，执政当局只会选举，不会治台，五年来经济一蹶不振，不论经济成长率、出口增加率与出口金额，均已沦为“四小龙”之末。2005 年前，按台湾的统计方法，台湾人均 GDP 还高于韩国，可是 2005 年初韩国发表按联合国国民所得新制计算的 2004 年人均 GDP 金额，竟然超过台湾，引起各方高度关注。其中最重要的原因在于韩国、新加坡等国能够抓住中国经济快速增长的契机，通过“搭便车”保持了各自经济的活力，而台湾地区没有抓住两岸经济整合的有利时机，逐渐在东亚经济腾飞时落伍。2005 年 12 月初，执政的民进党在台湾地区“三合一”选举中大败给泛蓝阵营，表明民众对于民进党当局的执政能力严重不满。从台湾工商界到台湾岛内的普通民众，要求台湾当局解除人为障碍，尽早、尽快实现包括两岸“三通”在内的经济交流的呼声日益迫切。民进党前主席许信良 2005 年 5 月 8 日在两岸关系研讨会上表示，“2004 年台湾大选，陈水扁最大的助选员是大陆，因其近一年来对台湾大量入超，让台湾摆脱经济凋零的窘境。如果没有大陆，去年台湾的贸易赤字将达 200 多亿美元”。

台湾地区在两岸综合实力动态对比中地位的下降必然导致其在国际社会中的边缘化。美、日利用台湾问题遏制中国必须首先考虑台湾的“实用价值”，即台湾对于美日而言的政治、经济价值，及其与中国大陆的政治、经济价值的效用比，当台湾对于美、日的价值远远少于中国大陆对于美、日的价值，特别是当台湾的战略价值在中国发展和崛起过程中相对降低时，美日等国利用台湾遏制中国的边际效用会随即降低。这时美、日会寻找更加有力的遏制中国的工具，台湾就会成为国际社会的“弃儿”，相对而言中国的反独促统工作的阻力减小，台湾内部的“台独”势力也将会得到有效遏制。

从“以静制动”、“以逸待劳”的角度看，中国保持政治稳定、经济发展、社会进步，则对外能够发展中美日关系，对内能够遏制“台独”，因为经济实力的抬升会增强中国的“硬实力”（特别是国防实力），同时中国改革发展的“溢出效应”必然在政治层面上提高中国的国际地位，在中美日的政治博弈中取得更多的话语权。十七大报告指出：“我国经济从一度濒于崩溃的边缘发展到总量跃至世界第四，进出口总额位居世界第三，人民生活从温饱不足发展到总体小康，农村贫困人口从两亿五千多万减少到两千多万，政治建设、文化建设、社会建设取得举世瞩目的成就。中国的发展，不仅使中国人民稳定地走上了富裕安康的广阔道路，而且为世界经济发展和人类文明进步作出了重大贡献。”①

针对美国等西方国家对中国社会制度、意识形态的责难，中国要在政治上主动应对，改变被动辩解的局面，通过政治体制和机制的逐步改革树立中国的整体民主政治形象。十六大报告指出：“必须在坚持四项基本原则的前提下，继续积极稳妥地推进政治体制改革，扩大社会主义民主，健全社会主义法制，建设社会主义法治国家，巩固和发展民主团结、生动活泼、安定和谐的政治局面”，“政治体制改革是社会主义政治制度的自我完善和发展。推进政治体制改革要有利于增强党和国家的活力，发挥社会主义制度的特点和优势，充分调动人民群众的积极性创造性，维护国家统一、民族团结和社会稳定，促进经济发展和社会全面进步。”② 十七大报告指出：“政治体制改革作为我国全面改革的重要组成部分，必须随着经济社会发展而不断深化，与人民政治参与积极性不断提高相适应。”③

顾虑中国的国际影响和综合国力，美日一贯以在台海问题上的“模糊化”谋求其利益的最大化，但是在中国政府明确宣示台湾问题在国家利益中的“核心化”并将其纳入法制的轨道后，美日在台海问题上的回旋余地

① 胡锦涛：《高举中国特色社会主义伟大旗帜，为夺取全面建设小康社会新胜利而奋斗——在中国共产党第十七次全国代表大会上的报告》，2007 年 10 月 15 日，资料来源：新华网，http：//news. xinhuanet. com/newscenter/2007 －10/24/content_ 6938568_ 1. htm.

② 江泽民：《全面建设小康社会，开创中国特色社会主义事业新局面（一）——在中国共产党第十六次全国代表大会上的报告》，《人民日报》，2002 年 11 月 18 日，第 1 版。

③ 胡锦涛：《高举中国特色社会主义伟大旗帜，为夺取全面建设小康社会新胜利而奋斗——在中国共产党第十七次全国代表大会上的报告》，2007 年 10 月 15 日，资料来源：新华网，http：//news. xinhuanet. com/newscenter/2007 －10/24/content_ 6938568_ 1. htm.

已经大大压缩了。

相反，一旦中国改革开放停滞或者发生社会动乱，则美日会加快分化、演化中国大陆的步伐，“台独”势力也会抓住时机，铤而走险，内外不利因素将接踵而至，经济滞后和社会动乱所带来的“多米尼诺骨牌”效应凸显，不但台湾的分裂走向“法理化”，中国还将会再次面临领土分裂的局面，以及中国经济发展和社会进步倒退几十年的危险。从前苏联的解体可以看出，在前苏联解体前面临着各种错综复杂的矛盾，但是主要矛盾还是来自国内，并且矛盾的主要方面在于苏联的经济发展和社会机制出现难以克服的困难，最终其国内反对派势力在西方外部势力的帮助下促成苏联的解体。而近年来，俄罗斯克服了国内一系列经济和社会问题，国内各种矛盾得以缓和，所以尽管西方势力肆意支持俄国内分裂势力，特别是公开干涉北高加索的局势，但是俄罗斯仍然采取强有力的措施维护了本国的稳定与统一。

所以，在解决台湾问题的过程中要练好“内功”，既要重视美、日等国际势力干涉的外部因素，更要重视内因，即中国的发展质量，这是解决台湾问题和构建稳定的中美日安全架构的前提和基础。

## 二、围绕解决台湾问题构建中美日安全架构必须清醒把握中美、中日关系的未来走向

构建中美日安全架构是一个复杂的系统工程，涉及多个子系统的构建，但是不可能面面俱到，在不同的历史时期会有不同的侧重点，当前和今后的一个时期都不可能回避台湾问题，否则会使中美日安全架构空心化。对中国而言，构建中美日安全架构的出发点在于有助于解决台湾问题，尽管这一目标与美、日等国的利益诉求不尽一致，但是可以通过寻找乃至扩大中美日三国的利益交汇点，最终纠正美、日在台湾问题上遏制中国的立场，在国际社会上形成遏制“台独”势力的整体态势。

以解决台湾问题为基点，从中国自身的角度构建中美日安全架构必须要理性地看待中美、中日关系及中美日关系的现状和未来。

第一，理性认识和把握中美关系的复杂化倾向。美国对外战略中最为核心的理念是现实利益，所以美国在外交实践中忠实地履行“没有永远的朋友与敌人”这一至理名言，对华战略同样如此，遏制中国以防止其崛起与加强合作达到利益均沾并行不悖，但是如果两项政策出现了冲突时，美国就会计算其中的利益得失，两害相权取其轻，两利相权取其重。因此，近年来

随着中国综合国力的急剧上升，美国对华政策的摇摆幅度也随之增大，美国国内各种势力对对华政策的争论与矛盾显露无遗，所以中美关系的波折在所难免。美国亨利·卢斯基金会副主席特瑞·罗兹指出："当中国国力衰微、疆土分裂时，中国在美国的形象往往比较正面；但是当中国强大起来并开始具备外向发展的潜力时，美国的中国形象则趋于负面。"①

布什政府的决策层在第二任期已经认识到中美之间的利益冲突共存的局面，因此布什将中美关系归结为"复杂"，对中美关系提出"区别议题"、分别处理的策略，当然其出发点还是保证美国利益的最大化。美国决策层认为中国在未来的发展中存在与美国合作的趋势，因此，美国需要选择与中国合作，促使中国成为这个体系中负责任的、利益相关的参与者。美国政府在其 2006 年版的《四年防务评估报告》中提出美国的政策重点仍然在于鼓励中国在亚太地区扮演建设性及和平的角色，作为处理共同安全挑战的伙伴。

2009 年，奥巴马担任美国总统后，一些专家热议中美关系将处于积极改善的状态，7 月奥巴马也在华盛顿为中美战略与经济对话主持开幕时指出美国和中国的关系将塑造 21 世纪，但是伴随而来是中美轮胎特保案的摩擦，因此基于现实主义的美国对华政策影响下的中美关系依然是复杂多变的。美国国际战略研究中心的中国专家弗里曼说，近年来美国和中国的关系虽然日益密切，但双方之间在战略课题上，依然存在着一种根本的互不信任。②

中国认识到美国对华政策摇摆背后的利益冲突，因此一方面明确和扩大中美两国的利益交汇点，除了经贸、反恐外，在意识形态领域和社会政治制度方面倡导"和而不同"。2006 年 4 月，胡锦涛访美在耶鲁大学发表演讲时指出中美两国"应该积极维护世界多样性，推动不同文明的对话和交融，相互借鉴而不是相互排斥，使人类更加和睦幸福，让世界更加丰富多彩。"③同时，保持两国间的对话与沟通，2005 年初开始的中美战略对话机制的形成对于构建中美双边安全机制的推动作用已经日益明显，为此新加坡《联合早报》撰文指出"中美关系存在着'总体稳定框架'，是 20 世纪 70 年代初期'基辛格'式把中国纳入'美国桃园'的重大战略决定。美国国务卿

① 王义桅：《以公共外交提升国力》，《环球时报》，2004 年 5 月 7 日，第 13 版。

② 《奥巴马为中美战略与经济对话致开幕辞：中美关系将塑造 21 世纪历史》，来源：《联合早报》，http：//www. zaobao. com/special/china/sino_ us/pages7/sino_ us090728. shtml.

③ 胡锦涛：《在美国耶鲁大学的演讲》，《人民日报》，2006 年 4 月 23 日，第 1 版。

鲍威尔说，从尼克松到小布什的几任总统，对华政策上基本一致”。[①] 另一方面要将台湾问题在中美关系中“去核心化”，过去十几年“台湾问题”不仅牵动中国的外交政策，更被北京称为中美关系的“核心问题”，进入2005年后，中国对于台湾岛内各种动态变化不再有过激的反应，对台海局势的掌控能力大幅提升，使美国“借力打力”的策略无从下手，同时中国加强同美国在台湾问题上的沟通，每次中美峰会，中方都坦率地提出这个议题，亮明中方的观点。在台湾问题不再成为中美之间的核心问题之后，美国打“台湾牌”的难度增加，北京也不再强硬地处处在台湾问题上向美国施压，两国关系将回归到经贸、反恐、防扩散等基本层面上。中美关系的改善是构建中美日安全架构的重要一环，中美关系彻底消除麻烦并好起来需要假以时日，但是通过“区别议题”，完全可以促使在中国国家安全利益中“核心化”的台湾问题在中美关系中的“边缘化”。

事实上，中美之间存在巨大的合作空间，美国政界只要保持相对理性，围绕国家利益而不是以单纯遏制中国为目的制定对华政策，中美关系就不会走向完全的恶化；即使台海局势陷入紧张状态，中美两国的立场不尽一致，美国涉入台海战争的几率也会很低。今后，中国对待美国，要继续坚持对话，达到分而化之的目的，避免中美两国间某一领域（如经贸领域）的阶段性摩擦影响到其他领域。

第二，理性看待和处理中日关系低潮化的倾向。小泉执政期间，中日关系在全面降温后逐渐恶化，在小泉及其追随者执政期间，中日关系在政治上改善的可能性在降低，主要在于中国政府和民间对小泉及其政府的信任度基本丧失，导致中日之间在外交层面上正常的沟通与接触都十分困难。小泉时期中日关系的全面倒退，其实质是日本小泉政府开历史倒车，向1972年中日邦交正常化之前的日本对华政策倒退。例如，在台湾问题上，重提1960年岸信介内阁的过时谬论并预做军事介入台海局势的准备；在教科书问题上，无视1982年铃木内阁的有关承诺，为右翼教科书放行；在参拜靖国神社问题上，推翻1985年中曾根内阁与中国达成的政治默契，即现职首相、外相和官房长官不前往参拜，所以人们在质疑“日本是否在重新走一战后德国的老路”。

---

① 《谭中文章：中美关系存在着“总体稳定框架”》，《参考消息》，2006年4月26日，第16版。

中央党校国际战略研究所刘建飞教授指出，“当前日本右翼势力正在否定历史，实际上就是肯定当年日本军国主义所宣扬的‘大和民族优越论’；同时也是在对国民进行错误历史观的教育，使国民忘记日本的战争责任，甚至将日本打扮成战争的受害者。如果战争受害者观念在日本社会树立起来了，下一步就很可能导致民族复仇主义出笼。近来日本同中韩等国在领土、海洋权益上的纠纷，大有争夺生存空间的味道。按说，日本提出的某些领土和海洋权益要求，都缺少国际法依据，但是日本右翼势力和部分政客却对之大肆炒作，让人联想到二战前德日军国主义者的做法。日本右翼是不是想重祭‘生存空间论’这面大旗，用以误导日本民众，以获取民众的支持？若真是如此，难道不需要世人警惕吗？右翼势力正在为军国主义招魂，并让其附在自己的肉体上”。日本右翼的动向值得关注，更需要重视的还是日本的政治现状。据日本学者透露，日本近半数国民反对小泉参拜靖国神社，而且日本一家高等法院还作出了小泉参拜是违宪的判决。然而，这些并未阻止小泉连任首相并组成更加保守的内阁；更未能阻止小泉及其他政要继续参拜。原因可能在于：日本国民爱好和平的良好愿望是一回事，而他们阻止右翼势力掌握政权、操控政治议程的能力则是另一回事。①

中日关系低潮化乃至恶化的主因不在台湾问题而在于历史问题及其衍生问题，但是要防止中日关系恶化的焦点转向台湾的单一化倾向。中日关系中，日方在历史问题上蓄意激怒中国，在东海问题、钓鱼岛问题、能源问题上处处与中方对立，当前在历史渊源和现实利益的导引下，中日关系恶化的局面有逐渐向台湾问题上转移的倾向。

中国对待日本，必须保持耐心，低潮时期并非全面改善的良机，但是要防止进一步恶化。对待中日关系，切忌情绪化和“民粹”化，正视日本侵华历史，但是不可以片面地掀起对日本整个民族和国家的狭隘的仇恨感，我们需要在理性的视角下认真地研究日本，做好中日关系的大文章。戴季陶曾经讲过：“中国这个题目，日本不知放在解剖台上，解剖了几千百次，装在试验管里化验了几千百次。我们中国人却只是一味地排斥反对，再不肯做研究功夫，几乎连日本字都不愿意看，日本话都不愿意听，日本人都不愿意见，这真叫思想上的闭关自守，智识上的义和团。”② 这对于目前的中日关

① 刘建飞：《警惕日本军国主义复活》，《瞭望新闻周刊》，2005年第49期，第57页。

② 转引自朱崇开：《怎样对待日本，是个问题》，《世界知识》，2005年第2期，第5页。

系同样具有借鉴意义。在台湾问题上，要看到日本在对台问题上追随美国的特点，对美日区别对待，可以允许美国在台湾问题上发挥一定的作用，但是坚决反对日本插手台湾的企图。处理日台关系要有的放矢，紧紧抓住日台发展隐蔽性的官方关系这个主要矛盾，从中日关系的历史和现实出发，坚决反对日台官方关系的任何进展。上世纪90年代，法国等欧洲国家效法美国企图通过售台武器从中牟利，中国对于法国等欧洲国家干涉台湾问题的做法进行了抵制，并在经贸交流方面采取了相应的措施，中国必要时对于日本的涉台行为可以从政治和经济上采取类似的反制措施。

第三，要辨证地认识美日双边关系中的合作与冲突。“中—美—日”三边架构中，美日合作遏制中国是主流，美日之间的分歧是支流。当前，美日加强在亚太地区的军事同盟，特别是美国支持日本扩大在东亚地区的军事影响，在于美国已经意识到单纯地以台湾问题遏制中国所得到的战略收益在缩水，所以企图利用中日矛盾遏制中国从中渔利，以弥补在台湾问题上遏制中国在战略效用方面的不足。另一方面，美国、日本在台湾问题上都看到一旦深度涉入未来的台海战争，最终会伤及自身利益，所以美日台三方存在一定的矛盾。“随着中国经济的继续成长，中国和国际社会特别是美国、日本的共同利益也会愈来愈大，这种共同利益愈大，美国、日本在台海问题上的作为就会受到更多的制约，”①“只有当台湾独立而带来的利益远远少于保持台海现状所带来的利益的情况下，美、日才有意愿和中国大陆共同构造制约台湾的‘鸟笼’”。② 因此要利用美日各自竭力规避国家安全风险的战略出发点，围绕台湾问题构建中美日安全架构，破解美日台同盟，达成中美日三国在台湾问题上的安全共识。中美这一边的安全架构正在搭建，即虽然美国遏制中国的一面不会改变，但是将会逐渐奉行“遏制与接触”并重的“区分议题”的对华政策，特别是可能改变单纯以台湾问题来遏制中国的战略部署；中日这一边是缺失的，要在防范双边关系进一步恶化的同时，疏通同日本民间对华友好群体的沟通渠道，争取日本民间对华友好的理性认识的回归，同时强力牵制日本右翼势力插手台湾问题的企图。

总之，要利用美日台三方关系的不对称和不平衡来构建中美日安全框

① 《亚洲周刊》（香港），2004年5月16日。

② 郑永年：《战争并非解决台湾问题的唯一选择》，《香港信报》，2004年5月11日，转引自《参考信息》，2004年5月18日，第10版。

架，挫败台湾内部分裂势力“挟洋自重”、“以洋促独”的阴谋，中美日安全架构的最终目的就是遏制“台独”势力从而维护台海和平，争取亚太地区的和平与稳定。

## 三、解决台湾问题实现国家统一须把握“四点论”

围绕台湾问题构建中美日安全架构，达成中美日在台湾问题上的安全共识，进而促进亚太地区的和平与稳定，这是中国应该采取的外交战略，但是中美日安全关系复杂多变，易受各种突发因素的影响，构建进程作为一种历史“合力”促成的客观结果与中国的主观愿望不可能完全一致。所以，要以历史唯物主义和辩证唯物主义的视角看待这一课题，必须做到立足当前，放眼长远。“立足当前”是制定符合当今实际的现实目标——“防独”，这点符合中美日共同的安全利益，并有助于中国遏制“台独”势力，为完成国家统一做好前期准备；“放眼长远”是“促统”，台湾问题的解决是个长期的过程，需要大陆加快发展自己，深化两岸经济、文化融合，消弭政治分歧，最终实现国家统一。

结合国际和国内的实际情况，中国要根据对台工作需要相应调整自身的国际、国内战略，必须把握“重点论”、“两点论”、“节点论”、“燃点论”等四项对策。

第一，坚持“重点论”，认清当前工作重点仍然在于推动国家的经济发展和社会的全面进步，把握和平与发展的时代主题，紧紧抓住中国面临的战略机遇期，为中国的国家统一奠定政治、经济、文化基础。

“重点论”就是必须认清事物发展进程中主要矛盾和矛盾的主要方面。美国、日本介入台湾问题的核心动机就是忌惮中国崛起，企图以台湾问题干扰中国的现代化建设，中国必须为此保持足够的警惕和耐心，抓住有利的战略机遇期，贯彻科学发展、和谐发展的理念，稳步推进经济和社会发展等各项事业的进步。2004年11月14日，在里约热内卢访问的中国国家主席胡锦涛会见包括来自台湾地区侨胞在内的当地华侨华人代表时指出：中国要强盛，中华民族要振兴，第一要发展，第二要统一，实现了祖国的完全统一，大陆和台湾地区就都能更好地发展。2008年12月31日，胡锦涛在纪念《告台湾同胞书》发表30周年座谈会上的讲话中指出实现中华民族伟大复兴要靠两岸同胞共同奋斗，两岸关系和平发展新局面要靠两岸同胞共同开创，两岸关系和平发展成果由两岸同胞共同享有。[①]

恩格斯在《自然辩证法》中指出："每一时代的理论思维，从而我们时代的理论思维，都是一种历史的产物，不同的时代具有非常不同的形式，并因而具有不同的内容。"[②] 把握经济建设和社会发展这个重点，必须清醒的认识和平与发展的时代主题及战略机遇期。1985年3月4日，邓小平指出："现在世界上真正大的问题，带有全球性的战略问题，一个是和平问题，一个是经济问题或者说发展问题。和平问题是东西问题，发展问题是南北问题。概括起来，就是东西南北四个字。南北问题是核心问题。"[③] 当今时代，尽管霸权主义和强权政治有了新的发展，但是和平与发展仍然是当今世界的主题。

从西方传统国际关系理论，如"均势"理论、现实主义理论的观点看，中国的迅速发展是对地区安全平衡的破坏，必然伴随着对亚太地区乃至世界主导权的争夺，使中国周边及亚太国家产生不安全感，从而催生"中国威胁论"。实际上，中国发展的方式诉诸于和平手段，发展的过程是与其他国家共同发展、繁荣，最终走向"双赢"，而非我得彼失的"零和"游戏。邓小平多次指出，中国一打内战，就会生产衰落，交通中断，难民将不是百万、千万而是上亿地往外跑，将酿成世界性的灾难。所以，"中国不能把自己搞乱，这当然是对中国自己负责，同时也是对全世界全人类负责。"[④]

中国要牢牢把握住战略机遇期，走和平发展的道路要以具体的时间和空间为转换条件，首先必须排除中国介入大规模战争的可能性，否则备战型的经济模式会与市场配置资源的经济模式发生根本的对立，从而错过有利于经济发展的宝贵时机；其次，必须明确发展的主要内涵在于综合国力特别是经济实力的提升，前苏联以军力的扩张来维持所谓的超级大国地位却最终为军备竞赛拖垮的经验教训值得汲取。同时，中国的和平发展会形成制约战争发展的重要力量，成为世界和平力量发展的重要因素，进一步降低爆发世界大战的可能性。

第二，坚持"两点论"，认清中国和平发展与国家统一进程中的复杂

① 胡锦涛：《携手推动两岸关系和平发展，同心实现中华民族伟大复兴——在纪念〈告台湾同胞书〉发表30周年座谈会上的讲话》，《人民日报》，2009年1月1日，第2版。

② 《马克思恩格斯选集》，第三卷，人民出版社1972年版，第465页。

③ 《邓小平文选》，第三卷，人民出版社1993年版，第105页。

④ 《邓小平文选》，第三卷，人民出版社1993年版，第361页。

性，正确把握影响台湾问题解决的外生因素。在搞好国内经济建设的同时，针对影响台湾问题的以美国、日本为代表的国际因素，要着手构筑中美日三国安全框架，营造有利于国家统一的国际环境。

事物发展的起因总是呈现内部与外部的两个因素，内因和外因是相对的，在一定的历史条件下可以进行相互转化，要全面认识事物发展的各个阶段和各个方面，必须坚持“两点论”，所以重视内因，但是不能忽视外因的影响。中国的和平发展与实现国家统一的方向是殊途同归，受到内外各种因素的制约，而各种因素在一定的历史条件下会发生功能上的耦合和表现形式的转换。美、日等西方势力对于中国发展的忌惮不仅仅在于意识形态上的迥异，更多地定位在地缘安全威胁和维护既得利益上。尽管前苏东地区已经变色，但是西方势力对于所谓民主“外圈”国家的渗透、干涉仍然不遗余力，2004 年以来乌克兰、前苏联的中亚国家爆发的“颜色革命”不断地给中国敲响警钟，所以“埋头苦干”不等于闭塞视听，“韬光养晦”并非默认西方社会破坏中国的主权和领土完整。针对西方国家对中国内政的干涉与意识形态的渗透，中国“反演变、反渗透、反干涉”的任务相当艰巨。

同时中国面对一个全球化的世界，必须以更加开放的态度、更加宽广的胸襟、更加包容的理念对待国际社会的新态势，研究美国、日本及其他西方国家的内外政策，预测这些国家中长期的对外战略走向，着手建立中国特色的国家关系理论体系，特别是树立以“中华文化圈”为基轴的中国外交核心文化理念，应对中国和平发展与国家统一过程中诸多矛盾相互交织的复杂局面。

如前文所述，美国、日本是世界上对中国国家统一的进程最具影响力的大国，在外交实践中，中国必须努力化解美日台同盟，构筑中美日三国安全框架，打破美国主导、中日疏远的“轴心 - 轴辐”式安全结构，构建一个稳定的三边互动模式。对美国，加强两国在经贸、反恐、地区安全等领域的合作，推动台湾问题在两国关系中的边缘化进程；对于日本，要建设性地搁置和化解历史宿怨，加强中日民间的对话和沟通，使中日关系的发展服从和服务于中国发展和统一这个大局的需要。同时，加大中美日经贸整合的力度，通过中美日三国经济圈的建设增大中国国家统一的筹码，以东亚乃至亚太的经济整合和安全上的认同消弭“台独”分子操纵台湾岛内政治分裂所带来的消极影响。2009 年 10 月 10 日，日本首相鸠山由纪夫在中日韩三国首脑会谈上称“一直以来日本过于依赖美国”，他提出了建立中日在内的东亚共同体的构想，对于重建“轴心－轴辐”式中美日三边安全架构而言是一个积极的信号。

就中国面临的整体环境而言，“台独”的外部条件正在收缩。中美日安全关系只是中国对外关系的一部分，中美日安全架构的构建作为一个点还要面对整个国际大环境，中国今后在周边安全、大国外交、多边外交、经贸外交等领域有许多文章可以做，只有跳出中美日关系的圈子看三边关系，才有可能占据战略制高点，获取战略主动权。

第三，坚持“燃点论”，认清中国国家统一进程中突变事件的偶发性，对台军事斗争准备不可松懈，要做好应对“台独”势力实质性推动“法理建国”的最后准备。

偶然性是必然性的表现形式，但是在一定的历史时期偶发因素与事物发展的必然方向不尽一致，这需要缜密的观察和前瞻性的判断。在中国解决台湾问题的预案中，军事斗争准备是最后一道防线也是极其必要的准备。和平与发展的时代主题不会改变，但是在“台独”势力掌控台湾政权的情况下，如果美、日的右翼势力继续主导各自国内的对外政策，台海安全形势必然存在一定的安全变数，必须要有充分的思想认识和军事斗争准备。

美国近年来一直加大武装台湾的步伐，对台军售由过去台湾的“我要买”变成美国的“我要卖”，对于台湾“军售案”在“立法院”屡屡受挫十分不满，美台军事合作的升级使台海安全形势受到严峻的考验。在美国的支持下，日本的军备扩张当前十分引人注意。日本右翼势力声称：“如果打一场有限的战争能够使中国出现混乱局面的话，那么即使日本会有所损失，也会是值得的。”① 20世纪90年代以来，日本加快了军备发展的步伐，特别是国家的军费预算到90年代中期就已经上升至世界第二位，仅排在美国之后。到上个世纪末，日本军费开支已大大超过中韩朝三国的总和，其绝对值是中国的7倍，若按人均国防费用计算，日本是中国的70倍以上。② 为了修改战后宪法，自民党已起草了新宪法草案，草案重新改写了宪法的前言部分，并增加了数条条款，其中的一条条款称日本可拥有用于自卫的军事力量，军事力量可以参加国际安全行动。

---

① 《日右翼：以战争拖住中国前进，损失多大都值》，《世界新闻报》，2005年12月17日，http：//news. china. com/zh_ cn/international/1000/20051217/12954609_ 2. html.

② 《日本的军事威胁逐渐显露》，《澳门日报》（2005年12月20日社论），http：//news. phoenixtv. com/phoenixtv/83885040617914368/20051220/713159. shtml.

中国为处理台海局势中的突发事态已经在几个重要的涉台公开文件中界定了以非和平方式（包括使用武力）解决台湾问题的条件、办法。2001年2月21日，国务院台湾事务办公室、国务院新闻办公室发表《一个中国的原则与台湾问题》白皮书指出："如果出现台湾被以任何名义从中国分割出去的重大事变，如果出现外国侵占台湾，如果台湾当局无限期地拒绝通过谈判和平解决两岸统一问题，中国政府只能被迫采取一切可能的断然措施，包括使用武力，来维护中国的主权和领土完整，完成中国的统一大业。"[①] 2004年12月27日，中国国务院新闻办公室发表《2004年中国的国防》白皮书指出"如果台湾当局铤而走险，胆敢制造重大'台独'事变，中国人民和武装力量将不惜一切代价，坚决彻底地粉碎'台独'分裂图谋。"[②] 2005年3月14日，中国全国人大通过的《反分裂国家法》第八条指出："'台独'分裂势力以任何名义、任何方式造成台湾从中国分裂出去的事实，或者发生将会导致台湾从中国分裂出去的重大事变，或者和平统一的可能性完全丧失，国家得采取非和平方式及其他必要措施，捍卫国家主权和领土完整"。[③] "台独"势力"法理建国"的时刻就是台海局势的"燃点"，中国的对台军事斗争准备越充分，对"台独"势力的冒险行径粉碎的越坚决、越彻底，美日等外部势力直接军事介入的可能性越小。

同时，能战方能言和，备战可以逼和。强大的针对"台独"势力的军事威慑、充分的对台军事斗争准备，不但可以遏制台湾当局走向"法理独立"，而且对于台湾的主流民意有相当的影响和制约作用，促使台湾民众对于"台独"的危害性及台海形势的未来走向保持相对理性的认识。2004年7月22日，台湾《商业周刊》公布的一份民意调查表明，有58%的台湾民众认为，如果宣布"台湾独立"将引起两岸战争。调查还发现，认为自己是台湾人也是中国人的达58%，他们认为"台独"是台海安全的红线。

第四，坚持"节点论"，认识中国国家统一的长期性，把握中国国家统一的时机。台湾问题的解决如同一个复杂的电路图，中间有许多关键的"节点"（"节点"本意是物理学的术语，本书借指某些事情发展到一定的阶

---

① 国务院台湾事务办公室、国务院新闻办公室：《一个中国的原则与台湾问题》白皮书，《人民日报》，2001年2月22日，第1版。

② 《中国发表2004年国防白皮书》，《人民日报（海外版）》，2004年12月28日，第3版。

③ 《反分裂国家法（2005年3月14日第十届全国人民代表大会第三次会议通过）》，《人民日报》，2005年3月15日，第1版。

段面临的几种可能的发展趋势）。根据台湾岛内的形势和中国面临的国际环境，中国的国家统一不可能毕其功于一役，在具体的演进中面临诸多“节点”，即机遇与挑战。在可预见的将来，解决台湾问题要分为两个阶段进行：第一阶段是“防独”，第二阶段是“促统”，第一阶段是完成第二阶段的前提和基础，第二阶段是第一阶段的延续和提升。

第一个阶段是有效地遏制台湾的分裂活动，2008 年前以陈水扁为首的“台独”势力以“进两步，退一步”的手法走“蠕变式”“台独”路线，急于搞“法理独立”。2003 年 5 月 20 日，陈水扁提出要推动“台湾加入世卫组织”的“公投”，9 月 28 日宣称 2006 年要“催生台湾新宪法”，此后逐步形成了一个“台独”时间表：2004 年实施首次“公投”；2006 年“公投制宪”；2008 年正式实施“新宪法”使“台湾成为正常的、完整的国家”。2006 年 3 月，陈水扁宣布“终止运作”“国统会”和“国统纲领”。2008 年 3 月，陈水扁当局不顾海内外强烈反对而执意推动所谓“入联公投”，“公投”未获通过。民进党八年的执政路线说明他们一刻也没有放弃“台独”，但是“台独”不得人心，因此“台独”势力的分裂没有得逞。2008 年之后，“台独”一度蛰伏后逐步活跃，一是坚持力挺“陈水扁”这张“台独”的王牌，另外密切关注大陆内部的分裂活动，伺机运作“台独”、“藏独”、“疆独”三股分裂势力的合流。为此，中国大陆要保持足够的警惕，整合国内外力量，加强对于“台独”分裂活动的“文攻武备”，特别是中国通过的《反分裂国家法》从法律层面上为“台独”势力的分裂活动划上了一条不可逾越的红线。

防止台湾“急独”是中美日三国在台海问题上的基本共识，反映了中美日安全关系中的积极一面，因为台海战争一旦爆发，将会使美日两国的安全利益受到严重威胁，亚太地区的经济和社会发展面临灾难性的后果。防止“急独”也是中国国家统一进程中第一阶段的核心目标，就 2005 - 2008 年上半年的台海局势看，这一阶段的任务已经有步骤、有目标地推进，“台独”的气势已经大不如前，国际上遏制“台独”的呼声日益增强，主张“台独”路线的一些民进党人要进一步推动“台独”的阻力愈来愈大，大陆逐渐掌握了控制台海形势的主动权。

第二个阶段是促进中国的国家统一，这是一项长期而又艰巨的任务。曾任国务委员的唐家璇强调，台湾同胞是我们的骨肉兄弟，具有光荣的爱国主义传统，是推动两岸关系发展的重要力量，也是维护国家统一、反对和遏制

“台独”分裂活动的重要力量。

所以，必须深入贯彻“寄希望于台湾人民”的方针，与台湾同胞密切往来、加强交流、扩大合作、共同发展，才能最终完成国家的统一。台湾内部的政治生态近年来正在发生激烈的变化，民进党执政几年来，不但政绩不彰，贪污腐败、贿选买票的手段盛行，黑金政治持续恶化，比国民党执政时犹有过之。2005 年末，民进党在县市长选举中惨败，23 个县市中仅夺得 6 席，锐减 4 席，足以显示选民的不满程度。岛内外评论指出与其说国民党打败了民进党，不如说民进党自己打败自己。2008 年，民进党丧失了执政权。香港《亚洲周刊》指出：“民进党只有在挑衅中始可成长，当停止挑衅，它的内部结构及内政表现，即会让它破绽显现。”① 目前，处于弱势的民进党，要强行“急独”，几乎已是不可能的任务。

有人把国民党在县市长选举中的大胜归结为“马英九效应”，但是要以历史唯物主义的视角看待这一问题，即：不是英雄创造历史，而是人民群众创造了领袖人物成长的条件，“马英九效应”更多地展现了在台湾民众中认同国家统一的主流意识的回归。

今后，解决台湾问题不能理想化地把希望寄托在某个政党甚至个人身上，即使 2008 年以马英九为首的国民党在台湾上台执政，台湾问题的解决也不会一帆风顺，我们必须深入、细致地展开对于台湾民众的各方面工作。而从 2005 年开始，中国大陆实施的一系列惠及台湾民众的经贸、社会政策已经受到了台湾民众的热烈响应。这些措施完全实施后，以“台独”理念为党纲的民进党的“铁杆票仓”——台南农民、台湾渔民受惠较多，从而将从根本上动摇民进党的执政基础，造成其“台独”理念的泡沫化。在 2006 年 4 月的两岸经贸论坛上，中共中央台办主任陈云林受权宣布了 15 项对台优惠措施，台湾岛内舆论指出这些优惠措施已经类似于大陆和香港签署的 CEPA 协定的主要内容，势必给近年来停滞不前的台湾经济带来新机会，增加台湾各项重要产业人才的培育与就业机会。2006 年 4 月 16 日，中共中央总书记胡锦涛会见中国国民党荣誉主席连战时就推动两岸关系和平发展提出的四点建议，在台湾岛内引起强烈反响。海外和台湾舆论指出，胡锦涛总书记的讲话展现了对推动两岸关系和平发展的诚意。2008 年末，胡锦涛指出，今后两岸同胞要开展经济大合作，扩大两岸直接“三通”，厚植共同利

① 香港《亚洲周刊》，2004 年 5 月 16 日。

益，形成紧密联系，实现互利双赢；两岸还可以为此签订综合性经济合作协议，建立具有两岸特色的经济合作机制，以最大限度实现优势互补、互惠互利。①

收土必先收心，中国解决台湾问题实现国家统一的重要前提在于增强岛内民众对于大陆的认同感和包括海峡两岸在内的中华民族的凝聚力。

以上四点是对中国如何实现国家统一的前瞻性思考，“重点论”是实现国家统一的前提与基础；“两点论”是把握和创造实现中国和平发展和国家统一的外部条件；“燃点论”是处理国家统一进程中突发情况的应急预案；“节点论”则是对分步骤实现国家统一进行的战略性部署。

沧海百年，实现国家统一是中华民族的梦想，同时将是长期、曲折、艰难的进程，但是在几代人的努力下，一个统一、繁荣、富强的中国必将屹立于世界之巅。

---

① 胡锦涛：《携手推动两岸关系和平发展，同心实现中华民族伟大复兴——在纪念〈告台湾同胞书〉发表30周年座谈会上的讲话》，《人民日报》，2009年1月1日，第2版。

# 结束语　2008 年及其后台湾岛内政局述评

本书作为博士论文通过论文答辩是在 2006 年 6 月，当时海峡两岸局势十分紧张和复杂，现在已经过去三年了，自 2008 年台湾岛内国民党获得执政权以来，台海局势逐渐恢复平静，两岸关系逐步恢复信任，因此特将 2008 年及其后续台湾岛内政局做一述评，并作为本书的结束语。

2000 年国民党失去台湾地区执政权后，全党开展了深刻的检讨。2001 年 7 月，国民党召开十六次全国党员代表大会，会场弥漫着浓烈的团结悲壮气氛，在集体合唱《总理纪念歌》中“莫散了团体，莫丧了志气”的歌词时，包括党主席连战在内的，数千人全部洒下热泪，立志发愤图强、重夺执政权的热烈情景至今令人难忘。

“时势造英雄”，2008 年马英九代表国民党参选成功可谓“天遂人愿”，海峡两岸同判倘若马英九能够认真反思台湾多年来变局的根源所在，远离“台独”，深耕海峡两岸的和平与发展这块沃土，那么马英九主政的四年乃至八年将有可能真正成为两岸和谐发展和欣欣向荣的重要转折期。

2008 年 5 月 20 日，马英九宣誓就任台湾地区领导人之时，台湾民众对其期许甚多，因为 2000 年至 2008 年民进党执政时期，两岸关系恶化，岛内民生凋敝。不过，台湾民众热议的“马英九时代”的来临并非意味着马英九及其执政团队可以一厢情愿地在两岸关系上发挥主导作用，因为两岸关系的主导权不在台湾方面而在大陆。但客观而言，台湾民众期盼马英九能够顺应两岸大势、积极推动两岸关系顺畅交流，以及寄希望于马英九远离“台独”和激进的选举语言，由此则必将促成两岸同根、同种的中华文化情结的培育和壮大。

在当时的局势下，马英九对两岸关系有基本正确的认识，同时较为重视岛内民意，倾听民众呼声，上任之初首先谋求稳住两岸关系，委派萧万长在“就任”前到海南博鳌论坛与胡锦涛主席会晤，为两岸关系融冰。2008 年以来，两岸恢复协商并签署多项协议，海协会的陈云林和海基会的江丙坤已经举行过3次正式会议，陈云林更是首名“登陆”台湾的大陆最高层人士，而马英九当局开放陆资入岛、实现两岸直航以及全面开放大陆游客赴台等措施，成功降低了两岸之间的敌意，外资也认为台湾的投资环境趋向安全。因此，国外媒体评论指出，尽管马英九上台后不久就遇到全球经济衰退，但因为推动两岸关系的发展，台湾当前正走向经济复苏的道路。

两岸全方位交流起始在经贸，开花和结果在文化和教育上。2008年12月，胡锦涛在纪念《告台湾同胞书》30周年座谈会上提出的“六条”，就不仅强调了两岸经济合作的重要性，也同时强调了“弘扬中华文化”的重要性，他指出中华文化源远流长、瑰丽灿烂，是两岸同胞共同的宝贵财富，是维系两岸同胞民族感情的重要纽带，中华文化在台湾根深叶茂，台湾文化丰富了中华文化内涵。[①] 2009年7月11日，第五届两岸经贸文化论坛在湖南长沙开幕，中共中央政治局常委、全国政协主席贾庆林，中台办主任王毅，中国国民党主席吴伯雄，中国国民党副主席林丰正等出席开幕式。全国政协主席贾庆林在本届论坛的致辞中指出：“文化是一个民族的灵魂，孕育着民族的生命力、凝聚力和创造力。”经济是一个社会的物质基础，而文化就是这个社会的精神和思想基础。中华文化乃中国人的“根”，根深则叶茂，根衰则叶枯。[②]

2009年5月20日，马英九在上任一周年记者会上表示执政一年来两岸关系的突破是最多的。马英九说，在两岸关系发展上，就是因为看到过去八年是“失去的八年”，因此才赶快用过去一年把时间赶回来，让两岸关系逐渐回到正轨。他表示，大家的目标都是希望创造双赢，因此求同存异、建立互信相当重要。对于国务院台湾事务办公室主任王毅在首届海峡论坛上宣布的8项惠台新举措，马英九表示，任何有利两岸经贸发展都乐观其成。马英九说，两岸两会签订的9个协议没有一个伤害台湾，都对台湾有利。“改善两岸关系，缔造台海和平”是台湾未来要推动的重点工作之一。

台海地区的局势历来受到来自大陆与台湾两个方面的多种因素影响、制约，特别是与海峡两岸执政党基本理念乃至领导人的政治性格息息相关的。

---

① 胡锦涛：《携手推动两岸关系和平发展，同心实现中华民族伟大复兴——在纪念〈告台湾同胞书〉发表30周年座谈会上的讲话》，《人民日报》，2009年1月1日，第2版。

② 李家泉：《两岸经贸文化论坛的特点和意义》，http：//news. xinhuanet. com/tw/2009－07/13/content_ 11699943. htm.

大陆自改革开放以来，对台政策日益成熟，保持了连贯性和一致性，几任中共领导集体对于“台独”势力的挑衅都表现出了审慎和冷静，成功化解多次台海危机。反观台湾地区自上世纪90年代初期蒋经国去世后，李登辉、陈水扁陆续上台，纵容和引领“台独”势力兴风作浪，导致岛内政局不稳，经济滑坡，民怨沸腾，而马英九上台后则把握时局大势，稳定两岸关系，着手复苏台湾经济，顺应了台湾地区的主流民意，一定程度上改善了台湾社会状况。

马英九取得的这些政绩除了得益于国民党上下的鼎力相助及其自身的才干外，还有一部分是得益于其个人魅力方面的因素。长期以来在台湾政坛上，他一直是作为“政治偶像”出现并被蓝营民众所推崇，“师奶杀手”、“小马哥”这样类似追星一样的语言萦绕在其周围。不可否认，诸多斑斓炫目的“称号”吸引了很多普通民众的眼球，也为马英九赢得了更多的支持，但是马英九应该始终有清醒的认识，即作为台湾地区领导人的责任和义务不仅仅局限于政治作秀，而应看是否具备冲破重重阻力的决心和意志及审时度势的前瞻力和领导力，真正的领导人应做到既能听取民众的呼声，广纳民意，又能摆脱“民粹”和简单民意的束缚开拓创新。

具体到台湾岛内的民意以及民主意识，实际上其民众的民主意识还是不成熟的，易受一时一事的影响，又对于领导人有情绪化的政治倾向，在某种不特定的情形下容易形成民粹化的选举氛围和政治文化。根据台湾《联合报》的调查，马英九就任时民望超过70%；但是由于马英九的个人性格特质及其一些施政风格和手法，引来不少指责和批评，就任两个月满意度跌至40%，不满意度升至43%；就任半年，满意度为37%，不满意度为46%。由于在两岸关系上的贡献，就任一周年，民众对他的满意度回升至52%，台湾《中国时报》的调查更高达56%。但是在2009年“8·8”水灾后，马英九的满意度降为30%，随后台当局行政机构团队总辞，新团队呈现新气象，马英九声望回升到47%。台湾这种不成熟的“民意政治”往往对执政当局制定政策的预见力和执行力都构成一定制约，尤其易造成两岸政策的摇摆现象和短视行为，这一点应为台湾地区领导人理性对待。

此外，在台湾地区的政党布局上，当前其两党制的雏形已现，中国国民党在未来四年乃至八年中可能成为执政党，那么作为第二大党、在野党的民进党是否能够反思败局，有效调整路线并推出一个充满活力的领导集体呢？换言之，如何看待民进党的制衡作用和政治生命力？

今后台湾岛内政局的演变不会一帆风顺，主要基于两个内在原因：第一，大陆与台湾尚未实现统一；第二，台湾岛内的民主社会体制尚未成熟。民进党由于急于摆脱政治边缘化的窘境，已经黔驴技穷，他们不得不继续竖起“台独”的旗帜，紧紧握住这根救命稻草不放，因为只有“逢中必反”和“逢统必反”、“逢蓝必反”才能吸引台湾岛内深绿和“民粹化”程度较深的民众的注意力和选票；长此以往一个只是专注于与执政党大唱反调的政党必然迷失基本的政治方向，其路线也不会得到大部分理性民众的支持，显然当前的民进党已经成为影响两岸和平与发展的不稳定因素。

回溯至2008年5月，陈水扁下台前夕，台湾当局突然惊爆“金援外交”重大弊案。5月6日，台湾媒体称“历史会记下台湾的这一天”，当天台湾“行政院”、“国防部”、“外交部”都因为高层官员涉贪被检察官搜索；“副阁揆”、“外交部长”、“国防部副部长”官邸也都被搜索。这是民进党永远的污点，有评论指出这个“金援弊案”对于民进党的杀伤力远比2008年选举败北的杀伤力要大，是压倒陈水扁当局及民进党的“最后一根稻草”。《新华澳报》发表评论文章说，这宗“外交丑闻”案，使本已遍体鳞伤、奄奄一息的民进党，再遭重击。而至广大民进党人更为灰心丧意，连临时全代会也因代表出席未过半而流会。“金援外交”巨款遭侵吞案重创了民进党的士气，据转述，时任民进党主席的谢长廷在2008年5月7日中常会报告时指出，民进党最新民调支持度，只剩下18%，创下选后新低。

2009年9月11日，台北地方法院对陈水扁家族弊案作出一审宣判，陈水扁涉五罪被判处无期徒刑，罚金2亿新台币，褫夺公权终身。陈水扁是台湾首位卸任领导人涉及贪渎弊案，特侦组2008年12月12日侦结时，检察官请求处以“最严厉的制裁”。扁家涉及“国务机要费”、龙潭购地、海外洗钱、南港展览馆弊案，以及以安排金融机构人事、募集政治献金为名分别向陈敏薰、辜仲谅收受巨款。

9月21日，因涉及贪污等案一审遭重判的陈水扁，在台湾高等法院裁定羁押时，上书美国军事上诉法院，请求该法院下令马英九撤销对他的无期徒刑判决，并且立即释放他。10月6日，位于华盛顿的美国军事上诉法院宣布，对陈水扁所提的案子没有管辖权，所以不予受理。同时，军事上诉法院表示，陈水扁是向美国“寻求救济（request relief）”。陈水扁在上访书中说，他是美国军政府的代理人，八年“总统”任内，他其实是美国军政府在台湾的行政长官，始终服从美国军政府的旨意，在许多事上接受美国在台协会的指示。陈水扁说，在台湾，美国军政府是最高权力机构，他就是这个最高权力机构的代理人。唯有危急时刻，他才会证实军政府的存在，而现在正是关键时刻，所以他要求美国军政府出面干预，保护他。陈水扁说，他只要求军事法院责成军政府做到下列几件事：第一，承认他的代理人身份；第二，承认他的所作所为都根据这个代理人身份；第三，指示现任的行政长官马英九撤销对他的无期徒刑判决，并还他自由。美国军事上诉法院表示，陈水扁自贬身价，变成“占领区”的“行政长官”，法院闻所未闻。① 陈水扁的荒唐举动更加暴露了其“台独教主”的本色。

2009 年 9 月 9 日，民进党中执会无异议通过台南市长许添财的临时提案“一审判决后放人（陈水扁）”的决议，否则将以群众运动方式发起街头抗争。民进党执政 8 年，台湾民众最痛恨的莫过于陈水扁家族的贪腐与滥权。按理说，民进党丢失政权，首先要追究陈水扁的责任，站在社会正义一边，协助检调部门清查扁家的贪腐弊案，与陈水扁彻底划清界限，展现出“革故鼎新”的气象，以求得台湾民众的宽恕与支持。然而一年来，民进党美其名曰与陈水扁“柔性切割”，实则“柔性”有余，“切割”为虚，把“毒瘤”当“资产”，打着“捍卫司法人权”、反对“政治迫害”的幌子，对陈水扁家含情脉脉，难舍难分，最终在陈水扁的无耻恐吓与“急独”派挺扁势力的裹挟之下，蔡英文被迫到台北看守所探监，向陈水扁妥协让步。北京联合大学台湾研究院徐博东教授指出，蔡英文性格软弱，难以抗拒陈水扁和“急独派”挺扁势力的威胁与裹挟；但从深层次分析，当年“两国论”的炮制者蔡英文，本身就是如假包换的“台独”分子，其政治理念和思想脉搏与陈水扁和“急独派”挺扁人士一脉相承、并无二致。因此，在当今“只问立场，不问是非”的台湾政党政治现实环境下，原本格局有限的蔡英文，自然难以摆脱陈水扁和“急独派”挺扁势力的绑架与裹挟，最终成为他们的政治俘虏！②

2009 年 10 月，民进党成立 23 周年，台湾 TVBS 电视台最新民调显示，与 10 年前相较，民进党政党形象大幅下滑。TVBS 最新民调显示，近 6 成（58%）民众认为民进党不廉洁，仅 21% 民众认为廉洁，认为民进党廉洁的

---

① 《扁要美指示马英九放人是“上访请愿”》，http：//news. xinhuanet. com/tw/2009 －10/10/content_ 12205806. htm.

② 徐博东：《民进党为何无法与陈水扁切割》，来源：中国台湾网，http：//www. chinanews. com. cn/tw/tw －thsp/news/2009/05 －21/1702390. shtml.

比例 10 年来下滑 26 个百分点，显示民进党廉洁形象已经因陈水扁案遭到重挫。

在两岸关系上，正当马英九当局积极采取大量措施，创造有利于两岸和平与发展的氛围之时，民进党却为了遏止当前两岸交流的强劲势头，再次挑起台湾的统“独”争议。2009 年 8 月至 9 月，民进党籍高雄市长陈菊继高调邀访达赖后，又在高雄播出热比娅的自传记录片“爱的十个条件”。陈菊不明智的挑衅行动损伤了两岸关系，但是唯此才能增加她在“台独”基本教义派的影响力。香港中评社的社评说，针对大陆，激怒大陆，破坏当前的两岸关系发展势头，也是“台独”分子所用的招数。以目前“台独”分子操弄“藏独”、“疆独”的手法来看，“台独”分子遵循的操弄原则，其实很简单。大陆支持的他们就反对，大陆反对的他们就支持；再升高一个级别，大陆越反对他们越支持，搞到台湾民众叫苦连篇、台湾经济毁于一旦也在所不惜。所以，继陈菊邀达赖访、在高雄播放热比娅自传纪录片，之后又有“独”派团体计划邀请热比娅赴台，都呈现出“台独”分子搞政治操弄激怒大陆的一贯策略。①

事实上，民进党在重重弊案的折腾下早已使以往清新、变革、廉政的形象荡然无存，而随着民众认识的逐步提高，明辨的思维日益清晰，民进党操控民粹意识、制造族群分裂等五花八门的伎俩往往收效甚微，无法达到其取得岛内舆论主导权的预期目标；因此民进党必须通过路线和纲领的彻底修订才能真正取得在台湾政坛内名副其实的第二大党的位置，并且发挥相应的制衡作用。

实践证明，形势比人强。“台独”势力盲目劫夺台湾人的悲情意识，宛如打开了潘多拉的盒子，制造了岛内混乱和两岸关系紧张，虽然占得了一时的便宜，却最终被台湾多数民众所唾弃，事实上只有顺应两岸和平与发展的大势方能真正有所作为。

---

① 《借热比娅挑衅“台独”打错算盘》，来源：中国台湾网，http：//news. xinhuanet. com/tw/2009 －09/25/content_ 12110735. htm.

# 参考文献

## 一、中文参考文献

(一) 专著［M］、论文集［C］、学位论文［D］、报告［R］、未定义类型的文献标识［Z］

［1］马克思恩格斯全集（第13卷）［M］．北京：人民出版社，1998.

［2］马克思恩格斯全集（第21卷）［M］．北京：人民出版社，1965.

［3］马克思恩格斯全集（第37卷）［M］．北京：人民出版社，1965.

［4］马克思恩格斯选集（第1卷－第4卷）［M］．北京：人民出版社，1972.

［5］毛泽东选集（第1卷－第4卷）［M］．北京：人民出版社，1966.

［6］中华人民共和国外交部外交史研究室编．毛泽东外交思想研究［C］，1994.

［7］中华人民共和国外交部、中共中央文献研究室编．毛泽东外交文选［C］．北京：世界知识出版社、中央文献出版社，1994.

［8］周恩来外交文选［M］．北京：中央文献出版社，1990；

［9］周恩来外交活动大事记［M］．北京：世界知识出版社，1993.

［10］周恩来年谱（1949－1976）［M］．北京：中央文献出版社，2007.

［11］周恩来政论选（下册）［M］．北京：中央文献出版社、人民日报出版社［M］．1993年．

［12］邓小平文选（第2卷）［M］．北京：人民出版社，1983.

［13］邓小平文选（第3卷）［M］．北京：人民出版社，1993.

［14］邓小平年谱（一九七五－一九九七）［M］．北京：中央文献出版社，2004.

［15］王泰平主编．邓小平外交思想研究论文集［C］．北京：世界知识出版社，2001.

［16］江泽民．全面建设小康社会，开创中国特色社会主义事业新局面

[M]. 北京：人民出版社，2002.

[17] 江泽民. 在全国党校工作会议上的讲话（单行本）[M]. 北京：人民出版社，2000.

[18] 中美关系文件和资料选编 [Z]. 北京：人民出版社，1971.

[19] 十一届三中全会以来重要文献选编（上、下）[Z]. 北京：人民出版社，1982 年.

[20] 党的十五大以来重要文献选编（上、下）[Z]. 北京：人民出版社，2000.

[21] 田曾佩主编. 改革开放以来的中国外交 [M]. 北京：世界知识出版社，1993.

[22] 谢益显主编. 中国当代外交史（1949－1995）[M]. 北京：中国青年出版社，1997.

[23] 中共中央台湾工作办公室、国务院台湾事务办公室. 中国台湾问题 [M]. 北京：九州出版社，1998.

[24] 中共中央党校、中共中央台湾工作办公室编著.《台湾问题读本（试用本）》[M]. 北京：中共中央党校出版社、九州出版社，2001 年.

[25] 中国史学会主编. 中国近代史资料丛刊——中日战争（三）[C]. 上海：新知识出版社，1956.

[26] 杨肇嘉. 杨肇嘉回忆录 [M]. 台北：三民书局，1977.

[27] 秦孝仪主编，中国国民党中央委员会党史委员会编印. 先总统蒋公思想言论总集 [M]. 台北：台北中央文物供应社，1984.

[28] 清实录－德宗实录（卷 366）. 光绪二十一年四月戊午 [M]. 北京：中华书局，1987 年.

[29] 姚夫. 解放战争纪事 [M]. 北京：解放军出版社，1987.

[30] 中国社会科学院台研所. 台湾研究文集 [C]. 北京：时事出版社，1988.

[31] 戚其章主编. 中国近代史资料丛刊续编——中日战争（第 3 册）[M]. 北京：中华书局，1991.

[32] 贾亦斌编. 论“台独”[M]. 北京：团结出版社，1993 年.

[33] 资中筠主编. 战后美国外交史——从杜鲁门到里根（上、下册）[M]. 北京：世界知识出版社，1994.

[34] 田桓主编. 战后中日关系文献集（1945－1970）[M]. 北京：中

国社会科学出版社，1996.

[35] 苏格．美国对华政策与台湾问题［M］．北京：世界知识出版社，1998.

[36] 朱成虎．中美关系的发展变化及其趋势［M］．徐州：江苏人民出版社，1998.

[37] 郝雨凡．美国对华政策内幕［M］．北京：台海出版社，1998.

[38] 陶文钊．中美关系史（1949－1972）（中卷）［M］．上海：上海人民出版社，1999.

[39] 王逸舟主编．全球化时代的国际安全［M］．上海：上海人民出版社，1999.

[40] 关捷、谭汝谦、李家巍主编．中日关系全书［M］．沈阳：辽海出版社，1999.

[41] 唐正瑞．中美棋局中的"台湾问题"（1969.1－1999.12）［M］．上海：上海人民出版社，2000.

[42] 刘建飞．美国与反共主义：论美国对于社会主义国家的意识形态外交［M］．北京：中国社会科学出版社，2001.

[43] 吴彤．自组织方法论研究［M］．北京：清华大学出版社，2001.

[44] 崔之清主编．台湾是中国领土不可分割的一部分［M］．北京：人民出版社，2001.

[45] 刘建飞、林小光．21 世纪初期的中美日战略关系［M］．北京：中央党校出版社，2002.

[46] 张耀武．中日关系中的台湾问题［M］．北京：新华出版社，2004.

[47] 刘建飞．大博弈［M］．杭州：浙江人民出版社，2005.

[48] 胡鞍钢、王亚华．国情与发展［M］．北京：清华大学出版社，2005.

[49] 宋成有、李寒梅等著．战后日本外交史［M］．北京：世界知识出版社，1995.

[50] 陈舟．美国的安全战略与东亚——美国著名国际战略专家访谈录［M］．北京：世界知识出版社，2002.

[51] 刘连第编著．中美关系的轨迹 1993 年－2000 年大事纵览［M］．北京：时事出版社，2001.

[52] 楚树龙. 冷战后中美关系的走向 [M]. 北京：中国社会科学出版社，2001.

[53] 郝雨凡、张燕冬. 无形的手——与美国中国问题专家点评中美关系 [M]. 北京：新华出版社，2002.

[54] 杨洁勉主编. 世界格局中的台湾问题：变化与挑战 [M]. 上海：上海人民出版社，2002.

[55] 苏格. 跨世纪国际关系格局与中国对策 [M]. 北京：中央党校出版社，2002.

[56] 中国现代国际研究院. 国际战略与安全形势评 [M]. 北京：时事出版社，2004.

[57] 关捷、谭汝谦、李家巍. 中日关系全书 [M]. 沈阳：辽海出版社，1999.

[58] 辛向阳. 百年恩仇——两个东亚大国现代化比较的丙子报告 [M]. 北京：中国社会出版社，1996.

[59] 田桓. 战后中日关系文献集（1945－1970）[M]. 北京：中国社会科学出版社，1996.

[60] 卢晓衡. 中国对外关系中的台湾问题 [C]. 北京：经济管理出版社，2002.

[61] 李非. 台湾经济发展通论 [M]. 北京：九州出版社，2004.

[62] 中国社会科学院台湾研究所编. 台湾年鉴 [M]. 北京：中国友谊出版公司，1991.

[63] 李晓、张觉明. 揭李登辉底牌 [M]. 台北：台湾光华出版事业有限公司，1995.

[64] 宋强等. 中国可以说不——冷战后时代的政治与情感抉择 [M]. 北京：中华工商联合出版社，1996.

[65] 梅孜. 美国国家安全战略报告汇编 [M]. 北京：时事出版社，1996.

[66] 黄雨石、辜正坤、邓蜀生译. 林肯集——演说、信件、杂文、公告、总统咨文和公告（上）[M]. 北京：生活·读书·三联书店，1993.

[67]（台湾）财团法人两岸交流远景基金会. 亚太情势与两岸关系学术研讨会论文集 [C]，2002.

[68] 贺志军. 台湾问题的国际因素与中国解决台湾问题的国际战略

（博士毕业论文）［D］. 北京：北京大学图书馆学位论文库收录，2003.

［69］世界知识年鉴（2000/2001，2001/2002，2002/2003）［Z］，北京：世界知识出版社.

（二）期刊文章［J］

［70］胡锦涛同志在全国培养选拔年轻干部工作座谈会上的讲话. 组工通讯［J］，2003，1.

［71］张蕴岭. 转变中的中美日关系. 当代亚太［J］，1996，6.

［72］赵阶琦. 冷战后的中美日三边安全关系. 日本学刊［J］，1997，3.

［73］夏艳. 试论中美日大三角关系中国受到的压力、制约及其对策. 重庆工学院学报［J］，2000，3.

［74］丁大炜. 试析中美日三角关系失衡倾向. 中国社会科学院研究生院学报［J］，2003，3.

［75］金冲及. 中国近代革命与改革. 新华文摘［J］，2004，8.

［76］夏立平. 论新世纪中美日三边关系. 太平洋学报［J］，2004，7.

［77］卞庆祖. 从台湾问题看美国对华政策的两面性. 和平与发展［J］，2004，3.

［78］徐万胜. 日美同盟与日本的军事大国化倾向. 当代亚太［J］，2004，4.

［79］王公龙. 从"远东条款"到"周边事态"——亚太格局的转换与日本对台湾海峡防卫政策的调整. 世界经济与政治［J］，1999，8.

［80］王逸舟."9·11综合症"与国际安全. 世界知识［J］，2001，19.

［81］袁鹏."9·11事件"与中美关系. 现代国际关系［J］，2001，11.

［82］苏格. 中美关系登高望远. 现代国际关系［J］，2000，9.

［83］林立民. 国际地缘战略形势与中国的选择. 现代国际关系［J］，2002，3.

［84］杨洁勉. 中美关系面临考验——布什新政府对华政策. 美国研究［J］，2000，2.

［85］蒋晓燕. 浅析布什政府的"先发制人"战略. 现代国际关系［J］，2002，9.

［86］李长久. 中美经贸关系的未来. 现代国际关系［J］，2002，6.

［87］胡永佳. 论美国对中国文化的误读及其对中美关系的影响. 北京

社会科学［J］, 1999, 1.

［88］唐国栋. 最新《美国国家安全战略》报告浅析. 现代国际关系［J］, 2002, 10.

［89］乔旋. 浅析“倒萨”战争原因及战争对国际秩序的影响. 怀化学院学报［J］, 2004, 1.

［90］资中筠. 中美建交十周年与二十周年——变与不变. 美国研究［J］, 1999, 1.

［91］胡联合. 二十一世纪美国国家安全战略的基本框架. 党政干部论坛［J］, 2000, 7.

［92］施能泉. 为统一，施琅立奇功. 两岸关系［J］, 2004, 1.

［93］李增田. 从鲍大可的著述看美国在台湾问题上的利益需求［J］, 国际论坛［J］, 2004, 7.

［94］袁明、范士明. “冷战”后美国对中国（安全）形象的认识［J］, 美国研究, ［J］1995, 4.

［95］于江欣. 两难：美国在台海问题上［J］, 世界知识, 2000, 6.

［96］刘建飞、芮效俭：中国崛起不至于导致两国发生冲突. 亚洲论坛［J］, 2005, 9.

［97］范庆华. 摩擦中迅速发展——就入世后中美经贸关系访周世俭先生. 世界知识［J］, 2002, 6.

［98］刘丽华. 论40－50年代美国对台政策的变动性与稳定性. 内蒙古师大学报（哲学社会科学版）［J］, 2000, 5.

［99］刘丽华. 论70年代以来美国对台湾政策的变动性与稳定性. 内蒙古师大学报（哲学社会科学版）［J］, 1999, 6.

［100］封永平. 从建构主义视角解读美国和平崛起. 学术探索［J］, 2004, 9.

［101］时殷弘. 全球化潮流中世界政治的内在矛盾和冲突. 世界经济与政治［J］, 2001, 12.

［102］特约评论员. 在考验和调整中发展的国际形势. 现代国际关系［J］, 1999, 1－2.

［103］力军. 两岸“政经”之辩.（香港）广角镜［J］, 2006, 3.

［104］林凌. 东亚经济格局的变化与台湾经济的未来. 社会科学研究［J］, 2002, 2.

［105］黄刚．冷战后美日同盟：建构主义的解释．国际观察［J］，2002，1.

［106］王和．群体本位的中国人．中华文艺论坛［J］，2002，2.

［107］林晓光．日本国家安全战略与防卫政策的调整——关于“有事法制”的思考．世界经济与政治论坛［J］，2003，6.

［108］郑永年．战争并非解决台湾问题的唯一选择．香港信报，2004，5.

［109］刘建飞．警惕日本军国主义复活．瞭望新闻周刊［J］，2005，4.

［110］李钟发．怎样看德国统一．半月谈［J］，1990，19.

［111］孙力．台海两岸分合历史之反思．史学集刊［J］，2003，4.

［112］朱崇开．怎样对待日本，是个问题．世界知识［J］，2005，2.

［113］何家栋．日美同盟同床异梦．南风窗［J］，2006，2.

［114］范跃江．试析影响日本对华政策的“台湾情结”．日本学刊［J］，1999，2.

［115］全国人民代表大会常务委员会关于批准《中华人民共和国和俄罗斯联邦睦邻友好合作条约》的决定．全国人民代表大会常务委员会公报［J］，2001，7.

［116］兰德公司报告：美国灭亡中国的计划．环球视野［J］，2005，37.

［117］孙升亮．陈水扁当局04年“台独”活动升级六大表现［J］，半月谈，2005，1.

［118］余永胜．美日因素有差异．世界知识［J］，2006，4.

［119］陈言．中日关系关键在于人与人的交流——专访日本国际协力机构理事长绪方贞子．中国新闻周刊［J］，2006，12.

（三）报纸文章［N］

［120］邓小平会见英国前首相希思．人民日报［N］，1982年7月24日，第1版．

［121］李鹏．关于制定国民经济和社会发展“九五”计划和2010年远景目标建设的说明．人民日报［N］，1995年10月26日，第1版．

［122］江泽民．“在欢迎我驻南联盟工作人员大会上的讲话”．人民日报［N］，1999年5月14日，第1版．

［123］胡锦涛在澳大利亚联邦议会发表重要演讲．人民日报［N］，

2003 年 10 月 25 日，第 1 版.

[124] 胡锦涛在看望参加政协会议的民革台盟台联委员时强调：包括台湾同胞在内的全体中华儿女团结起来，共同为推进祖国和平统一大业而努力奋斗. 人民日报 [N], 2005 年 3 月 5 日，第 1 版.

[125] 胡锦涛在韩国国会发表重要演讲. 人民日报 [N], 2005 年 11 月 18 日，第 1 版.

[126] 胡锦涛会见日本日中友好七团体负责人. 人民日报 [N], 2006 年 4 月 1 日，第 1 版.

[127] 胡锦涛. 在美国耶鲁大学的演讲. 人民日报 [N], 2006 年 4 月 23 日，第 1 版.

[128] 胡锦涛. 携手推动两岸关系和平发展，同心实现中华民族伟大复兴——在纪念《告台湾同胞书》发表 30 周年座谈会上的讲话. 人民日报 [N], 2009 年 1 月 1 日，第 2 版.

[129] 经贸合作是中美关系发展重要支柱. 人民日报（海外版）[N], 2006 年 4 月 21 日，第 1 版.

[130] 社论：不许新的“九一八”事变在亚洲重演. 人民日报 [N], 1961 年 9 月 18 日，第 1 版.

[131] 钟严. 论钓鱼岛主权的归属. 人民日报 [N], 1996 年 10 月 18 日.

[132] 在以武拒统道路上越走越远的危险信号——解放军报发表署名文章评台湾当局领导人鼓吹美日台军事合作的言论. 人民日报 [N], 2001 年 7 月 26 日，第 4 版.

[133] 苏海河. 日本有事立法将完成，首相可直接出动自卫队. 中国青年报 [N], 2003 年 5 月 14 日，第 1 版.

[134] 云雷. 日本《新防卫白皮书》出炉，断言我军在“质变”. 世界新闻报 [N], 2004 年 7 月 12 日.

[135] 中国发表 2004 年国防白皮书. 人民日报（海外版），2004 年 12 月 28 日 [N]，第 3 版.

[136] 阿扁求救，山姆大叔左右为难. 台湾《新新报》周报 [N], 2005 年 4 月 27 日. 转引自 2005 年 4 月 26 日《参考消息》，第 12 版.

[137] 中共中央关于制定国民经济和社会发展第十一个五年规划的建议. 人民日报 [N], 2005 年 10 月 19 日，第 1 版.

[138] 反分裂国家法（2005 年 3 月 14 日第十届全国人民代表大会第三次会议通过）. 人民日报 [N], 2005 年 3 月 15 日，第 1 版.

[139] 日围绕东海问题小动作频频. 参考消息 [N], 2006 年 3 月 25 日，第 1 版.

[140] 李润田. 台走私武器被截获. 环球时报 [N], 2004 年 10 月 19 日，第 1 版.

[141] 中日关系将进入新模式. 参考消息 [N], 2006 年 4 月 1 日，第 16 版.

[142] 美日再向“台独”发出错误信号. 人民日报（海外版） [N], 2005 年 3 月 3 日，第 3 版.

[143] 钱彦琮. 美日台三方“反潜联盟”瞄准解放军. 国际先驱导报 [N], 2004 年 11 月 26 日，第 3 版.

[144] 澳大利亚总理霍华德称中国发展对全世界有利. 环球时报 [N], 2005 年 9 月 14 日，第 6 版.

[145] 李济然. 美暗布“第一岛链预警带”. 国际先驱导报 [N], 2006 年 4 月 21 日，第 3 版.

[146] 扁再提“宪改”遭痛批. 人民日报（海外版） [N], 2005 年 6 月 28 日，第 3 版.

[147] 美上将谈 96 台海危机内幕：大陆是否动武成焦点. 环球时报 [N], 2004 年 11 月 24 日，第 1 版.

[148] 戴军. 积极发展两国战略关系，拒绝美国协防台湾要求——澳大利亚看重中国. 环球时报 [N], 2005 年 10 月 17 日，第 10 版.

[149] 刘恩东. 新在何处：新版美国国家安全战略报告解析. 学习时报 [N], 第 331 期, 2006 年 4 月 18 日.

[150] 吴心伯. 日本完成对华战略重新定位，积极介入台湾问题. 环球时报 [N], 2005 年 6 月 22 日.

[151] 中美经贸问题及对策. 人民日报 [N], 2005 年 9 月 14 日，第 7 版.

[152] 王孜弘. 拉锯战中的中美经贸关系. 中国经济时报 [N], 2005 年 9 月 1 日.

[153] 纪念中国人民抗日战争暨世界反法西斯战争胜利 60 周年大会在京隆重举行. 人民日报 [N], 2005 年 9 月 4 日，第 1 版.

［154］王卫星．言抗战不提日本侵略称终战不说中国胜利［N］，解放军报，2005 年 8 月 30 日．

［155］日本七团体携手访华．参考消息［N］，2006 年 3 月 31 日，第 1 版．

［156］李学江．澳美联盟走向何处（述评）．人民日报［N］，2001 年 8 月 01 日，第 3 版．

［157］关于制定国民经济和社会发展第十一个五年规划建议的说明．人民日报［N］，2005 年 10 月 20 日，第 1 版。

［158］中蒙发表联合声明——中国和蒙古建立睦邻互信伙伴关系．人民日报［N］，2003 年 6 月 6 日，第 1 版．

［159］罗援．“台独”是危害国家安全的大毒瘤．国防知识报［N］，2004 年第 2 期．

［160］国务院台湾事务办公室、国务院新闻办公室．“一个中国的原则与台湾问题”白皮书．人民日报［N］，2002 年 2 月 22 日，第 1 版．

［161］王义桅．以公共外交提升国力．环球时报［N］，2004 年 5 月 7 日，第 13 版．

［162］布什三次严词警告陈水扁，在矛盾中展望中美关系．环球时报［N］，2004 年 12 月 27 日，第 1 版．

［163］吴佳．澳大利亚不愿在台海玩火，台当局大失所望．世界新闻报［N］，2004 年 8 月 23 日．

［164］国务院新闻办公室．中国的和平发展道路．人民日报（海外版）［N］，2005 年 12 月 23 日，第 1 版．

［165］温总理大洋洲之行令各方瞩目．参考消息［N］，2006 年 4 月 2 日，第 1 版．

［166］谭中文章：中美关系存在着“总体稳定框架”．参考消息［N］，2006 年 4 月 26 日，第 16 版．

［167］欧洲大国反对北约插足亚太．参考消息［N］，2006 年 4 月 29 日，第 1 版．

（四）电子文献［EB/OL］

［168］胡锦涛在美国西雅图午餐会上的讲话（全文）．新华网，http：//news. xinhuanet. com/newscenter/2006 - 04/20/content_ 4452837. htm［EB/OL］．

[169] 侯瑞方．近三十年来美日对台干涉政策的比较分析（硕士毕业论文）．中国优秀博硕士全文论文数据库收录（2002 年），http：//ckrd. cnki. net/grid20/detail. aspx？QueryID = 37&CurRec = 1 [EB/OL].

[170] 王飞．冷战后日台关系强化的动因分析（硕士毕业论文）．中国优秀博硕士全文论文数据库收录（2004 年），http：//ckrd. cnki. net/grid20/detail. aspx？QueryID = 8&CurRec = 1 [EB/OL].

[171] 新华网新闻：诺曼底登陆 60 周年纪念仪式隆重举行．http：//news. qq. com/a/20040607/000107. htm [EB/OL]，2004 年 6 月 7 日．

[172] 我国 GDP 总量有望跻身全球第四 [EB/OL].

[173] 冯昭奎．日本经济仍处于"特殊萧条期"．北京周报 [EB/OL].

[174] 章原．美日强强联手建立军事同盟？中国该如何应对？人民网——军事论坛 [EB/OL].

[175] 中华人民共和国驻秘鲁大使馆．唐家璇在华盛顿发表演讲全文（2001 年 9 月 21 日），http：//www. embajadachina. org. pe/chn/xwss/t134679. htm [EB/OL].

[176] 小泉：对华 ODA 届毕业期．香港商报，http：//www. cnwnc. com/20041130/ca1296925. html [EB/OL]，2004 年 11 月 30 日．

[177] 中国共产党 80 年大事记·1988 年．人民网，http：//www. people. com. cn/GB/shizheng/252/5580/5581/20010612/487255. html [EB/OL].

[178] 王飞．日台关系历史演变．Tom 文化，http：//news. tom. com/1002/2005120 - 1782617. html [EB/OL].

[179] 2004 年台湾军事大事记，http：//news. sohu. com/20050121/n224473381. shtml [EB/OL].

[180] 陆伊伊（音译）．对台湾的新战略．亚洲时报（香港），http：//www. asiatimes-chinese. com/simplify/indexSIMPLIFY. html [EB/OL]，2005 年 5 月 14 日．

[181] 美台签署自贸协定有戏吗？人民网，http：//www. chinataiwan. org/web/webportal/W2001030/A12998. html [EB/OL].

[182] 国民党主席连战北大演讲全文．http：//spaces. msn. com/members/gdceo/Blog/cns！1p7axhF2r0nqUMKk2Y71Zbyw！11. entry [EB/OL].

［183］李翌鹏．日本对台海安全的战略考虑及其影响，www. chinaiiss. org/bewrite/lipeng/20040102. html［EB/OL］.

［184］石原慎太郎大放厥词，无端指责中国建立亚洲霸权，http：//news. enorth. com. cn/system/2001/09/11/000139894. shtml［EB/OL］.

［185］美日共同战略首次列入台海问题，顿成关注焦点．北京青年报，http：//news. xinhuanet. com/world/2005－02/21/content_ 2598148. html［EB/OL］.

［186］中华人民共和国和美利坚合众国联合公报（1982 年）. http：//news. xinhuanet. com/ziliao/2002－01/28/content_ 257069. htm［EB/OL］.

［187］美国国务卿赖斯反对解除对华军售禁令．中国日报网站，http：//news. sina. com. cn/c/2005－03－21/14305421343s. shtml［EB/OL］.

［188］李登辉叫嚣美国 48 艘核潜艇瞄准京沪与三峡，http：//news. xinhuanet. com/taiwan/2004－12/01/content_ 2282019. htm［EB/OL］.

［189］日拟用下地岛为反潜作战基地，http：//news. sohu. com/20041119/n223075502. shtml［EB/OL］.

［190］郜海．评论：无可奈何的诅咒．新华网，http：//news. xinhuanet. com/newscenter/2005－05/01/content_ 2903014. html［EB/OL］.

［191］李登辉声称台湾要“独立”应与美国谈法定地位，http：//news. sohu. com/20050704/n226182875. shtml［EB/OL］.

［192］日本加紧渗透台湾 扶植政治代言人控制岛内企业，http：//news. sohu. com/20050107/n223823760. shtml［EB/OL］.

［193］詹得雄．2005 年世界风云变幻，美国的全球政策引发的国际大势，激发人们的思考．新华网，http：//learning. sohu. com/20051230/n241196432. shtml［EB/OL］.

［194］新华网：“受权发布：《反分裂国家法》全文”，http：//news. xinhuanet. com/newscenter/2005－03/14/content_ 2694168. html［EB/OL］.

［195］人民网．日本政府对陈水扁“公投”表示忧虑，http：//www. people. com. cn/GB/guoji/1029/2270767. html［EB/OL］.

［196］美称若解放军战机大量集结将启动台海作战方案，http：//news. sina. com. cn/c/2005－06－07/12076869863. shtml［EB/OL］.

［197］中国国务院新闻办公室．2004 年中国的国防（白皮书），http：//news3. xinhuanet. com/mil/2004－12/27/content_ 2384964. html［EB/

OL].

[198] 中韩贸易额超千亿美元，http://www.fw188.com/Article_Show.asp?ArticleID=407 [EB/OL].

[199] 专家.美如介入台海冲突，中美或爆发大规模战争，http://mil.news.sohu.com/20060331/n242566341_1.shtml [EB/OL].

[200] 联合国主页（中文网址）.联合国宪章，http://www.un.org/chinese/aboutun/charter/contents.html [EB/OL].

[201] 台海是和是战?美俄印三国学者各有解读，央视国际（2004年12月6日），http://www.cctv.com/news/china/20041206/106608.shtml [EB/OL].

[202] 符祝慧.潜艇风波：中国表示遗憾，日本当成道歉，http://www.zaobao.com/special/china/sino_jp/pages/sino_jp171104.html.

[203] 美副助理国务卿戴利：两岸同意下，美不反对台海改变现状，http://www.zaobao.com/special/china/taiwan/pages6/taiwan290404f.html [EB/OL].

[204] 陈水扁就职演说全文，http://www.zaobao.com/special/newspapers/2004/05/others200504zb.html [EB/OL].

[205] 陈子帛.北京会接受“暂时架构”吗?http://www.zaobao.com/special/china/taiwan/pages10/taiwan060325a.html [EB/OL].

## 二、中文译著

[206] [美] 塞缪尔·亨廷顿.文明的冲突与世界秩序的重建 [M].北京：新华出版社.2002.

[207] [美] 吉姆·赫而姆斯、詹姆斯·普里斯特主编.外交与威慑：美国对华战略 [M].北京：新华出版社，1998.

[208] [美] 布热津斯基.大棋局（中国国际问题研究所译）[M].上海：上海人民出版社，1998.

[209] [美] 肯尼思·沃尔兹，王红缨译.国际政治理论 [M].北京：中国人民公安大学出版社，1992.

[210] [美] 白宫.美国国家安全战略报告 [M].2002，9月.转引自林利民：《“9·11”以来美国地缘战略的调整及其影响》，《世界经济与政治》，2004年5期。

[211] [美] 米尔顿·埃兹拉蒂，沈建译.日本变局将如何改变世界均

势［M］. 北京：新华出版社，2003.

［212］［美］詹姆斯·多尔蒂、小罗伯特·普法尔茨格拉夫著. 阎学通、陈寒溪等译. 争论中的国际关系理论（第五版）. 北京：世界知识出版社，2003.

［213］［美］鲁思·本尼迪克特，孙志民、马小鹤、朱理胜译. 菊花与刀［M］. 北京：九州出版社，2005.

［214］［日］森岛通夫. 透视日本——兴与衰的怪圈［M］. 北京：中国财政经济出版社，2000.

［215］［美］罗伯特·罗斯. 武力的限度：中美关系中的台湾问题. 台湾问题研究［J］. 2001.

［216］［美］米切尔·多伊利. 康德、自由主义遗产和外交事务.［美］哲学和公共事务［J］. 1983.

［217］［美］克里斯托弗·恩莱. "不可靠的计划——美国对华战略". 世界政策研究［J］. 1997.

［218］［美］解决地区热点问题有赖中美关系稳定. 福布斯［J］. 2005年9月6日.《环球时报》转载，万新译，2005年9月9日第6版.

［219］［美］布热津斯基. 如何与中国共处. 战略与管理［J］. 2000，4.

［220］［美］唐·李发. 中日经济关系在政治冷淡时期发展.［美］洛杉矶时报［N］. 2006年4月17日报道，转引自：《参考信息》，2006年4月22日，第8版.

［221］［日］正论［J］. 1999. 8. 转引自《参考消息》，1999年8月.

［222］［日］呼声［J］，2004，4. 转引自《参考消息》，2004年4月.

［223］［日］世界［J］，2002，9. 转引自《参考消息》，2002年9月.

［224］［日］朝日新闻［N］. 2003，5. 转引自《参考消息》，2003年5月.

［225］［日］朝日新闻［N］. 2006，5. 转引自《参考消息》，2006年5月.

［226］若宫启文. 能在美国谈谈靖国神社问题吗？［日］《朝日新闻》，2006年5月29日，转引自《参考消息》，2006年5月30日，第1版.

［227］［巴基斯坦］边疆邮报［N］. 2001，10. 转引自袁鹏：《"9·11事件"与中美关系》，《现代国际关系》，2001年第11期.

## 三、外文著作、期刊

[228] *Foreign Relations of the United States (1861 – 1972)*.

[229] *United States Relations with China with special Reference to the Period 1944 – 1949*, Washington, D. C. U. S. Government PrintingOffice, 1949.

[230] Michael S. Frost, *Taiwan's Security and United States Policy: Executive and Congressional Strategy in 1978 – 1979*, School of Law, University of Maryland, 1982.

[231] Stephen M. Walt, *The Origins of Alli-ances*, Ithaca: Cornell University Press, 1987.

[232] Jean-Maric Henckaerts, *The international Status of Taiwan in the new world orde*, Kluwer Law international Ltd. 1996.

[233] Michael Oksenberg, *The United States, Japan and Asia*, New York: Norton, 1994.

[234] Kenneth Lieberthal, *U. S. Policy Toward China*, Copyright 2001, The Brookings Institution. http://www.brookings.edu/printme.wbs? page =/comm/policybriefs/pb72.html.

[235] Kenneth Lieberthal, "A New China Strategy: The Challenge", *Foreign Affairs*, November/December 1995.

[236] Kurt M. Campbell and Derek J. Mitchell, "Crisis in the Taiwan Strait?", *Foreign Affairs*, August 2002.

[237] Michael D. Swaine, "Trouble in Taiwan", *Foreign Affairs*, March/April 2004.

[238] The White House, *The National Security Strategy of The United States of America*, September 2002, P. 1. http://www.whitehouse.gov/.

[239] *The New York Times*, June 4, 1998, A10.

[240] Harry Harding, *The Asia Challenge*, Speech to the Faculty of Business Administration of the Chinese University of HK, Hong Kong, Sept 25, 1995.

[241] Kent E. Calder, "China and Japan's Simmering Rivalry", *Foreign Affairs*, March/April 2006.

[242] Robert S. Ross, "Taiwan's Fading Independence Movement",

*Foreign Affairs*, March/April 2006.

[243] David Zweig and Bi Jianhai, "China's Global Hunt for Energy", *Foreign Affairs*, September/October 2005.

[244] John J. Mearsheimer, "The Future of the American Pacifier", *Foreign Affairs*, September/October 2001.

[245] Kishore Mahbubani, "Understanding China", *Foreign Affairs*, September/October 2005.

[246] Chuck Hagel, "A Republican Foreign Policy", *Foreign Affairs*, July/August.

[247] David H. Levey and Stuart S. Brown, "The Overstretch Myth", *Foreign Affairs*, December 2005 - WTO Special Edition.

[248] Morton Abramowitz and Stephen Bosworth, "Adjusting to the New Asia", *Foreign Affairs*, July/August 2003.

[249] Eric Heginbotham and Richard J. Samuels, "Japan's Dual Hedge", *Foreign Affairs*, September/October 2002.

# 后　　记

本书付梓，感慨万端。在导师刘建飞的悉心指导下，我的博士学位论文于2006年4月完成，并于同年6月完成答辩，其后不断补充台海形势的最新资料，三年后终于拿出来与读者见面。

从开题到定稿，无论是收集资料，还是构思创意，都经历了一些曲折和困难，但是最终收获的毕竟还是这样一份沉甸甸的喜悦，为我三年来攻读博士学位及其后续研究作了一个最好的注脚。

泛舟学海，受益匪浅。读博期间，在学术的殿堂中徜徉，不胜欢悦；与众多专家教授晤面交流，茅塞顿开。然学海无涯，就本书涉及的中美日关系和台湾问题而言，均属理论前沿问题，同时现实性较强，需要在今后的学术研究中继续追踪最新动态，缜密思考应对策略，以弥补本书乃至相关研究领域中的欠缺。

多方历练，收获良多。中共中央党校是中国共产党的最高学府，其庄重的政治氛围、美丽的校园环境、人本的教育理念，都潜移默化地影响着我和周围的同学们。2003年－2006年在中央党校学习期间，我感觉自身的马克思主义理论水平、党性修养、分析和处理问题的能力与入学前相比都有了明显的进步。2007年－2009年末，我在清华大学人文学院做博士后研究，清华大学作为国内一流学府，其浓郁的学术气氛促使我不断磨砺个人学术品格，学术视野也更加开阔。

薪火相传，师恩永记。我是中央党校国际战略研究所刘建飞教授指导下的第一个博士生。刘建飞教授作为研究国际关系的知名学者，三年来身教重于言传，在学术上对我严格要求，循循善诱，倾囊以授，特别是在指导我的博士学位论文期间，从选题的反复斟酌到成稿后每一个字词的精心增删，无不凝聚着他的汗水与心血。同时，刘建飞教授为人敦厚，处事磊落，在人格上对我的熏陶将继续鞭策我在今后的岁月中脚踏实地、乐观向上地面对事业与生活。

此外，国际战略研究所宫力教授、郭建平教授、亓成章教授耐心、认真地对我的论文开题和写作提出了许多中肯的启发性建议。我的硕士生导师、内蒙古大学刘丽华教授，博士后合作导师清华大学吴彤教授，悉心关注我的学术进步和个人发展，这里一并表示感谢。中央党校研究生院2003级博士生组织员马万华老师多年来无微不至地关心着我的生活和学习，在思想上不断启迪着我们，在这里也表示衷心的感谢。

九州出版社王杰总编和李勇主任对本书的出版给予了多方关注和热心指导。本书的责任编辑祝松老师字斟句酌，为书稿出版付出了大量的辛劳，这里致以诚挚的谢意！

同时，家人为我顺利完成学业特别是在论文成章和修改期间倾注了诸多关爱与辛劳，爱人刘丽君为本书承担了大量的文字修改和文献补充工作，我会铭记在心。

此为后记。

张仕荣

2009年10月15日于清华大学普吉院